복 있는 사람

오직 여호와의 율법을 즐거워하여 그 율법을 주야로 묵상하는 자로다.
저는 시냇가에 심은 나무가 시절을 좇아 과실을 맺으며 그 잎사귀가 마르지 아니함 같으니
그 행사가 다 형통하리로다. (시편 1:2-3)

박영선 목사의 설교선집은 설교구어체로 된 친절한 성경 강해설교의 전범(典範)입니다. 『믿음』에서는 인간의 실존적 곤경과 하나님 은혜의 압도적인 권능을 찬양합니다. 『교회』에서는 지상의 현실교회에 실망한 사람들에게 위로가 될 만한 교회의 진면목, 참된 자리를 자세히 살핍니다. 하나님의 권능에 찬 구원 은혜에 의존하는 신앙도상의 신자들이 부대끼며 살아가며 상처를 주고받으며 자라가는 곳이 교회입니다. 불완전한 교회에 다니는 것도 하나님의 구원 은혜에 붙들릴 때만 가능합니다. 『성화』는 구원받은 신자들이 하나님 나라를 향해 순례하는 과정에서 거쳐야 하는 거룩한 품성 변화를 다룹니다. 여기서 교회는 신자들만을 위한 자폐적 친교권이 아니라, 사회와 세상 안에서 하나님의 구원 은혜와 다스리실 의지를 대변하는 증언공동체이자, 세상을 위해 그리고 세상을 향하여 파송된 증인공동체입니다. 기독교회의 사회적 책임은 신자 각각의 성화를 필연적으로 요구합니다. 『자유』는 하나님이 인간의 믿음과 순종을 지극히 귀하고 소중한 결단으로 봐 주시는 하나님의 따뜻한 시선을 다룹니다.

이 설교선집의 네 가지 특장(特長)은 다음과 같습니다. 첫째, 원숙하고 자애로운 설교자의 복음전도, 복음초청의 음성이 설교선집 전체를 이끌어 갑니다. 복음을 전할 때 사용하기에 매우 유익합니다. 둘째, 지상교회에 정착하지 못하고 표류하는 신자들에게 위로가 됩니다. 이 설교들은 질책하기보다 어루만지는 어조가 완연합니다. 셋째, 사후구원이나 탈세계적인 천당의 한자리를 얻고자 애쓰며 교회 안에서만 신앙을 소비하려는 자기만족적인 신자들에게 사회와 더 넓은 세상을 품도록 시야를 넓혀 줍니다. 마지막으로, 신앙 여정의 마지막 순간까지 자유라는 존엄한 선물을 바르게 사용하여 하나님과의 동행을 잘 마치도록 권고합니다. 자유는 성령에 붙들린 신자들에게는 하나님을 애타게 갈망하도록 만드는 거룩한 속박입니다. 이 책을 읽는 독자들은 설교가 하나님의 생명의 말씀을 중심에 두고 이루어지는 성도의 교제임을 깨달을 뿐 아니라, 기독교 신앙이 하나님과 더불어 걷는 감미로운 동행이자 부단한 교제의 세계임을 깨닫게 될 것입니다. 그와 더불어 불완전하고 비틀거리는 자신의 신앙에 지나치게 절망하지 않으며, 흠결이 있는 지상의 기구적 교회에서 만나는 또 다른 불완전한 동료 신자들에 대해서도 좌절하지 않을 덕성을 기를 수 있을 것입니다.

김회권, 숭실대학교 기독교학과 교수

한국교회 강단의 걸출한 설교자들 가운데서도 박영선 목사는 남다른 목소리를 가진 설교자입니다. 그 목소리에는 영웅이나 사람의 실력이 아니라, 하나님과 그분의 은혜만을 전하려는 결기가 서려 있습니다. 쉬운 대답 그리고 누구나 할 수 있을 법한 대답 대신, 치열한 고민과 갈등의 몸부림을 통해 깊은 곳에서 건져 낸 지혜가 담겨 있습니다. 모범적이고 양순한 소위 '잘 믿는' 신자의 시각보다는, 의심하고 거부하는 '삐딱한' 관점으로부터 비롯된 통찰이 녹아 있습니다. 한 사람의 신앙인으로서 그리고 설교자로서 그가 평생 붙들고 씨름했던 주제를 따라 선별한 이 설교선집은 자기 믿음과 한국교회 현실에 대해 고민하는 그리스도인들에게 위로와 해답이 될 것입니다. 그리고 의심하고 회의하는 청중을 둔 설교자들을 위한 안내서 역할도 하리라 믿습니다.

조광현, 고려신학대학원 설교학 교수

교
회

교회

박영선 목사
설교선집

3

박영선 지음 · 조주석 엮음

복 있는 사람

교회 박영선 목사 설교선집 3

2013년 12월 30일 초판 1쇄 발행
2023년 6월 1일 개정증보판 1쇄 인쇄
2023년 6월 9일 개정증보판 1쇄 발행

지은이 박영선
엮은이 조주석
펴낸이 박종현

(주) 복 있는 사람
주소 서울특별시 마포구 연남동 246-21
전화 02-723-7183, 7734(영업·마케팅) 팩스 02-723-7184
이메일 hismessage@naver.com
등록 1998년 1월 19일 제1-2280호

ISBN 979-11-92675-49-7 04230
ISBN 979-11-92675-37-4 04230 (세트)

지난 40년 동안 이 설교들을 들어 주고 함께해 준,
남포교회 성도들에게

개정증보판 저자 서문   010

초판 저자 서문   014

개정증보판 엮은이 서문   018

초판 엮은이 서문   020

1부 교회의 본질 ──────────────

01 나를 깨우치는 부르심 · 요 4:1-9   026

02 교회로 부르심 · 마 25:41-46   037

03 하나님의 전 · 엡 2:20-22   049

04 그리스도의 몸으로 연합 · 롬 7:4   062

05 교회의 본질과 말씀 · 고후 3:1-6   074

06 함께하는 교회 · 고전 4:6-8   086

07 교회의 정체성 · 고전 11:17-22   098

08 권속 · 엡 2:19   110

09 그리스도의 신부 · 엡 5:29-32   121

10 베푸신 능력: 교회 · 엡 1:17-23   136

2부 교회의 실천 ──────────────

11 목표, 하나됨 · 요 17:21   150

12 훈련의 방향 · 엡 4:12-16   161

13 성전이 되어감 · 고전 3:10-15   173

14 직분 · 엡 4:11-13   188

15 말씀을 맡은 자 · 고후 10:9-11   200

16 참된 예배 · 요 4:20-24   211

17 성찬 · 고전 11:23-26   226

18 헌금 · 고후 9:10-15   239

19 구제의 자리 · 행 6:1-7   250

20 권징 · 고전 5:1-6   262

21 교회의 분쟁(1) · 고전 6:1-6   276

22 교회의 분쟁(2) · 고전 6:7-8   285

23 목자와 양 · 고후 6:11-13   299

24 죽음의 길로 가는 동지 · 빌 2:12-18   311

25 증언 공동체 · 눅 8:40-48   321

26 교회의 권세 · 행 4:23-31   333

27 믿음으로 감수하는 교회 · 행 12:1-5   343

28 세상 안에 있는 교회 · 엡 6:5-8   354

선집 설교 목록   369

출전   373

개정증보판 저자 서문

어느덧 40여 년 동안 설교자의 길을 걸어왔습니다. 이 과정에서 저의 설교
는 성경을 어떻게 해석하느냐 하는 문제에 집중했다고 생각합니다. 신자
가 온갖 경우를 겪으며 실력을 쌓아 가는 일, 곧 '철이 드는 것'에 관한 것으
로 성경을 해석하게 되었습니다. 그것이 성경을 읽어 낸 저의 설교의 열매
라고 생각합니다.

신자는 처음에 실존적 신앙으로 시작합니다. 예수를 만나고, 십자가
와 부활 그리고 영생을 알게 되는 감격이 있습니다. 하지만 그는 곧 구원과
천국의 확신만으로 쉬운 답을 찾을 수 없는 갖가지 경우의 현실을 마주해
야 합니다. 그것은 우리 인생과 인류 역사가 시간 속에서 진행되는 과정이
기 때문입니다. 성경에 담긴 이야기는 다만 잘한 것과 잘못한 것으로 구분
해야 할 그런 목록으로 가득 찬 것이 아닙니다. 여기에는 인간이 살아가면
서 드러내는 실패와 후회와 상처의 경험이 담겨 있습니다.

신앙은 있고 없거나, 강하고 약한 것이 아닙니다. 배우고 자라고 겪고
깨치며, 한 인격체로 구체화되는 성숙과 완성이 신앙의 내용이기 때문입
니다. 결국 '철이 든다'는 것은 안목을 갖고 분별과 선택을 할 수 있는 경지
인 동시에, 소원과 현실의 모순을 겪으며 성도의 정체성과 신분을 갖추어
가는 것이라 할 수 있겠습니다.

성경이 가리키는 방향으로 나아가겠다고 결심하지만, 실제로 답을 내지 못하는 현실적 무능을 마주하면 절망하곤 합니다. 우리는 늘 그 둘 사이에 놓여 있습니다. 설교는 그런 신자에게 하나님의 신실하심에서 생겨나는 소망이 무엇인지를 제시할 수 있어야 합니다. 모든 것이 합력하여 선을 이룬다는 약속은 잘잘못의 도덕적 이분법을 넘어섭니다. 우리의 모든 경험이 결국 유익이 된다는 위로와 격려가 설교로 전해져야 할 이유입니다.

이번에 『믿음』, 『성화』, 『교회』(개정증보판)에서 『자유』까지 네 권의 선집이 완성되었습니다. 이 네 주제들은 저의 설교가 무엇을 담고 있는지 알게 하는 큰 그림의 역할을 할 것입니다. 이 주제들과 관련하여 전체적인 맥락에서 말씀드리고 싶습니다.

성화는 완벽이 아니라 성장과 성숙의 일입니다. 하나님의 형상이라는 창조 때 부여된 인간의 참모습이 그리스도를 본받는 가운데 완성으로 나아가는 것을 뜻합니다. 그러니 갈등과 후회의 현실은 마땅히 통과해야 할 과정입니다. 이 경험이 펼쳐지는 **교회**는 그리스도의 몸으로 삼위 하나님의 연합 위에 서 있으며, 성도는 이 안에서 아름다움을 느끼고 감사 속에 교제와 친밀한 연합을 경험합니다. 이 모든 것을 가능하게 하는 **믿음**이란 하나님에 대한 신뢰, 곧 이해와 항복을 말합니다. 도덕과 교리로 다 담을 수 없는, 상대에 대한 의존을 뜻합니다. 인류의 운명에 적극적으로 개입하시는 하나님이 나를 찾아오셔서 붙드셨기에 비로소 시작된 하나님과의 교제가 믿음입니다. 우리에게 절망은 없다는 창조주의 거룩한 의지와 고집이 여기에 담겨 있습니다.

흔히 교회 생활의 기준이 되는 잘잘못과 유능함, 봉사, 구제는 하나님과의 연합에서 빚어지는 감사와 찬송을 모두 담지 못합니다. 구약이 보여주는 역사와 신약이 선포하는 은혜로부터 드높여지는 찬송은 치성과 쓸모라는 기능론이 아니라, 하나님과의 화목이라는 존재론에서만 비로소 동참할 수 있는 것입니다.

창조와 구원의 궁극적 목표는 하나님과 그분의 형상으로 창조된 인간이 믿음과 사랑의 관계를 맺는 데 있습니다. 기독교가 말하는 믿음과 사랑은 독립적이고 자발적인 상대를 전제합니다. 그리고 요한일서에서 가르치듯, 이 사랑에는 공포가 없습니다. 인간이 선택의 주체로서 책임을 감당하는 것은 하나님이 자유를 허락하셨기 때문입니다. 이 **자유**는 하나님이 우리를 사랑하시며, 우리에게 명예와 영광을 일임하신다는 증거입니다. 자유와 선택권을 가진 존재들만 누릴 수 있는 이 관계는 양심과 도덕을 만족시키는 것만으로는 충분히 설명될 수 없습니다. 그것은 믿음과 사랑으로 만들 수 있는 영광과 기쁨의 견고한 기초이지만, 기독교 신앙의 진정한 열매나 영광은 더욱 크고 놀라운 것입니다.

우리는 이제 부흥의 시대를 지나 이전과는 많이 다른 시대 앞에 서 있습니다. 우리는 그 도전들을 받고 있습니다. 이런 현실 속에서 우리는 어떻게 살아야 할까요? 예수님께서 구원을 베풀어 목적하신 바를 다시 한번 떠올려 봅시다. "아버지께서 내 안에, 내가 아버지 안에 있는 것같이 그들도 다 하나가 되어 우리 안에 있게 하옵소서"(요 17:21)라고 하신 기도 말입니다. 이웃이 경쟁과 경계의 대상이 아닌 진정한 진리와 생명을 지닌 형제가 될 수 있고 또 되어야 합니다. 이것은 명령과 강요가 아니라 인간 존재의 명예와 만족의 넘침입니다. 하나님의 창조자 예수로 말미암은 구원이 목표하는, 절대 실패나 포기도 없는 영광과 찬송의 정체성, 인격성, 운명들은 하나님의 의지요 고집이 낳은 은혜의 결실입니다. 그런 소망과 믿음과 현실이 우리의 것이 되었으면 합니다. 이 선집이 그런 도전에 응전하는 한국 교회 그리스도인들에게 의미 있는 유익이 되었으면 합니다.

앞선 세 선집에 추가로 들어간 설교들을 더 찾아내어 전체적으로 짜임새 있게 구성했을 뿐 아니라 또 『자유』라는 선집을 엮기 위해 후반기 설교 곳곳에서 해당 자료들을 뽑아내어 체계 있게 구성한 조주석 목사님, 그리고 '복 있는 사람' 출판사의 편집자와 박종현 대표에게 감사를 표합니다.

2023년 6월
박영선 목사

초판 저자 서문

제가 지금까지 살아오면서 깨달은 한 가지 사실은, 나의 가는 길이 맴도는 길이거나 방향 없이 가는 길인 줄 알았는데 그렇지 않았다는 것입니다. 하나님은 저를 등산을 시키듯 인도하셨습니다. 끊임없이 앞사람 뒤꿈치를 보고 걸었는데, 문득 가던 길을 멈추고 내려다보니 시야가 생긴 것입니다.

여기까지 오는 과정에서 가장 중요했던 것은 강해설교입니다. 성경을 다 읽어 보기로 한 것입니다. 저는 조감도를 가지고 들어간 것이 아니라 그냥 들어간 것입니다. 그러니 제가 한 설교는 이제 와서 보니 강해설교가 아니라, 성경 통독을 한 셈입니다.

그러나 그 시절에 한 설교가 아주 쓸모없지는 않았다는 생각이 듭니다. 설교에서 가장 중요한 요소는 실존, 공통의 실존에 있는 자의 신앙적 발언이어야 합니다. 그리고 거기에 성경 전체를 아우르는 조망과 분별이 있어야 합니다. 즉 단순히 옛날에 누가 이랬다는 식의 인용과 복제가 아닌, 지금 살고 있는 현실의 위협과 도전에 대해서 성경이 어떻게 답하느냐 하는 것을 다루는 것이 설교입니다.

제가 예전에 많이 놓쳤던 것은 '전제'입니다. 기독교 신앙이 내 이해에서 약간 관념화되어 있다는 것을 알았습니다. 그래서 역사성이라는 것을 가장 많이 놓쳤습니다. 역사성이란 내가 누군가의 후손으로 태어났다는 것입니다. 그것은 땅을 사 놓는 것과 그 땅에 씨를 뿌리는 것이 관념 속에서는 충돌되어 보였던 것이지요. 시간적 전후라는 이해를 놓치고 정답을 찾으려 했기에 진전이 아니라 유일함만 정답이 되었습니다.

이제까지 한 제 설교들에서 선별하여 믿음·성화·교회라는 주제로 설교선집을 출간하게 되었습니다. 이런 주제들을 선택한 것은, 기독교 신앙과 신앙생활에 대한 보편적 진리가 다음 세대로 이어지는 일에 유익한 주제들이라 생각했기 때문입니다. 전 세대의 유산이란, 개인적으로 가지는 특별함이나 영웅성이 아니라 모든 일반 신자와 평범한 신앙생활에 필요한 보편적 격려와 증언이어야 합니다. 이 일에 이 선집이 조그만 역할을 할 수 있을 것입니다. 약도를 그리고 길을 내는 것이라 생각합니다. 누구나 올 수 있게 길을 내는 것입니다. 도료 표지판도 있고 지도도 만들어 놓으면 처음 들어오는 사람에게 그것이 도움이 될 것입니다.

저는 모태신앙인입니다. 태어나서부터 교회는 제 삶을 둘러싸고 있는 너무나 당연한 울타리였습니다. 저에게 신앙이란, 아기가 말을 익히듯 자연스레 젖어 들게 되는 것이었습니다. 문법을 배우고 철자를 익혀 의식적으로 말해 보는 외국어 같은 것이 아니었습니다. 신앙생활은 마음의 결단이나 작정의 문제가 아니라, 교회에서 배운 바를 주어진 상황 속에서 의미를 담아 표현하는 일이었지요. 그렇게 주일을 지키고 교회생활을 하며 커 갔습니다.

그렇게 자연스럽기만 했던 신앙생활이 전기(轉機)를 맞은 것은 교회 바깥에 다른 세상이 있다는 것을 의식하게 되면서부터입니다. 교회를 오가며 살아온 나와는 다른 식으로 사는 사람들을 체감하게 된 것이지요. 다른 관점, 다른 생각을 가지고 있는 세상을 보며 내게 자연스럽고 익숙했던 교회는 무엇일까 하는 생각을 비로소 하게 되었습니다.

교회는 하나님 나라를 증언하는 기관이라고 배웠습니다. 하지만 그 가르침을 구체적으로 이해하기는 쉽지 않았습니다. 세상의 주인이신 하나님을 대표하는 곳인데도, 교회는 세상을 제압할 힘을 허락받고 있지 않았습니다. 세상도 하나님께 심판받기는커녕 제 마음껏 원하는 대로 하고 있었습니다. 교회는 더 큰 세상의 작은 부분에 불과한 것 아닌가 싶었습니다. 세상에 별로 할 말이 없는 힘없는 사람들이 모여 스스로를 위안하는 곳만 같았습니다. 교회에 모여 우리가 하는 일은 종말에 있을 심판과 그다음 오게 될 내세를 그리며, 현실에 대해 분노하는 게 전부였습니다.

하지만 교회가 우리 생각보다 깊고 크며 신비한 곳이라는 사실을 차츰 알아가게 되었습니다. 교회는 세상과 대결하기 위해 존재하는 것이 아닙니다. 승리를 위해 사람들을 훈련하여 일사불란한 군사들을 만들어 내는 곳이 아닙니다. 교회는 '군사작전'이나 '승리' 같은 용어로는 다 담을 수 없는 내용을 담고 있습니다.

교회에서 하는 일은 노래를 합창하는 것에 더 가깝습니다. 주님께서 지으신 멋진 곡조의 노래를 아름다운 화음의 합창으로 연주해 보는 것이 교회에서 일어나는 일입니다. 독특한 개성과 취향, 서로 다른 환경과 사연을 가진 사람들이 부름 받아 여기에 모입니다. 이들이 모여 자기 몫의 소리를 내며 화음을 이룹니다. 그 소리가 모여 하나님의 노래를 연주합니다.

우리는 교회에 모여 세상을 원망하거나 시기하지 않습니다. 오히려 교회는 불협화음으로 가득한 이 세상을 향해 다가가 하나님의 아름다운 곡조에 동참하라고 초청합니다. 하나님께서 부르시기만 하면 어떤 사람이든 여기에 함께할 수 있으니 말입니다. 갈 길 모르며 허둥대는 세상을 사랑의 눈으로 바라보며, 이리 와 함께 기쁨의 곡조에 참여하자는 권면의 일을 교회가 하고 있습니다. 교회에서 울려 나오는 곡조가 소망 없는 이 세상이 자멸하지 않도록 막고 있는 것인지도 모릅니다. 사람은 하나님의 부르심에 응답할 때에만 참된 기쁨을 누릴 수 있다는 것을 교회는 세상에 증언하고 있습니다.

교회에서 울리는 합창이 처음부터 아름다운 것은 아닙니다. 온갖 사연을 지닌 채 각지에서 모인 사람들이 처음부터 제대로 된 합창을 할 리가 없겠지요. 의욕만 앞서기도 하고, 각자의 이해관계나 마음속 상처들이 서로를 긁어대어 괜히 더 시끄러워지기만 하는 것 같습니다. 조용하나 있을 것을, 군이 왜 모여서 소음을 내고 있나 하는 생각이 들 때가 있습니다. 그러나 교회는 세상과는 근본적으로 다른 곳입니다. 예수 그리스도의 피로 세워진 그분의 몸이며, 만물을 충만하게 하시는 이의 충만함입니다. 우리의 느낌과 판단이 어떻든, 하나님의 선한 뜻대로 아름다운 합창은 울려 나올 것입니다. 하나님의 멋진 곡조에 참여할 수 있는 복이 우리에게도 주어져 있음을 교회를 통해 깨닫습니다.

신자와 교회의 가치는 흠 없고 자랑스럽고 유용한 것으로는 다 헤아릴 수 없습니다. 하나님께 부름 받았다는 존재론적 지위에서 신자와 교회의 영광은 찾아질 수 있습니다. 이 존재론적 지위에서 비롯되는 명예를 앞세워 나머지 일들을 모두 넉넉히 감수하고 짊어지며 함께 살아내자고 이 책을 펴냅니다.

마지막으로, 이 선집에 들어갈 설교들을 오랜 시간에 걸쳐 힘겹게 선별하고 다듬은 조주석 목사와 '복 있는 사람' 출판사의 편집자와 박종현 대표에게 사의(謝意)를 표합니다.

2013년 12월
박영선 목사

개정증보판 엮은이 서문

지난 10년간 많은 독자들의 사랑을 받은 '박영선 목사 설교선집'이 이제 새로운 옷을 입고 『믿음』, 『성화』, 『교회』(개정증보판), 『자유』 네 권으로 독자 여러분을 만나게 되었습니다. 2013년 초판을 펴낸 기존 선집 세 권에 『자유』가 추가되어 완성되는 셈입니다. 이와 더불어 기존 선집도 개정하고 증보해야 할 시점에 이르게 되었습니다.

왜 우리는 오늘날 여전히 박영선 목사의 설교를 읽어야 할까요? 그 이유는 한마디로 그가 지난 40여 년 동안 설교에서 오직 하나님만 드러내려고 힘써 왔기 때문이라고 봅니다. 그것이 교회를 서거나 넘어지게 하는 근본 문제라는 설교자의 큰 확신에 바탕을 둔 것이겠지요. 후반기 설교에서는 '인간의 자유' 문제도 깊이 있게 다루는데, 이로써 그가 하나님의 절대 주권에 대한 오해 곧 기계론주의에서 벗어날 수 있는 신앙 사유도 우리에게 제공했다고 생각합니다.

『교회』의 경우, 초판에 수록된 설교 가운데 23편은 그대로 유지하고 나머지 1편은 새로운 5편의 설교로 대체하여 모두 28편으로 재구성했습니다. 이와 같은 구성에 맞추어 차례 순서 및 제목도 전체 흐름에 맞게 재조정했고, 기존 본문에서 매끄럽지 않은 표현들도 일부 수정했습니다.

『교회』에 새로 추가된 설교들은 2012년 이후 발행된 것들로, 주로 설교자가 교회를 주제로 더 발전시키고 성숙시킨 내용이나 아이디어가 발견된 설교들을 중심으로 선정했습니다. 여기에 새로 추가된 설교에서 교회에 관하여 두드러진 한 가지는, 교회가 세상 권력에 맞서 이기려 한 권력적 존재가 아니라 도리어 십자가의 길을 걸어야 한다는 가르침입니다. 그것이 초대교회가 따른 길이라는 것입니다.

초판에서 설교 선정 작업 원칙은 크게 네 가지였습니다. 이 기준은 개정증보판에도 그대로 준용됩니다. 다만 초판 선집에 수록된 설교들을 2007년 이전 설교들로 제한했던 셋째 원칙이 조정되었는데, 박영선 목사의 설교 사역이 2007년 이후 지금까지 계속되었고 2011년 이후 수많은 설교가 새로 발행되었기 때문입니다. 무엇보다 박영선 목사의 설교가 내용이나 주제 면에서 그동안 확장되고 심화된 것이 가장 큰 이유입니다. 참고로 2007-2010년 설교는 전반기에서 후반기로 넘어가는 과도기로 전반기와 크게 다르지 않다는 판단하에 추가 선정에서 제외했습니다.

이번 판에 새로 추가된 설교들은 다음의 설교집에서 선정했습니다. 2011년부터 발행된 강해서는 모두 13권입니다. 그중에서 『교회』에 새로 추가한 설교들은 다음의 강해서에서 찾았습니다. 『믿음은 사람보다 크다』(2012), 『섬김으로 세우는 나라』(2013), 『다시 보는 사도행전』(2015).

이 모든 작업을 통해 독자들이 박영선 목사의 삶과 신앙, 설교에 보다 쉽고 친근하게 다가서게 되기를 기대합니다.

2023년 6월
조주석 목사

초판 엮은이 서문

교육관 건축이 붐을 이룬 시기가 있습니다. 주일학교나 중고등부에 몰려드는 어린이나 학생들이 많았다는 방증(傍證)입니다. 그때가 70-80년대로 기억됩니다. 박영선 목사는 이런 시기에 교회생활을 한 실존인입니다. 그는 이 시기에 하나님이 붙잡고 계시지 않았다면 기독교 신앙에 머물러 있을 수 없었다고 자주 회고하곤 합니다.

사실 '교회'라는 주제를 놓고 이 주제에 합당한 박영선 목사의 설교를 얼마나 찾을 수 있을까 하는 염려도 있었습니다. 주지하다시피 그의 설교에서 '믿음'과 '성화'라는 주제가 주를 이루고 있기 때문입니다. 그는 자신의 강단에서 오랜 시간에 걸쳐 에베소서도 강해하고 고린도전서와 후서도 강해했습니다. 그의 교회관은 이 세 강해 설교에, 나의 작은 염려와는 달리, 상당히 드러나 있습니다. 이 『교회』 선집에 포함된 총 24편의 설교 중 무려 19편이 그것들을 중심으로 구성되었다는 것이 그 단적인 증거입니다.

그의 교회관 논의는 다음의 역사적 맥락 속에 놓여 있습니다. 그가 자라나면서 교회생활을 하고 또 강단에 서서 말씀을 전하던 시기는 한국교회가 부흥의 시기로 들어가던 때였습니다. 그래서 자연히 우리의 기독교 신앙은 교회론보다는 구원론에 더 편중될 수밖에 없었습니다. 그 결과 한국교회 강단에서는 예수를 믿고 그리스도의 몸으로 부름 받았다는 의미가 무엇인지 잘 가르쳐지지 않았다고 지적합니다. 이러한 문제의식이 드러난 설교들을 1부 '교회의 본질'에 모아 한곳에 담았습니다. 교회로 부르심의 목적이 무엇인지, 그 부르심으로 신자가 누구와 연합된 존재인지, 또 교회의 정체성이 무엇인지를 주로 다루는 설교들입니다.

　이렇게 배열한 다음 2부 '교회의 실천'에서는 교회의 실천성을 몇 가지로 나누어 구성했습니다. 설교자는 교회를 자주 '가정'이나 '훈련소'로 비유하곤 합니다. 교회는 어떤 목표를 위해 훈련하는 과정으로 세워졌다는 이야기입니다. 우리의 믿음을 가르침 받고 다듬고 세워 가는 주요한 장이라고 본 것입니다. 이러한 시각은 교회를 군대보다는 병원으로 보는 측면이 강합니다. 다시 말해, 복음전도나 해외선교에 치중하는 교회를 군대로 비유한다면, 가르침을 받고 다듬고 세워 가는 일에 치중하는 교회를 병원에 비유할 수 있기 때문입니다. 그 당시 교회는 이 병원이라는 시각을 놓치고 있었다는 것이 그의 지적입니다. 그는 이를 부각시키고 드러내는 데 치중함으로써 다른 편에 서서 한몫을 감당해 낸 설교자일 것입니다. 이처럼 그는 다수파가 아닌 소수파에 속한 설교자였습니다.

　이제 『교회』 선집이 비로소 그 모습을 드러냅니다. 이 선집도 『믿음』이나 『성화』와 마찬가지로 선정 기준은 다르지 않지만, 다만 단권 설교집은 제외했습니다. 그 이유는 교회에 관한 설교가 거기에 들어 있지 않았기 때문입니다. 선정 원칙으로는 첫째, 강해 시리즈 설교집에서 선정한다. 둘째, 2007년 이전 설교들로 제한한다. 셋째, 주제의 논리성을 살려 설교들을 배열한다.

　첫째 원칙은 강해 시리즈에 실린 수많은 설교들을 통해 그가 말하는 특정 주제, 곧 교회에 관한 주제를 독자로 하여금 쉽게 읽어 낼 수 있도록 도우려는 의도에서 그렇게 했습니다. 해당 강해 시리즈는 모두 6개입니다. 1986년에 출간된 요한복음 강해(6권)를 필두로, 로마서 강해(8권), 에베소서 강해(6권), 고린도전서 강해(4권), 고린도후서 강해(4권), 마태복음 강해(6권)가 2005년까지 계속 나왔습니다. 누가 이 수많은 책들을 단숨에 읽고 그의 교회론을 알거나 자신의 것으로 삼을 수 있겠습니까.

둘째 원칙은 2007년을 기점으로 그의 세계가 전후로 크게 나누어졌다고 보기에 그렇게 정했습니다. 2007년 이전의 설교에서는 주로 하나님과 한 개인의 관계 문제가 부각되어 나타납니다. 이것은 그의 신앙론이든, 성화론이든, 교회론이든 그 어디서든 쉽게 볼 수 있을 것 같습니다. 단적인 예로, 그는 교회를 가정에 비유해서 종종 설명하는데, 교회를 가리켜 신앙을 훈련하는 장으로 이해한다는 점에서도 그렇습니다. 물론 그의 설교가 사회나 문화나 국가의 문제를 전혀 그 대상으로 삼지 않았다는 것은 결코 아닙니다. 그렇더라도, 2007년을 전후로 그 이전과 단절하는 것은 아니지만 더 종합적인 세계관이 그의 설교에 서서히 더 드러나고 있는 것은 사실입니다. 그 계기가 바로 '청장년을 위한 특별 강좌'(2007)라고 말할 수 있습니다. 이 특강이 그런 분기점이 되었다고 생각합니다.

셋째 원칙은 강해 시리즈 설교가 성경 각 권의 장절을 따라 전달된 까닭에 여러 주제들이 혼재된 상태로 배열되어 있고 주제의 논리성을 따라 '교회'가 무엇인지 쉽게 파악하기 어렵다고 판단했기에 그렇게 했습니다. 그러나 이 셋째 원칙에는 장단점이 있습니다. 주제의 논리성은 쉽게 읽어 낼 수 있겠지만 설교 당시의 맥락은 상당히 상실될 수 있다는 단점이 있습니다. 그럼에도 불구하고 이제 그가 자신의 문제로 삼고 외쳐 온 교회라는 주제를 좀 더 한눈에 볼 수 있게 할 것입니다.

박영선 목사는 자신의 설교에 삶의 논리를 담고 있습니다. 그의 설교는 신학의 논리로 청중을 강요하지 않고 하나님이 우리를 만나 주시는 삶의 현실이 어떻게 일어나고 진행되는지 설명하려고 애를 씁니다. 이러한 작업을 통해 그리스도에 근거한 하나님의 은혜를 전달하고 있습니다. 따라서 그의 설교는 구원론적 설교요 기독론적 설교라고 할 수 있겠습니다. 이처럼 복음을 중시하는 설교는 사도 바울의 모범을 따르는 것으로서 어느 시대든 이런 설교가 요청된다 하겠습니다.

첫 번째 선집인 『믿음』(2013.1)과 두 번째 선집인 『성화』(2013.7)가 출간되었고, 이제 마지막으로 『교회』 선집이 출간됩니다. 엮은이가 부탁한 설교 자료들을 뽑아 그것들을 건네준 남포교회 편찬실의 이동익 실장과 일차 교열을 맡아 수고한 우경신 전도사, 그리고 중간에서 여러 실무 역할을 맡은 '복 있는 사람' 출판사에게 감사의 말을 전합니다.

2013년 12월
조주석 목사

1

교회의 본질

01

나를 깨우치는 부르심

요 4:1-9

예수께서 제자를 삼고 세례를 베푸시는 것이 요한보다 많다 하는 말을 바리새인들이 들은 줄을 주께서 아신지라. (예수께서 친히 세례를 베푸신 것이 아니요 제자들이 베푼 것이라.) 유대를 떠나사 다시 갈릴리로 가실새 사마리아를 통과하여야 하겠는지라. 사마리아에 있는 수가라 하는 동네에 이르시니 야곱이 그 아들 요셉에게 준 땅이 가깝고 거기 또 야곱의 우물이 있더라. 예수께서 길 가시다가 피곤하여 우물 곁에 그대로 앉으시니 때가 여섯 시쯤 되었더라. 사마리아 여자 한 사람이 물을 길으러 왔으매 예수께서 물을 좀 달라 하시니 이는 제자들이 먹을 것을 사러 그 동네에 들어갔음이러라. 사마리아 여자가 이르되 당신은 유대인으로서 어찌하여 사마리아 여자인 나에게 물을 달라 하나이까 하니 이는 유대인이 사마리아인과 상종하지 아니함이러라.

지금 우리가 살펴보려는 것은 예수님께서 왜 사마리아 여인에게 물을 달라고 하셨는가 하는 것입니다. 본문에는 예수님께서 길을 가시다가 피곤하셨다고 적혀 있습니다. 먼저 4:30-32까지를 보십시다. 제자들이 돌아와서 예수님께 양식을 드리는 장면입니다.

그들이 동네에서 나와 예수께로 오더라. 그 사이에 제자들이 청하여 이르되 랍비여, 잡수소서. 이르시되 내게는 너희가 알지 못하는 먹을 양식이 있느니라(요 4:30-32).

예수님은 피곤해서 우물가에 앉으셨고 제자들은 음식을 구하러 동네로 들어갔다고 했는데, 막상 제자들이 음식을 가지고 와서 잡수시라고 했을 때는 "내게는 너희가 알지 못하는 양식이 있다"고 하셨습니다. 따라서 본문을 통해 우리는, 사마리아 여인에게 물을 달라시던 예수님의 요구에는 당장 예수님께 필요한 것 이상의 의미가 들어 있다는 것을 알게 됩니다.

야곱의 우물

우선 5절을 보면, 사마리아에 있는 수가라는 동네는 야곱이 아들인 요셉에게 준 땅이 가깝다고 쓰여 있습니다. 참고로 창세기 33:18을 찾아보면, "야곱이 밧단아람에서부터 평안히 가나안 땅 세겜 성읍에 이르러 그 성읍 앞에 장막을 치고"라는 기록이 나옵니다. 우리가 잘 아는 대로 이 부분은, 야곱이 하란에서 돌아오면서 얍복 나루터에서 하나님의 사자와 씨름하고 환도뼈가 위골되어 다리를 절었다는 기록 다음에 이어지는 장면입니다. 야곱은 벧엘로 올라가라는 하나님의 부름을 받고 외삼촌 라반의 집에서부터 출발했습니다. 벧엘로 돌아가다가 얍복 나루터에서 하나님의 사자와 씨름을 하고, 숙곳에 이르렀다가 가나안 땅 세겜 성 앞에 장막을 친 뒤, 자기가 장막을 친 그 밭을 돈을 주고 샀습니다.

지금의 이스라엘 지방, 팔레스타인 지경(地境)은 광야가 많고 평야가 적은 곳이라서, 목축업을 하는 사람들에게 우물은 매우 긴요한 것이었고 터를 잡는 데 있어서 가장 근본이 되는 것이었습니다. 그런 점으로 볼 때 그가 장막을 쳤던 곳에는 우물이 있었을 것이라고 추측할 수 있습니다. 오늘 본문 기록처럼 야곱의 우물이 거기 있었다는 것을 보면 그 사실이 증명됩니다.

재미있는 것은, 창세기 48:21-22을 보면 "야곱이 요셉에게 준 땅이 가깝다"는 기록을 증거하는 역사적인 사건이 나옵니다.

> 이스라엘이 요셉에게 또 이르되 나는 죽으나 하나님이 너희와 함께 계시사
> 너희를 인도하여 너희 조상의 땅으로 돌아가게 하시려니와 내가 네게 네
> 형제보다 세겜 땅을 더 주었나니 이는 내가 내 칼과 활로 아모리 족속의 손
> 에서 빼앗은 것이니라(창 48:21-22).

요한복음에 나온 것같이 야곱이 요셉에게 준 땅—수가라는 동네, 야곱의 우물이 있는 곳—을 창세기 48장에서 야곱이 요셉에게 주었는데, 그 땅은 칼과 활로 아모리 족속의 손에서 빼앗은 것이라고 말합니다. 창세기 33:19에서는 돈을 주고 샀다고 했는데 창세기 48:21-22에서는 칼과 활로 빼앗았다고 되어 있습니다.

이러한 역사적인 배경을 알고 요한복음 4장에 기록된 예수님과 사마리아 여인 사이에서 일어나는 일을 이해해야 됩니다. 수가라는 동네의 이름은 "돈을 주고 샀다"는 뜻입니다. 성경에서 값을 주고 샀다는 것은 자주 등장하는 표현입니다. "피로 값 주고 사신 교회", 이것이 우리 성도들에 대해 성경이 붙인 칭호입니다. 주의 피로 값 주고 사신 교회, 주께서 희생의 대가를 치르고 빼앗으신 하나님의 자녀, 이것 역시 상당히 재미있는 표현입니다. 수가라는 성의 이름도 아주 깊은 의미가 있습니다.

그 동네, 돈 주고 산 동네에 예수님과 제자들이 와서 야곱의 우물에 이르렀는데, 그 우물은 야곱이 돈을 주고 샀고 그의 후손들은 거저 쓰고 있는 것이었습니다. 야곱이 돈을 주고 샀을 뿐만 아니라 그것을 지키기 위하여 아모리 족속의 손에서 칼과 활로 빼앗은 것이라는 말은 무슨 뜻일까요? 야곱이 산적이나 강도같이 땅을 빼앗았다는 말이 아니라, 정당하게 샀으면서도 그 우물을 원수들의 손에서 지켰다는 표현이 숨어 있는 것입니다.

이것이 사마리아의 수가라는 동네에서 예수님이 한 여인을 만나는 장면의 배경 설명입니다.

결국 본문 말씀은 하나님이 자기의 자녀들을 찾아오셔서 그 사람의 죄값을 치르고 자기의 자녀로 만드시는 과정에 대한 상징적인 표현입니다. 사마리아의 수가라는 동네에 오셔서 한 여인을 만나시는 것으로 이 장면을 연출하신 것입니다.

여인은 예수님을 만날 기대나 목마름이 없었습니다. 오히려 예수님께서 찾아오셨습니다. 값을 주고 사러 오신 것입니다. 우리가 값을 치를 능력이 없기 때문에 예수님께서 친히 값을 치르셨습니다. 요한복음 4:10에서처럼 "선물"이라고 표현하신 것을 기억하시기 바랍니다.

> 예수께서 대답하여 이르시되 네가 만일 하나님의 선물과 또 네게 물 좀 달라 하는 이가 누구인 줄 알았더라면 네가 그에게 구하였을 것이요 그가 생수를 네게 주었으리라(요 4:10).

하나님께서 우리의 죄값을 치르시고 예수 그리스도의 피로 우리를 값 주고 사심을 나타내는 대목입니다. 사실 우리는 이 자리에 나와 있을 자격이 없는 사람이고, 이 자리에 나오겠다고 애를 쓴 사람도 아닙니다. 다만 하나님께서 예수 그리스도의 피로 값 주고 사셨기 때문에 하나님의 자녀가 된 사람들입니다.

네가 누구냐

여기서 생각해 볼 주제는 값을 주고 사신 데에 초점을 두려는 것이 아니라, 왜 예수님께서는 이 여인에게 오셔서 물을 달라고 하시는 것으로 대화를 시작하셨는가 하는 것입니다.

예수님은 단순히 여행으로 인해 피곤해서 물을 달라고 하신 게 아닙니다. 사마리아 여인에게 무엇인가 짚고 넘어갈 것이 있고 가르칠 것이 있기 때문이었습니다. 그의 영안(靈眼)을 열리게 하실 목적으로 물을 달라고 하시면서 말문을 여신 것입니다. 그런 사실을 무엇으로 알 수 있습니까? 제자들이 돌아와서 음식을 잡수시기를 권할 때 "내게는 너희가 알지 못하는 먹을 양식이 있느니라"(요 4:32), "나의 양식은 나를 보내신 이의 뜻을 행하며 그의 일을 온전히 이루는 이것이니라"(요 4:34)고 대답하셨습니다. "물을 달라", 이 말은 아주 단순한 말입니다만 여기에는 하나님의 큰 의도와 깊은 배려가 숨어 있음을 주의해서 보아야 합니다.

이런 질문을 해봅시다. 교회에서 제일 필요한 것이 무엇이라고 생각하십니까? 교회라고 하면 범위가 너무 넓으니까, 작은 개척 교회에서 제일 필요한 것이 무엇인가를 생각해 봅시다. 그렇다면 두말할 필요도 없이 돈입니다. 그러나 이런 말을 하는 것은 상당히 어렵습니다. 교회에 돈이 필요하다는 것은 하나님이 돈을 필요로 하신다는 말이 결코 아닙니다.

하나님은 천지 만물을 지으신 분입니다. 말씀 한마디로 하늘을 펴시고 땅을 펴셨습니다. 거기에 물이 있게 하셔서 각종 생물을 바다에 충만하게 하시고, 공중에 충만하게 하시며 땅 위에 충만하게 하신 분입니다. 그럼에도 불구하고 우리가 교회 일을 하다 보면 믿음과 기도만으로 되는 것이 아니라 분명히 돈도 필요합니다.

왜 교회에 돈이 필요합니까? 그것이 바로 본문 말씀 중에 예수님께서 사마리아 여인에게 물을 달라고 하신 것과 일치하는 대목입니다. 하나님께는 돈이 필요 없습니다. 그러나 우리는 돈을 내야 합니다. 돈을 내면서 우리는 내가 누구인지를 배웁니다. 본문과 연결해 보자면, 물 좀 달라고 하시는 예수님의 말씀에 사마리아 여인은 "당신은 유대인으로서 어찌하여 사마리아 여자인 나에게 물을 달라 하나이까"(요 4:9)라고 반응했습니다. 사마리아 여인은 유대인인 예수님에게 물을 줄 만한 사람이 아니라는 것을 확인하는 내용입니다.

우리가 이해하기 쉽게 말하자면, 교회가 돈만 밝힌다, 부자만 좋아한다, 권세 있는 사람을 좋아한다는 그런 이야기는 접어 두고, 과연 내가 정당한 십일조를 내고 하나님 앞에 시간을 바칠 수 있는 사람이며 그렇게 살고 있는가를 확인해 보아야 한다는 것입니다.

우리가 한 달에 만 원을 번다면 천 원의 십일조를 내는 것은 어렵지 않습니다. 그러나 천만 원을 벌 때 백만 원을 내는 것은 조금 힘이 듭니다. 일억쯤 버는 사람이 천만 원을 내는 것도 쉽지 않습니다. 오히려 돈이 없는 사람이 더 잘 냅니다. 돈을 못 벌기 때문에 자포자기가 되어 그런지는 모르겠습니다만, 돈을 많이 가진 사람보다 적게 가진 사람이 훨씬 잘 씁니다.

우리는 십일조를 낼 때마다 갈등합니다. "꼭 십 분의 일을 내야만 되는가? 하나님이 돈을 보실까, 정성과 진심을 보시겠지!" 그런 이야기는 왜 합니까? 결국 돈이 아깝다는 뜻입니다. 우리가 십일조를 얼마만큼 내느냐에 따라 하나님의 일이 되기도 하고 안 되기도 한다는 뜻이 아닙니다. 돈이 얼마나 모여야 교회의 일이 진행되며 하나님의 나라가 확장되느냐 하는 이야기도 아닙니다. 실제로 십일조를 하려고 보면, 사실 우리는 하나님보다 돈을 더 사랑하는 사람이라는 것을 뼈저리게 느끼게 됩니다. 우리가 가장 사랑하는 것이 무엇인가를 알아보려면, 무엇에 가장 많은 돈을 사용하고 있는가를 살펴보면 틀림없습니다.

제가 유학을 갔던 학교에서 교육학을 가르치시는 '엘머 타운즈'라는 스승이 계셨습니다. 그분은 주일학교 교육에 있어서는 세계적인 권위자이셨습니다. 한번은 우리들의 생활을 점검해 보는 방법으로 각자 종이를 꺼내 놓고 한 달 용돈 중에서 무엇에 얼마나 쓰는지 그 항목과 금액을 써 보라고 하셨습니다. 옷을 사는 데 얼마, 영화 구경에 얼마, 볼링장 가는 데 얼마, 이런 식으로 한 달 용돈을 전부 정리하고 나니까 이렇게 말씀하셨습니다. "어디에다 돈을 제일 많이 쓰는가를 살펴보라. 그리고 여러분이 제일 많이 관심을 갖고 있는, 이것만은 꼭 해야 된다고 생각하는 것이 무엇인가를 써 놓고 비교해 보라"고 하셨습니다.

교회는 내가 누구인지를 깨우침 받는 곳

이 작업을 통해서 대부분의 학생들이 돈을 많이 쓴 항목은 자신과 향락을 위해서임을 알게 되었습니다. 말로만 하나님을 사랑하고 말로만 봉사했다는 것이 여실히 드러난 것입니다. 선생님은 그때 "돈을 가장 많이 쓴 곳이 가장 관심이 있고 좋아하는 것"이라고 꼬집어 지적하셨습니다.

여러분도 자기를 한번 점검해 보시기 바랍니다. 하나님을 사랑하고 주 앞에 봉사하기를 원한다고 말하기는 쉽습니다만, 정작 돈을 어디에 제일 많이 쓰는가를 적어 보십시오. 그러면 우리는 아직도 옷을 사고, 놀러 다니고, 생색을 내는 데에 훨씬 관심을 가지는 사람들이라는 것을 알게 됩니다. 그것이 우리의 목적인 것입니다.

예수님이 사마리아 여인에게 묻고 깨닫게 하고 싶으신 것은 오직 "네가 누구냐?"는 것이었습니다. 또 예수님은 여인에게 "네 남편을 불러오라"고 하셨습니다. 여인은 "나는 남편이 없나이다"라고 했고, 예수님은 "네가 남편이 없다 하는 말이 옳도다. 너에게 남편 다섯이 있었고 지금 있는 자도 네 남편이 아니니 네 말이 참되도다"(요 4:16-18)라고 하셨습니다. 여기까지 지적받아야 된다는 것입니다.

교회는 아무 말썽이 없고 무슨 일이든지 잘하며 부끄러움이 없고 자랑할 것이 많은 곳일 것이라고 상상하지 마십시오. 저는 그렇게 생각하지 않습니다. 저는 교회란 늘 수군수군하고 빈정거리며, 삐죽거리고 경쟁을 하고 가슴 아픈 일이 일어나는 곳이라고 생각합니다. 왜냐구요? 모두가 "나는 떳떳하게 살 것이다, 이만하면 괜찮다"는 자부심을 가지고 와서 주의 일을 하다 보면, 그렇지 않다는 것을 발견하게 될 것이기 때문입니다. 어떤 집사님이 돈을 내놓으며 봉사하지만 실상은 생색내는 것을 좋아한다는 것을 발견하게 되는 곳이 교회일 것입니다. 나는 그런 사람이 아니라고 알고 있다가 교회에서 제일 말썽을 많이 부리는 사람이 바로 나라는 것을 뒤늦게 깨닫고는 놀라는 곳이 교회일 것이기 때문입니다.

저는 교회가 완벽한 사람들이 모여서 하나님의 나라를 멋있게 이루어가는 곳이라고 생각하지 않습니다. 착각과 환상 속에 사로잡힌 신자들이 모여서 "바로 내가 사마리아 여인이구나, 바로 내가 죄인 중에 괴수구나, 나야말로 만삭되지 못하여 난 사람이구나" 하는 자탄과 절망 속에서 가슴 아파하는 회개의 기도가 일어나는 곳이라고 생각합니다. 그래서 하나님은 교회 안에 여러 가지 문제가 있게 하시고 일거리를 주시는 것입니다. 이런 것은 여러분이 잘하려는 것 이상으로 여러분 자신이 누구인가를 알게 하시려는 것입니다. 오늘 본문에도 그렇게 결론이 납니다.

여자의 말이 내가 행한 모든 것을 그가 내게 말하였다 증거하므로 그 동네 중에 많은 사마리아인이 예수를 믿는지라. 사마리아인들이 예수께 와서 자기들과 함께 유하시기를 청하니 거기서 이틀을 유하시매 예수의 말씀으로 말미암아 믿는 자가 더욱 많아 그 여자에게 말하되 이제 우리가 믿는 것은 네 말로 인함이 아니니 이는 우리가 친히 듣고 그가 참으로 세상의 구주신 줄 앎이라 하였더라(요 4:39-42).

여자가 예수 그리스도에 대하여 새로운 안목을 갖게 된 것은 자기가 누구인지를 지적받은 것 때문이라는 사실을 기억하십시오. 여자는 예수님으로부터 자신이 행했던 모든 일을 들었고(39절), 전에 남편이 다섯 있었고 지금 있는 자도 남편이 아니라는(18절) 말씀을 들었습니다. 지적받을 때, 곧 내가 누구냐는 것을 깨달았을 때에야 비로소 우리는 하나님이 누구이신가를 제대로 볼 수 있게 되는 것입니다.

신자란 하나님을 위하여 뭔가 그럴 듯한 일을 하고 하나님이 못하시는 일을 도와 드려서 그 일을 완성시키는 보조원이 아닙니다. 신자란 다만 인간이 얼마나 희망 없는 족속이며, 죄로 말미암아 얼마나 처참한 자리에 있고, 냄새나는 죄인인가를 영적으로 깊이 깨달은 사람입니다. 그리스도 이외에 자랑할 것이 없고, 자랑으로 생각했던 모든 것들을 배설물에 불과하다고 여기고, 그 깊이와 아픔을 남보다 더 많이 아는 사람입니다. 그런 사람이 신자입니다. 또한 이러한 일들을 지적받고 깨우치게 되는 곳이 바로 교회입니다. 그것을 위하여 예수님은 사마리아 여인과 우리를 향해 "내게 물 좀 달라"고 말씀하십니다. 우리에게는 그런 부딪힘과 깨어짐이 있어야 합니다.

훈련의 시간을 주심

저는 오늘날 한국교회에 점점 관중만 늘어 가는 현상이 걱정스럽습니다. 교회에는 오지만, 예배 드리고 설교 듣고 헌금이나 하고 도망가는 풍토가 만연되는 것이 걱정입니다. 또한 오늘날처럼 신자가 많고, 오늘날처럼 목사가 많았던 적도 없었습니다. 여기저기에 교회가 서고, 한 건물 안에도 몇 개의 교회가 공존하는 시대가 되었습니다. 그리고 교회는 점점 대형화됩니다. 왜 점점 대형화가 되는 것일까요? 교회 안에 들어가 깊이 참여하는 것은 싫고 뒤에 앉아서 몰래 구경꾼이 되고 싶기 때문입니다. 교회가 점점 너무 냄새나는 곳이 되었기 때문이라는 것은 누구나 알고 있습니다. 목사에 대한 실망, 교회에 대한 실망, 그러한 것들이 우리 모두를 교회에 참여하는 신자가 아니라 구경하는 신자로 만들어 가는 것입니다. 그래서 "교회에는 깊이 들어가지 않는 게 신앙에 도움이 된다"고 말하는 사람도 있습니다. 과연 그럴까요?

이런 생각을 해보십시오. 요즘은 텔레비전 위성 중계로 축구를 보기 때문에 펠레나 마라도나가 하는 축구 경기를 볼 수 있습니다. 그들의 축구를 보다가 한국 축구를 보면 왜 저렇게밖에 못하느냐고 답답해합니다. 하지만 말처럼 쉬운 건 없습니다. 직접 나가서 공을 차 보십시오. 공이 발에 제대로 맞는 적이 있습니까? 눈으로 구경을 하는 것만큼 쉬운 것도 없습니다. 참여하지 않는 사람은 성장하지 않습니다. 물론 참여하지 않고 훈련도 받지 않으면 더 쉽습니다. 멍도 들지 않고 근육의 통증도 없이 그저 베개를 베고 누워서 리모컨으로 여기 틀었다, 저기 틀었다 하면 됩니다.

그러나 신자는 그런 식의 구경꾼이 되어서는 안 됩니다. 실패해 보아야 합니다. 울어 봐야 합니다. "내가 이 정도밖에는 되지 않는구나" 하며 아파해야 합니다. 자기를 쳐서 복종시키는 훈련을 하지 않는 사람은 각성해야 합니다. 우리는 그렇게 부름 받았기 때문입니다.

여러분과 저는 예수 그리스도의 피로 말미암아 하나님 앞에 하나님의 소유로 값 주고 사신 바 되었습니다. 하나님께서는 칼과 활로 우리를 지키고 계십니다. 그렇다고 그냥 가만히 있으라는 것이 아닙니다. 하나님의 사람으로 흠도 없고 점도 없는 영광의 자리까지 성장하라고 보호하고 계시는 것입니다.

여러분의 자녀들에게 독방을 만들어 주고 좋은 책을 사 주며, 먹을 것을 먹여 주고 입을 것을 입혀 주는 이유가 무엇입니까? 아들답게, 딸답게 크라는 것 때문입니다. 그런 것처럼 하나님께서는 우리를 마귀의 종 되었던 자리에서 예수 그리스도의 피로 값 주고 사서 그분의 영광스러운 자녀로 삼으셨고, 지금도 우리를 칼과 활로 지키고 계십니다.

그러면, 우리는 지금 무엇을 해야 합니까? 가만히 앉아만 있어서는 안됩니다. 교회를 세우신 하나님께서는 우리들에게 일거리를 주시며 너는 돈을 내라, 너는 시간을 내라, 너는 목사를 해라, 너는 집사를 해라, 너는 장로를 해라, 너는 여전도회 임원을 해라, 이렇게 부르십니다.

왜 그렇습니까? 하나님이 능력이 없으셔서 부르시는 것입니까? 아닙니다. 하나님은 우리가 누구인지를 확인하고 고치고 훈련해서, 우리를 부르신 부름의 목적지까지 오라고 부르십니다. 이것을 기억하셔야 합니다. 그러므로 구경만 하거나 도망가는 그런 사람은 되지 마십시오.

하나님께서 여러분을 교회로 부르셨습니까? 교회에는 할 일이 많습니다. 그 일들을 우리가 해야 하고, 안 하면 안 된다는 뜻은 아닙니다. 할 일이 있다는 것은 바로 우리에게 훈련의 시간을 주셨다는 것이요, 공부할 방법을 만들어 주셨다는 것이며, 공부할 숙제거리를 주셨다는 의미입니다.

숙제란 쉽게 할 수 있는 문제를 주는 것이 아닙니다. 가장 어려운 문제를 내서 그다음 단계를 준비시키는 것입니다. 초등학생에게 주는 숙제와 대학생에게 주는 숙제는 다른 법입니다. 각자가 자기의 숙제를 찾으십시오. 이것이야말로 사마리아 여인을 만나신 예수님이 "물 좀 달라"시던 말씀 속에 포함되어 있는 엄청난 도전입니다.

우리는 모두 이 말씀을 받아야 합니다. 편안함 속에서 세월을 흘려보내지 마십시오. 우리를 부르신 예수 그리스도의 부르심 앞에서 나에게 허락하신 숙제와 훈련을 달게 받기로 결심하십시오. 그 훈련을 통하여 성장하는 여러분이 되시기를 바랍니다.

교회로 부르심

마 25:41-46

또 왼편에 있는 자들에게 이르시되 저주를 받은 자들아 나를 떠나 마귀와 그 사자들을 위하여 예비된 영원한 불에 들어가라. 내가 주릴 때에 너희가 먹을 것을 주지 아니하였고 목마를 때에 마시게 하지 아니하였고 나그네 되었을 때에 영접하지 아니하였고 헐벗었을 때에 옷 입히지 아니하였고 병들었을 때와 옥에 갇혔을 때에 돌보지 아니하였느니라 하시니 그들도 대답하여 이르되 주여, 우리가 어느 때에 주께서 주리신 것이나 목마르신 것이나 나그네 되신 것이나 헐 벗으신 것이나 병드신 것이나 옥에 갇히신 것을 보고 공양하지 아니하더이까. 이에 임금이 대답하여 이르시되 내가 진실로 너희에게 이르노니 이 지극히 작은 자 하나에게 하지 아니한 것이 곧 내게 하지 아니한 것이니라 하시리니 그들은 영벌에, 의인들은 영생에 들어가리라 하시니라.

마태복음 24장과 25장에 걸친 종말에 관한 내용은, 종말을 어떻게 대비하며 준비해야 하는지와 심판이 어떤 기준에 의해서 시행되는지에 대한 일반적인 설명이 아니라 신자들을 대상으로 한 설명입니다.

우리는 종말에 근신하여 깨어 있어야 합니다. 날짜만을 기다리는 것이 아니라 하나님의 백성으로 부름 받은 자다운 자세를 가지고 기다려야 한다고 말합니다. 또한 심판도 마땅히 하나님의 백성다웠느냐 그렇지 않았느냐로 설명합니다. 이 모든 것은 교회론적이라고 말씀드렸습니다. 오늘은 여기에 좀 더 신학적인 시각을 가지고 설명하려고 합니다.

경험과 이해 쪽으로만 치중된 구원 이해

한국교회는 기독교 신앙의 내용면에서 구원론에 너무 치중되어 있습니다. 너무 치중되었다는 것은, 강조하는 자체가 잘못된 것이 아니라 다른 내용과의 균형과 이해에 있어서 편중되어 있다는 뜻입니다. 구원 문제만 해도 우리는 실존적인 확인에만 너무 치우쳐 있습니다. "예수를 믿으면 구원을 얻는다"는 것은 구원에 관한 일관된 표현입니다. 하지만 예수를 믿으면 구원을 얻는다는 것이 그렇게 간단한 내용은 아닙니다.

로마서 10:9에 등장하는 바와 같이 "네가 만일 네 입으로 예수를 주로 시인하며 또 하나님께서 그를 죽은 자 가운데서 살리신 것을 네 마음에 믿으면 구원을 받으리라", 또는 사도행전 16:31과 같이 "이르되 주 예수를 믿으라. 그리하면 너와 네 집이 구원을 받으리라"와 같은 표현이 있습니다. 또 우리에게 너무나 익숙한 대표 성경 구절로는 요한복음 3:16의 "하나님이 세상을 이처럼 사랑하사 독생자를 주셨으니 이는 그를 믿는 자마다 멸망하지 않고 영생을 얻게 하려 하심이라"가 있습니다.

우리의 신앙은 예수를 믿으면 천국에 간다, 예수를 믿으면 하나님의 자녀가 된다는 것으로 설명됩니다. 또 믿음의 책임적인 부분인 자신의 결단과 선택, 예수 그리스도를 영접하는 것 등이 구원에 대한 설명의 대부분을 차지하고 있습니다. 그러나 구원을 이런 우리의 경험이나 이해 쪽으로만 설명하지 않고, 우리가 전혀 깨닫지 못하는 쪽으로도 설명해야 합니다. 그 대표적인 것이 로마서에 나옵니다.

> 만일 너희 속에 하나님의 영이 거하시면 너희가 육신에 있지 아니하고 영에 있나니. 누구든지 그리스도의 영이 없으면 그리스도의 사람이 아니라 (롬 8:9).

이러한 표현이 있습니다. 구원을 얻은 자는 다 성령이 계시는 자라고 이야기합니다. 성령이 거하신다라는 것은 고린도전서에 나오는 다음의 내용과 같습니다.

그러므로 내가 너희에게 알리노니 하나님의 영으로 말하는 자는 누구든지 예수를 저주할 자라 하지 아니하고 또 성령으로 아니하고는 누구든지 예수를 주시라 할 수 없느니라(고전 12:3).

그러므로 우리가 예수를 믿고 예수를 주라 고백하는 것들이 다 우리의 고백이고 결정이고 선택인 것 같지만, 성령께서 하시지 않으면 이런 결정이나 시인이 나올 수 없다고 합니다. 이와 같은 후자의 설명은 사실 우리가 자각하지 못하는 것들입니다.

구원을 설명할 때 이해나 선택, 분별, 결정 같은 것을 우리가 다 하는 것처럼 보입니다. 하지만 예수님을 이해하고 예수님을 만나고 영접하는 등의 결정적인 부분은 다 성령께서 하신 것입니다. 왜 이런 이야기를 꺼내느냐 하면, 우리가 깨닫고 이해하는 부분들이 주된 것이 되어 버렸기 때문입니다. 구원론에 있어서도 결정과 선택에만 너무 치중해서, 신앙생활도 우리가 이해하고 할 수 있는 것으로 제한되고 말았습니다. 그 제한됨이 성경이 말하고자 하는 또 다른 부분을 이해하지 못하게 방해합니다. 교회론에 있어서도 그렇습니다.

교회로 부르심이 무엇인지를 자각하지 못함

예수를 영접하며 믿는 내용들이 우리의 이해와 경험이지만, 그 속에 성령의 결정적인 사역이 있었다는 것을 우리의 경험과 이해로는 자각하지 못합니다. 마찬가지로 고린도전서 12:13의 "우리가 유대인이나 헬라인이나 종이나 자유인이나 다 한 성령으로 세례를 받아 한 몸이 되었고 또 다 한 성령을 마시게 하셨느니라"에 등장하는, 성령으로 세례를 받아 한 몸이 되었다는 것 역시 우리 모두가 자각하지 못하는 부분입니다.

구원에 있어서 성령의 개입과 결정적인 사역을 우리가 자각하지 못할 수 있듯이, 예수 그리스도를 믿으면 그리스도의 몸으로 부름을 받는다는 교회로의 부름에 대해서도 우리가 자각하지 못할 수 있습니다.

사실 성경에는 전도하라는 이야기가 마태복음 마지막 장과 사도행전 첫 장, 그리고 디모데전서에 한 번씩 나옵니다. 그 외에는 없습니다. 물론 간접적으로 더 있을 수는 있습니다. 서신서를 보면 전부 교회론, 성화론에 관한 것이지 전도에 관한 것은 거의 없습니다.

바울이 디모데 개인에게 보내는 편지에 있는 "너는 때를 얻든지 못 얻든지 복음을 전하라"는 가르침은 디모데가 바울의 뒤를 이을 하나님의 종, 사역자로 부름을 받고 있기 때문에 쓴 것이지, 교회에게는 전도에 대해 거의 이야기하지 않습니다. 오히려 구원 얻은 자의 삶에 대해서 논하고 있습니다.

그런데도 우리는 그러한 이해가 없어서 구원론에 집착을 하며, 구원론 전반에 대한 성경적 설명을 다 하지 못한 채로 예수 믿고 구원 얻고 전도하고 있습니다. 마치 어느 집에 들어가는데 현관문에서만 들락거리고 있는 것과 같습니다. 먼저 들어간 자는 도어맨이 되어서 다음 사람을 들어오게 하고, 들어오면 제복 입혀서 또 도어맨이 되게 하고, 그래서 현관에만 계속 세울 뿐 안에는 아무것도 없는 텅 빈 집을 지은 식이 되고 말았습니다.

그래서 대부분의 성도들은 신앙 전체를 구원론적인 신앙으로 이해합니다. 여러분도 신앙생활을 구원론적인 감격과 분명한 행동으로만 이해해서, 그렇게 하지 못하면 죄책감을 가지고, 그런 조건이 되지 않는 것 때문에 신앙생활을 외면하게 되는 것 같습니다. 어쩌면 그래서 교회들이 구원론적인 차원의 현장감 있는 선교사나 새로 믿은 사람을 불러서 간증을 듣고 간접적인 감격과 확인을 하곤 하는 것은 아닌가 싶습니다. 자신들의 신앙생활의 무지나 오해를 간접 경험으로 때워 나가는 것인지도 모릅니다. 대표적인 예로 에베소서 1장에 이런 말씀이 나옵니다.

> 우리 주 예수 그리스도의 하나님, 영광의 아버지께서 지혜와 계시의 영을 너희에게 주사 하나님을 알게 하시고 너희 마음의 눈을 밝히사 그의 부르심의 소망이 무엇이며 성도 안에서 그 기업의 영광의 풍성함이 무엇이며 그의 힘의 위력으로 역사하심을 따라 믿는 우리에게 베푸신 능력의 지극히 크심이 어떠한 것을 너희로 알게 하시기를 구하노라(엡 1:17-19).

바울이 에베소 교회에 보낸 편지입니다. 모든 서신서들이 그렇듯이, 교회에 보내는 편지 서두에 인사말이 있고 권면을 합니다. 권면의 기준과 근거는 "예수를 믿고 한 형제가 되어 참 기쁘고 반갑다, 이제 하나님의 백성이 되었으니 이렇게 살아라" 이것입니다.

이는 두 가지를 근거로 하고 있습니다. 하나는 너희가 하나님이 어떤 분인지를 알기를 원하고, 그다음에 그분이 너희를 왜 구원해 내었는지를 알기 원한다는 것입니다. 여기서 왜라는 것은 원인이나 이유, 자격에 관한 것이 아니라, 구원을 해서 무엇을 하려고 하시는지를 알기 원한다, 부르심의 소망, 그 기업의 영광이 무엇인지를 알기 원한다는 것입니다.

모든 성도들은 십자가를 통과한 뒤 이 목표를 위해 살아가는 과정이 현실입니다. 하지만 대부분의 한국교회의 현실은 그냥 십자가를 통과하는 것이 전부가 되었습니다. 이미 지나왔는데도, 그것만이 신앙의 내용이고 책임이며 자랑이 되고 있습니다. 내가 통과한 것을 누구에게 가서 확인하고 간증하고 그것으로 새로운 사람을 구원해 내는 식이니, 마치 현관문에 만 다 둘러서 있는 격입니다.

함께 지어져 감

십자가가 가장 강조되어야 하는 이유는 그다음에 있을 모든 것들이 십자가 없이는 시작될 수 없기 때문입니다. 십자가는 시작인 것입니다. 그러고서 교회로 가야 하는 것입니다. 교회란 무엇입니까? 에베소서 1장을 봅시다.

> 또 만물을 그의 발 아래에 복종하게 하시고 그를 만물 위에 교회의 머리로 삼으셨느니라. 교회는 그의 몸이니 만물 안에서 만물을 충만하게 하시는 이의 충만함이니라(엡 1:22-23).

예수 그리스도는 우리를 죄에서 구원하기 위하여 십자가를 지셨습니다. 그리고 하나님은 죄에서 구원 받은 우리를 성도의 기업의 풍성한 자리 에 이르게 하기 위하여 예수님을 우리의 머리가 되게 하셨습니다.

성경에는 하나님의 백성을 부르는 명칭이 몇 개 있습니다. 주를 믿는 자라 할 때는 '신자'라고 합니다. 세상 사람들과 구별할 때는 '성도'라고 합 니다. 그리스도를 머리로 하여 그 몸으로 묶였다고 말할 때는 '교회'라는 명칭을 씁니다. 이것은 조직이나 건물을 의미하지 않습니다.

교회라는 명칭을 사용할 때는 모든 성도들이 그리스도의 몸으로 묶여 있다는 뜻입니다. 그렇게 한 것은 하나님을 알게 하시고 그의 부르심의 목 표가 채워지도록 하시기 위해서입니다.

너희는 사도들과 선지자들의 터 위에 세우심을 입은 자라. 그리스도 예수께서 친히 모퉁잇돌이 되셨느니라. 그의 안에서 건물마다 서로 연결하여 주 안에서 성전이 되어 가고 너희도 성령 안에서 하나님이 거하실 처소가 되기 위하여 그리스도 예수 안에서 함께 지어져 가느니라(엡 2:20-22).

성전이 되어야 하는 것입니다. 성전으로의 완성, 하나님이 거하시는 처소로 완성되기 위해 지어져 가는 것입니다. 이것이 교회론의 중요한 내용입니다.

예를 들어, 애국(愛國)을 생각해 봅시다. 애국은 어느 나라 사람이건 국민의 기본적인 책임이라고 의식하고 있습니다. 우리나라처럼 주변 국가들에게 시달림을 받았던 나라에서 애국은 일차적으로 국가를 지키는 국방의 의무와 연결이 될 것입니다. 외적으로부터 나라를 지켜야 합니다. 그러나 애국이라는 것은 꼭 그렇게 무기를 들고 국토를 방비하는 것만이 아니라 그 외에도 여러 가지가 있습니다. 나라에 대한 특별한 우월감을 나타내기 위해서는 여러 가지 문화적·정신적·예술적인 노력을 할 수가 있습니다.

그런 일 중에 가장 보편적이면서도 가장 중요한 것은 그 나라 국민으로서의 책임을 다하는 것입니다. 소시민의 자리를 지키는 것이야말로 가장 중요한 애국이요 책임입니다. 한 가정을 지키고 직장에서 자기 맡은 일을 하는 것입니다. 나라의 국민으로서 내야 하는 세금을 내고 의무를 다하며, 가정을 지키고 자식들을 교육시키는 이런 일들이야말로 애국에 있어서 가장 중요한 내용입니다. 그렇게 해야 나라가 부강해지며 튼튼하게 존속합니다.

누군가 개인이 국가의 위신을 세우고 이름을 높이는 일들을 자주 봅니다. 그것은 특별한 재주요, 그 개인은 훌륭한 사람입니다. 하지만 다 그렇게 할 수는 없습니다. 그리고 그것이 최선의 길도 아닙니다.

마찬가지로 신앙의 문제에 있어서도 자꾸 신앙 행위라는 것이, 어떤 특별한 일로 깃발을 날리는 것처럼 여겨지고 있습니다. 모든 성도들이 구원론적 차원에서 감격스럽고 독특하게 신앙 행위를 해야 된다는 생각 때문에, 기회를 잡지 못하고 늘 일상생활에 끌려가는 것이 잘못된 것이라는 죄책감을 가지게 됩니다. 그렇지 않습니다. 교회론적으로 보시면 됩니다. 교회론적으로 본다는 것은 구원론과 구별된 것이 아니라 구원이 목표로 하는 것이란 말입니다. 교회론적인 것이 무엇입니까? 함께 가는 싸움입니다.

작은 일에 충성하라

예수 그리스도의 몸으로 부름을 받아서 어디로 가기로 되어 있는지 살펴봅시다. 에베소서 4장입니다.

> 우리가 다 하나님의 아들을 믿는 것과 아는 일에 하나가 되어 온전한 사람을 이루어 그리스도의 장성한 분량이 충만한 데까지 이르리니(엡 4:13).

그러기 위해서 함께 지어져 가야 하는 것입니다. 지체로 뭉쳐서 서로 지지고 볶으면서 이 길을 가는 것입니다. 이 길은 어떤 특별한 일로 혁혁한 공헌을 하는 자리가 아니라 지지고 볶으면서 가는 자리입니다. 그렇게 해서 그리스도의 장성한 분량이 충만한 데까지 이르게 됩니다. 우리는 이런 사실을 모르고 있습니다. 이것을 성경에서는 '작은 일'이라고 하는 것입니다. 이것이 작은 일에 충성하는 것입니다.

우리는 자꾸 큰일을 하려고 합니다. 위대한 일을 하려고 하고 남이 못하는 일을 해야 한다고 하는데, 성경은 그런 것을 요구하지 않습니다. 이 부분에 대한 우리의 이해가 필요합니다. 함께 자라나는 일을 위하여 성경은 교회 안에 두 가지 특별한 선물을 주셨다고 말합니다. 직분과 은사입니다. 에베소서 4장과 고린도전서 12장에 있습니다.

그가 어떤 사람은 사도로, 어떤 사람은 선지자로, 어떤 사람은 복음 전하는 자로, 어떤 사람은 목사와 교사로 삼으셨으니 이는 성도를 온전하게 하여 봉사의 일을 하게 하며 그리스도의 몸을 세우려 하심이라(엡 4:11-12).

너희는 그리스도의 몸이요 지체의 각 부분이라. 하나님이 교회 중에 몇을 세우셨으니 첫째는 사도요 둘째는 선지자요 셋째는 교사요 그다음은 능력을 행하는 자요 그다음은 병 고치는 은사와 서로 돕는 것과 다스리는 것과 각종 방언을 말하는 것이라(고전 12:27-28).

직분과 은사를 주신 이유는 모두의 유익을 위해서입니다. 자라남을 위해서입니다. 이것은 서로의 유익을 위한 개념입니다. 우열의 개념이나 계급으로 생각해서는 안 됩니다. 이것이 성경이 말하는 교회요, 교회 안에 하나님이 허락하신 어떤 유익을 위한 선물들입니다. 그러므로 우리는 교회 안에서 큽니다.

남편들아, 아내 사랑하기를 그리스도께서 교회를 사랑하시고 그 교회를 위하여 자신을 주심 같이 하라. 이는 곧 물로 씻어 말씀으로 깨끗하게 하사 거룩하게 하시고 자기 앞에 영광스러운 교회로 세우사 티나 주름 잡힌 것이나 이런 것들이 없이 거룩하고 흠이 없게 하려 하심이라(엡 5:25-27).

교회론을 설명하기에 제일 좋은 것은 부부 관계입니다. 부부에 관해서 "이 비밀이 크도다. 나는 그리스도와 교회에 대하여 말하노라"(엡 5:32)고 말하고 있기 때문입니다.

    부부는 사랑해서 만나고 정말 감격적으로 서로 결합합니다. 그리고 곧 속았다는 것을 알게 됩니다. 여기가 재미있는 부분입니다. 왜 그렇게 물불을 가리지 않고 원했는데 곧 속았다가 되느냐 하는 것입니다. 왜 그렇습니까? 서로 이 사람하고 살면 행복하리라고 생각하기 때문입니다. 그런데 살아보니까 언제나 상대방이 내 짐을 들어 주는 것이 아니라 짐을 지라고 가져옵니다.

    그 여러 가지 짐 중에 가장 큰 짐은 고집과 고집의 충돌입니다. 연애할 때는 전혀 문제가 없었는데 살다 보니 문제가 생깁니다. 왜냐하면 연애할 때는 조건이 제한적이기 때문입니다. 연애할 때는 돈도 준비해서 나가고 가장 좋은 옷을 입고 분위기 좋은 데서 만나지만, 결혼생활은 늘 그렇게 할 수 없습니다. 생활 속에서 우리는 준비되지 않은, 본인 속에 있는 가진 것으로만 해결해야 하는 현실과 늘 마주치게 됩니다. 그러면 서로가 아무 짝에도 쓸모가 없을 뿐만 아니라 도리어 방해가 된다는 것을 알게 됩니다. 그래서 "나 속았다, 헤어진다, 더 이상 사랑하지 않는다"가 되고 마는 것입니다.

    이것은 굉장히 잘못 생각하는 것입니다. 왜냐하면, 사랑은 이성·감정·의지 셋 모두 다이기 때문입니다. 보통 우리는 사랑은 감정이라고 생각합니다. 첫눈에 뿅 가는 것이라고 생각을 하는데, 훨씬 이성적인 사람도 있습니다. 그런가 하면 의지를 동원하는 사람은 더욱 적습니다. 대부분은 감정이 끌고 갑니다. 하지만 결혼은 성경적으로 볼 때 하나님이 묶어 주시는 것입니다.

    부부는 아무나 되는 것이 아닙니다. 부부란 사랑이 결정하는 것이 아니라 하나님이 허락해야 되는 것입니다. 이것이 우리 믿는 사람들의 부부관입니다. 구원은 내가 믿은 것이 아니라 성령께서 믿게 하셨다는 것을 알아야 되는 것과 같이, 부부는 내가 사랑한 것 이상으로 하나님이 허락한 짝입니다. 그러면 책임을 져야 합니다.

결혼 서약할 때 어떻게 하셨습니까? "기쁠 때나 슬플 때나, 마음에 들 때나 안 들 때나 책임지겠습니다"를 서약하지 않았습니까? 하나님이 묶어 주셨기 때문입니다. 부부된 관계의 본질은 신앙적 책임입니다. 싫다고 해서 놓아 버릴 수 없습니다.

우리나라 사람들은 무척이나 감정적입니다. 감정에 따라 좌우될 때가 많은데, 좀 더 분별하고 정성을 다해야 된다고 생각합니다. 해야 되는 일인가 아닌가, 내 책임인가 상대방 책임인가, 내가 져야 하는가 남이 져야 하는가를 분별해야 합니다. 만일 져야 한다면 감정적으로만 질 수 없고 책임을 감수해야 합니다.

부부는 나이가 들면 더 이상 효용 가치가 없으니까 막 대하기 시작합니다. 남편이 돈을 벌어 오지 않으니까 존중하기는커녕 하대합니다. 하지만 부부가 싸움을 해도 절대 이런 말은 하지 말라고 했습니다. "난 속았어, 안 살아." 이런 말을 하면 안 됩니다. 대신에 "난 섭섭해, 난 슬퍼, 그러면 난 어떻게 해"라고 말해야 합니다. 하지만 그 말을 설명하려 들지 마십시오. 그 내용을 나열하지 마십시오. 여기가 신앙의 현실입니다.

왜 성경이 그토록 '작은 자' 하나를 강조할까요? 그것은 우리에게 맡겨진 일들이 모두 전체 속의 한 부분 부분이기 때문입니다. 우리를 약화시키자는 이야기가 아닙니다. 모두가 합쳐야 하나란 말입니다. 우리는 나 혼자서 독립적으로 만든 일과 그에 대한 상급을 원하고 있는 것입니다. 이 세상이 말하는 경쟁이요, 세상적인 자존심입니다. 성경은 그렇게 이야기하지 않습니다. 그리스도의 몸으로, 지체로, 부속으로 존재합니다. 그래서 여러분이 만나는 자는 또 다른 부속이고 또 다른 작은 자인 것입니다.

여러분이 만나는 일들은 언제나 작은 일들입니다. 여러분이 전 우주와 전 역사를 흔드는 것이 아니라 그분의 손길 아래 사용되는 것입니다. 여러분은 작은 자요, 여러분이 하는 일은 작은 일입니다. 여러분이 만나는 자도 작은 자이며 어린 소자입니다. 그에게 한 일은 작은 일입니다. 그런데 그것이야말로 큰 일입니다. 그것은 하나님의 손길에 쓰임을 받는 것이기 때문입니다. 우리가 하는 일은 세상의 눈으로 볼 때는 언제나 작은 일입니다. 하지만 그것이 얼마나 큰 일인지 아셔야 합니다.

여러분은 부부된 것을 지키셔야 합니다. 이것을 어떻게 넘어가야 하나 싶지만 참고 가야 합니다. 그것이 책임입니다. 최선을 다해서 넘어가야 합니다. 그렇게 하루하루 주께서 데려가시는 날까지, 이 세상에서 더 이상 좋은 반려자는 없는 것 같은 눈길과 표정으로 지켜내야 합니다. 그런 마음으로 신앙생활을 하셔야 합니다. 이것이 교회론입니다. 이해하시겠습니까?

여러분의 신앙생활은 깃발 들고 나가는 싸움이 아닙니다. 매일 허락된 일상생활, 여러분의 가정을 지키고 다람쥐 쳇바퀴 도는 것 같은 생활 속에서 수많은 작은 일을 겪으면서 나가는 것입니다. 여러분은 소자, 작은 자인 것 같지만 얼마나 큰 손길에 붙잡힌 존재인지를 기억하십시오. 여러분이 하나님의 손에 붙잡혀 있는 이상은 가장 위대한 존재입니다. 여러분은 역사를 움직이는 존재요, 놀라운 일을 맡고 있는 것입니다. 이러한 사실을 외면하면 마땅히 받게 될 영광과 복을 누리지 못하는 줄로 생각됩니다.

작은 자 하나에게 하는 것이 스스로의 작음을 인식하는 것이요, 그 작음이 전능하신 하나님 손길에 붙잡힌 바 되었기에 작은 자임을 아는 것이 경이로움입니다. 이와 같은 신앙의 분별과 깨우침이 여러분의 남은 생애 동안 지속되길 바랍니다. 여러분과 여러분의 생을 통하여 기적을 경험하는 복된 여생이 되시기를 바랍니다.

03

하나님의 전

엡 2:20-22

너희는 사도들과 선지자들의 터 위에 세우심을 입은 자라. 그리스도 예수께서 친히 모퉁잇돌
이 되셨느니라. 그의 안에서 건물마다 서로 연결하여 주 안에서 성전이 되어 가고 너희도 성령
안에서 하나님이 거하실 처소가 되기 위하여 그리스도 예수 안에서 함께 지어져 가느니라.

솔로몬의 성전

여기서는 '성전'이 되어 간다는 표현과 하나님이 거하실 처소가 되기 위해
서 지어져 가고 있다는 말씀을 생각해 보려고 합니다. 참고할 말씀은 열왕
기상 6장입니다. 열왕기상 6:1을 보면 성전을 짓는 모습이 기록되어 있습
니다. 크기가 어떻고, 안이 어떻고 하는 이야기들이 쭉 나오다가 7절에 이
르게 됩니다.

> 이 성전은 건축할 때에 돌을 그 뜨는 곳에서 다듬고 가져다가 건축하였으
> 므로 건축하는 동안에 성전 속에서는 방망이나 도끼나 모든 철 연장 소리
> 가 들리지 아니하였으며(왕상 6:7).

구약성경의 기록들을 사건 기록으로만 보면 안 됩니다. 기록된 데에

는 큰 의미가 담겨 있다고 생각해야 합니다. 다윗은 성전을 짓기 위해 상당한 기간을 준비했고, 필요한 경비를 미리 마련해 두었습니다. 그리고 드디어 아들 솔로몬이 왕이 된 후에 성전을 짓습니다. 먼 데에서 백향목과 대리석을 가져오고, 준비했던 금은보화로 성전을 치장했습니다. 열왕기상 6:7은 우리를 조금 놀라게 합니다. 건축자재들을 갖다 놓고 현장에서 다듬고 만들어 붙이는 것이 아니라 철저하게 준비를 했다가 짓기 때문입니다. 규모를 제대로 세밀하게 잰 후, 필요한 것을 돌 뜨는 곳에서 다 다듬어 가지고 와서는, 갖다 쌓고 붙이기만 하는 것입니다.

성전 안에서는 무슨 소리가 없었다고요? "방망이나 도끼나 모든 철 연장 소리가 들리지 않았다"고 말씀합니다. 이 말씀을 드리면서 제가 왜 이렇게 회심의 미소를 짓는 줄 아십니까? 여기에 아주 중요한 의미가 들어 있기 때문입니다. 에베소서 2:22 말씀에는 "우리는 지어져 가고 있다"라고 합니다. 다시 보겠습니다.

> 그의 안에서 건물마다 서로 연결하여 주 안에서 성전이 되어 가고 너희도 성령 안에서 하나님이 거하실 처소가 되기 위하여 그리스도 예수 안에서 함께 지어져 가느니라(엡 2:21-22).

성전에서는 선택 받는다는 말씀이 없습니다. 선택은 어디서 받습니까? 선택은 성전에 오기 전에 받는 것입니다. 성전에 들어온 자는 이미 선택 받고, 계산된 어떤 '자리'가 있기 때문에 운반되어 온 것입니다. 이제 무엇만 남아 있습니까? 성전에서는 제자리에 가져다가 '끼우기만 하는 작업'이 남아 있는 것입니다. 이 말씀을 드리면서 자꾸 웃음이 납니다. 왜냐하면 이 내용은 다음과 같은 예의 강력한 증거가 되기 때문입니다.

"나는 우리 마누라가 가자고 해서 왔을 뿐이야!"라고 하는 데 대한 강력한 반중이기 때문에 그렇습니다. "나는 교회가 진짜인가 아닌가 알아보기 위해서 왔어." 물론 교회에 오는 사람이 다 신자라는 뜻은 아닙니다. 그러나 성경이 진술하고 있는 것 중에 굉장히 중요한 부분은 "기독교가 뭔가, 도대체 이게 믿을 만한 건가? 사람들이 왜 이걸 가지고 이렇게 떠드는 거지?"라는 생각이 들어서 발을 들여놓은 사람 중에 구경꾼은 없다는 말입니다. 본인은 스스로를 '구경꾼'이라고 생각하지만 구경꾼은 없습니다. 성전 안에 돌이 들어왔을 때는 돌을 실어다 놓고 놓을 자리에 맞게 돌을 깎는 게 아니라, 이미 돌 뜨는 데서 다 처리해 가지고 날라 온 것입니다. 그 돌을 맞추기 위해서 어떤 훈련을 받는다고 했나요? 앞과 뒤, 옆으로 맞추기 위해 다듬는 훈련이 있다고 했었지요? 오늘 본문에서는 다듬는 일이 성전 안에서는 없다고 말합니다. 왜 성전 안에서 다듬는 소리가 나지 않느냐면, 하나님이 불러다 놓으시고 "이것은 안 맞는구나" 하고 버리는 경우가 없기 때문입니다.

하나님의 손에 붙잡혀 교회 안에 있음

이제 우리가 교회 안에 들어와 있다는 것이 무엇을 의미하는지를 살펴보려고 합니다. 즉, "준비는 은밀하게 이루어진다"는 사실을 기억해야 합니다. 성전을 짓는 현장에서는 옆이나 안, 그 주변 어디에서도 준비물을 발견할 수 없습니다. 일단은 돌이 없습니다. 돌을 깎아서 쌓아야 하는데 돌이 없고 기둥도 없습니다. 그러면 어디에서 준비하고 있습니까? '먼 데'서 하고 있습니다. '레바논의 백향목'입니다. 레바논은 이스라엘의 북방입니다. 예루살렘에서 상당히 먼 위쪽에 있습니다. 예루살렘은 이스라엘의 중간 약간 아래에 있습니다. 한반도를 놓고 생각해 본다면, 서울쯤 되는 데 있습니다. 레바논이면 만주쯤이라고 할 수 있습니다. 거기에서 백향목을 실어

오고, 은은 홍해 아래의 오빌이라는 곳에서 실어 오곤 했던 것입니다.

성전 안에 운반해 왔을 때는 이미 다듬어야 할 것은 다 다듬은 뒤에 들여온 것입니다. 이처럼 준비가 성전 안에서 이루어지지 않는다는 것은 무슨 뜻입니까? 그것은 우리가 교회에 들어온 뒤부터 백향목 상태로 준비되고 항복하는 것이 아니라, 들어오기 전에 대부분 항복하고 들어온다는 말입니다.

은밀히 진행되기 때문에 원인도 모릅니다. 본인이 모를 정도로 은밀하게 진행됩니다. 은밀하다는 것은 성전을 짓는 외형에 대해서 은밀하다고도 하지만, 사실 좀 더 깊이 생각하면 '우리가 깨닫지 못하는 방법'으로 준비된다는 말입니다.

한번 생각해 보십시오. 불신자가 예수를 믿기 위하여 교회에 발을 들여놓는 가장 큰 이유가 무엇입니까? 그에게 예전과는 다른 어떤 감각이 생겼기 때문입니다. 지금까지는 예수를 믿지 않고 교회에 대해서 호기심을 가지지 않아도 좋을 만큼 만족하게 자기 인생을 꾸려 왔는데, 어느 날 갑자기 자기 인생에 대해서, 그 어떤 부분에 대해서 지금까지의 경험으로는 풀리지 않는 것이 생깁니다. 그냥 지나칠 수 없는 어떤 감각, 어떤 의심이 생기기 시작한 것입니다.

왜 그럴까요? 왜인지는 모르고 그냥 의심이 생겼다는 것만 압니다. 무엇인가 지금처럼 사는 것은 아닌 것 같은 생각이 듭니다. 하나님의 은밀한 작업이 시작된 것입니다. 돌을 뜨고, 각을 내고, 다듬고, 치수를 맞추고, 이렇게 저렇게 준비하신 다음, 어느 날엔가 배로 실어서 성전에 가져다 놓습니다. 그런데 이때 돌이 뭐라고 하는 겁니까?

"내가 성전 안에 들어와서 하나님을 믿을까 말까, 하나님께 올라갈까 말까 망설이는데, 하나님이 '올라와 줬으면' 하는 안타까운 마음을 보이셔서 '제가 하죠' 하고 올라온 거예요"라고 말합니다. 참으로 많은 사람들이 이 부분을 오해하고 있습니다. 잘 생각해 보십시오. 그리스도인이 된다는 것은 자기가 하나님을 믿기로 하거나 하나님을 이해하기로 하고 하나님 앞에 나아가는 것이 아닙니다. 그래서 성경은 '은혜', '하나님의 긍휼'이라고 말합니다. 이 말은 하나님 앞에 나오게 된 우리의 현재 모습이 우리로부터 출발한 게 아니라 하나님으로부터 출발했다는 의미입니다. 재미있는 것이, 하나님이 간섭하시고 이 일을 진행하시는 동안에 우리가 깨닫게 되는 것은 내가 '동의'할 때부터라는 것입니다. "믿겠습니다"라고 하는 때부터 나에게 인식되고 경험이 시작되는 것입니다. 그 전까지는 경험이나 인식하는 게 없다는 것을 알아야 합니다.

왜 내가 예수를 믿기로 했는지를 설명할 수 있는 사람은 아무도 없습니다. 바로 여기가 성경에서 하시는 말씀과 사람이 예수님을 믿고서 하는 말이 다른 지점입니다. 어떤 사람은 쉽게 말합니다. "나는 예수를 믿기로 했다. 왜 믿게 되었느냐? 이 말씀을 보니까 하나님의 말씀이더라 이거야. 성경을 보니까 딱 믿게 되더라."

그러나 성경은 이렇게 말합니다. "깨닫는 자도 없고 하나님을 찾는 자도 없고……하나도 없도다"(롬 3:11-12)라고 말합니다. 인간이 스스로 하나님을 찾아올 수 있느냐? 안 된다고 합니다.

그런데도 어떤 이들은 자발적으로 예수님을 찾아올 인간은 없다는 것을 깨닫고서 자기는 교회에 왔다고 말합니다. 그럼, 누가 틀린 것일까요? 이는 인식이 어디서부터 출발하는지를 몰라서 그런 것입니다. 왜 믿게 되었는가, 왜 주를 영접하게 되었는가, 무엇이 나를 뒤에서 밀었는가, 이런 일들은 은밀하게 진행됩니다.

여러분, 잘 생각해 보십시오. 예수를 믿기 전에 의심했던 것이 예수를 믿고 난 다음에 풀립니까? 옆 사람하고 한번 따져 보십시오. 예수 믿기 전에, "난 이것 때문에 안 믿어"라고 했던 것이 예수 믿은 다음에 명쾌하게 풀린 것이 있습니까? 뭐가 풀렸습니까? 풀리지 않았을 것입니다. 다만 그때는 안 풀린 것이 문제였지만, 지금은 풀리지 않는데도 문제가 안 되는 것뿐입니다. 무슨 말인지 아시겠습니까? 옛날에는 그 문제가 안 풀려서 믿을 수가 없었습니다. 그것이 문제였습니다. 그러나 나중에 믿고 난 후에는 꼭 그 문제가 풀려야 믿을 수 있는 게 아니더란 말입니다. 지금도 그 문제는 안 풀렸는데, 그것이 예수를 믿는 데에 문제가 되지 않는다는 말입니다. 그렇습니다. 문제가 풀려서 예수를 믿는 것이 아닙니다. 여러분! 절대 기독교 진리를 설명해서 믿게 하려고 하지 마십시오.

"야, 너희는 삼위일체라며?" "왜, 넌 알아?" "아니, 내가 알면 어떻고 모르면 어떠냐? 알면 좀 설명을 해봐라." "내가 설명하면 네가 알기나 하겠니?" 아시겠습니까? 이것이 유일한 답입니다. "그럼 해봐, 못하니까 그렇지?" "아냐, 내가 해도 네가 모를까봐 그래. 설명 안 해서 모르면 내가 안 가르쳐 줘서 모른다는 핑계나 있지만, 가르쳐 준 다음에도 모르면 너는 네 부모님을 원망하는 수밖에 없잖니? 나는 못 해!"

그러나 그것만으로는 해결되지 않습니다. 우리는 이미 하나님 손에 의해서 준비되었고, 준비되어서 여기에 와 있는 것입니다. 왜 제가 이렇게 강조하는지 아십니까? 대부분의 성도들이 아니라고 해서 그러는 것입니다. 와 있는데도, 수요예배마다 오면서도 "나는 아니다"라고 그럽니다. 수요예배에 오는 것은 주일 아침에만 오는 것과는 수준이 다릅니다. 대부분의 프로야구를 수요일 저녁에 하는데 그것을 물리치고 오는 것입니다. 대단한 것입니다. 이것은 대단한 실력입니다. 그런데도 본인은 아니라고 생각합니다. 돌이 성전 안에까지 실려 왔는데도 '올라갈까 말까' 그러고 있는 것입니다. 그러나 그렇지 않습니다.

교회는 사회 세력 단체가 아니다

기독교인이 된다는 것은 우리의 이해를 초월하며 우리의 생각이나 지성, 상상을 초월한 어떤 힘이 나를 주장하고 있음을 아는 것입니다. 예수를 믿지 않는다는 것은 자신의 인생과 운명이 자기 손안에 있다고 믿는 것입니다.

신자는 나 아닌 어떤 힘이 나를 붙잡고 있다는 것을 알게 됩니다. 나보다 더 큰 힘을 가지신 분이 그렇게 하십니다. 그분을 하나님이라고 하고, 그분이 나를 사랑하신다는 것은 압니다. 하지만 '왜, 어떻게'라는 면에서 사실이 설명되어 있을 뿐 근본적인 문제들이 설명되어 있지는 않습니다.

이 이야기를 왜 하는지 아십니까? 교회 안에서 쓸데없는 방망이질과 망치질이 생기기 때문에 그렇습니다. 교회 안에 들어와서 새삼스럽게, 기독교란 무엇인가에 관한 싸움을 하는 것은 우스운 일이라는 점을 지적하고 있는 것입니다. 사실 이미 들어온 이들을 키우는 일에 신경을 써야 하는데도, 우리는 기독교 자체의 문제를 끌고 들어와서 전쟁을 하기 일쑤입니다. 아주 미련한 짓입니다.

그중에 이런 것들이 있습니다. 기독교의 가장 근본적인 것들, 기독교가 무엇인가 하는 것들을 왜곡시키려는 운동이 기독교 내에 들어와서 싸움을 합니다. 전에도 여러 번 말씀 드렸듯이 저는 기독교가 정치적·사회적 세력이 되는 것을 원치 않습니다. 기독교는 세상에서 소금이 되고 빛이 되어야 하지, 세상에서 총이 되고 칼이 되어서는 안 됩니다. 기독교는 아무리 교인 수가 늘어난다 해도 세력이나 힘으로 세상 앞에서 진리를 증명하지 않습니다. 우리는 핍박을 당하는 것으로 증명하도록 되어 있습니다. 힘으로 증명하려다 망한 역사도 있었습니다. 중세 시대를 암흑기라고도 그럽니다만, 우리는 힘으로 기독교를 전하지 않습니다. 잊지 마시기 바랍니다.

그런데 젊은 사람들 가운데는 그런 것을 좋아하는 이들이 있습니다.

그리고 현대사회에서는 세력이나 힘으로 진리를 증명하려는 움직임이 마치 유행병처럼 번지고 있습니다. 그런 태도가 일반적인 국민의 자세로서 현시점에 옳으냐 그르냐 하는 것을 판단하는 것은 교회가 할 일이 아닙니다.

분명히 말할 수 있는 것은 복음 이외의 것을 가지고 들어와서 싸우지 말라는 것입니다. 성전에는 망치질이나 방망이질이 없습니다. 준비된 한 사람이 들어와서 교회를, 성전을 지어 가고 있는 것입니다. 교회는 벽돌들을 꺼내어 데모하며 돌을 던지는 곳이 아닙니다. 각자가 자기 자리에 들어가서 하나의 건물을 이루어, 그 안에 하나님께서 거하실 처소를 만들어 가는 일에만 뜻과 정성을 모으는 곳이 교회입니다. 그 외의 일에는 절대 교회의 이름을 내세우지 않습니다. 기억해 주십시오.

만일 우리 교회가 자유로운 경향을 띠고, 앞장서는 교회같이 사회정의를 위해서 나서길 원하시는 분이 있다면 다시 한번 성경을 숙고해 주시길 바랍니다. 교회란 그것을 하는 곳이 아닙니다. 그렇다면 예수님께서 십자가를 지실 필요가 전혀 없는 것입니다. 예수님이 칼을 들고 나타나셔야지, 십자가를 지고 나타나실 필요는 없는 것입니다.

우리의 교회는 순교의 피를 뿌려서 빛과 소금이 된 것이지, 칼로 상대방의 피를 흘리고 심판자의 자리에 서는 일을 하지는 않습니다. 절대로 그런 생각을 가지지 말아 주십시오. 그렇지 않다면 여러분의 혈기를 부릴 수 있는 교회를 찾아가십시오. 그런 교회는 많습니다. 우리 교회는 그렇지 않습니다.

성전을 지어 간다는 의미

예수 그리스도를 믿어 하나님의 신실한 자녀가 되고, 함께 모여서 성전을 지어 가는 것이 어떤 성격이냐 하는 것을 성경에서는 이렇게 묘사하고 있습니다. 누가복음 9장 말씀부터 봅니다.

> 길 가실 때에 어떤 사람이 여짜오되 어디로 가시든지 나는 따르리이다. 예
> 수께서 이르시되 여우도 굴이 있고 공중의 새도 집이 있으되 인자는 머리
> 둘 곳이 없도다 하시고 또 다른 사람에게 나를 따르라 하시니 그가 이르되
> 나로 먼저 가서 내 아버지를 장사하게 허락하옵소서. 이르시되 죽은 자들
> 로 자기의 죽은 자들을 장사하게 하고 너는 가서 하나님의 나라를 전파하
> 라 하시고 또 다른 사람이 이르되 주여, 내가 주를 따르겠나이다마는 나로
> 먼저 내 가족을 작별하게 허락하소서. 예수께서 이르시되 손에 쟁기를 잡
> 고 뒤를 돌아보는 자는 하나님의 나라에 합당하지 아니하니라 하시니라(눅
> 9:57-62).

우리가 기억해 둘 말씀입니다. 기독교란 무엇인가, 예수를 믿는다는
것은 무엇을 의미하는가가 여기에 나옵니다. 첫 번째, 예수를 좇는다는 것
은 집도 절도 없는 것이 되는 것입니다. 우리는 더 이상 예수를 핑계로 자
기의 부와 안락을 추구해서는 안 됩니다. 그런 식으로 기독교가 오도되도
록 방치하거나 나 자신이 물들어서는 안 됩니다. 기독교인이 된다는 것, 예
수를 믿는다는 것은 이 세상이 추구하는 것으로부터 고개를 돌리는 것입
니다. 하지만 열심히 살아야 합니다. 열심히 사는 것은 우리의 책임입니
다. 욕심이 아닙니다.

세상에서 남보다 우월하다는 것을 증명하고 세상에 있는 것으로 자기
만족을 채우기 위하여 욕심내고 있습니까? 그런 것과 세상에서 성실하고
책임 있게 사는 것과는 이야기가 다릅니다. 기독교는 책임 있는 삶을 요구
합니다. 욕심을 채우기 위하여 존재하는 게 아닙니다.

"주여, 복을 주시려면 이러저러한 복을 주시고, 벌을 주시려면 꿀벌을

주시옵소서." 이따위로 장난치는 사람들이 있습니다. 예수를 믿는다는 것은 그런 의미가 아닙니다. 예수를 좇는다는 게 무엇인지 아십니까? 예수님은 여우도 굴이 있으나 인자는 머리 둘 곳이 없다고 하셨습니다. 나를 좇는다는 것이 무엇을 의미하는지 아느냐고 외치신 말씀을 기억하십시오.

두 번째, "나로 먼저 가서 내 아버지를 장사하게 허락하옵소서"에 대해 예수님은 "죽은 자들로 자기의 죽은 자들을 장사하게 하고 너는 가서 하나님의 나라를 전파하라"고 하셨습니다.

이 나라에는 민주주의가 실행되어 가고 있지 않습니까? 죽은 자들로 민주주의를 하게 놔둡시다. 왜 나가서 더러운 피를 흘립니까? 놔두고 영적인 일을 하십시오. 한 영혼을 살리는 일에 힘을 쓰십시오. 제발 부탁입니다. 데모하지 마십시오. 누구를 대통령으로 뽑느냐가 그리 중요한 게 아닙니다. 예수를 믿느냐, 안 믿느냐 만큼 중요한 일은 없습니다. 그 외의 일에 여러분의 피를 한 방울도 흘려서는 안 됩니다. 아시겠습니까? 또 기독교를 오용시키지 마십시오. 기독교와 삼민투(80년대 학생운동권인 민족통일·민주쟁취·민중해방 투쟁위원회)를 혼동하지 마십시오. 기독교는 민주주의도 아니고, 무슨 단체나 전대협(1987년 결성된 전국대학생대표자협의회)도 아닙니다.

기독교는 영혼을 살리는 하나님의 강력한 힘이 나타나는 생명과 진리의 보금자리이자 전진기지입니다. 그러한 사명에 불타는 사람들의 집단입니다. 기도하며 하나님의 나라를 위한 열심히 있는 곳, 하나님의 영광이 드러나는 곳입니다. 부탁입니다. 다른 일로 교회에 나오지 마십시오.

제가 너무 혈기를 부린다고 생각하지는 마십시오. 현시점에서 기독교는 너무 많은 부분, 기독교의 본질을 잃어 가고 있습니다. 기독교는 완전히 세상 나라의 기업가들과 독립투사들의 굴혈이 되고 말았습니다. 예수님이 없습니다. 이것만큼은 기독교가 명확하게 알고 배척하고 거룩함을 지켜야 하는데 말입니다.

세 번째 싸움은 이것입니다. "나로 먼저 내 가족을 작별하게 허락하소서. 예수께서 이르시되 손에 쟁기를 잡고 뒤를 돌아보는 자는 하나님의 나라에 합당하지 아니하니라 하시니라." 무서운 말씀입니다. 하나님께서 우리에게 원하시는 진실과 사랑의 정도가 어떤지 아십니까? 가족보다 하나님을 사랑하라고 하십니다. 하나님께 더 봉사하고 충성하기를 요구하십니다.

이 말은 뒤집어 생각해 보면 이런 말이 됩니다. 하나님 앞에 헌신하고 봉사하는 것이, 그가 가는 길이나 주변 상황이 만사형통하는 축복으로 나타나지 않을 수도 있다는 말입니다. 예수 잘 믿으면 건강하고, 예수 잘 믿으면 복을 받으며, 예수를 믿으면 뭐든지 잘된다는 식의 생각은 사실 기독교적이 아닙니다.

교회가 존재하는 근본 이유

우리는 굴도 없고 머리 둘 곳도 없는 이를 쫓아 나선 자들입니다. 우리의 삶과 우리의 모임에 하나님을 초대하려고 하는 것입니다. 거기에 하나님이 계시도록 하려는 것입니다. 그러기 위해서 우리가 기억해야 할 말은 '거룩한 성전'입니다. 거룩한 성전이 되어야 합니다. 그곳은 하나님이 계실 곳이지 세상에 쫓기는 어떤 이들이 오는 곳이 아닙니다. 여러분이 누구인줄 아십니까? 어떤 부름을 받고 와 있으며, 신경 쓰고 정말로 긴장해서 해야 할 싸움이 무엇인지 아십니까? 그 싸움을 위해서 우리는 모였습니다. 그것을 위해 하나님께서 교회를 허락하셨습니다.

저는 어느 누구와도 원한이 없습니다. 그러나 기독교를 희석시키려고 하고, 기독교를 오도하려는 문제에 대해서만은 가만히 있을 수 없는 사람입니다. 우리 모두가 가만히 있어서는 안 됩니다. "그래서는 안 돼!"라고 해야 합니다.

하나님께서 예수 그리스도를 통하여 알게 하신 진리를 우리가 지키고 실행하고 실천하고 만들어 내야 합니다. 그것을 증명하는 일이 바로 우리가 할 일입니다. 교회가 교회다워야 합니다. 하나님이 거하실 처소가 되기 위하여 우리 모두가 거룩해야 합니다. 주를 좇고, 자기를 부인하고, 세상 나라의 것이 아닌 영원과 영생, 진리와 하나님의 하나님되심을 증거해야 합니다. 우리의 헌신과 순종, 겸손과 무릎 꿇음이 요구되는 일들을 기쁨으로 감수해야 합니다. 그리고 이것은 선택의 여지가 없는 것입니다. 성경의 집요한 요구라는 것을 아십시오.

우리는 가난한 자를 돌아보아야 합니다. 억눌린 자를 돌아보아야 합니다. 그러나 이것은 우리가 의롭다는 것을 증명하기 위해서가 아닙니다. 그를 억누르고 고통스럽게 한 자를 심판하기 위한 것이 아닙니다. 불쌍한 자를 불쌍히 여길 뿐입니다. 주께서 그렇게 하신 것같이 말입니다. 주께서 그러셨던 것처럼 우리 집 안에, 성전 안에 그 외의 어떤 것도 들이지 마십시오. 그런 것을 들이기 위해서 교회가 존재하는 것이 아닙니다.

교회는 어떤 의미에서 전도나 사업, 봉사나 구제를 위해서 존재하는 것이 아닙니다. 이런 것들은 교회가 존재하기 때문에 당연히 맺어야 하는 부수적인 열매일 뿐입니다. 성전을 지어서 하나님을 섬겼더니, 뜨거운 햇볕이 쪼이는 날 성전 옆 그늘에 거지들이 앉아서 피서를 하더라, 그런 부수적인 열매가 구제요 전도인 것입니다. 성전 안에 있는 주인은 하나님 외에 그 어떤 것으로도 대치되어서는 안 됩니다. 무엇으로도 안 됩니다. 그것이 아무리 옳고 아무리 중요해도 안 됩니다. 그 무엇으로도 안 됩니다. 그 안에는 하나님만 모셔야 합니다.

그런 의미에서 성전은 거룩하게 되어야 하고, 그런 의미에서 우리는 커 가야 하며, 각자 부름 받은 대로 하나님을 모시는 성전으로 완성되어야 하는 것입니다. 그래서 '교회'라면, 그 교회에서 정말 하나님의 하나님 되신 모든 성품이 우러나오는가를 묻게 됩니다. 하나님의 사랑이 있느냐, 진리가 있느냐, 거룩함이 있느냐, 하나님의 권위가 선포되며 그 앞에 무릎 꿇은 충성된 신하들이 있느냐, 이것을 묻게 됩니다.

이런 것이 있은 다음에 자연스럽게 구제나 사랑 등 여러 가지 부산물이 생긴다고 보는 것이 기독교의 정확한 개념입니다. 우리는 자신을 돌아봐야 합니다. 교회는 혼자 지을 수 없습니다. 함께 지어야 합니다. 하나님께서 예수 그리스도의 피를 흘리셔서 우리를 죄악으로부터 끌어내셨습니다. 교회 안에 이미 우리 자리를 정해 놓으시고 거기에다 끼우실 것입니다. 그곳에서 도망갈 수 있는 자는 아무도 없습니다.

우리가 하나님의 손안에 있다는 것을 인정하고, 순종하여 그분의 뜻에 따르기로 하십시오. 하나님께 항복하고 그분의 명령을 귀담아듣는 자세로 빨리 돌이키시기 바랍니다. 그것이 곧 축복이요, 하나님께 영광이 되는 아름다운 인생입니다.

04

그리스도의 몸으로 연합

롬 7:4

그러므로 내 형제들아, 너희도 그리스도의 몸으로 말미암아 율법에 대하여 죽임을 당하였으니 이는 다른 이 곧 죽은 자 가운데서 살아나신 이에게 가서 우리가 하나님을 위하여 열매를 맺게 하려 함이라.

로마서에서의 구원에 관한 설명은 그리스도와의 연합에 강조점을 두고 있습니다. 로마서 6장 전체가 그리스도와의 연합을 강조하고, 본문인 로마서 7:4에서는 율법에 대해 죽임을 당하고 다른 이, 곧 죽은 자 가운데서 살아나신 이에게로 왔다고 말합니다.

우리가 기억할 것은 우리의 구원, 우리의 신자된 것을 우리의 인식이나 우리의 감격에만 너무 초점을 맞추지 말아야 한다는 사실입니다. 그리스도와 우리가 어떻게 연합되어 있는지에 대한 성경적인 설명, 연합의 본질에 대해 알려고 노력해야 합니다. 그것이 우리 구원의 확신이어야 합니다. 요즘 우리 신자들이 말하는 구원의 확신은 너무 실존주의적이 아닌가 싶습니다. 자신의 느낌이나 인식에 너무 많이 의존하기 때문에 구원에 대한 이해는 조금 부족한 감이 있습니다. 그래서 성경이 말하는 성도의 구원에 있어서 본질이 되는 그리스도와의 연합이 어떠한 것인지를 살펴보려고 합니다.

그리스도와 신자의 연합

다음은 그리스도와 신자의 연합을 잘 설명하는 구절입니다.

> 남편들아, 아내 사랑하기를 그리스도께서 교회를 사랑하시고 그 교회를 위하여 자신을 주심 같이 하라. 이는 곧 물로 씻어 말씀으로 깨끗하게 하사 거룩하게 하시고 자기 앞에 영광스러운 교회로 세우사 티나 주름 잡힌 것이나 이런 것들이 없이 거룩하고 흠이 없게 하려 하심이라. 이와 같이 남편들도 자기 아내 사랑하기를 자기 자신과 같이 할지니 자기 아내를 사랑하는 자는 자기를 사랑하는 것이라(엡 5:25-28).

에베소서에서는 부부 관계를 통해 예수 그리스도와 교회의 관계를 설명합니다. 로마서 7장 서두에서도 결혼 비유를 통해 신자를 표현합니다. 전 남편이었던 율법과 사별하고 새로운 남편인 예수 그리스도와 결혼하였다고 합니다. 여기서 결혼이라는 표현을 쓰는 이유는 무엇입니까? 결혼이야말로 연합이 얼마나 실제적이고 긴밀한가를 가장 잘 나타낼 수 있는 표현이기 때문입니다. 그래서 결혼이라는 비유를 도입한 것입니다.

남편들에게 아내를 사랑하라고 하는 에베소서 5:25의 대목에서, 그 사랑이 그리스도께서 교회를 사랑하셔서 자신을 준 것과 같다고 이야기합니다. 목적보다 더 큰 대가를 치르는 법은 없습니다. 대가를 치러서 그 이상의 보상이 있기 때문에 대가를 치르는 법입니다. "그리스도께서 자기 몸을 주셨다"는 표현 속에서 우리는 주님께서 주시는 교인의 위치를 자세히 살펴볼 수 있습니다. 28절에서는 "이와 같이 남편들도 자기 아내 사랑하기를 자기 자신과 같이 할지니 자기 아내를 사랑하는 자는 자기를 사랑하는 것이라"고 말합니다. 훨씬 직설적인 표현도 있습니다.

누구든지 언제나 자기 육체를 미워하지 않고 오직 양육하여 보호하기를 그리스도께서 교회에게 함과 같이 하나니 우리는 그 몸의 지체임이라(엡 5:29-30).

우리는 그의 몸이요, 그의 지체라고 되어 있습니다. 30절에는 "그 몸의 지체임이라"고 되어 있습니다만 어떤 사본에는 이런 말이 덧붙여져 있습니다. "우리는 그의 뼈요 그의 살이라." 이것은 하나님이 인류를 창조하셨을 때 아담과 하와를 지으신 후, 아담이 하와를 가리켜 표현했던 것과 같습니다. 우리는 그의 몸의 지체입니다. 그의 뼈요 살이라고 표현할 만큼 그 무엇으로도 갈라놓을 수 없는 연합된 존재가 되었다고 말합니다.

연합이라는 표현을 중요하게 여기는 이유는 우리가 한 사람의 신앙을 볼 때 깨우침이나 선택 개념에만 치중해서 생각하기 때문입니다. 다시 말하지만 내가 신앙에 대해 마음의 확신이 있고 열심이 있고 내 마음이 흐트러짐 없이 분명할 때 구원이 확실하게 느껴지는 반면, 의심이 가고 내가 부족하다고 여겨지면 구원 받지 않은 것같이 느껴지더란 말입니다. 즉 구원이 나에게 달려 있는 것 같은 기준이 설정되는 것입니다. 성경이 우리에게 율법에서 벗어났다고 말하는 것은 구원의 기준이나 조건이 나에게 있지 않다는 것을 명백하게 가르치기 위해서 설명하는 대목입니다. 내가 사지를 잘라 버릴 수 없듯이 그리스도께서 자신의 지체 된 우리와 결별할 수 없는 관계가 되셨다는 것, 이것보다 신자의 구원에 있어서 안정성과 영원성을 확인하는 부분은 없을 것입니다.

신자 자신이 구원을 얼마나 절실히 공감하느냐, 얼마나 큰 기쁨과 확신을 소유하고 있느냐가 아니라, 구원이 어떠한 방식으로 허락되어 우리에게 마치 안전장치처럼 되어 있는가를 확인합시다. 이것이 성경이 우리에게 가르치고 싶어 하는 것입니다.

그러므로 사람이 부모를 떠나 그의 아내와 합하여 그 둘이 한 육체가 될지니 이 비밀이 크도다. 나는 그리스도와 교회에 대하여 말하노라(엡 5:31-32).

여기서 하나 부언하고 지나갈 것은 신자에게 있어서 가정이라는 것은 상당히 특별하다는 것입니다. 부부는 하나입니다. 부부가 서로 꼭 놓치지 말아야 하는 원칙은, 남편은 아내가 싫어하는 것을 하지 않아야 하고, 아내는 남편이 싫어하는 것을 하지 않아야 한다는 것입니다. 가장 최소한의 조건이 그렇습니다. 적극적으로 남편은 아내가 좋아하는 것을 해야 하고, 아내는 남편이 좋아하는 것을 따라야 합니다. 이것이 부부입니다. 왜냐하면 한 몸이기 때문입니다. 자기 눈에 고춧가루를 넣을 사람은 없습니다. 눈이 싫어할 뿐 아니라 결국은 손해이기 때문입니다. 심심하다고 망치로 이를 툭툭 건드릴 필요는 없습니다. 그러면 아프고 결과적으로 손해이기 때문입니다.

부부는 하나입니다. 하지만 오늘날 헤어지는 일이 점점 쉬워지고 있습니다. 헤어질 수 있다는 것은 마치 우리가 내 팔이 마음에 들지 않으니까 팔을 잘라 버리겠다는 발상이고, 내 다리가 흉하니까 다른 다리로 바꾸겠다는 발상입니다. 그런 일은 있을 수 없습니다. 의학적으로 장기를 교체한다든가 어느 부분을 쓸 수 없어서 바꾸는 그런 문제가 아닙니다. 부부는 불가분리의 관계에 있는 자신의 한 부속이라는 말입니다. 이것이 부부이고, 그리스도와 신자와의 관계인 것입니다.

교회는 그리스도의 충만

에베소서 1장에서는 예수 그리스도에 대해 좀 더 확실하게 표현하고 있습니다.

또 만물을 그의 발 아래에 복종하게 하시고 그를 만물 위에 교회의 머리로 삼으셨느니라. 교회는 그의 몸이니 만물 안에서 만물을 충만하게 하시는 이의 충만함이니라(엡 1:22-23).

교회는 그의 몸이며, 그는 예수님입니다. 만물 안에서 만물을 충만하게 하시는 이는 그리스도이십니다. "만물을 충만하게 하시는 이의 충만"은 누구입니까? 교회입니다. 교회는 예수 그리스도의 충만입니다. 예수 그리스도는 만물 안에서 만물을 충만하게 하시는 자입니다. 예수님만이 충만이십니다. 예수님은 자신이 교회로 말미암지 않고는, 교회와 함께하지 않고는 충만하지 않겠다고 하십니다. 교회는 그의 충만입니다. 교회는 건물이 아닙니다. 조직체가 아닙니다. 신자 일반을 말하는 것입니다. 신자들의 총칭입니다. 신자 없이는 충만하지 않기로 했다는 말입니다. 이것이 그리스도와 신자와의 관계요 그 연합의 긴밀성입니다. 둘이 아니라 하나라고 이야기하는 것입니다.

구원이란 이런 것입니다. 우리는 구원을 복, 영생, 형벌을 면하는 것, 천국에서 사는 것 등의 세상적 가치관으로 설명할 때가 많습니다. 선택이나 감격, 이런 인식적 차원에서 붙잡고 있습니다. 그러나 성경이 가르치는 구원이란 결국 하나님께서 우리를 불쌍히 여기시고, 우리를 하나님의 자녀로 영원한 나라에 데려가실 것이며, 거기서 살게 하실 것이고, 그것이 방해받거나 취소되거나 파괴되지 않도록 지금 간섭하고 계신다는 이야기입니다. 그러나 우리는 너무나 많은 조건과 기준을 가지고 있습니다. 여러분, 이런 부분에서 혼동하지 마십시오.

우리는 영생도 죽지 않는 것, 아프지 않는 것 등으로 이해합니다. 그러나 요한복음 17장을 볼까요?

아버지께서 아들에게 주신 모든 사람에게 영생을 주게 하시려고 만민을 다스리는 권세를 아들에게 주셨음이로소이다. 영생은 곧 유일하신 참 하나님과 그가 보내신 자 예수 그리스도를 아는 것이니이다(요 17:2-3).

영생은 죽지 않는 것, 벌 받지 않는 것, 행복하게 사는 것, 이런 식으로 묘사되어 있지 않습니다. 물론 그러한 내용을 포함합니다만, 영생은 하늘에 계신 하나님 아버지와 예수 그리스도와의 깊은 관계에 들어가는 것입니다. 깊은 교제에 들어가는 것입니다. 여기서 안다는 표현은 "부부가 서로 안다"는 것과 같은 긴밀한 연합의 관계를 설명하는 단어입니다.

요한복음 17장 전체가 "아버지를 알게 하옵소서"와 "우리가 하나되게 하옵소서"라는 내용입니다. 그것이 구원입니다. 이제 우리는 구원을 볼 때, 하나님이 우리와 그리스도를 어떻게 연합시키셨는가, 우리가 그의 사랑과 더 긴밀하게 연합되려면 어떻게 해야 하는가의 관점에서 보아야 합니다. 그리고 그러한 입장에서 구원에 대한 감사와 확신, 소망을 가져야 합니다. 자기 기분이나 실패, 미련함으로 자신을 그리스도와 분리시키거나 하나님으로부터 얻은 구원을 폐기할 수는 없습니다. 이것이 성경이 가르치는 구원의 확신의 방법입니다.

신앙의 핵심은 순종

이제 한 걸음 더 나아가서 이 문제가 우리에게 실제적으로 요구하는 것이 있습니다. 구원을 얻어 그리스도와 연합되었다는 것, 곧 우리의 신자된 확신, 위치, 신분, 운명을 깨닫자마자 신자에게는 요구되는 것이 있습니다. 즉 신앙의 핵심이 무엇이냐는 것입니다. 사랑입니까? 거룩입니까? 의입니까? 열심입니까? 믿음입니까? 능력입니까? 아닙니다. 성경은 우리에게 순종을 요구합니다.

　로마서 7장이 부부에 관한 이야기로 시작할 때 처음에 나오는 표현에 귀를 기울일 필요가 있습니다.

　형제들아, 내가 법 아는 자들에게 말하노니 너희는 그 법이 사람이 살 동안만 그를 주관하는 줄 알지 못하느냐(롬 7:1).

　부부의 관계에 있어서 중요한 원리 중 하나는 남편이 그 부부 됨에 있어서 주권자라는 것입니다. 아내들이 남편의 권위에 도전하는 것은 성경적으로 금하고 있습니다. 여자 된 것을 억울해하지 마십시오. 여자가 남자보다 열등하다는 뜻도, 부하라는 뜻도 아닙니다. 역할이 그렇다는 말입니다. 손과 발 중 누가 높은지를 이야기하는 것이 바보 같은 질문이듯, 남자와 여자 중 누가 높은지를 묻는 것도 그렇습니다. 남자는 남자가 맡은 책임이 있고 여자는 여자가 맡은 책임이 있습니다. 다스리는 책임과 순종하는 책임 중 어느 것이 더 영광스러운가를 말하려는 것이 아닙니다. 둘 다 고귀한 신분입니다. 그것은 마치 목사와 평신도 중 누가 하나님 앞에서 더 높은 신자냐고 묻는 것과 같습니다. 신앙이라는 것은 직분이 없습니다. 사람의 높고 낮음이 직분과 관계되는 것은 아닙니다. 그리스도와 연합함으로 말미암아 예수 그리스도를 남편으로 맞이했다는 표현 속에 가장 중요한 신앙의 핵심이 내포되어 있습니다. 그것은 순종이라는 것입니다.

　순종이란 무엇입니까? 왜 순종하게 됩니까? 무조건 맹종하거나 굴복할 것을 가르치는 것이 아닙니다. 주님과 우리가 연합되어 새로운 생명을 얻었고 영원한 길이 확보되어 있기 때문입니다. 동시에 우리 주 예수 그리스도로 말미암아 우리는 비로소 정당한 위치에 서게 되는 것입니다. 예수 그리스도 안에서 권위와 진리를 만나고 질서를 회복하는 것입니다. 내가 그 질서 속에서 최고의 권위자라면 다스리는 것만 있겠지만, 나는 최고 권위자가 아닙니다. 최고의 권위자, 절대 권위자는 하나님이십니다.

그래서 예수 그리스도 안에서 발견하는 것은 그 절대 권위 아래서 구원을 얻은 자, 그의 자녀로 부름 받은 우리의 위치입니다. 따라서 우리는 당연히 우리를 다스리는 분 앞에 복종하게 됩니다. 우리가 이러한 절대 권위와 질서 속에 있기 때문에 성경은 우리에게 경고하고 권면하며 설득하는 것입니다. 이전에는 그런 것이 없었습니다. 우리가 구원을 얻기 전 내 마음대로 살 때와 구원을 얻고 난 후 예수 그리스도 안에 있을 때의 차이가 있다면 바로 이것입니다.

그러므로 내가 이것을 말하며 주 안에서 증언하노니 이제부터 너희는 이방인이 그 마음의 허망한 것으로 행함 같이 행하지 말라. 그들의 총명이 어두워지고 그들 가운데 있는 무지함과 그들의 마음이 굳어짐으로 말미암아 하나님의 생명에서 떠나 있도다. 그들이 감각 없는 자가 되어 자신을 방탕에 방임하여 모든 더러운 것을 욕심으로 행하되(엡 4:17-19).

불신자의 삶을 자세히 보면 일관성이 없습니다. 절대 권위나 질서나 목표가 없기 때문입니다. 그래서 그때를 가리켜 어둡고 무지하다고 표현합니다. 어두움 속에서는 일관된 길을 걸을 수 없고 목표를 설정할 수 없습니다. 그것이 불신자의 삶입니다. 자신을 방임할 수밖에 없습니다. 발길 닿는 대로 걸을 수밖에 없고 이리저리 방황할 수밖에 없습니다. 질서가 없으니까 그날 아침 눈을 떠서 눈길이 가는 데로 가고 쉬고 싶은 데에서 쉬다가, 기분이 나쁘면 돌이켰다가 꼭 가야 하는 곳도 없고 특별히 안 할 것도 없는 삶을 살게 되는 것입니다.

그와 달리 그리스도 예수 안에 있다는 것은 "오직 너희는 그리스도를 그같이 배우지 아니하였느니라"(엡 4:20)로 금방 달라집니다. 배울 것이 있습니다. 그 안에는 절대자가 있고 진리가 있으며 가야 할 곳이 있습니다. 그래서 그 가야 할 곳을 방해하거나 다른 길로 갈 때는 경고가 나올 수 있습니다. "진리가 예수 안에 있는 것같이 너희가 참으로 그에게서 듣고 또한 그 안에서 가르침을 받았을진대"(엡 4:21). 그 안에서 배우고 받고 추종해야 할 것이 있습니다.

전에는 "그들이 감각 없는 자가 되어 자신을 방탕에 방임하여 모든 더러운 것을 욕심으로 행하되"(엡 4:19)라고 함과 같았으나, 지금은 "진리가 예수 안에 있는 것같이 너희가 참으로 그에게서 듣고 또한 그 안에서 가르침을 받았을진대"(엡 4:21)라고 하는 자리에 있는 것입니다. 그래서 신앙의 핵심은 언제나 순종인 것입니다. 그리고 순종, 진리, 생명, 영원으로 가는 이 일을 위하여 신자에게는 절제할 것이 주어지고 꾸짖음이 있고 징계가 있는 것입니다.

"하나님을 따라 의와 진리의 거룩함으로 지으심을 받은 새 사람을 입으라"(엡 4:24)는 목표로 가기 위해서는 목표를 방해하고 가지 못하게 하는 것들을 경계해야 합니다. 결국 신앙의 핵심은 순종인 것입니다. 하지만 우리는 예수 그리스도와 연합하여 권위와 질서 속에 있다는 것을 망각하고 자꾸만 기쁨, 감격, 행복이라는 추상적인 단어들을 사용함으로써 이 절대 권위자의 위치를 망각하고 있습니다. 우리는 복을, 기쁨을, 내 욕심을 채우기 위한 신비한 방법을 좇아가고 있습니다.

이것은 성경이 이야기하는 것과 전혀 다릅니다. 우리는 그리스도와 연합하였습니다. 결혼해 부부가 된 것과 같습니다. 여자분들 중에는 결혼하기 전까지 밥 한번 실제로 해보지 않고 시집을 가는 사람들도 있겠습니다. 그것은 절대 흉도 아니고 꾸짖을 문제도 아닙니다. 부모 아래 있었고 보호 아래 있었기 때문입니다. 그러나 결혼을 하고서도 밥을 해본 적이 없다면 그것은 좀 곤란합니다. 남편과 식사를 해야 할 때 준비를 하지, 자기가 하고 싶을 때 하는 아내는 없습니다. 혹시 있다면 오늘 중으로 회개하셔야 합니다. 그렇지 않습니까? 아내가 자기가 먹고 싶은 반찬을 준비하는 것보다 남편을 위주로 하는 것이 옳습니다. 당연한 것입니다.

우리가 우리의 신앙생활을 할 때 어떠한 기준과 목표, 어떤 색깔을 가지느냐 하는 것은 다 주님 안에 있습니다. 그러니까 모든 신앙의 영역에서 주를 배워 나가는 것이어야 합니다. 주를 아는 싸움이어야 합니다. 내 기분과 내 욕망에 달려 있지 않습니다. 이것은 종교성이나 도덕성의 문제가 아닙니다. 오직 순종의 문제입니다. 우리 하늘에 계신 아버지께서 무엇을 원하시는가, 주님께서 무엇을 하라고 하시는가, 그것에 대한 순종입니다.

사울이 이스라엘의 초대 왕이 되었을 때 하나님은 아말렉을 진멸하라고 명령하셨습니다. 그러나 사울은 하나님의 명령을 어겼습니다. 사울은 소와 양의 살찐 것들을 가져왔고, 하나님께 제사하려고 그랬다고 핑계를 댑니다. 사무엘은 사무엘상 15:22에서 "여호와께서 번제와 다른 제사를 그의 목소리를 청종하는 것을 좋아하심 같이 좋아하시겠나이까"라고 했습니다. 잊지 마십시오. 하나님이 무엇을 하라고 하셨는가에 귀를 기울이지 않고 내가 좋아하는 것, 종교적인 일, 도덕성이 있는 것을 하고는 "나는 하나님이 요구하는 것을 다 했다"고 이야기해서는 안 되는 것입니다.

부언하지만 현대사회의 제일 큰 병폐는 가정의 파괴입니다. 가정이 파괴되기 때문에 자녀들은 권위와 사랑, 순종과 행복을 맛보지 못하고 자랍니다. 강퍅한 마음으로 커서 보호를 받거나 사랑을 받아 본 적이 없고, 명령을 받은 적도 없습니다. 유치한 마음이 성숙할 틈도 없이 그저 자기 마음대로 거칠어져 사회문제가 되고 있습니다. 점점 범죄 연령층이 낮아지고 있고 그 행태 또한 참혹합니다. 이유는 아버지의 권위와 책임, 그리고 어머니의 사랑과 복종을 본 적이 없기 때문입니다.

남편들이 먼저 잘해야 합니다. 혹시 부부 싸움을 할 때 남편들이 집어 던지거나 때리는 등 몹쓸 짓을 할지라도 아내들은 자녀들 앞에서 남편에게 대꾸하지 마십시오. 따로 하십시오. 사실 남편들이 폭력을 사용하는 것은 아주 치사한 것입니다. 여자와 힘쓰기 내기를 한다는 것은 바보 같은 짓입니다. 남자들이 폭력을 쓰는 것은 여자들이 남자보다 말을 잘하기 때문입니다. 말대꾸하고 조목조목 따지지 마십시오. 그것은 절대 똑똑한 것이 아니라 매를 사는 것입니다.

이것은 남편과 아내의 무슨 개인적인 문제가 아니라 책임이라는 말입니다. 순종은 신자가 가져야 되는 최고의 핵심 덕목이며, 그 일에서 가장 중요한 배역을 맡은 사람은 남편보다 아내 쪽이기 때문입니다. 순종의 배역으로 따지면 아내가 주인공입니다. 남편은 책임과 권위의 배역입니다. 신자의 신앙의 배역이 순종에 있기 때문에 여자가 맡은 배역이 더 중요한 배역이라는 말입니다.

사울이 "하나님께 제사하려고 남겨 왔습니다"라고 변명하자, 사무엘은 순종이 번제와 다른 제사보다 낫다고 꾸짖습니다. 순종이 나은 것입니다. 순종이 제사보다 낫고 듣는 것이 수양의 기름보다 낫습니다. 따라서 "거역하는 것은 점치는 죄와 같고 완고한 것은 사신 우상에게 절하는 죄와 같음이라"(삼상 15:23)고 말합니다. 잊지 마십시오. 하나님의 말씀을 듣지 않는다면 우리는 그의 권위 아래 들어가 있는 것이 아니며 그리스도와 연합되어 있지 않은 것입니다. 그리스도와 연합되어 있으면서 그리스도의 마음을 상하게 하고 그분이 싫어하는 것을 하며 그분의 영향을 받지 않는다는 것은 있을 수 없는 일입니다.

우리는 분명히 확인해야 합니다. 우리가 얻은 구원의 본질이 무엇입니까? 그리스도와의 연합입니다. 우리가 얻은 구원이 영원한 것이며 취소되지 않으며 실패되지 않을 것을 확신합니다. 나의 어리석음과 나의 게으

름과 나의 연약함에도 불구하고 우리는 그리스도의 일부가 되어 있기 때문에, 우리의 구원은 영원한 것입니다. 그래서 순종해야 합니다. 이제 우리는 주님이 기뻐하시는 것을 우리의 기쁨으로 삼고 주님이 요구하시는 것을 우리의 소원으로 삼는 지혜로운 자리에 들어가야 합니다.

종교성이 있는 것, 옳은 것, 착한 것, 이것이 전부가 아닙니다. 주님께서 원하신다면 기꺼이 우리의 목숨을 내어놓아야 합니다. 물론 자존심도 내어놓을 수 있고, 묻혀 지내거나 작은 자로서 평생을 살 수 있습니다. 그러나 그 속에 주님이 함께하는 기쁨이 늘 충만할 것이요, 그것을 막을 자가 없을 것을 믿습니다. 큰일을 한다는 명분으로, 거창한 일을 해야 한다는 것으로 가장 중요한 것을 내어놓고 자신을 속이는 미련한 일에 빠지는 일이 없기를 권합니다.

05

교회의 본질과 말씀

고후 3:1-6

우리가 다시 자천하기를 시작하겠느냐. 우리가 어찌 어떤 사람처럼 추천서를 너희에게 부치거
나 혹은 너희에게 받거나 할 필요가 있느냐. 너희는 우리의 편지라. 우리 마음에 썼고 뭇 사람
이 알고 읽는 바라. 너희는 우리로 말미암아 나타난 그리스도의 편지니 이는 먹으로 쓴 것이
아니요 오직 살아 계신 하나님의 영으로 쓴 것이며 또 돌판에 쓴 것이 아니요 오직 육의 마음
판에 쓴 것이라. 우리가 그리스도로 말미암아 하나님을 향하여 이같은 확신이 있으니 우리가
무슨 일이든지 우리에게서 난 것같이 스스로 만족할 것이 아니니 우리의 만족은 오직 하나님
으로부터 나느니라. 그가 또한 우리를 새 언약의 일꾼 되기에 만족하게 하셨으니 율법 조문으
로 하지 아니하고 오직 영으로 함이니 율법 조문은 죽이는 것이요 영은 살리는 것이니라.

하나님은 말씀으로 일하신다

고린도 교회에 들어온 거짓 교사들은 성도들의 신앙을 해치고 성도들을
다른 길로 유혹했습니다. 그들은 사도 바울의 사도직을 공격하고, 그의 가
르침을 내용면에서 반박하기 위하여 자기네들이 더 정당하고 더 실력 있
는 사람이라는 증명서나 추천서를 내세웠던 것 같습니다. 그래서 사도 바
울이 "우리가 다시 자천하기를 시작하겠느냐. 우리가 어찌 어떤 사람처럼
추천서를 너희에게 부치거나 혹은 너희에게 받거나 할 필요가 있느냐"(고
후 3:1)라는 말을 쓰게 된 것입니다. 본문에서 "너희는 우리로 말미암아 나

74

교회

타난 그리스도의 편지"라고 했는데, 이 편지는 추천서를 말하는 것입니다. 그것은 증명서 역할도 함께했습니다. 그래서 "너희가 바로 우리의 증명서 다, 너희가 바로 내가 정당한 사도임을 입증하는 증거물이다"라고 답을 합니다.

결국 여기에서 우리는 교회의 본질이 무엇인가를 배우게 됩니다. 교회의 가장 중요한 요소인 목자와 성도의 본질이 무엇이냐를 알게 되는 것입니다. 사도 바울은 너희가 우리의 편지라고 말함으로써 자기가 정당한 사도라고 말하며, 그것으로 충분하다고 합니다.

"고린도 교우들, 너희가 바로 내 편지다, 너희가 어떤 의미에서는 내 증명서다"라고 이야기할 수 있는 이유는 3절에 "너희는 우리로 말미암아 나타난 그리스도의 편지니 이는 먹으로 쓴 것이 아니요 오직 살아 계신 하나님의 영으로 쓴 것이며 또 돌판에 쓴 것이 아니요 오직 육의 마음판에 쓴 것이라"고 이야기함으로써 그들이 중생하고 변화된 것을 사도 바울의 사도직에 대한 분명한 증거물로 제시하고 있습니다.

얼마나 명분 있는 이야기를 하고 얼마나 실력이 있으며 어떠한 자격이 있는지로는 사도 바울이 제대로 직분을 수행하고 있다는 점을 증명할 수 없다는 것입니다. 바울이 하나님의 사도로서 사도직을 잘 수행하고 있다는 표시는 그를 통해 하나님께서 영혼을 중생시키신다는 것이었습니다. 아무리 뛰어난 자격과 실력, 명분을 가진다 해도 목자가 영혼을 중생시키는 일로 하나님 앞에 쓰임 받고 있지 않다면, 그는 정당한 사도가 아니며 하나님의 종이 아니라는 이야기가 되는 것입니다.

그래서 6절에서 자신이 "새 언약의 일꾼"이라고 이야기하는 것입니다. 새 언약이란 잘 아시다시피 의문(율법 조문)으로 하지 않고 "영으로 하는 언약"을 말합니다. 새 언약은 예레미야 31:31에 언급된 것처럼, 어떤 교훈이나 규칙, 명령서가 아닙니다. 죄인이자 하나님을 배신한 자요, 징벌의 대상이며 영으로 죽어 있는 우리가 하나님의 크신 능력으로 중생하여, 우리 속으로부터 변해서 살아나고 거룩해진 결과를 얻는 표를 말합니다. 사도 바울은 이것이야말로 사도된 표이며, 하나님이 그를 통해 일하시는 움직일 수 없고 부정할 수 없는 표라고 말합니다. 우리 신앙에 있어서도 이것을 교훈으로 삼을 수 있습니다.

먼저 교회의 본질을 생각해 봅시다. 첫째, 하나님이 죽어 가는 영혼들을 교회를 통해 불러내시는 것입니다. 이것은 전도입니다. 복음이 전파되고 하나님께서 부르신 영혼들이 교회를 통하여 구원을 얻는 것입니다. 둘째는 그리스도와 하나님께서 부르신 성도들의 연합입니다. 그 연합은 예수 그리스도를 머리로 하는 떨어질 수 없는 결합입니다. 예수 그리스도와 연합되어 몸 된 교회의 성도들이 완성을 향하여 전진해 나가는 것을 말합니다.

여기서 명심할 것은 이 두 가지 모두 말씀을 통하여 완성된다는 것입니다. 하나님께서는 말씀을 통해 죽어 가는 영혼을 불러내시고, 예수 그리스도를 머리로 하여 불러 모은 자녀들을 인도하실 때에도 말씀을 통해서 하십니다. 물론 말씀 이외의 방법도 사용하시지만 결론적으로는 말씀을 통해 돌아옵니다.

사실 말씀은 그렇게 간단하지 않습니다. 하나님이 말씀으로 일하신다고 할 때, 말씀에는 우리에게 어떤 조건이나 자격을 요구하지 않으시고, 계획과 뜻을 가지신 분의 독자적이고 충분한 능력과 조건으로 일을 이루신다는 의미가 들어 있습니다. 하나님의 말씀으로 되었다는 말이 무엇일까요? 그것은 하나님이 씨를 뿌리시고 우리가 가꾸어야 된다는 것과는 다른 것입니다. 계획하시고 목적하신 것 중에 99%는 하나님이 하시고 1% 정도만 우리가 해야 한다거나, 나눈 것을 합쳐야 일이 완성된다는 말이 아닙니다. 하나님이 말씀으로 일하신다는 뜻은 하나님이 계획하시고 목적하셨으면 이루어질 수밖에 없는 일이라는 것입니다.

하나님은 천지를 말씀으로 창조하셨습니다. 하나님 홀로 이유와 조건
이 되십니다. 목적과 지혜가 되시고 힘이 되셔서 혼자 다 하셨다는 의미가
함축된 표현이 '말씀으로'입니다. 마찬가지로 죽어 가는 영혼들을 부르실
때에도 하나님은 우리가 그 말씀을 들어야 했다거나 반응해야 했다는 것
이 아니라, 하나님이 목적을 두시고 계획하시고 기뻐하셨기 때문에 이루
어질 수밖에 없다는 것이 바로 '말씀으로'라는 표현인 것입니다.

말씀으로 일하신다는 것에 대한 오해

그런데 우리는 하나님이 말씀으로 일하신다고 하면 자꾸만 우리가 말을
잘해야 한다는 생각을 하게 됩니다. '전도전략', '제자훈련' 같은 말을 많이
들으셨을 텐데, 그런 것들은 다 필요한 것입니다. 우리가 우리의 노력과 하
나님을 향하여 가진 마음과 하나님께서 부르시는 구속 사역에 동참하는
열심을 그렇게 표현하는 것은 좋습니다. 그러나 그런 방법으로 다 되는 것
은 아닙니다. 그것은 다만 우리가 하나님의 긍휼과 자비의 구속 사역에 동
참한다는 것을 그렇게 표현한 것에 불과합니다. 왜냐하면 내가 말을 잘하
면 상대방이 구원을 얻고, 내가 말을 못하면 구원 얻지 못하는 식이 아니기
때문입니다.

만일 그렇다면 당장 어떤 문제에 걸리게 됩니까? 에스더가 들은 말을
기억해 보십시오. 모르드개가 에스더에게 뭐라고 합니까? "오늘날 하나님
의 백성을 구원하기 위하여 너를 왕비 삼은 것 아니냐? 네가 안 해도 좋다.
네가 아니래도 하나님은 이 일을 하실 것이다. 그러나 하나님이 너를 통하
여 하시려는 일을 네가 안 하면, 안 해서 일이 안 되는 것이 아니라 너만 네
책임을 못하는 것이 되는 줄 모르느냐?"라는 협박 같은 말속에 있는 깊은

뜻을 아시겠습니까?

우리가 전도를 하면 전도가 이루어집니다. 그렇다고 해서 그것이 꼭 그 목적을 이룰 수 있는 유일한 방법은 아닙니다. 그 일에 내가 동참함으로 하나님께 충성된 종이라는 칭찬과 상급을 받는 이유는 될지언정, 내가 안 했기 때문에 하나님이 일을 못하시지는 않는다는 것입니다.

그래서 구약에서는 종종 "여호와의 입의 말이니라"고 말할 때가 있습니다. 그러니까 '말씀'이란 것은 말이고 설득입니다. 커뮤니케이션이 아닙니다. "내가 한 말이다, 나 여호와의 말이니라"는 말의 내용에 집착하지 말고 누구의 말이냐에 초점을 두어야 합니다. 그래서 하나님은 말씀으로 일하시기를 기뻐하십니다. 그런 의미에서 말씀이란 설득이나 논리성이나 합리성 등의 방법론이나 기술에 대한 것이 아니라는 것을 일차적으로 명심할 필요가 있습니다.

간혹 목사들을 '말씀을 맡은 종'이라고 부르는데, 종종 오해를 불러일으킵니다. 하나님이 목사를 통해 그분의 일을 이루시는 것일 뿐이지, 목사가 설교를 잘한다거나 못한다고 할 필요가 없습니다. 어느 교회든 그 교회 성도라면 자기 교회 목사가 최고라고 합니다. 끼리끼리 모이게 마련이거든요. 얼마나 다행인지 모릅니다.

왜 그렇습니까? 하나님이 양 떼에게 필요한 목자를 보내시고 그에게 어떤 특별한 은사를 주셔서 그들을 준비시키라고 끼리끼리 만나게 하시는 것입니다. 누가 누구보다 낫다고 이야기하는 것처럼 어리석은 것은 없습니다. 그러므로 목사가 자기 교회에서 사랑을 받고 대접을 받는다고 해서 자기가 실력 있다고 생각하는 것처럼 어리석은 것은 없습니다. 하나님께서 자기를 쓰시는 줄로만 알면 됩니다. 자신이 모세의 손에 들린 지팡이요, 하나님 손에 들린 모세인 줄 알아야 한다는 것입니다.

말씀으로 구원하시는 이유

다른 모든 종교와 달리 기독교만의 특징이 있습니다. 다른 종교는 초월성을 증표로 삼고 있으며, 인간의 자연적인 본능은 종교를 초월적인 것이라고 생각합니다. 그래서 치성을 드려 자기가 원하는 것을, 일반적인 방법으로는 얻지 못한 것을 초월적으로 얻어 내기 위해서 종교를 가지기 쉽습니다.

하지만 기독교는 초월성을 기준이나 조건으로 삼거나 특징으로 삼지도 않습니다. 기독교는 오히려 초월과 자연을 나누는 것을 거부합니다. 하나님은 초월자이시지만 자연도 만드셨습니다. 하나님이 일하시는 방법 중 가장 많이 쓰시는 것은 초월적인 방법이 아니라 일반적인 방법입니다.

여러분이 구원을 얻고 나서 배워야 하는 것은 자연 속에 있습니다. 자연 속에서 여러분은 더 많이 깨우치셔야 합니다. "공중 나는 새를 봐라, 들에 핀 백합화를 봐라, 오늘 있다가 내일 아궁이에 던져지는 들풀도!"라는 식으로 자연 법칙을 인용해서 쓰고 있는 것을 유심히 살펴보셔야 합니다. 그 모든 것이 다 하나님의 것이기 때문입니다.

또한 하나님이 말씀으로 우리를 구원하시고 완성하시는 이유는 하나님께서 자신을 우리에게 나타내기를 기뻐하시기 때문입니다. 다른 종교가 경배의 대상이나 믿음의 내용 없이 자기의 소원을 초월적인 방법으로 얻어 내는 것이라면, 기독교는 자신이 믿어야 할 대상을 알고 그분의 요구에 순종해야 되는 것입니다. 이것이 기독교라는 종교의 특징이요 유일한 원칙이며 신앙인 것입니다.

기독교는 믿음을 강조하지만 목적을 이루기 위해 도박하는 식의 믿음은 아닙니다. 자신이 요구한 것을 스스로 충분히 이해하고 신뢰하며, 전인격적으로 깊은 마음으로 동의하는 것을 말합니다. 또 기독교 신앙은 순종을 많이 요구합니다. 하나님의 요구를 내 뜻보다 앞세우며 하나님의 기뻐하심을 내 기쁨보다 앞세웁니다. 보다 앞세우는 정도가 아니라 내 것은 없고 하나님 것만 남는 것입니다. 오죽하면 주를 사랑할 때는 아내나 부모와 자식을 미워할 정도로 주를 더 사랑해야 한다고 하겠습니까? 아내나 부모와 자식을 사랑하는 게 왜 미움으로 나타나겠습니까? 이들을 사랑하지만 그리스도를 사랑하는 것과 비교할 때는 이들에게 사랑한다는 말을 할 수조차 없다는 의미입니다. 그래서 미움이라고 표현할 만큼 우리의 사랑과 신뢰는 하나님께로 향해야 된다는 것입니다. 그래서 '말씀, 말씀' 하는 것입니다.

고린도후서 3장에서 보는 사도 바울의 이야기가 바로 그것입니다. "내가 하나님의 종이요, 하나님께서 나를 통하여 일하신다는 분명한 증명서가 바로 너희다. 너희가 예수를 믿게 되지 않았느냐" 하는 것입니다. "너희가 변하지 않았느냐? 너희가 하나님을 모르는 죄인이었는데 이제 하나님을 믿고 하나님의 자녀로 바뀌지 않았느냐? 누가 했느냐? 내가 했다. 하나님이 나를 보내서 너희를 구원하지 않았느냐? 그것만 봐도 내가 하나님의 종인 것이 확실하지 않느냐? 그런데 새로 들어와서 내가 틀리고 자기네가 옳다고 하는 자들이 나보다 잘생겼을 수도 있고, 나보다 실력이 좋거나 다른 모든 조건이 나보다 나을 수도 있다. 하지만 그들이 영적으로 너희를 변화시키고 하나님의 사람으로, 거룩과 영광으로 너희를 성장하게 하더냐"라고 묻는 것입니다.

목사와 성도는 서로 무엇을 요구해야 하는가

이것은 우리에게 대단히 중요한 질문입니다. 왜 그렇습니까? 교회가 목사에 대하여 요구할 것과 목사가 성도들에게 요구할 것이 이 두 가지의 원칙을 벗어나면 안 되기 때문입니다. 여러분은 목사에게 말씀과 말씀으로 인한 격려, 말씀을 목표로 한 모범을 요구하셔야 합니다. 사도행전 20장으로 가 보십시다.

바울이 밀레도에서 사람을 에베소로 보내어 교회 장로들을 청하니 오매 그들에게 말하되 아시아에 들어온 첫날부터 지금까지 내가 항상 여러분 가운데서 어떻게 행하였는지를 여러분도 아는 바니 곧 모든 겸손과 눈물이며 유대인의 간계로 말미암아 당한 시험을 참고 주를 섬긴 것과 유익한 것은 무엇이든지 공중 앞에서나 각 집에서나 거리낌이 없이 여러분에게 전하여 가르치고 유대인과 헬라인들에게 하나님께 대한 회개와 우리 주 예수 그리스도께 대한 믿음을 증언한 것이라. 보라, 이제 나는 성령에 매여 예루살렘으로 가는데 거기서 무슨 일을 당하는지 알지 못하노라. 오직 성령이 각 성에서 내게 증언하여 결박과 환난이 나를 기다린다 하시나 내가 달려갈 길과 주 예수께 받은 사명 곧 하나님의 은혜의 복음을 증언하는 일을 마치려 함에는 나의 생명조차 조금도 귀한 것으로 여기지 아니하노라. 보라, 내가 여러분 중에 왕래하며 하나님의 나라를 전파하였으나 이제는 여러분이 다 내 얼굴을 다시 보지 못할 줄 아노라. 그러므로 오늘 여러분에게 증언하거니와 모든 사람의 피에 대하여 내가 깨끗하니 이는 내가 꺼리지 않고 하나님의 뜻을 다 여러분에게 전하였음이라. 여러분은 자기를 위하여 또는 온 양 떼를 위하여 삼가라. 성령이 그들 가운데 여러분을 감독자로 삼고 하나님이 자기 피로 사신 교회를 보살피게 하셨느니라. 내가 떠난 후에 사나운 이리가 여러분에게 들어와서 그 양 떼를 아끼지 아니하며 또한 여러분 중에서도 제자들을 끌어 자기를 따르게 하려고 어그러진 말을 하는 사람들이 일어날 줄을 내가 아노라. 그러므로 여러분이 일깨어 내가 삼 년이나 밤낮 쉬지 않고 눈물로 각 사람을 훈계하던 것을 기억하라. 지금 내가 여러분을 주와 및 그 은혜의 말씀에 부탁하노니 그 말씀이 여러분을 능히 든든히 세우사 거룩하게 하심을 입은 모든 자 가운데 기업이 있게 하시리라(행 20:17-32).

바울은 에베소에 있는 장로들을 불렀습니다. 장로들은 교회의 지도자들을 말합니다. 오늘날과 마찬가지로 장로에는, 주로 교회를 다스리는 일을 맡은 장로님과 설교하는 일을 맡은 목사님까지 포함됩니다. 장로에는 두 종류가 있는데 교회를 치리하는 장로와 설교를 맡은 장로, 곧 목사가 있습니다.

이 당시는 장로와 목사의 구별이 두드러지지 않을 때였습니다. 그들에게 바울은 자신이 어떻게 했는지 보라고 합니다. 또한 "너희도 그렇게 하라"고 합니다. 그런데 바울은 하나님이 어떤 분인지를 말하고, 하나님이 좋아하시고 요구하시는 것은 무엇이든지 다 했다고 말합니다. 사도 바울의 초점은 하나님이 무엇을 하라고 하시는가, 하나님이 무엇을 좋아하시는가, 하나님이 무엇을 싫어하시는가에 있었습니다. 이것이 신앙의 핵심이고 맡은 자가 해야 할 일입니다.

그러나 오늘날은 그렇지 않습니다. 요즘은 이상하게 교인들이 목사에게 많은 요구를 합니다. 자기네들의 요구를 먼저 채워 주는 것, 슬픔을 위로하는 것, 소원하는 것을 빨리 이루어 주는 것 등, 교인들의 공갈과 협박이 보통 센 것이 아닙니다. 그래서 설교를 하면서 목사들은 성도들의 눈치를 보기도 합니다. 그 눈치는 비굴한 입장에서 보는 눈치가 아니라 가르치는 사람이 자기가 가르치는 것이 제대로 전달되고 있는지를 보아야 하는 입장에서의 눈치입니다.

하지만 교인들은 이익이 되는 것만 좋아합니다. "너희는 그 나라와 그의 의를 구하라. 그리하면 이 모든 것을 너희에게 더하시리라"는 데에서는 "아멘" 합니다. 그러면 목사는 그런 쪽으로 설교를 하고 싶은 유혹을 받습니다. 교인들이 좋아하는 것을 해주고 싶지, 굳이 싫어하는 이야기를 하며 경고하고 위협하는 말을 할 필요가 있겠습니까? 그러나 해야 할 말은 해야 합니다. 그것이 우리의 사명입니다. 여러분은 끊임없이 목자에게 그것을 요구해야 합니다. "바른 말을 해주십시오. 하나님께서 원하시는 것이 무엇인지 바로 가르쳐 주십시오." 이것이 여러분이 해야 하는 일인 것입니다.

저도 마찬가지입니다. 저도 여러분이 개인적으로 제게 잘하는가는 따질 필요가 없습니다. 여러분이 하나님의 사람으로 어떻게 변하고 있는지, 말씀을 따라 살려고 얼마나 노력하는지에 제 모든 관심을 쏟아야 하는 것입니다.

목자의 사명

로마서 12장입니다.

> 그러므로 형제들아, 내가 하나님의 모든 자비하심으로 너희를 권하노니 너희 몸을 하나님이 기뻐하시는 거룩한 산 제물로 드리라. 이는 너희가 드릴 영적 예배니라. 너희는 이 세대를 본받지 말고 오직 마음을 새롭게 함으로 변화를 받아 하나님의 선하시고 기뻐하시고 온전하신 뜻이 무엇인지 분별하도록 하라(롬 12:1-2).

목자가 성도들에게 요구하는 초점이 전부 여기로 모이는 것입니다. 여러분은 변하셔야 합니다. 세상을 따라가지 말고 하나님이 기뻐하시는 것을 따라가는 거룩한 사람으로 매일 변화하고 전진하십시오. 그러기 위해서는 분별할 줄 알아야 합니다. 영적인 분별력이 생겨야 하고 열심히 노력하셔야 합니다. 목사에게 좋은 말을 하거나 선물하고, 교회에서 하는 일에 헌금을 잘 내는 것으로 점수를 받는 게 아닙니다. 거룩해지셔야 합니다. 거룩해지기 위한 과정으로 교회 사업에 동참하고 협력한다면 그것은 얼마든지 좋습니다.

여러분이 하나님의 마음에 동참해서 나오는 결과가 전도가 되어야 하지, 전도가 유일한 신앙 행위여서는 안 됩니다. 막상 전도를 해보면 하나님의 마음을 배우게 됩니다. 그런 상관관계는 있습니다. 그러나 이와 같은 원칙은 모른 채 전도하면 자기가 무슨 훈장을 많이 받은 것쯤으로 알고, "넌 훈장 몇 개야? 군번 몇 번이야?" 이렇게 나오면 안 됩니다.

오늘날의 한국교회는 이런 유혹과 시험에 많이 빠져 있다고 생각됩니다. 능력과 업적 위주가 되어서 교회는 자꾸 커지고 사업도 크게 벌립니다. 어떻게 보면 잘난 체하는 것처럼 보입니다. 물론 꼭 그렇게만 볼 필요는 없습니다만, 그러할 위험은 언제든지 있습니다. 행함이 없는 믿음은 거짓입니다. 행해야 합니다. 처음에는 그럴 마음을 갖지 않았지만 어떤 일을 하다가 뜻하지 않게 그럴 수도 있습니다. 성경이 가르치는 목표를 갖고 있지 않으면 얼마든지 실족할 수 있기 때문에 원칙을 분명히 해 두고 연습하고 참여해야 합니다.

목자의 사명은 하나님이 어떤 분이시며 무엇을 좋아하시는지를 남김없이 가르치는 것입니다. 저는 여러분 편을 들 수 없고 하나님 편을 들어야 합니다. 하나님은 여러분 편입니다. 그러니 하나님 편을 드는 것은 결국 여러분 편을 드는 것입니다. 마찬가지로 여러분도 목자를 위하여 분별과 판단과 노력을 기울이셔야 하는가 하면, 목자가 하나님을 제대로 소개하고 하나님이 무엇을 기뻐하시는지 제대로 알려 주도록 애쓰셔야 합니다. 그의 눈이 멀지 않도록 만들어야 합니다. 하나 부탁드리고 싶은 게 있는데, 목사에게 선물 가져다주지 마십시오. 선물을 갖다주시고 나면 약 6개월 동안 너무나 떳떳합니다. 자기가 거룩해지지 않았는데도 하나님 앞에 할 일을 했다고 생각합니다. 하나님의 종에게 선물 갖다준 것을 하나님께 선수금 갖다준 것으로 생각한다는 말입니다.

우리는 교회를 어떻게 만들어 갈 것인가, 교회는 이 시대와 사회에서 맡은 본분을 어떤 식으로 다할 것인가를 똑바로 알아야 합니다. 모두 협력해야 합니다. 여러분들은 좋은 목자를 만들어 내야 하고, 저는 좋은 교회를 만들어 내야 합니다. 이것은 다 하나님의 뜻입니다. 하나님의 요구요 기뻐하시는 것을 막을 권리가 없을 뿐 아니라 그것은 바보 같은 짓입니다.

정신을 차리고 우리가 누구로부터 부름을 받았고, 무엇을 위하여 부름을 받았는지를 분별하도록 합시다. 힘을 다하여 하나님의 뜻을 상고하고 그 뜻에 다 맡겨서, 경건을 연습하고 서로를 위로하며 격려하기로 합시다. 이것은 하루아침에 되지 않습니다. 우리는 이 목표를 놓고 서로를 격려할 줄 알아야 합니다. 누구를 제명시키려는 것이 아니라 서로가 서로에게 책임을 질 줄 알아야 합니다. 하나님께서 이러한 사실을 우리에게 알게 하셨으니, 우리 중에 아무도 이 말씀을 배우고 나서 이로 인해 낙오하는 자가 없도록 기도합시다. 하나님께서 우리에게 요구하시는 이것이 갖는 그 기쁨과 승리와 감사와 자랑의 자리에 우리 모두 가도록 약속하십시다.

06

함께하는 교회

고전 4:6-8

형제들아, 내가 너희를 위하여 이 일에 나와 아볼로를 들어서 본을 보였으니 이는 너희로 하여금 기록된 말씀 밖으로 넘어가지 말라 한 것을 우리에게서 배워 서로 대적하여 교만한 마음을 가지지 말게 하려 함이라. 누가 너를 남달리 구별하였느냐. 네게 있는 것 중에 받지 아니한 것이 무엇이냐. 네가 받았은즉 어찌하여 받지 아니한 것같이 자랑하느냐. 너희가 이미 배 부르며 이미 풍성하며 우리 없이도 왕이 되었도다. 우리가 너희와 함께 왕 노릇 하기 위하여 참으로 너희가 왕이 되기를 원하노라.

고린도전서 4장은 신자가 세상에서 어떤 모습으로 존재하는지를 이야기하며, 이에 대한 고린도 교회 교인과 바울 간에 근본적인 시각 차이가 있다는 것을 보여줍니다. 고린도 교회 교인들은 신앙을 가지고 있으면 모든 것이 완전하고 부족함이 없으며, 세상에서도 대접받고 세상 일이 형통할 것으로 생각하고 있습니다. 이에 반해서 사도 바울은 신자된 것이 이 세상 사람들 눈에 완전한 것으로 보이지 않으며 세상을 사는 데 형통하지도 않고, 오히려 비천한 자나 구경거리, 만물의 찌기 같은 대접을 받는다고 증거했습니다. 좀 더 부연하자면, 고린도 교회 교인들이 잘못 생각하고 있는 것 중에 대표적인 것이 이미(already)와 아직(yet) 사이의 긴장 상태였습니다.

함께 지어져 감

우리는 지금 운명적으로나 신분적으로 천국에 있는 자들입니다. 그리스도와 함께 하늘나라에 있는 자이지만 실제로는 이 세상에 살고 있습니다. 우리는 영원한 나라를 기업으로 받을 자들이요, 하나님의 영광스러운 상속자들이지만, 살아 있는 동안에는 우리의 영광과 우리의 약속된 모든 가치들이 이 세상의 사람들이나 세상 가치의 시각으로 볼 때 확인되지 않는 삶을 살게 됩니다.

본문 8절 하반절에 있는 "우리가 너희와 함께 왕 노릇 하기 위하여 참으로 너희가 왕이 되기를 원하노라"는 대목을 생각하려고 합니다. '이미와 아직' 사이의 긴장 관계, 그 갈등을 이해해야 하는 것이 아주 중요한 문제라면, 이 '함께'라는 말을 잘 이해해야 됩니다. '함께'라는 말은 특별히 고린도 교회 교인들에게 필요한 말입니다. 우리가 신앙적으로 무엇을 깨닫는다든가, 특별한 체험을 한다든가, 어떤 깊은 신앙적인 눈뜸을 가질 때마다 신자들을 구별하는 습성이 있습니다. 인간이 갖는 죄성의 보편성, 공통되는 본능은 인간끼리 자꾸 경쟁하고 분리하는 것입니다. 그러나 신자는 함께 지어져 간다는 것을 잊지 말아야 합니다.

그러므로 생각하라. 너희는 그때에 육체로는 이방인이요 손으로 육체에 행한 할례를 받은 무리라 칭하는 자들로부터 할례를 받지 않은 무리라 칭함을 받는 자들이라. 그때에 너희는 그리스도 밖에 있었고 이스라엘 나라 밖의 사람이라 약속의 언약들에 대하여는 외인이요 세상에서 소망이 없고 하나님도 없는 자이더니 이제는 전에 멀리 있던 너희가 그리스도 예수 안에서 그리스도의 피로 가까워졌느니라. 그는 우리의 화평이신지라. 둘로 하나를 만드사 원수된 것 곧 중간에 막힌 담을 자기 육체로 허시고 법조문으로 된 계명의 율법을 폐하셨으니 이는 이 둘로 자기 안에서 한 새 사람을 지어 화평하게 하시고 또 십자가로 이 둘을 한 몸으로 하나님과 화목하게 하려 하심이라. 원수된 것을 십자가로 소멸하시고 또 오셔서 먼 데 있는 너희에게 평안을 전하시고 가까운 데 있는 자들에게 평안을 전하셨으니 이는 그로 말미암아 우리 둘이 한 성령 안에서 아버지께 나아감을 얻게 하려 하심이라(엡 2:11-18).

위 말씀은 유대인과 이방인의 구별이 없다는 내용입니다. "너희가 예전에는 원수였다. 너희는 이방인이었고 외인이었으며 무할례당이었다. 그러나 십자가 안에서는 같다. 너희 가운데 유대인이 더 나은 것이 없고 이방인이 더 못한 것이 없다. 이제는 너희가 하나다. 율법이 기준이었을 때 한쪽은 선인이요 한쪽은 버려진 이방인이었다고 느꼈을 것이다. 하지만 십자가 아래서는 구별이 있을 수 없다"고 말하는 것입니다. 원수였던 자들을 하나되게 하셔서 하나님과 화목하게 하려는 것이 십자가의 뜻입니다.

그런데 우리는 예수를 믿어도 다 똑같지는 않다고 생각합니다. 신자들끼리도 좀 잘난 신자가 있고 좀 못한 신자가 있다고 생각합니다. 그래서 "나는 장로님도 권사님도 아니지만 최소한 저렇게는 안 한다"고 합니다. 이것은 누구나 갖고 있는 생각입니다. 우리가 가지고 있는 죄인된 본성 중에 가장 보편적인 것입니다. 그리고 신자가 된 후에도 잘 버리지 못하는 인간의 본능입니다. 바로 죄의 습성인 것입니다. 이것을 버릴 수 있어야 합니다. 우리 모두에게는 십자가가 필요했습니다. 우리들이 너 나 할 것 없이 죄인이었다는 이야기입니다.

그러므로 이제부터 너희는 외인도 아니요 나그네도 아니요 오직 성도들과 동일한 시민이요 하나님의 권속이라. 너희는 사도들과 선지자들의 터 위에 세우심을 입은 자라. 그리스도 예수께서 친히 모퉁잇돌이 되셨느니라. 그의 안에서 건물마다 서로 연결하여 주 안에서 성전이 되어 가고 너희도 성령 안에서 하나님이 거하실 처소가 되기 위하여 그리스도 예수 안에서 함께 지어져 가느니라(엡 2:19-22).

교회란, 구약으로 이야기하자면 이스라엘이라는 호칭과 같은 것입니다. 교회는 예수 그리스도를 믿는 신자들을 총칭하는 일반 명칭입니다. 조직체나 어떤 체계 이전에 예수를 믿는 모든 사람들을 총칭하는 일반 명칭이 교회입니다. 교회에서는 유대인과 이방인의 차별이 없습니다. 예수를 믿는다는 조건 하나로 모두가 동일해지는 것입니다. 하나님이 왜 교회로 부르셨습니까? 교회라는 것이 왜 필요합니까? 예수 그리스도를 머리로 한 몸으로 그들을 불러서 함께 지어져 가게 하기 위해서 교회로 불러내시는 것입니다.

그래서 교회는 이러한 조직을 가질 필요를 느끼는 것입니다. 믿는 사람끼리 모일 필요를 느끼는 것입니다. 조직을 꼭 가져야 하는 것은 아닙니다. 형편에 맞게 조직을 가지면 됩니다. 침례교회도 좋고, 감리교회도 좋고, 장로교회 형태를 가져도 좋습니다. 침례교니 감리교니 장로교니 성결교니 하는 말은 교회의 정치체제를 나타내는 것입니다. 말하자면 내각제냐 공화제냐 대통령 책임제냐 군주국가냐 하는 그런 차이입니다. 천주교나 감리교, 성공회 같은 데는 일종의 군주국가입니다. 성직자들만이 교회 정치를 하는, 다스리는 권리를 가지는 곳입니다. 장로교는 일반 성도들이 대표자를 뽑아서 당회를 구성해 교회에 온 성도들의 뜻과 의견이 반영되도록 하는 정치체제를 가집니다. 침례교는 대표자를 뽑지 않고 모든 성도들이 다 함께 참여하는 시민 정치, 바로 옛날 그리스에 있었던 폴리스 정치 같은 것을 하는 곳입니다.

따라서 어느 것이 더 낫다고 이야기할 수가 없습니다. 운영을 잘하느냐 못하느냐의 문제일 뿐입니다. 말하자면 예수 그리스도를 머리로 해서 하나로 묶은 데에는 혼자 완성되는 것보다 함께 묶여서 가는 것이 더 유리하고 필요하기 때문입니다. 그래서 이방인이든 유대인이든, 잘난 사람이든 못난 사람이든, 배웠든 못 배웠든 간에 하나로 묶으셨다는 것입니다. 그것이 바로 성경의 선언인 것입니다. 그러므로 예수님께서 친히 모퉁잇돌이 되시고 그 안에서 건물마다 서로 연결하여 주 안에서 성전이 되어 가도록, 그래서 성령 안에서 하나님이 거하실 처소가 되기 위하여 예수 안에서 함께 지어져 가도록 되어 있는 것입니다.

함께 지어져 가는 방법

훌륭한 사람이란 어떤 사람입니까? 자기가 썩어지는 일을 얼마만큼 감당하느냐가 그 사람의 실력인데, 어느 누구도 자원해서 힘든 일을 맡고 싶어하는 사람은 없습니다. 일이 맡겨지니까, 할 수 없이 하다 보니까 훌륭해지는 것입니다. 그런 면에서 보자면 요새 제가 많이 훌륭해졌다는 말을 듣는데 그 이유 중에 하나는 교인들 때문일 것입니다. 속 썩이는 교인들이 있으니까 훌륭해지는 것입니다. 좋은 교회는 교회 안에 말썽이 없는 교회가 아닙니다. 교회는 사람이 모인 곳이므로 당연히 말썽이 생깁니다. 중요한 것은, 그 문제를 어떻게 견디어 내느냐에서 교회의 건강이 판가름 납니다. 이런 일이 없어서는 안 됩니다. 있어야 됩니다. 마찬가지로 지금 우리가 생각하는 것은 성경이 말하는 신자의 모습과는 다를 수 있습니다. 즉, 나는 완전하고 괜찮은 사람이라는 전제 아래 나는 저 사람과는 다르다고 생각하는 것은 성경이 말하는 신자의 모습이 아닙니다.

사도 바울은 고린도 교회 교인들을 향해, 너희가 잘났다는 이야기를 하기 위해서, 심지어 너희에게 복음을 전해 주고 하나님의 종으로 성실하게 일하며 만물의 찌기같이 되어 모든 세상 사람들의 구경거리가 된 나마저도 묵사발을 만들고 너희끼리 왕 노릇을 한다고 말합니다. 이 말의 요점은 만사를 제쳐 놓고 자랑하려는 욕심, 그로 말미암아 예수를 알고 구원을 얻었는데도 누군가를 짓밟고 자기를 증명하려는 마음, '우리'나 '함께'가 없는 그런 마음이라는 것입니다. 신앙생활을 할 때 "……가 없다면"이라는 생각을 가진다는 자체가 벌써 틀린 것입니다. "누가 없었으면"이라는 생각, "우리 교회에……가 없으면 훨씬 훌륭한 교회가 될 텐데" 하는 것은 자기가 키우는 자식 중에서 "저놈만 없었어도 내가 속이 덜 썩었을 텐데" 하는 것과 같습니다.

이것만큼 무식한 말도 없을 것입니다. 신자는 하나님이 더도 덜도 말고 바로 그 사람이 필요해서 불러 모으신 사람입니다. 신자는 함께 지어져 가게 되어 있습니다. 사실 그 사람 덕분에 내가 괜찮아지고 있고 내 덕분에 그 사람도 유익을 본다는 것을 잊지 마십시오. 그 사람이 없었다면 내가 훨씬 못한 사람이 될 뻔했다는 생각을 하셔야 합니다. 이것이 바로 우리가 신자로서 가지는 아주 중요한 생각이어야 합니다.

이는 주님의 십자가에서부터 시작되는 것이고, 십자가 자체가 품고 있는 메시지이기도 합니다. 에베소서 2:5로 가 봅시다. 사도 바울은 구원을 이야기하고 있습니다.

허물로 죽은 우리를 그리스도와 함께 살리셨고 (너희는 은혜로 구원을 받은 것이라) 또 함께 일으키사 그리스도 예수 안에서 함께 하늘에 앉히시니 이는 그리스도 예수 안에서 우리에게 자비하심으로써 그 은혜의 지극히 풍성함을 오는 여러 세대에 나타내려 하심이라(엡 2:5-7).

우리가 하나님을 떠나 있었기 때문에 사망을 이길 방법이 없었고 죄 값을 치를 방법이 없었는데, 주님이 나를 품어 주셨기 때문에 이제는 사망이 손댈 수 없는 존재가 된 것입니다. 내가 주님 안에 들어가 버린 것입니다. 아니, 내가 들어간 것이 아니라 주님이 우리를 품으신 것입니다. 이것이 십자가입니다. 주님께서 우리를 품으신 것같이 우리도 성도들을 품어야 합니다. 그것은 우리가 주님을 본받는 것이기도 하지만, 동시에 우리의 완성을 위해서 하나님이 우리에게 유일하게 허락하신 방법, 곧 교회라는 방법이요 함께 지어져 가는 방법이기 때문에 그렇습니다.

신자가 신자로서 존재하려면 이 존재 방식 외에는 다른 방법이 없습니다. 주님과 함께해야 합니다. 갈라디아서 2:20에 나오는 사도 바울의 고백과 같아야 합니다.

내가 그리스도와 함께 십자가에 못 박혔나니 그런즉 이제는 내가 사는 것이 아니요 오직 내 안에 그리스도께서 사시는 것이라. 이제 내가 육체 가운데 사는 것은 나를 사랑하사 나를 위하여 자기 자신을 버리신 하나님의 아들을 믿는 믿음 안에서 사는 것이라(갈 2:20).

이는 곧 "내가 아니라 내 안에 계시는 주님이 나 대신 사시는 것이다"라는 고백입니다. 그러면 존재론이 "나는 내 것이 아닙니다. 주님이 내 안에 계시니, 나는 내 것이 아닙니다"라고 바뀝니다. 또 "우리는 주님을 머리로 한 하나입니다"라고 바뀝니다. 우리 중에 누군가가 잘못되었다면 그것은 내 몸의 일부이지 다른 몸이 아니라는 것입니다.

몸 가운데서 분쟁이 없고 오직 여러 지체가 서로 같이 돌보게 하셨느니라. 만일 한 지체가 고통을 받으면 모든 지체가 함께 고통을 받고 한 지체가 영광을 얻으면 모든 지체가 함께 즐거워하느니라. 너희는 그리스도의 몸이요 지체의 각 부분이라(고전 12:25-27).

우리가 다리를 다쳐서 쓸 수 없게 되면 지팡이 짚고라도 그 다리를 보완하려고 합니다. 아프다고 해서 잘라 버리는 사람은 없습니다. 이와 같이 '함께'라는 개념을 가지지 않을 때 신자는 손해를 볼 뿐 아니라 해로운 존재가 될 수도 있습니다. 무조건 자르자는 것처럼 겁나는 것은 없습니다. 그것을 고쳐야 합니다. 갈라디아서 6장입니다.

형제들아, 사람이 만일 무슨 범죄한 일이 드러나거든 신령한 너희는 온유한 심령으로 그러한 자를 바로잡고 너 자신을 살펴보아 너도 시험을 받을까 두려워하라. 너희가 짐을 서로 지라. 그리하여 그리스도의 법을 성취하라(갈 6:1-2).

성도들이 교회에서 신앙생활을 하는데 누군가가 치명적인 실수를 했을 경우, 그 사람을 환부를 도려내듯이 잘라 낼 생각만 하지 말고 바로잡고 치료해 주라는 뜻입니다. 이것은 틀린 것을 고쳐 주라는 뜻이 아니라 다친 것을 치료해 주라는 뜻입니다. 그리스도의 법에 의해 그리스도를 머리로 한 우리 모두가 한 몸이요 그 몸의 지체이므로, 건강한 몸을 이루기 위해서는 다친 곳과 잘못된 데를 서로 합심해서 치료해야 합니다.

한 몸으로 부름을 받음

함께 신앙생활을 한다는 것은 위대한 것이고 책임일 뿐 아니라 대단한 특권이기도 합니다. 우리는 그 속에서 많은 것을 배웁니다.

그러므로 주 안에서 갇힌 내가 너희를 권하노니 너희가 부르심을 받은 일에 합당하게 행하여 모든 겸손과 온유로 하고 오래 참음으로 사랑 가운데서 서로 용납하고 평안의 매는 줄로 성령이 하나되게 하신 것을 힘써 지키라. 몸이 하나요 성령도 한 분이시니 이와 같이 너희가 부르심의 한 소망 안에서 부르심을 받았느니라. 주도 한 분이시요 믿음도 하나요 세례도 하나요 하나님도 한 분이시니 곧 만유의 아버지시라. 만유 위에 계시고 만유를 통일하시고 만유 가운데 계시도다(엡 4:1-6).

어떻게 부름을 받았습니까? 그리스도 예수 안에서 같은 성령으로 한 성령 안에서 하나로 부름을 받았다, 함께 부름을 받았다, 한 몸으로 부름을 받았다는 것입니다. 그래서 여러분의 신앙이 옳으냐 그르냐를 따질 때, 이 '함께'에 대한 만족도가 얼마나 있느냐, '함께' 신앙생활을 하고 '함께하기' 위한 참음과 용납, 용서와 인내와 기도가 얼마나 있느냐를 물으셔야 합니다. 이것이 신자가 자기 신앙을 확인해 보는 가장 좋은 기준입니다. 그래서 고린도후서 8장에 가면 이와 같은 권면의 말씀이 있습니다.

우리 주 예수 그리스도의 은혜를 너희가 알거니와 부요하신 이로서 너희를 위하여 가난하게 되심은 그의 가난으로 말미암아 너희를 부요하게 하려 하심이라(고후 8:9).

이 말씀을 명심하십시오. 부유하고 부족할 것이 없는 예수님이 이 땅에 오신 이유는 기쁨과 행복, 생명과 영원을 우리와 함께하시기 위해서였습니다. 우리를 부요하게 하시려고 가난하게 되셨습니다. 이에 대해 로마서 15장은 이런 식으로 권면합니다.

이제 인내와 위로의 하나님이 너희로 그리스도 예수를 본받아 서로 뜻이
같게 하여 주사 한마음과 한 입으로 하나님 곧 우리 주 예수 그리스도의 아
버지께 영광을 돌리게 하려 하노라. 그러므로 그리스도께서 우리를 받아
하나님께 영광을 돌리심과 같이 너희도 서로 받으라(롬 15:5-7).

그러나 오늘 본문은 뭐라고 지적합니까? 너희가 우리 없이 왕 노릇 한
다는 것입니다. "우리가 너희와 함께 왕 노릇 하기 위하여 참으로 너희가
왕이 되기를 원하노라"(고전 4:8)고 말합니다. 이것이 답입니다. "너희는 우
리 없이 왕 노릇 하는구나. 그러니까 너희가 왕이라는 영광을 증명하고 너
희의 잘난 것을 증명하기 위하여 우리를 제외시켰구나. 우리를 깔고 앉았
구나. 우리를 짓밟고 섰구나. 그러나 나는 너희가 함께 왕 노릇 하기 위하
여 정말 왕이 되기를 원한다"는 것입니다.

사도 바울이 '함께'라는 개념을 붙잡고 있는 반면, 고린도 교회 교인
들은 '함께'라는 개념을 놓아 버리고 자기를 증명해 버린 신앙 상태임을 대
조시켜 주는 구절인 것입니다. 이것이 우리의 신앙을 판가름하는 기준입
니다. 신앙생활은 그렇게 만만하거나 쉽지 않습니다. 더 열심히 주님을 섬
기고 싶고 주를 위하여 더 힘 있게 봉사하고 싶은데 가로막힌 것이 있다고
생각하면 안 됩니다. 가로막고 있는 것, 여러분의 다리를 붙잡고 늘어지는
것, 그것을 감당하셔야 합니다. 많은 짐을 감당하셔야 합니다. 어디까지 그
렇게 하라고 합니까?

출애굽기를 생각해 봅시다. 모세가 율법을 받으러 시내산에 올라가
있는 동안 이스라엘 백성들은 금송아지를 만들었습니다. 이 일로 인해 하
나님이 진노하셨습니다. "이 백성을 내가 싹 쓸어버리고 너로 새 민족을
이루겠다"고 하며 화를 내셨습니다. 이에 대한 모세의 대답이 출애굽기
32:31입니다.

모세가 여호와께로 다시 나아가 여짜오되 슬프도소이다. 이 백성이 자기들을 위하여 금 신을 만들었사오니 큰 죄를 범하였나이다. 그러나 이제 그들의 죄를 사하시옵소서. 그렇지 아니하시오면 원하건대 주께서 기록하신 책에서 내 이름을 지워 버려 주옵소서(출 32:31-32).

이런 마음을 가져 보신 적이 있습니까? 여러분들이 바로 이 마음을 가지셔야 합니다. 요즘 한국 사회에서 기독교인이라는 것은 별로 명예로운 이름이 아닌 것이 되었습니다. 마음에 안 드는 교회들도 많고 마음에 안 드는 목사들도 많습니다. 그냥 그런 목사들, 그런 교회들, 그런 교인들이 없으면 좋겠다고 생각하면 안 됩니다. '함께'라는 생각 속에서 그들을 안타까워하는 마음을 가지셔야 합니다. 로마서 9장에 가면 사도 바울이 이와 똑같은 기도를 합니다.

내가 그리스도 안에서 참말을 하고 거짓말을 아니하노라. 나에게 큰 근심이 있는 것과 마음에 그치지 않는 고통이 있는 것을 내 양심이 성령 안에서 나와 더불어 증언하노니 나의 형제 곧 골육의 친척을 위하여 내 자신이 저주를 받아 그리스도에게서 끊어질지라도 원하는 바로라(롬 9:1-3).

이스라엘 민족이 구원을 얻기 위해서라면 내가 저주를 받아 생명책에서 끊어지는 한이 있어도 그들이 구원을 받았으면 좋겠다는 그런 마음을 가져야 됩니다. 이미 그런 마음은 우리 주님이 가지셨었지 않습니까? 주님은 친히 우리를 구원하기 위해, 우리를 하나님의 자녀로 살려내기 위해 사망 아래 자기 자신을 두셨습니다. 뻔히 알 것 같은 이 십자가의 비밀을 우리 신자들이 의외로 많이 놓치고 있습니다.

여러분, 마음에 들지 않거나 쓴 마음이 생기게 만드는 이웃들, 함께 신앙생활하는 성도들에 대해 이와 같은 마음을 가지도록 노력하셔야 합니다. 이러한 마음은 불쑥 솟아나지 않습니다. 애쓰고 노력하셔야 합니다. 그래서 성경이 이야기하는 바와 같이, 성령의 하나 된 것을 지킬 줄 알아야 하고, 주께서 우리를 받아 하나님께 영광을 돌리신 것같이 서로 받을 수 있어야 합니다. 그러기 위하여 늘 그러지 못하는 자신을 안타까워하고 노력하며 기도할 수 있어야 합니다. 남을 위하여 울지 말고, 그런 사람을 용납하는 마음이 없는 자신을 위하여 울 수 있어야 합니다. 그것이 참다운 신자상입니다.

교회의 정체성

고전 11:17-22

내가 명하는 이 일에 너희를 칭찬하지 아니하나니 이는 너희의 모임이 유익이 못되고 도리어 해로움이라. 먼저 너희가 교회에 모일 때에 너희 중에 분쟁이 있다 함을 듣고 어느 정도 믿거니와 너희 중에 파당이 있어야 너희 중에 옳다 인정함을 받은 자들이 나타나게 되리라. 그런즉 너희가 함께 모여서 주의 만찬을 먹을 수 없으니 이는 먹을 때에 각각 자기의 만찬을 먼저 갖다 먹으므로 어떤 사람은 시장하고 어떤 사람은 취함이라. 너희가 먹고 마실 집이 없느냐. 너희가 하나님의 교회를 업신여기고 빈궁한 자들을 부끄럽게 하느냐. 내가 너희에게 무슨 말을 하랴. 너희를 칭찬하랴. 이것으로 칭찬하지 않노라.

교회로 모이는 이유를 놓침

오늘은 주의 성찬을 맞는 자세와 태도, 그리고 그 속에 있는 원리들과 연결된 교회의 정체성에 대해 깊이 생각해 보려 합니다. 고린도 교회는 '모이기'는 했습니다. '모인다'는 일이 17-34절에 이르도록 다섯 번이나 강조됩니다. 17절에 "내가 명하는 이 일에 너희를 칭찬하지 아니하나니 이는 너희의 모임이 유익이 못되고"부터, 18절 "먼저 너희가 교회에 모일 때에", 20절 "그런즉 너희가 함께 모여서", 33절 "그런즉 내 형제들아, 먹으러 모일 때에", 34절 "만일 누구든지 시장하거든 집에서 먹을지니 이는 너희의 모임이 판단 받는 모임이 되지 않게 하려 함이라"를 보면 '모인다'는 말이 거듭 강조되어 나타납니다.

사도 바울은 고린도 교회가 모이기는 했으나 이 일로 인하여 칭찬 받지는 못한다고 꾸중합니다. 그래서 이 대목을 보면서 놀라는 것은, 교회의 교회된 표가 '모이는 열심'이 아니라는 것입니다. 무엇 때문에 모이며, 어떻게 모이느냐가 훨씬 중요하다는 이야기입니다.

그런 의미에서 한국교회의 커다란 문제 중 하나는 모이는 열심, 모이는 것을 위한 열심만 있다는 것입니다. "왜 모이는가, 어떻게 모여야 하는가"에 대한 '교회의 정체성'은 잊은 채 신자들을 오도하는 분위기가 있습니다. 그리고 여러분은 그런 분위기를 좋아합니다. 열심이 있는 모임, 기도를 해도 뜨겁게 기도하는 모임, 감격스런 찬양 모임, 이런 것은 분명히 필요합니다. 하지만 그럼에도 불구하고 늘 조심해야 합니다. 성경이 그렇게 가르치고 있기 때문입니다. 우리는 기도 모임이나 찬양 모임을 할 때, 그 모임이 교회의 정체성을 두드러지게 나타내는지를 생각해 보아야 합니다.

본문 18절이 우리말 성경은 "첫째는 여러분이 교회에 모일 때에"라고 되어 있습니다. 직역하면 '교회로 모일 때', '교회라는 이름으로 모일 때', 곧 신자의 집단이 되었을 때 너희 중에 분쟁이 있다는 것입니다. 모일 때에 이유가 있고 목적이 있으며 열심을 지녔다 해도 분쟁은 가장 경계할 부분입니다. 물론 교회 안에도 여러 사람이 견해가 다를 수 있고 이런 파나 저런 파가 생길 수 있습니다. 우리는 교파나 교단 간의 분열을 우리 세대뿐만 아니라 역사적으로 경험해 오고 있습니다. 그런 일들이 없으면 좋겠습니다만 현실적으로 없앨 수 없는 것도 사실입니다. 그러나 갈라진 것을 다 이단이라고 할 수 없으며, 그렇게 갈라진 것을 치명적인 문제로 생각하지도 않습니다. 교단과 교파의 갈라짐은 교회의 행정이나 관리 등 신앙의 핵심이 아닌 것들로 인해 갈라진 것이기 때문입니다.

그러나 본문에서는 성찬을 목적으로 모였다 할지라도 분쟁이 있어서는 안 된다고 합니다. 이 분쟁은 있는 자와 없는 자 사이에 있는 분쟁입니다. 22절 "너희가 먹고 마실 집이 없느냐. 너희가 하나님의 교회를 업신여기고 빈궁한 자들을 부끄럽게 하느냐"는 것입니다. 있는 자와 없는 자의 구별, 그런 의미에서의 분쟁은 교회 안에 없어야 되는 것입니다. 왜 그럴까요? 교회라는 것은 새로운 집단이기 때문입니다.

고린도전서 11:17-34에 보면, 성만찬 자체가 가지고 있는 분쟁은 있을 수 없는 것입니다. 26절의 "너희가 이 떡을 먹으며 이 잔을 마실 때마다 주의 죽으심을 그가 오실 때까지 전하는 것", 이것이 성만찬입니다. 이것이 교회의 근거입니다. 예수 그리스도로 말미암아 생겨난 새로운 집단, 예수 그리스도의 죽으심으로 말미암아 새로 태어난 피조물, 이것이 교회와 신자입니다.

교회의 정체성을 오염시키는 욕심

골로새서 3장은 새로운 집단을 제시합니다.

> 너희가 서로 거짓말을 하지 말라. 옛 사람과 그 행위를 벗어 버리고 새 사람을 입었으니 이는 자기를 창조하신 이의 형상을 따라 지식에까지 새롭게 하심을 입은 자니라. 거기에는 헬라인이나 유대인이나 할례파나 무할례파나 야만인이나 스구디아인이나 종이나 자유인이 차별이 있을 수 없나니 오직 그리스도는 만유시요 만유 안에 계시니라(골 3:9-11).

부자와 가난한 자, 인종과 문화, 세상의 지위와 학문, 그 어떤 것으로도 이 새로운 집단을 나누어서는 안 되는 것입니다. 구별이 있을 수 없습니다. 선택된 계급이 따로 존재하지 않습니다. 주의 죽으심으로 생겨난 새로운 존재요 단체입니다. 이것이 교회입니다.

세상의 질서와 다른 질서, 세상의 원리나 시각이나 목표와는 다른 원리나 시각이나 목표를 가져야 합니다. 그것이 교회의 정체성이 되어야 합니다. 그리스도의 죽으심으로 말미암아 존재하는 자들, 그리고 그리스도의 다시 오심을 기다리는 자들, 이들은 세상의 것으로는 살 수 없기에 이 세상에서 구별됩니다. 의와 거룩, 생명과 진리를 기준으로 할 때에만 구별되는 것이 이 모임의 정체성입니다. 그리고 이러한 정체성 때문에 요구되는 것이 있습니다.

> 그러므로 너희는 하나님이 택하사 거룩하고 사랑받는 자처럼 긍휼과 자비와 겸손과 온유와 오래 참음을 옷 입고 누가 누구에게 불만이 있거든 서로 용납하여 피차 용서하되 주께서 너희를 용서하신 것같이 너희도 그리하고 이 모든 것 위에 사랑을 더하라. 이는 온전하게 매는 띠니라(골 3:12-14).

이것이 교회의 정체성입니다. 모이는 교회들은 원래 이렇게 출발했음에도 불구하고 우리의 욕심으로 말미암아 많이 타협해 버린 느낌이 듭니다. 오늘날 우리가 살고 있는 이 시대와 사회에서 교회를 움직이는, 교회에 가장 영향을 미치는 것이 목사입니까 신자입니까? 저는 신자들이 훨씬 더 영향력을 발휘한다고 생각합니다. 하지만 대부분의 신자들은 성경의 가르침에 순종하려는 마음이 별로 없습니다.

한국교회에 생겨난 좋지 않은 모습은 신자들이 욕심으로 무엇인가를 만들어 낸 다음, 그 욕심에 굴복한 목사의 결제를 받는 것입니다. 목사가 잘못 가르친 것이 아니라, 여러분이 목사에게 어떤 무형·유형의 압력을 가해서 목사의 도장을 받아 양심의 가책을 제거한 다음 신앙이라고 스스로 속이고 있는 것이 대부분입니다. 실제로 어떤 사건이나 심지어는 우리의 신앙까지도 우리의 이익을 얻는 데 집중되고 있습니다. 그렇지 않습니까? 대통령 선거에서도 우리에게 이익이 되는 사람이 뽑혔으면 좋겠고 입시에서도 우리에게 이익이 되는 편으로 문제가 출제되면 좋겠다고 여깁니다. 이런 데에 우리의 모든 신앙 행위와 정성을 쏟고 있습니다.

앞의 말씀처럼 "거룩하고 사랑받는 자처럼 긍휼과 자비와 겸손과 온유와 오래 참음을 옷 입고 누가 누구에게 불만이 있거든 서로 용납하여 피차 용서하라"와 같은 일을 위하여 피눈물을 흘려 가며 기도해 보신 적이 있으십니까? 이런 일을 위해서 철야를 하는 사람은 없습니다. 그러나 이번에 시험 보는 아이를 합격만 시켜 준다면 지금부터 40일이라도 금식하실 것입니다. 또한 여러분의 마음에 소원을 이루어 주는 모임을 위해서라면 여러분이 기꺼이 가서 참여할 것입니다.

기도할 때 왜 손을 흔들며 '주여 삼창'을 한 뒤에 해야 하는지는 논리적인 설명이 없습니다. 그러나 그렇게 하면 왠지 실감 나고 기도한 것 같은 느낌이 듭니다. 조용히 기도한다고 하나님이 못 들으실 것은 아닙니다. 같이 기도하는데 고함을 치면 그 사람의 기도를 먼저 들으실 것이라고 생각하는 것도 아닙니다. 그것은 바로 갈멜 산 전투에서 엘리야가 바알 선지자들을 조롱한 말입니다. "너희 신이 잠드신 모양이다." 이것은 우리에게는 너무 익숙한 종교적인 행위가 되었고 가장 중요한 신앙의 핵심거리가 되었습니다. 우리는 열심입니다만 그 열심의 목표는 성경이 요구한 것과는 거리가 있습니다.

신자가 가져야 하는 정체성, 교회가 가져야 하는 참다운 정체성을 추구하는 것보다는 자기실현에, 이기적인 욕심을 채우는 것에, 신자들의 요구에 교회가 온통 굴복해 버린 것 같습니다. 악순환입니다. 교회가 그것을 가르치고 신자들의 욕심대로 결제해 주는 것으로 안심합니다. 그래서 더 요구합니다. 입학시험을 앞두고는 특별 집회를 합니다. '갈멜 산 전투 40

일 대작전', '홍해 도하 대작전'. 우리 욕심을 채우는 모든 일들을 성경에 있는 가장 거룩하고 가장 고귀하고 가장 중요한 사건과 내용들로 치장합니다. 우리의 욕심이 개인적인 것이 아니라 신앙적인 열심인 것처럼 치장하는 것입니다. 여러분은 언제라도 그것에 반응해 주지 않으면 등을 돌릴 준비가 되어 있습니다. 하지만 성경은 이 문제에 대해 다음과 같이 못을 박습니다.

그리스도의 평강이 마음을 주장해야

우리가 해야 하는 일은 무엇입니까? 바로 이런 세상에서 구별되고 적대되는 일을 행하는 것입니다. 우리는 신령하고 거룩한 자로 새로 태어난 사람입니다. 이제는 새로운 질서, 새로운 목표, 새로운 원리 하에 있는 자로서 세상과 다른 모임이자 단체요, 성격을 가져야 되는 것을 첫 번째 목표로 삼아야 합니다. 그것이 우선되어야 합니다.

그리스도의 평강이 너희 마음을 주장하게 하라(골 3:15).

이것은 대단히 중요한 것입니다. 남편이나 아내가 건강하고 자식들이 속 안 썩이고, 그저 남한테 부끄럽지도 않고 십일조 낼 만큼 돈 좀 버는 것을 성경은 '평강'이라고 정의하지 않습니다. "그리스도의 평강이 너희 마음을 주장하게 하라"고 합니다. 그 평강은 "내가 이제 잡혀서 죽어야 된다"고 하시는 우리 주님에게서 찾을 수 있습니다. 그때 베드로는 앞을 막고 "주여, 이 일이 결단코 주께 일어날 수 없습니다"라고 했습니다. 그러자 주님이 뭐라고 하셨습니까? "사탄아, 내 뒤로 물러가라. 너는 나를 넘어지게 하는 자로다." 이것이 주님의 평강입니다. "이 잔을 내가 마셔야 된다. 이 십자가를 내가 져야 한다. 이것이 아버지의 기쁘신 뜻이고 나를 보내신 이유다."이 평강이 여러분을 주장하게 하라는 것입니다.

우리의 소원은 늘 아내나 남편이, 자식이, 예수 믿는 사람이, 이웃이, 친척이 내 짐을 들어 주었으면 좋겠다는 것 아닙니까? 그래서 남편이 내 짐을 들어 주는 것은 고사하고 자기 앞가림이나 해주었으면 좋겠다고 불평합니다. "왜 내 짐 이외에 다른 짐까지 져야 합니까"라고 불평합니다. 그러나 그렇지 않습니다.

세례 요한은 그리스도를 가리켜 "세상 죄를 지고 가는 하나님의 어린 양을 보라"했습니다. 그는 사자로 오시지 않았습니다. 그는 독수리로 오시지 않았습니다. 그는 제물로 오셨습니다. "아무든지 나를 따르려거든 자기를 부인하고 자기 십자가를 지고 나를 좇을지니라."우리도 주님이 가신 뒤를 좇아서 마땅히 우리를 부인하고 십자가를 지고 한 알의 썩는 밀알로 주께서 가신 그 길을 좇아야 합니다.

우리에게 더 많은 짐이 있는 것은 당연합니다. 왜냐하면 우리에게만 생명과 진리와 영생이 있기 때문입니다. 많은 사람들과 부딪히면서 나를 시험해 보고, 내 안에 있는 영생과 진리와 구원으로 확인받아야 합니다. 이미 완성된 자들을 만나게 하시는 것이 아닙니다. 바뀔 필요가 있는 사람을 만나게 하시기 위하여 나를 거친 길로, 흑암의 길로 인도하실 것입니다.

그리스도의 평강이 여러분을 주장하신다면 "옳소이다! 내가 이 일을 위하여 이 때에 왔나이다"라고 여러분이 고백할 것입니다. 여러분이 이 세상에서 당하는 어떤 어려움도 여러분을 좌절하게 하거나 의심하게 하거나 불평하게 하지 않을 것입니다. 이것이 교회요, 신자된 표인 것입니다. 여러분 자녀가 시험에 합격하기를 위해 열심히 기도하십시오. 그러나 떨어지거든 "맞습니다! 하나님, 우리 같은 사람들이나 견뎌 내지 누가 견디겠습니까? 하나님을 모르는 저 사람들이 세상 살 동안만이라도 잘살게 해주신 것, 하나님의 크신 은혜로 생각하고 제가 감수하겠습니다"라고 기도하십시오. 그리고 돌아서서 자녀에게 "너는 왜 떨어져 창피를 주느냐"고 구박하지 마십시오. 오히려 "우리는 세상을 의지하지 않고 하나님을 의지하고 사니 어떤 일이 있어도 우리에게는 손해가 없다. 열심히 사는 것으로 충분하다", 이렇게 자녀를 위로하십시오.

> 그리스도의 평강이 너희 마음을 주장하게 하라. 너희는 평강을 위하여 한 몸으로 부르심을 받았나니 너희는 또한 감사하는 자가 되라(골 3:15).

이 얼마나 놀라운 말씀입니까? 이 "감사하라"는 말은 계속 나옵니다.

> 그리스도의 말씀이 너희 속에 풍성히 거하여 모든 지혜로 피차 가르치며 권면하고 시와 찬송과 신령한 노래를 부르며 감사하는 마음으로 하나님을 찬양하고 또 무엇을 하든지 말에나 일에나 다 주 예수의 이름으로 하고 그를 힘입어 하나님 아버지께 감사하라(골 3:16-17).

지혜는 하나님의 말씀입니다. 그리스도의 말씀이 우리 안에 있어서 세상의 위협에 지지 않고, 하나님의 말씀에 근거할 때 서로 권면하고 감사하는 자가 됩니다.

신자에게는 근본적인 비극이나 절망이 없습니다. 신자에게 일어난 모든 일은 자신에게 유익하며, 결과적으로는 감사와 찬송으로 끝나는 영광만이 있을 뿐입니다. "저 사람들은 남보다 잘 사는 것도 아니고 남보다 형통한 것도 아닌데, 그냥 하루 벌어 하루 살기 바쁜 사람들인데 왜 늘 평안하고 감사하는 걸까?" 이렇게 묻도록 만드십시오. 교회의 정체성은 북 치고 장구 치고 큰소리 지르면서 일하는 것이 아니라 바로 '감사함'에 있습니다. 교회는 그리스도의 평강과 그리스도의 말씀이 그를 주장하는 데 있습니다. 그것이 세상과 다른 교회입니다. 우리의 소원을 미화시키거나 종교화하고, 그럴 듯한 명분을 걸고 신앙과 교회의 이름으로 포장해서 우리의 욕심을 채우는 것은 신앙생활이 아닙니다. 우리는 이런 데에서 벗어나야 합니다. 고린도 교회는 성찬을 위해서 모일 때 음식을 가지고 왔습니다. 여러 사람을 전도해 놓고는 안에서 갈라서는 것입니다. 성만찬을 하기 위해 와서 서로 갈라서는 것입니다. 이것은 잘못된 것입니다.

사도행전 2:42 이하는 오순절 성령 강림 이후 초대교회의 모습입니다.

그들이 사도의 가르침을 받아 서로 교제하고 떡을 떼며 오로지 기도하기를 힘쓰니라. 사람마다 두려워하는데 사도들로 말미암아 기사와 표적이 많이 나타나니 믿는 사람이 다 함께 있어 모든 물건을 서로 통용하고 또 재산과 소유를 팔아 각 사람의 필요를 따라 나눠 주며 날마다 마음을 같이하여 성전에 모이기를 힘쓰고 집에서 떡을 떼며 기쁨과 순전한 마음으로 음식을 먹고 하나님을 찬미하며 또 온 백성에게 칭송을 받으니 주께서 구원 받는 사람을 날마다 더하게 하시니라(행 2:42-47).

초대교회 교인들은 늘 모이기를 힘썼고, 기도했고, 교제하며 유무상통(有無相通)했습니다. 그들이 모이는 것 이상으로 중요하게 여겼던 것은 유무상통하는 교제였습니다. 있는 자들은 내놓고 없는 자들은 부끄러움 없이 나누어 가질 수 있는, 곧 세상적인 계급과 세상적인 구별로서의 질서가 아니었습니다. 전혀 새로운 질서 속에서 가진 자, 안 가진 자의 구별이 없었습니다. 또한 개인적인 소유, 욕심, 주장 등 이런 것들이 지배하지 못하는 분위기 속에 있었습니다. 이것이 초대교회의 가장 중요한 특징입니다.

그들은 예수 그리스도로 말미암아 거듭난 신자로서, 새로운 피조물로서, 하나님의 자녀가 된 새 사람으로서의 삶의 기쁨과 자랑으로 인해서 나머지는 문제가 되지 않는 집단이었습니다. 이것이 교회의 정체성입니다. 그러나 우리는 여기서 한 걸음 더 나아갈 필요가 있습니다.

완성을 향해 전진하는 교회에 요구되는 것들

교회는 언제나 거듭난 자들이 완성된 형태로 모이지 않습니다. 교회에는 성숙해서 저만큼 앞서 가는 성도와 오늘 갓 태어난 사람, 그리고 태어나기 위하여 붙잡혀 온 사람이 섞여 있습니다. 그래서 교회는 새로운 집단입니다. 예수 그리스도의 죽음으로 말미암아 새 피조물이 된 존재라는 것을 서로가 확인하는 과정 속에 있습니다. 또한 하나님께서 아직도 구원을 베풀고 계신다는 구원 사역의 지속성 때문에, 모든 사람이 하나님의 은혜와 긍휼을 받을 가능성이 있다는 기대와 소망 속에 있습니다. 따라서 아직 그렇게 되지 않은 자에게까지 용서하고 기다리며 사랑을 베푸는 것을 이 집단의 정체성으로 가지고 있어야 합니다.

서로 사랑하고 나눠 주고 교제할 만한 비슷한 수준이기 때문에 이런 정체성을 가지는 것이 아닙니다. 하나님께서 계속적으로 새로운 사람을 불러내시고 그 사람들을 완성시킨다는 의미에서 하나님께서 아직도 일하고 계신다 할 수 있습니다. 하나님의 지속적인 구속 사역의 진행상 먼저 신자된 자로서 그렇지 않은 자를 믿음과 사랑을 가지고 기대하며 지켜볼 책임까지 가져야 하는 것입니다.

골로새서 3장은 "그러므로 너희는 하나님이 택하사 거룩하고 사랑받는 자처럼 긍휼과 자비와 겸손과 온유와 오래 참음을 옷 입고 누가 누구에게 불만이 있거든 서로 용납하여 피차 용서하되 주께서 너희를 용서하신 것같이 너희도 그리하고"(골 3:12-13)라고 말합니다. 교회는 큰 잘못을 저

지른 자를 용납하고 용서하는 것까지 해야 합니다. 그것이 교회의 정체성입니다. 완성자들이 모인 집단이 아니라, 완성을 향하여 나아가는 진행 과정에 있다는 것을 이해해야 합니다. 신앙을 시작하는 이들과 앞으로 시작할 가능성이 있는 사람들까지도 이 집단에 있는 것으로 여기고 용납하고 용서하는 것입니다.

이를 위하여 오래 참고 사랑하는 일들이 교회의 정체성으로서 먼저 요구되는 것입니다. 잘난 사람끼리 은사를 나누고 방언을 하고 성경의 깊은 이야기를 나누는 말잔치를 하기 전에 먼저 그렇게 해야 합니다. 만일 이것이 이루어지지 않는다면 가장 명분 있는 종교적인 일로 모인다 할지라도 꾸중 들을 일밖에 없는 것입니다. 예수님의 죽으심을 기념하기 위해 모여서 그의 죽으심이 갖는 의미와 결과를 방해받게 하는 일보다 우스꽝스러운 것은 없습니다.

오늘날 교회가 가장 필요한 것이 무엇입니까? 성경은 분명히 이야기합니다. 열심 이전에 지식을 요구합니다. 사도 바울은 이스라엘 백성을 꾸짖을 때 그들이 열심은 있었으나 지식을 좇아간 열심이 아니라고 했습니다. 하나님이 무엇을 요구하시는지 생각해 보지 않고 열심만 냈기 때문입니다.

우리들도 마찬가지입니다. 성경이 무엇을 요구하며, 우리들이 요구하는 것과 얼마나 다른가에 주의해야 합니다. 바울은 교회들을 향해 이러한 일을 요구하고 있습니다. 그의 서신서마다 이런 마음이 가득 차 있습니다.

그러므로 주 안에서 갇힌 내가 너희를 권하노니 너희가 부르심을 받은 일에 합당하게 행하여 모든 겸손과 온유로 하고 오래 참음으로 사랑 가운데서 서로 용납하고 평안의 매는 줄로 성령이 하나되게 하신 것을 힘써 지키라(엡 4:1-3).

왜 그렇습니까?

몸이 하나요 성령도 한 분이시니 이와 같이 너희가 부르심의 한 소망 안에
서 부르심을 받았느니라. 주도 한 분이시요 믿음도 하나요 세례도 하나요
하나님도 한 분이시니 곧 만유의 아버지시라. 만유 위에 계시고 만유를 통
일하시고 만유 가운데 계시도다(엡 4:4-6).

우리는 하나입니다. 이것이 신자와 교회의 정체성입니다. 이것을 최
우선으로 생각해야 합니다. 이 사실에 저촉되면 아무리 좋은 것을 한다 할
지라도 시작부터 틀린 것입니다. 첫 단추를 잘못 끼우는 것과 같습니다.
여러분에게 신앙적인 소원과 열심, 거룩한 진심이 있을 것입니다. 그것이
성경적인지를 점검해 보시기 바랍니다. 모든 훈련과 열심을 성경 쪽으로
방향 전환하셔야 합니다. 여러분의 신앙이 성경적 기초 위에 분명히 선 뒤
에 그다음 단계로 나아갈 수 있기를 바랍니다.

08

권속

엡 2:19
그러므로 이제부터 너희는 외인도 아니요 나그네도 아니요 오직 성도들과 동일한 시민이요 하나님의 권속이라.

'그러므로'라는 말은 그 앞의 이야기와 뒤의 이야기를 동등하게 연결합니다. 구원 얻은 사람에게는 구별이 있을 수 없다는 것입니다. 이를 설명하기 위해 선민인 이스라엘 백성과 이방인을 예로 들었습니다. 이스라엘 백성과 이방인은 구원 얻는 데 있어서 더 좋은 조건도, 더 나쁜 조건도 없습니다. 구원 얻은 자가 자기는 무언가 남다르기 때문에 구원을 얻었다고 오해한다면, 그는 구원을 잘못 알고 있다고 말합니다. 바로 앞 18절에서는 "이는 그로 말미암아 우리 둘이 한 성령 안에서 아버지께 나아감을 얻게 하려 하심이라"고 말합니다. 둘의 차이가 없는 것만 말할 뿐입니다. 적극적으로는 누구든지 그리스도 예수로 말미암아 거듭난 자라면 하나님 아버지께 나아가게 된다는 적극적인 약속이 있다고 말합니다. "한 성령 안에서 아버지께 나아감을 얻게 하려 하심이라." 이 문제를 제대로 파헤치지 못할까봐 19절에서 "이제부터 너희는 외인도 아니요 나그네도 아니요 오직 성도들과 동일한 시민이요 하나님의 권속이라"고 말합니다.

권속임을 소극적으로 확인함

그래서 이번에는 '권속'(眷屬)이라는 단어를 통해, 예수를 믿는 자가 가지는 적극적인 축복과 특권이 무엇인지를 확인하려고 합니다. 또 우리가 예수를 믿으면서도 아직 제대로 정리하지 못한 부분이 무엇이며, 어떤 실수를 가장 많이 하는지를 생각해 보려고 합니다.

예수를 믿는 사람들 중에서 가장 많이 혼동하고 실수하는 것은 자기가 "예수를 믿는다"고 생각하는데도 "만족스럽지 않다"는 것입니다. 적어도 예수를 믿는 사람이라면 "이런 수준은 되어야 한다"고 믿었는데 현실적으로는 미달될 때 이러한 혼동을 일으키기가 쉽습니다. "나는 아직도 예수를 제대로 믿지 않는 것이 아닐까, 나는 아직도 구원 얻지 못한 사람은 아닐까" 하는 혼동을 하는 것입니다. 때로는 내가 확실하게 예수님을 믿는 사람인가를 확인하기 위해서 방황을 하게 되기도 합니다. 내가 예수 믿는 사람이라고 생각했는데 기대만큼 살지 못하니까, 그것을 알기 위해서 완벽하게 타락을 해보는 수가 있습니다. 남자들 중에 이런 병에 걸리는 수가 많습니다.

속이 들여다보이지 않는 병에 물이 들어 있는지 안 들어 있는지를 확인하려면, 물이 얼마나 차 있는지를 들여다봐야 합니다. 가득 차 있다면 입구만 봐도 알지만, 물이 얼마 들어 있지 않다면 내용물을 쏟아 보는 수밖에 없습니다. 방황이라는 것이 그런 것입니다. 일부러 타락해서 마음속에 일어나는 죄책감으로, 곧 병을 흔들어 보거나 내용물을 쏟아 보는 식으로 자신을 확인합니다. 확인하기에는 좋은 방법입니다만 쏟아 버리는 방법이 잘하는 것은 아닙니다. 왜냐하면 우리는 채워야 할 사람이기 때문입니다. 가만 놔두면 본전은 남아 있을 텐데, 쏟았으니 쏟은 것만큼 밑지는 것이 사실입니다. 그래서 다음에 확인하려 할 때는 이미 다 쏟아서 한 방울도 안 남아 있을 것입니다. 내가 신자인지 아닌지를 분간할 때 많은 사람들이 도덕적인 기준을 가지고 구별하려고 합니다. 최소한 나쁜 짓을 하지 않는 도덕적 기준을 세워 놓았다가, 그런 행동을 하지 못하거나 그만큼 살아내지 못하면 당황하게 됩니다.

본문에서 주목하게 되는 것은 '권속'이라는 말입니다. '권속'을 쉽게 확인하도록 하기 위해서 함께 언급된 단어들은 '외인'과 '나그네'라는 말입니다. 그 말들이 권속이라는 말과 어떤 차이가 나는지를 생각해 보겠습니다. 이렇게 생각하시면 됩니다. 아무리 친한 집일지라도 묵을 수 있는 기간이 있습니다. "손님은 사흘 이상 있지 말라"고 되어 있습니다. 아무리 귀한 손님도 사흘 이상 있으면 귀찮은 법이랍니다.

이 이야기를 본 장의 주제를 위해 뒤집어서 이야기해 봅시다. 아무리 반겨 준다 해도 남의 집에 있는 게 편한 사람은 없습니다. 반갑고 귀한 자리였다 해도, 맛있는 것으로 대접을 받았다 해도, 모두가 집에 와서 옷을 벗으면서 "역시 집이 최고야" 그럽니다. 바로 그 이야기입니다.

자신이 신자임을 새삼 발견하게 되는 것은 교회에 올 때입니다. 젊은 남자들은 군대에 입대해서 훈련을 받다가 첫 주일이 되었을 때 그런 경험을 합니다. 빡빡머리로 군 교회에 출석했을 때 울지 않는 사람은 없습니다. "내가 제대하고 고향에 돌아가면 열심히 주 안에서 주일을 지키리라." 하지만 상병만 되면 이런 결심을 다 까먹습니다. 일병 시절까지는 잊지 않고 있다가 상병 되면 다 잊어버립니다. 그럼에도 불구하고 사실은 이것이 '정답'입니다. 군인 시절에는 교회에 갈 조건이 안 될 때인데 갔기 때문에 그 감격이 확실한 것이고, 평소에는 교회에 가려면 늘 갈 수 있기 때문에 감격이 크지 않은 것입니다.

우리가 진짜인지 아닌지는 핍박을 당했을 때 확실해집니다. 지금은 핍박당하는 시기가 아니기 때문에 우리 스스로도 얼마나 교회 나오기를

교회

기뻐하는지 잘 모르고 있습니다. 나온 분들이야 확실하게 압니다. 하지만 오늘 참석 안 한 분들도 이에 대한 열심이 우리보다 적다고 할 수는 없습니다. 늘 올 수 있기 때문에 그렇게 간절하지 않을 뿐입니다.

여러분, 생각을 해보십시오. 집 안에 먹을 것이 준비되었을 때와 없을 때를 비교하면 없을 때가 괜히 더 배가 고픕니다. 냉장고에 늘 있던 콜라가 없는 날은 더 유난히 콜라를 찾고, 우유가 배달되지 않은 날은 아이들도 더 찾고 보챕니다. 있는 날은 아무도 안 먹습니다. "먹어라, 먹어라" 그래도 안 먹으면서 없으면 더 찾습니다. 사람이 가진 이상한 심리인 것 같습니다.

잘 생각해 보십시오. 요즘은 드물어졌습니다만 십 년 전만 해도 교회 안에서 싸우는 일이 많았습니다. 지금은 잘 싸우지 않습니다. 왜냐하면 수틀리면 그냥 교회를 다른 데로 옮겨 버리면 되기 때문입니다. 그러나 옛날에는 교회를 옮긴다는 생각을 쉽게 하지 않았고 또 가능한 한 옮기지 않으려고 했습니다. 어찌 보면 그게 더 좋습니다. 교회는 옮기지 않고 교회 안에서 문제가 생겨 서로 싸웁니다. 그렇게 되면 다 싫어집니다. 그래서 교회의 신자 수가 조금 줄기는 합니다만 교인이 안 나오는 법은 없습니다. 싸워도 교회에 와서 싸웁니다. 얼마나 재미있습니까?

기왕에 싸우려면 효창운동장 같은 곳을 빌려서 대표 뽑아서 축구를 하면 얼마나 좋겠습니까? 이긴 팀이 교회를 차지하고 진 팀이 깨끗이 떠나자, 그러면 서로 좋지 않습니까? 그런데 안 그럽니다. 어떻게 싸우느냐면 상당히 심각하게 싸웁니다. 사이렌을 울려 가면서 돌격을 하고, 교회 한가운데 줄을 긋고 앉아서 이쪽에서는 찬송 부르고 저쪽에서는 통성기도하고, 여기서 설교하면 저쪽에서 통성기도하고 서로 엄청나게 울기도 합니다. 꼭 교회에 와서 싸웁니다. 물론 좋은 예는 아닙니다만 싸워도 교회에는 와야 만족해합니다. 한국교회 교인들이 그런 면에서는 참 순진하고 훨씬 바탕이 좋습니다.

이런 경우도 있습니다. 철야기도회를 한다고만 하면 초저녁부터 와서 아주 자는 분이 있습니다. 담요 들고 와서 잡니다. 밤에 한 번 깨어나기에 무엇을 하나 보았더니, 화장실 갔다 오시고 커피 한 잔 얻어먹고 또 잡니다. 그러고는 아침에 느지막이 일어나 집에 가서는 철야했더니 피곤하다며 또 잡니다. 여러분, 그러나 그런 성도를 너무 괄시하시면 안 됩니다. 교회에 와야 직성이 풀리는 것입니다.

권속이 가지는 특권

신자가 가지는 '신자라는 가장 큰 표시'가 무엇인가 하면 하나님의 이름으로 '일컬음' 되고, 하나님이 연상되는 '장소와 형태'를 즐거워하는 것입니다. 그러니까 꽃꽂이를 한다, 성가대를 한다, 강대상을 꾸민다, 교회를 교회같이 꾸민다 하는 것은 근본적으로는 아름다운 마음입니다. 하나님을 연상하게 되는 일과 형태들에 대하여 우리는 순박한 마음으로 정성을 쏟게 됩니다. 그것이 신자가 갖는 신자된 가장 중요한 표시들입니다. 왜냐고요? 같은 식구이기 때문입니다. 그것이 편합니다. 좋을 뿐만 아니라 편하기 때문입니다.

이 세상에서 가장 편한 것은 '식구'입니다. 그러나 우리가 가장 잘 싸우는 대상 역시 '식구'입니다. 왜 싸우는 것일까요? 사실은 어떻게 싸워도 갈라질 수 없기 때문에 싸우는 것입니다. 이웃은 어차피 같은 집에서 안 살 거니까, 그냥 못 본 것으로 하고 안 보면 되니까, 같은 집에 안 들어갈 거니까 심각해도 안 싸울 수 있습니다. 교회에서 싸움이 있는 것은 갈라지지 않을 사람들이니까 싸우는 것입니다. 어떤 의미에서는 당연한 것인지도 모릅니다.

아이들을 키우다 보면 누구랑 제일 많이 싸웁니까? 형제끼리 제일 많이 싸웁니다. 얼마나 많이 싸우는지 모릅니다. 우리 아이들도 자기들끼리 싸우느라고 정신이 없었습니다.

얼마 전 아침에 아이 둘을 학교에 보내는데 참 재미있는 광경을 목격했습니다. 제 아이들은 꼬맹이 때부터 존댓말의 개념을 알았습니다. 그래서 우리 큰애가 다른 것은 다 참는데 여동생이 반말을 하는 것을 못 참았습니다. 특히 반말로 부르면 더 못 참습니다. 그러니까 "병석아!" 하고 부르면 멀리 서 있다가도 벼락같이 뛰어와서 쥐어박고 갑니다. 아주 못 참습니다. 그런데 아침에 둘이 학교에 가면서 동생이 오빠에게 그럽니다. 딸아이는 오빠를 좋아해서 팔짱도 끼고 가자고 그럽니다. 그날은 오빠 팔짱을 끼면서 그럽니다.

"오빠, 오빠는 무슨 소리 들리지 않아?" "뭐?" 오빠가 좀 둔합니다. "나한테는 무슨 소리가 들리는데?" "무슨 소리?" "박병석! 박병석!" "어디?" 그러니까, "헤헤헤헤……" 그러자 오빠가 제 동생의 궁둥이를 한 번 찼습니다. 평소 같으면 울 텐데 맞아도 좋을 만한 통쾌한 일을 했으니까 안 울고 웃으면서 기분 좋게 가는 것을 보았습니다. 반말로 오빠를 한 번 불러본 기분에 아주 즐거운 표정으로 갔습니다. 이 일이야 오빠와 동생 사이니까 하지 지나가는 다른 사람에게 "야! 이 강아지야" 하지는 않습니다. 그랬다가는 한 대 맞을 테니까요. 이것이 성경이 말씀하는 '권속'인 것입니다.

이런 것이 바로 우리가 예수 그리스도 안에서 거듭나고 한 성령으로 말미암아 한 아버지께 오자 형성되어 우리도 모르게 가지고 있는 개념입니다. 하지만 우리는 이 부분에 대해서 거의 정리가 되어 있지 않기 때문에 필요 이상으로 상처를 받고 필요 이상으로 극단적인 생각을 합니다.

부부 싸움은 칼로 물 베기입니다. 그렇습니다. 칼로 물 베기입니다. 절대 헤어지지 않는다는 전제가 있습니다. 형제들 싸움으로도 형제들이 헤어지지 않습니다. 아버지가 아들을 때렸다고 해서 아들이 아버지 놓고 도망가는 법은 없습니다. 식구라는 것은, 혈연이라는 것은, 하나님 아버지 께서 우리 신자들을 향하여 허락하신 아름다운 것입니다. "피는 물보다 진 하다." 얼마나 멋있는 말입니까? 그것들을 우리가 제대로 정리해 가지고 있지 못하기 때문에 밤낮 "왜 형제인데 더 불편한가, 왜 부부인데 더 불편 한가" 자꾸 그런 생각만 하게 되는 것입니다. 아닙니다. 하나만 더 깊이 들 어가 보십시오. 부부니까 앞에서 훌렁훌렁 옷도 갈아입고 막무가내가 되 는 것입니다.

"아니 이 사람, 결혼한 지 십 년밖에 안 됐는데 정말 이런 식으로 할 거 야?" "아니 뭘 그러우. 다 알만한 처지에." 무례해졌다고만 생각할 일이 아 닙니다. 우리는 이제 더 이상 남이 아닌 것입니다. 같은 편이요, 어떤 문제 에 있어서도 오른손과 왼손이요, 손바닥과 손등인 것입니다. 왼쪽 눈이자 오른쪽 눈입니다. 오른쪽 눈은 테니스 보고 왼쪽 눈으로는 야구를 보면 헷 갈릴 뿐입니다. "존 맥켄로가 홈런을 쳤습니다." 마치 이런 식으로 말이 안 되는 것입니다. 그는 테니스 선수이기 때문입니다. 그렇게 우리는 혼동하 고 있습니다. 왜 그렇습니까? 정리하지 못해서 그렇습니다. 성경이 가장 많이 요구하는 것 중의 하나가 바로 이것입니다.

> 그러므로 우리가 여호와를 알자. 힘써 여호와를 알자. 그의 나타나심은 새
> 벽 빛 같이 어김없나니 비와 같이, 땅을 적시는 늦은 비와 같이 우리에게 임
> 하시리라 하니라(호 6:3).

이것은 구약에서 상당히 중요한 메시지 중의 하나인 것입니다. 이러 한 것을 모르는 우리를 가리켜 "철이 덜 났다"고 하는 것입니다. 부모에게 야단맞고 집을 나간 아이를 보고서 옆에서는 "쯧쯧, 언제나 철이 들꼬"라 고 합니다. 아버지가 때린다고 안 들어오고 이상한 데 가서 놀면 어쩌자는

것일까요? 깊은 사랑을 가졌기 때문에 부모가 자식을 때리는 것이지 술 취해서 때리는 것이 아니지 않습니까? 재미로 때리는 것은 더더욱 아니고요. 얼마나 가슴앓이를 하면서 몽둥이를 드는지 모릅니다.

저는 아이 우는 소리가 듣기 싫었습니다. 그런데 아내가 저보다 더 무정해서 아이들을 잘 때렸습니다. 때릴 때마다 우는 소리가 듣기 싫었습니다. 어느 날 싫다고 했더니 "당신을 직접 때릴 수 없으니까 애를 때리죠"하더군요. 아직은 제가 그게 무슨 뜻인지를 잘 모르겠는데, 그 뜻을 알게 되는 날 어떤 조치를 취하려고 합니다. 어떻든 가정은 그렇게 편한 곳입니다. 기쁜 곳입니다. 그래서 우리는 큰 기대를 가지게 됩니다. 기대를 하기 때문에 슬픔이 있고 기대를 하기 때문에 상처가 있는 것입니다. 여러분, 너무 상처와 슬픔에만 집착하지 마시고, 우리가 원래 여기에 얼마나 많은 기대를 걸고 오는 사람들인가에 대해서 자신을 한번 확인해 주십시오. 멀고 먼 곳입니다. 인내와 큰 열심을 가지고 출발하고 와야만 올 수 있는 곳입니다.

권속이라는 특권을 누리라

교회도 그렇습니다. 우리는 교회에 옵니다. 내 하나님의 '권속'이기 때문입니다. 하나님을 만나고 동일한 하나님의 식구된 자들을 만나는 것이 기쁜 것입니다. 그러나 그런 기대가 무너지면 우리는 더 많은 상처를 받습니다. 제가 한번 그런 예를 들지 않았습니까? 산을 좋아하는 사람들을 제가 조금 나무란 적이 있습니다. '산 사나이'라면서 뽐내고 멋을 냈어요. 사실 겨울에 설악산 등반을 가 보십시오. 참 아름답습니다. 자연은 너무 아름답습니다. 그 사람들은 "좁은 세상 속에서 인간끼리 싸우는 것이 얼마나 우스운가? 우리는 산 사나이들이라네"라고 뽐냅니다. 그래서 제가 몹시 괄시를 했습니다.

"당신들은 솔직히 비겁한 사람들이다" 그랬더니, 눈을 동그랗게 뜨고 전부 피켓을 어깨 위로 치켜들었습니다. 수틀리면 내리찍을 기세였습니다. "자연을 좋아하는 것은 인정을 한다. 그런데 여러분이 자연에 귀의한 것은 자연은 기대감이 없는 곳이기 때문이다. 기대하지 않기 때문에 배신도 하지 않는다. 뒤집어 이야기한다면 인간에게 당한 배신감 때문에 산에 오르는 것이다. 인간은 배신한다. 그렇지만 인간은 기대할 수 있는 대상이다."

인간은 배신하는 존재일 때도 있지만 한편으로는 늘 기대보다 더한 것을 해내는 존재이지 않습니까? 우리가 자녀들에 대해서 깜짝 놀라는 때가 있고 친구들에 대해서 놀라는 때도 있습니다. 우리가 알고 있던 사람들이 내가 생각했던 것보다 더한 일을 해낼 때 '유쾌한 놀람'이 있지 않습니까?

곤고할 때 찾아 준 열심이 있고, 기쁘거나 슬플 때 서로 나누고, 그러할 때 서로 나누는 것 때문에 "맞아, 그저 친구밖에 없어. 그래, 역시 믿음의 식구들뿐이야"라는 감격이 우리 생활 속에 있지 않습니까? 인간은 그런 존재입니다. 기대하기 때문에 배신도 있습니다. 중요한 것은 우리가 그런 식구들이라는 점입니다. 사실 우리 마음속에 하나님의 식구된 자들로서의 근본적인 귀속감이 있고 이에 대한 열심이 있다는 것을 기억하십시오. 모든 믿는 자는 하나님을 향한 열심이 있습니다.

하지만 큰 병폐가 있습니다. 하나님을 향한 정당한 열심이 많은 부분에서 교역자들에 의해 차단되고 있다는 점입니다. 목사 개인을 위하는 것이 하나님을 위하는 것인 양 할 때가 많습니다. 의도적으로 그러는 사람도 있고 모자라서 그러는 사람도 있습니다. 저는 최소한 전자에 속하지는 않는다고 생각하지만 후자에는 속했다고 인정합니다. 우리는 실수하고 모자랄 때가 많습니다. 신자들이 그리스도 예수 안에서 가지게 된 새로운 결심, 새로운 열심들을 주님 앞에 꺼내 놓았다가 부끄러워졌던 적도 있습니다.

하지만 우리가 기억할 것은 여러분의 진심이 하나님 앞에 전달된 것

교회

이 도둑맞은 적은 없다는 것입니다. 하나님은 다 알고 계십니다. 그래서 우리는 늘 그런 이야기를 합니다. "사람 보고 가나? 하나님 보고 가지." 저는 그런 말이 우리 한국교회에서 자조적이고 냉소적으로 쓰이는 것을 참으로 부끄럽게 생각합니다. 사실은 좀 더 적극적으로 써야 하고, 우리가 정말 진실을 알고 써야 하는 이야기입니다.

하나님을 향한 우리들의 열심, 하나님을 향한 진심은 그 무엇으로도 방해받거나 빼앗길 수 없습니다. 우리는 늘 그 사실을 통해 위로받고 감사해야 합니다. 그 누구도 빼앗을 수 없습니다. 교회가 아무리 사양화(斜陽化)되고 목사가 아무리 잘못해도 하나님은 그 열심을, 그 진심을 빼앗기지 않는 분이십니다. 결국 우리는 진심과 진심이 통하는 문제에 있어서 겉으로 드러난 어떤 시험거리들 때문에 무너지지 않기로 새롭게 결심해야 합니다.

목사들이 마음에 안 드십니까? 교회들이 마음에 안 드십니까? 같이 신앙생활을 하는 믿음의 식구들 중에 누가 나를 흔듭니까? 그것으로 인하여 여러분이 가지고 있는 축복들을 빼앗기지 마십시오. "형이 보기 싫어서 가출해 버리거나 아버지가 너무 때려서 집에 들어가고 싶지 않거나" 하는 식으로 우리가 스스로를 자학하고 자기가 가지고 있는 축복들을 놓쳐 버려서는 안 됩니다. 그것이 오늘 본문이 우리에게 주시는 놀라운 은혜의 말씀들인 것입니다.

지금 이 시대는 이 적극적인 것들이, 눈에 보이는 형태인 조직화된 교회로 인해 차단당하고 있습니다. 말하자면 관료적·샤머니즘적·권위주의적인 것들 때문에 차단당하는 아픔들이 있습니다. 이런 것들을 하나씩 하나씩 벗겨 가는 작업이 필요한 때라고 생각합니다. 여러분 스스로가 그 작업을 해주셔야 합니다.

하나님의 말씀을 맡은 책임자들이 교회를 든든히 세워 주시면 얼마나 좋겠습니까? 그러나 그렇지 못한 경우가 늘 있습니다. 앞서 말씀드린 것같이, 의도적이지는 않더라도 부족해서 실수하는 적이 있는 법입니다. 그래서 우리는 내가 가진 특권과 축복들을 놓치지 않는 법을 열심히 배워야 됩니다.

사도 바울이 고린도 교회와 에베소 교회를 세웠습니다만, 때에 따라서는 그런 큰 사도로 말미암아 세워진 교회가 하나의 일꾼을 키워 내기도 한다는 것을 명심하십시오. 교회가 '디모데'를 키우고 디모데는 그다음 오는 후손들에게 큰소리로 가르칩니다. 따라서 일꾼이 교회를 세우고 교회 교인들이 또 하나의 일꾼을 세웁니다. 코 흘리던 일꾼을 대사도로 만들어 냅니다. 이런 일들이 그렇게 한꺼번에 섞여 있는 것입니다.

우리가 서로 용서해야 하고, 상대방을 위해서 절제해야 하고, 서로 자기의 것들을 놓치지 말아야 하고, 배우고 가르쳐야 하는 것들이 한꺼번에 들어 있습니다. 말하자면 하나님께서 허락하신 교회라는 기관 속에 그것들이 들어 있다는 사실을 기억해야 합니다. 이 속에 우리의 기쁨과 축복이 있고 동시에 책임이 있습니다.

그 모든 것들을 빼앗으려고 세상이, 악한 영들이 우리에게 몹쓸 짓들을 하고 있습니다. 그것으로 인하여 받는 상처들과 그것으로 인하여 당하는 어려움들 때문에 근본적인 것을 집어던져 자폭하는 일이 없도록 하나님께서 우리에게 이 말씀을 허락하시고 우리를 깨우치고 계십니다.

이제부터 우리는 외인도 아니요 나그네도 아닙니다. 당당한 권리를 주장할 수 있는 자요 후사이며, 큰소리치는 그 집의 주인입니다. 그 집에서 가장 중심되는 자요, 그 집에서 가장 편안할 수 있는 자요, 모든 권리가 있으면서 동시에 그 집을 지킬 책임이 있는 자들입니다. 그것이 우리요, 성도들입니다.

여러분, 모두가 바로 이 축복과 이 권세와 이 책임을 지고 있다는 것을 기억하십시오. 여러분의 신앙이 좀 더 정리되고 감사할 것이 더 있으며, 그리고 성장하기를 바랍니다.

09

그리스도의 신부

엡 5:29-32

누구든지 언제나 자기 육체를 미워하지 않고 오직 양육하여 보호하기를 그리스도께서 교회에게 함과 같이 하나니 우리는 그 몸의 지체임이라. 그러므로 사람이 부모를 떠나 그의 아내와 합하여 그 둘이 한 육체가 될지니 이 비밀이 크도다. 나는 그리스도와 교회에 대하여 말하노라.

지난 시간에 부부 관계에 대한 특권들, 부부 됨의 신비, 그리고 부부 관계로 상징된 예수 그리스도와 교회와의 관계, 곧 예수 그리스도께서 교회를 어떻게 사랑하셨고 우리를 그의 신부로 부르셨는가를 살펴보았습니다.

신부의 특권을 누리지 못함

이제 우리는 교회의 특권은 무엇인가를 살펴보려고 합니다. 예수님이 교회의 신랑이 되시고 교회를 신부로 부르신다는 말속에 담긴 상징을 가지고 교회의 특권을 생각해 보려 합니다. 교회의 특권은 마치 신부가 가지는 특권과 같습니다. 이 상징을 통해서 교회의 특권을 살펴볼 부분이 많습니다.

결혼을 하면 신부는 신랑의 모든 것을 함께 나누기 시작합니다. 그래서 '아무개'의 부인이 됩니다. 남편이 잘난 사람이면 잘난 사람의 부인이 되어 잘난 지위를 함께 누립니다. 남편이 고귀한 사람이면 고귀함을 함께 나누고, 남편이 유명한 사람이면 유명함을 함께 나누며, 부자라면 남편이 가진 부를 함께 나눕니다.

저의 제자 한 명이 브라질로 이민을 갔습니다. 여러분도 아시다시피 옛날 남미로 이민을 간 사람들은 현지에서 상당히 고생을 했습니다. 주로 남미의 파라과이나 아르헨티나나 브라질로 간 사람들은 처음에 농업 이민을 갔습니다. 하지만 농사지어서는 먹고 살 수가 없어서 대부분이 도시로 나와 재봉틀을 놓고 봉제를 하거나 세탁소를 하는 등 여러 가지 일을 했습니다. 그렇게 한 5년을 고생하다 시집을 갔는데 아주 부잣집으로 가게 되었습니다. 결혼 후 제게 편지를 보냈는데 그 내용은 "어쩌면 이럴 수가 있는가. 하루아침에 갑자기 하인이 30명씩 있는 집에서 물에 손도 안 담그고 밤낮 매니큐어나 발랐다 지웠다 하는 신세가 됐으니, 이게 도대체 어떻게 된 일인지 알 수가 없다"는 것이었습니다. 이 모든 것이 출세한 남편을 만나 가능했던 것입니다.

우리가 기억해야 하는 것은, 교회가 그리스도의 신부라는 말속에 있는 특권이 무엇인지를 우리가 너무나 모르고 있기 때문에 우리의 신앙생활과 교회생활이 상당히 가난한 상태로 흘러가고 있다는 점입니다.

예를 들어 많은 사람들이 신앙생활을 '교회에 나가 주는 것'으로 생각하기 일쑤입니다. 제가 한 가지 묻겠습니다. 여러분은 남편에게 부인들이 '결혼해 준 것'이라고 생각합니까? 만일 그렇게 생각한다면 그것은 남편에 대한 모독이며 자기 자신에 대해서도 슬픈 일입니다. '만족스러운' 남편이 아니고 '행복한' 남편이 아닌 사람하고 결혼했다면 옛 이야기에 나오는 것처럼 "이 사람하고 결혼 안 하면 우리 가족이 다 굶어 죽게 되어서 할 수 없이 이 가족을 위해 했다"는 것 아닙니까? 돈에 팔려간 셈이 되는 것이요, 김동인이 쓴 『감자』 같은 이야기입니다. 이런 이야기는 어떤 비참한 일 때문에 생기는 비극적인 결혼 이야기일 뿐이지 하나님께서 결혼을 통해 의도하셨던 목적은 아니라는 것을 명심해야 합니다. 얼마나 애써서 현재의 남편과 아내를 얻었습니까? 많은 사람들이 참으로 애를 써서 배필을 맞게 되었을 것입니다.

그런데 많은 사람들이 교회에 나오는 것을 의무나 임무라고 생각합니다. 의외로 그런 사람들이 많이 있습니다. 그러니까 원래는 하고 싶지 않은데 국방의 의무 때문에 군대 생활을 하듯이 예수를 믿었다는 말입니다. 교회 나오는 것을 임무라고 생각해서 나왔으니까 집사 하라면 해주고, 새벽기도 안 하면 목사님이 뭐라고 할까봐 해주고 그러는 것입니다. 하지만 아닙니다! 그 정도로 해서는 안 됩니다.

여러분은 결혼생활을 그런 식으로 합니까? 부모님이 보채서 아무하고나 결혼한 것입니까? 그런 법은 없습니다. 결혼은 그렇지 않습니다. 참으로 행복하고 포근한 것입니다. 교회생활도 교회에 나와서 여럿이 힘을 합쳐 일하는 것에서 보람을 찾는 그런 정도의 교회를 기대한다면 참으로 불행한 것입니다.

그것은 마치 어리석은 남자들이 세상에서 유명한 여자를 아내로 선택하는 것과 비슷합니다. 남자의 객기를 만족시키느라 결혼한다는 것은 참으로 불행한 일입니다. 따라서 교회가 그리스도의 신부가 되었다는 특권을 안다면 거기에는 긍지가 있어야 합니다. 또한 기쁨과 영광으로 충만한 자신의 신분을 깨닫고 감사하게 될 것입니다.

따라서 오늘 강해에서는 주님께서 교회를 신부로 택하셨기 때문에 교회가 어떤 특권을 누리게 되었는지를 살펴서 교훈으로 삼고자 합니다. 교회라는 말은 일반적인 신자를 칭하는 말입니다. 신자 일반을 지칭하는 것이니, 우리 모두가 그리스도의 신부로서 어떤 특권을 누리게 되었는지를 생각해 보려 합니다.

생명을 그리스도와 나눔

첫째로, 생명을 '그'와 나눕니다. 생명을 "그와 나눈다"는 것은 참으로 재미 있는 표현입니다. 이것은 어떤 의미에서는 "그분이 우리와 운명을 같이한 다"는 뜻과 같습니다. 그는 우리가 없으면 혼자서는 존재하지 않겠다고 하실 정도로 우리를 대접하십니다. 또 주께서 우리에게 생명을 주셨다고 합니다. 이때 생명이라는 어떤 물건을 우리에게 나누어 주신 것으로 생각한 다면 오산입니다. 그보다는 훨씬 긴밀한 관계로 표현할 수 있습니다.

우리 생명이신 그리스도께서 나타나실 그때에 너희도 그와 함께 영광 중에 나타나리라(골 3:4).

우리 생명을 무엇이라고 했습니까? 예수 그리스도가 곧 '우리의 생명' 이라고 했습니다. 그러니까 우리는 예수님이 없으면 죽은 것입니다. 예수 님께서 자신의 생명을 우리와 나누었기 때문에, 예수님은 우리 없이 만족 하지 않기로 하신 것입니다. 우리에게 생명을 주시는 정도가 아니라 생명 을 나누기로 하셨습니다. 그는 우리의 생명입니다. 그와 우리는 불가분의 관계를 가집니다. 마치 아내가 남편의 일부인 것과 같습니다.

우리가 결혼하기 전 데이트할 때 무엇을 기준으로 식당에 갔습니까? 중국 음식점이나 일식집, 양식집이나 한식집을 갈 때 기준은 보통 나에게 달려 있었습니다. 하지만 결혼 후에는 달라졌습니다. 일반적으로 상식과 예의가 있고 신앙이 있는 남편이라면 꼭 이렇게 묻게 될 것입니다. "여보, 어떤 음식이 먹고 싶소?" 어느 가정이나 마찬가지일 것입니다. 그렇지 않 습니까? 현실적으로도 그렇게 안 하면 가정의 평화를 유지하기가 쉽지 않 을 것입니다. 그렇게 해야 합니다. 우리는 음식 먹으러 갈 때에도 달라져야 합니다. 내가 먹고 싶은 것을 먹는 것이 아니라 아내가 맛있어 하는 것을 보고 기뻐하는 남편으로 바뀌어야 마땅한 것입니다. 그러면 아내 쪽에서도 안 그러겠습니까? "아니, 당신 먹고 싶은 것을 먹읍시다." 대개는 그러는 법입니다. 나만을 기준으로 하는 선택이나 결정이 없어지는 것입니다. 남편은 아내를 기쁘게 하며 아내는 남편을 기쁘게 합니다. 그것이 곧 피차 자기의 기쁨이 됩니다. 주님께서도 그러셨다는 것을 기억하셔야 합니다.

주님은 우리 앞에 넘어질 것을 놓으시는 분이 아니십니다. 우리가 기뻐하는 것을 기뻐하시는 분이십니다. 이것이 주께서 "우리와 생명을 나누신다"는 말속에 숨어 있는 엄청난 내용인 것입니다. 이것을 조금 다른 것으로 증명하자면 주께서 그의 생명을 우리와 나눈다, 곧 그의 운명을 우리와 나눈다는 말속에는 정말로 그렇게 하신다는 것을 알아볼 수 있는 다른 증거들이 있습니다.

예를 들면 예수님은 자신의 이름을 우리에게 주십니다. 예수 믿는 사람을 뭐라고 부릅니까? '그리스도인', '기독교인'이라고 그럽니다. 기독교인이라는 것은 그리스도인이라는 것을 한자로 표기한 것입니다. 우리는 그리스도인입니다. 주님의 사람이라는 말입니다. 신자들은 더 이상 '아무개'라고 부름을 받지 않고 '주님의 사람'이라고 불립니다. 우리가 부부를 칭할 때 '누구의 부인' 이렇게 부르듯이 꼭 그렇게 불립니다. 골로새서 3:9 말씀을 보겠습니다.

> 너희가 서로 거짓말을 하지 말라. 옛 사람과 그 행위를 벗어 버리고 새 사람을 입었으니 이는 자기를 창조하신 이의 형상을 따라 지식에까지 새롭게 하심을 입은 자니라. 거기에는 헬라인이나 유대인이나 할례파나 무할례파나 야만인이나 스구디아인이나 종이나 자유인이 차별이 있을 수 없나니 오직 그리스도는 만유시요 만유 안에 계시니라(골 3:9-11).

우리는 드디어 인간과 인간의 구별이 없어지고 모두가 주께 속한 자인가, 곧 주의 사랑을 받은 자인가, 주의 신부인가 아닌가라는 구별밖에 없는 사람들이 되었습니다. 주님께 속한 자인가 아닌가? 주의 신부인가 아닌가의 구별밖에 없게 됩니다. 그가 옛날에 무엇을 했는지는 중요하지 않습니다. 특별히 여자들이 실감하는 이야기입니다. 어느 학교를 나왔는지, 학교 다닐 때에 얼마나 공부를 잘했는지는 전혀 상관이 없습니다. 지금 누구의 아내인지가 중요합니다. 이것이 우리의 현실적인 지금의 지위입니다.

우리는 주님의 신부요, 주님의 이름으로 부름을 받습니다. 그래서 이러한 것도 음미할 만한 것입니다. 우리가 하나님을 아버지라 부르는 것은 원래는 그럴 수 없는 것입니다. 예수님이 유대인으로부터 공격을 받고 십자가 처형을 받게 된 가장 큰 죄목은 인간이 하나님을 '아버지'라 불렀기 때문입니다. 예수님은 하나님을 아버지라 부를 자격이 있습니다. 그는 제2위 하나님이시며, 성부 하나님과 성자 하나님 사이에 부자라는 호칭으로 불릴 수 있는 대등한 관계를 갖고 있는 분입니다. 하지만 우리는 피조물입니다. 우리는 신이 아닙니다. 그런데도 주님께서 우리를 그렇게 부르셨기 때문에 주께서 하나님을 아버지라 불렀듯이 우리도 아버지라 부르게 되었고, 우리가 '예수 그리스도의 이름으로' 기도하는 것이 허락된 것입니다. 우리가 주님의 신부이기 때문입니다. 그 이름을 나누어 주셨기 때문입니다.

그렇기 때문에 사도 바울은 갈라디아서 2:20에서 이런 표현을 쓰는 것입니다. 나와 그리스도는 하나인 것입니다.

내가 그리스도와 함께 십자가에 못 박혔나니 그런즉 이제는 내가 사는 것이 아니요 오직 내 안에 그리스도께서 사시는 것이라. 이제 내가 육체 가운데 사는 것은 나를 사랑하사 나를 위하여 자기 자신을 버리신 하나님의 아들을 믿는 믿음 안에서 사는 것이라(갈 2:20).

오늘 본문에서도 그렇게 말씀하고 있습니다. "그러므로 사람이 부모를 떠나 그의 아내와 합하여 그 둘이 한 육체가 될지니 이 비밀이 크도다. 나는 그리스도와 교회에 대하여 말하노라"(엡 5:31-32)고 말입니다.

주께서는 우리와 하나되기를 원하시며 우리에게 자신의 이름을 허락하셨습니다. 그래서 자신에게 해당하는 모든 것을 우리의 것이 되게 하셨습니다. 이것이 교회의 특권입니다. 그래서 교회의 신자가 되었다든지, 신자들을 묶어서 하나의 조직체를 만든 교회에 나온다는 것은 그러한 면에서 상당히 커다란 특권인 것입니다. 그것은 자랑스러운 것입니다. 누구나 교회의 이런 자리에 오는 것이 아닙니다. 교회의 문이 누구에게나 열려 있다는 것은 주께서 이 복된 자리에 '누구든지' 오라고 부르신다는 말입니다. 하지만 그렇다고 해서 그 부름에 모든 사람이 대답하고 오는 것은 아닙니다. 올 수 있다는 것은 대단한 축복입니다. 특권인 것입니다.

모든 특권을 우리와 함께 나누심

두 번째로 우리가 생각할 것은, 주님이 우리의 신랑 되시고 우리가 그의 신부라는 것으로 말미암아 주님이 누리시는 모든 특권을 주님이 우리와 함께 나누신다는 사실입니다. 이렇게 생각하면 똑같습니다. 아들의 신부, 곧 자부(子婦)에게도 아들이 갖는 동일한 특권이 주어집니다. 결혼을 하면 아버지 입장에서 볼 때 아들에게 허락하는 모든 것을 며느리에게도 허락합니다. 둘이 하나로 묶이기 때문입니다. 둘은 동등한 입장입니다. 아들과 며느리를 구별해서는 안 됩니다. 둘은 하나입니다. 예전에는 아들 하나였지만, 이제 며느리를 얻어 아들 부부가 하나가 됩니다.

즉, 며느리 하나만 얻는 것이 아니라 아내와 합친 한 몸으로서의 아들, 더 풍성한 가정을 얻게 되는 것입니다. 내가 아버지 입장에서 아들에게 주었던 모든 것은, 아들에게 준 것이기 때문에 아들의 아내인 며느리에게도 해당이 됩니다. 아들에게 주었던 것을 며느리에게도 준다가 아니라, 아들에게 주었던 것이기 때문에 둘이 하나이므로 동시에 며느리도 누리게 됩니다. 이것이 지금 예수 그리스도께서 하나님 앞에서 우리를 그의 신부로 맞이하셔서 얻게 하신 특권인 것입니다.

요한복음 17장을 보십시다. 예수를 사랑하심 같이 우리도 사랑하십니다.

곧 내가 그들 안에 있고 아버지께서 내 안에 계시어 그들로 온전함을 이루어 하나가 되게 하려 함은 아버지께서 나를 보내신 것과 또 나를 사랑하심 같이 그들도 사랑하신 것을 세상으로 알게 하려 함이로소이다(요 17:23).

여기서 중요한 것은 '같이'라는 것입니다. 예수 그리스도를 사랑하신 것같이 우리도 사랑하신다는 것은 그런 의미에서 그 사랑의 대상에 대한 대접이 동등하다는 것입니다. 어떻게 해서 그렇게 됩니까? 예수 그리스도께서 우리를 신부라는 대등한 관계로 부르셨기 때문입니다. 우리가 읽은 에베소서 5장 본문에 나타난 것과 같이 "그러므로 사람이 부모를 떠나 그의 아내와 합하여 그 둘이 한 육체가 될지니 이 비밀이 크도다"입니다. 주님께서 우리가 부모를 떠나 아내와 연합해서 한 몸을 이룬 것같이 우리와 한 몸을 이루십니다. 예수 그리스도께서 아버지 앞에서 받으시는 모든 대접과 특권을 함께 받도록 우리를 신부로 영접하셨습니다. 자신의 지위를 함께 누리도록 불러내신 셈입니다. 이것이 신자의 특권입니다. 모든 신자가 누리는 것이기 때문에 교회의 특권이라고 이야기하는 것입니다.

이것을 조금 더 구체적으로 설명한 곳을 찾아봅시다. 고린도전서 3장입니다.

아무도 자신을 속이지 말라. 너희 중에 누구든지 이 세상에서 지혜 있는 줄로 생각하거든 어리석은 자가 되라. 그리하여야 지혜로운 자가 되리라. 이 세상 지혜는 하나님께 어리석은 것이니 기록된 바 하나님은 지혜 있는 자들로 하여금 자기 꾀에 빠지게 하시는 이라 하였고 또 주께서 지혜 있는 자들의 생각을 헛것으로 아신다 하셨느니라. 그런즉 누구든지 사람을 자랑하지 말라. 만물이 다 너희 것임이라. 바울이나 아볼로나 게바나 세계나 생명이나 사망이나 지금 것이나 장래 것이나 다 너희의 것이요 너희는 그리스도의 것이요 그리스도는 하나님의 것이니라(고전 3:18-23).

"세상에서 지혜롭다"는 말로 표현되는 삶은 "내 능력과 실력과 꾀를 내서 많은 것을 갖고 있는 자"라는 뜻입니다. 그는 세상에서 실력 있는 자이고 지혜 있는 자입니다. "공부를 얼마나 열심히 해서 이 지위를 확보했는가", "얼마나 재주 있게 해서 이 돈을 모았는가"가 세상에서 제일 지혜 있는 것입니다. 그러나 지금 바울이 이야기하는 것은 "바로 그것이 미련한 짓"이라는 것입니다. 그렇다면 무엇이 제일 지혜로운 것인가? 그것은 "주님을 붙잡고 있는 것"이라고 말합니다. 세상에 있는 모든 것이 주님의 것이니 내가 주님을 붙잡고 있으면 주의 것이 다 내 것이 됩니다.

우리가 어떤 부잣집에 가서 그 집에 있는 그릇을 훔쳐다 쓰기보다는 그 집에 잘 보여서 사돈을 맺는 것이 훨씬 낫습니다. 가서 숟가락 하나 훔쳐 오고 돼지 한 마리 훔쳐 오고 하는 것은 미련한 짓입니다. 그리고 나중에 집에 와서 식구들에게 "내가 이번 잔치에 가서 은수저 한 벌 훔쳐 왔다"라고 자랑한다면 얼마나 미련한 짓입니까? 이 세상에서 내 힘으로 가져오지도 못할 것이고 영원한 가치가 있지도 않은 것을 왜 붙잡고 싸우는 것입니까? 모든 것이 다 누구의 것입니까? 주의 것 아닙니까? 그래서 성경은 위 21절에서, "그런즉 누구든지 사람을 자랑하지 말라. 만물이 다 너희 것임이라"고 말합니다. 왜 다 우리의 것입니까?

"바울이나 아볼로나 게바나 세계나 생명이나 사망이나 지금 것이나 장래 것이나 다 너희의 것이요"(고전 3:22)라고 말합니다. 왜 그렇습니까? "너희는(우리는) 그리스도의 것"이기 때문입니다. 그리스도는 하나님의 것이요, 그 하나님은 창조주요 모든 만물의 주인인데, 예수님이 하나님께 속하였으니 하나님이 그것을 기뻐하시며 예수님께 맡기셨고, 예수님은 우리를 그의 신부로 부르셨으니 지금도 그의 모든 것을 우리와 나누시는 것입니다. 그의 신부가 될 생각은 안 하고 세상 사는 동안에 세상으로 가서 세상과 짝해서야 되겠습니까? 바로 이것을 확보해야 합니다. 우리는 영원한 나라를 물려받을 자들입니다. 영원한 나라, 이 세상뿐 아니라 오는 세상의 모든 것을 우리만이 물려받습니다.

> 너희는 다시 무서워하는 종의 영을 받지 아니하고 양자의 영을 받았으므로 우리가 아빠 아버지라고 부르짖느니라. 성령이 친히 우리의 영과 더불어 우리가 하나님의 자녀인 것을 증언하시나니 자녀이면 또한 상속자 곧 하나님의 상속자요 그리스도와 함께 한 상속자니(롬 8:15-17).

우리는 그리스도와 함께 한 '상속자'입니다. 이 특권을 우리가 나눕니다. 주님과 함께 영원한 나라의 기업을 물려받을 그 대를 이을 자손들이라고 성경은 말씀합니다. 그래서 17절 하반절은 "우리가 그와 함께 영광을 받기 위하여 고난도 함께 받아야 할 것이니라"고 말합니다.

우리는 영원한 나라를 물려받도록 되어 있는 상속자들이고 신자들이며 교회입니다. 교회는 하나님의 영광된 목적을 이루는 데에 부름을 받은 자들이기도 합니다. 영원한 나라를 물려받을 훈련도 받아야 하고, 하나님께서 영원한 나라를 물려주기 위하여 지금도 부르고 계시는 죽어 가는 영혼들 앞에 영원한 나라를 증거해야 합니다. 주님께서 아직도 이 세상의 역사를 끝내지 않고 기다리시는 것은 그가 부르신 모든 신부들의 수를 채우기 위해서입니다. 지금도 구원의 문을 열어 놓고 계시며 더 많은 사람이 구원을 얻도록 기다리고 계십니다. 우리는 주님이 하시는 일에 동참한 자입니다. 주님이 우리를 기쁘게 받으셨고, 우리를 기쁘게 하시는 것이 그분의 가장 큰 기쁨이 되었습니다.

그와 같이 신부인 우리도 신랑이신 예수님이 기뻐하시는 것이 우리의 기쁨이요, 그분이 하는 것이 우리의 소원이 되는 것은 당연합니다. 그래서 사도 바울은 갈라디아서 6:7에서는 "스스로 속이지 말라. 하나님은 업신여김을 받지 아니하시나니 사람이 무엇으로 심든지 그대로 거두리라"고 말하고, 골로새서 1:24에서는 "나는 이제 너희를 위하여 받는 괴로움을 기뻐하고 그리스도의 남은 고난을 그의 몸된 교회를 위하여 내 육체에 채우노라"고 고백합니다.

이것이 무슨 뜻입니까? 사도 바울은 지금 사도의 입장에서, 그리스도를 위한 봉사자의 입장에서, 복음에 심취된 전도자의 입장에서만 이 이야기를 하는 것이 아닙니다. 그리스도의 몸된 교회를 위하여 '내 육체의 고난'을 채우고 있습니다. 즉, 주님이 기뻐하시는 일이라면 나의 기쁨인 것입니다. 주님께서는 이천 년 전에 십자가에 달려 돌아가심으로써 이루신 구원을 오고 오는 모든 세대에 적용하고 계십니다. 그래서 우리도 구원 받았습니다. 주님은 앞으로도 영혼들을 불러내셔서 성장시키시고 완성시키실 것입니다. 그 일은 주께서 기뻐하시는 일입니다. 그것은 주께서 기뻐하시는 일이기 때문에 우리의 기쁨인 것입니다. 주를 위하여 해드려야 하는 책임이 아니라 우리의 기쁨이라고 고백하는 것입니다. 그러므로 교회라는 것은 교파나 어떤 운동이나 사업의 차원에서 생각해서는 안 되는 것입니다.

교회에 모여서 헌금을 모아 선교사를 보내고 구제를 하고 봉사를 하는 것이 교회의 일차적인 임무가 아닌 것입니다. 교회에 모인다는 것은 그이상의 특권인 것입니다. 그것은 자랑이자 기쁨이고, 사실은 커다란 환희라고 말해야 맞습니다. 하나님은 우리를 교회로 부르시고 이 교회를 통하여 영광을 나타내시며 그의 일을 이루십니다.

특별히 우리를 불러 봉사자로 세우시며 우리를 통하여 다른 이들에게 복음을 전하는 일들을 맡기셨습니다. 우리는 바로 이 일에 대하여 기뻐해야 합니다. 남편이 모든 일을 아내와 의논하고 그 일에 동참하기를 기뻐한다는 그런 대접을 받는 기쁨이 있어야 되는 것입니다. 만일 그런 기쁨이 없다면 우리는 진정한 아내의 자세를 확보하지 못한 것이고, 그런 기쁨을 누리지 못하는 가난한 신자일 것입니다. 이것이 교회의 아름다움이고 특권이며, 사실은 자랑거리입니다. 이러한 일들이 생명을 얻는 데 있어서 가장 큰 힘이 되는 내용이어야 합니다. 교회란 사실 와서 설교만 듣고 가는 곳은 아닐 것입니다.

그와 함께 영광을 나눔

세 번째로 생각해야 될 것은, 그와 함께 영광을 나눈다는 사실입니다. 그가 영광을 허락하십니다. 주님께서는 자신의 영광을 우리에게 주십니다. 영광을 나누십니다.

내게 주신 영광을 내가 그들에게 주었사오니 이는 우리가 하나가 된 것 같이 그들도 하나가 되게 하려 함이니이다. 곧 내가 그들 안에 있고 아버지께서 내 안에 계시어 그들로 온전함을 이루어 하나가 되게 하려 함은 아버지께서 나를 보내신 것과 또 나를 사랑하심 같이 그들도 사랑하신 것을 세상으로 알게 하려 함이로소이다. 아버지여 내게 주신 자도 나 있는 곳에 나와 함께 있어 아버지께서 창세 전부터 나를 사랑하시므로 내게 주신 나의 영광을 그들로 보게 하시기를 원하옵나이다(요 17:22-24).

이것이 교회의 특권이요 영광입니다. 모든 신자의 영광이요 신분입니다. 이것을 누릴 줄 알아야 됩니다. 이 사실을 모르기 때문에 우리는 그토록 많이 울고 한숨짓고 죄에 넘어졌습니다. 내가 자격이 있든 없든 상관없이, 말하자면 내가 대통령 부인이 되었다고 생각해 보십시다. 오늘 석간에 보니까 김종필 씨 사모님 되시는 박영옥 씨의 인터뷰가 나왔는데 참 멋있게 말씀하셨습니다. 제가 개인적으로 들어서 아는 이야기와 그분의 이야기가 좀 다르다는 느낌이 있었는데, 어떻든 그 부인이 말씀을 수준 이상으로 하셔서 놀랐습니다. 평범한 부인들의 일상적인 어투와는 달리 다방면에 탁월한 견해를 보이는 말을 하셔서 "과연 대통령 후보의 부인은 다르구나"라고 생각했습니다. 그것은 가식이 아니었습니다. "나는 초등학교밖에 못 나왔는데……" 이러고 있을 수는 없는 것 아닙니까?

우리 신앙생활의 가장 큰 약점은 "나는 꼭 독립된 사람으로 불려온 고아 같다"는 생각입니다. 신자들을 보면 늘 스스로를 너무 낮춥니다. 한 번 실수하면 그냥 아이고, 아이고 하면서 주저앉습니다. 그러니까 모든 기도가 "아이고 하나님, 왜 나 같은 것을 불러서 예수 믿게 해가지고 이렇게 울게 하시나이까"가 전부입니다. 우리는 떳떳해야 합니다. "옛날에 저 여자가 암시장에서……." 그것은 과거일 뿐이고 중요하지 않습니다. 지금 대통령 부인이 되었다면 어떻게 하겠습니까? 대통령 부인다워야지요. 옛날에 알던 사람이 보고 "야, 누구야" 그런다고 해서 "어머나!" 하고 얼굴 빨개질 이유가 없습니다. 경호원 보고 "누군데 시끄럽게 굴어!" 하고 지나가야 될 것 아닙니까?

사탄이 우리를 공격할 때는 이렇습니다. "너, 왜 그러니" 그렇게 하지 않습니다. "너, 아니잖아? 넌 조금 전까지 고스톱 치면서 놀던 친구 아냐? 그런데 지금 와서는 예수님이야?" 이렇게 나옵니다. 그럴 때는 "별것이 다 와서 법석대" 이래야 맞습니다. 그런데 그러지 않고 밤낮 징징대고 맙니다. 여러분은 혹시 겸손하게 하느라 그렇게 하는지 모르지만 사실은 주님의 신부다운 특권과 자부심, 자랑을 놓치고 있는 것임을 명심하시기 바랍니다.

전에 인용했던 골로새서 3:4은 생명을 나누는 차원에서 한 번 보았습니다만, 다른 내용이 하나 포함되어 있습니다.

> 우리 생명이신 그리스도께서 나타나실 그때에 너희도 그와 함께 영광 중에 나타나리라(골 3:4).

물론 우리는 영광스럽게 되리라는 것을 다 알고 있습니다. 하지만 그 영광을 말할 때 성경은 언제나 '그와 함께'라고 말합니다. 여기의 '함께'는 그분과 함께 있는 차원에서의 말씀이 아니라 이 영광을 나누는 그런 대등한, 어떻게 우리가 주님과 맞먹겠습니까마는, 말하자면 우리가 생각하는 것보다 훨씬 높은 지위로 우리를 부르고 있다는 것을 성경은 이야기하고 있습니다. 우리가 현재 영광을 누리고 있는데 누가 그런 우리를 건드리겠습니까? "누가 송사하리요? 하나님이 우리를 위하시면 누가 우리를 대적하리요?" 그런데 우리는 그 사실을 잊어버리고 삽니다. 놓치고 삽니다. "아이고, 내가 무슨 낯으로요?" 언제나 실수하는 대목입니다. 여러분, 주께서 우리를 부르셨다는 사실, 그 특권을 놓치지 말아 주십시오.

오늘날 신자들에게 가장 많이 요구할 것이 무엇이냐면 담대함일 것입니다. 결혼해서 제일 답답한 것은 십 년이 지나도 '오빠'라고 부르는 것입니다. '여보'라고 해야 합니다. 대등한 입장이 되어야 하는 것입니다. 밤낮 주님한테 "죄인이로소이다" 이러고 들어가면 어떻게 하자는 것입니까? 주님이 우리를 사랑하셨다는데도 밤낮 "죄인이로소이다" 하고만 있다면 은총을 놓치고 있는 것입니다. 장단이 맞아야 될 것 아닙니까? 주님이 우리를 어떻게 부르셨습니까? 주님께서는 교회를 자기의 신부로 맞아들이고 모든 것을 부여하셨습니다. 주님의 계획과 목표는 물론 그의 영광도 우리와 나누고 계십니다. 우리와 운명을 나누기를 원하시는 만큼 자신의 생명과 이름도 나누고 계십니다. 이것이 교회의 특권입니다. 주를 믿는 신자의 지위이자 자랑이며, 주의 신부로 부름 받은 우리의 영원불변하는 운명입니다.

여러분, 이것이 신앙의 가장 커다란 근거가 되어야 합니다. 신자란 넘어지는 일은 있을지언정 포기나 취소되지 않는 신분이며 운명임을 기억하십시오. 여러분의 못남과 연약함, 여러분의 무지함과 좌절이 주의 사랑을 방해할 수 없다는 것도 기억하십시오. 담대함과 인내를 가지십시오. 그렇기 때문에 더욱 두려운 마음으로 여러분의 신앙생활을 영위하셔야 할 것입니다. 앞으로 교회에 출석할 때마다 여기 나온 것이 얼마나 큰 특권이며 축복인지를 알아, 그로 인한 기쁨을 빼앗기지 마시고 신앙생활을 하시기 바랍니다.

10

베푸신 능력: 교회

엡 1:17-23

우리 주 예수 그리스도의 하나님, 영광의 아버지께서 지혜와 계시의 영을 너희에게 주사 하나
님을 알게 하시고 너희 마음의 눈을 밝히사 그의 부르심의 소망이 무엇이며 성도 안에서 그 기
업의 영광의 풍성함이 무엇이며 그의 힘의 위력으로 역사하심을 따라 믿는 우리에게 베푸신
능력의 지극히 크심이 어떠한 것을 너희로 알게 하시기를 구하노라. 그의 능력이 그리스도 안
에서 역사하사 죽은 자들 가운데서 다시 살리시고 하늘에서 자기의 오른편에 앉히사 모든 통
치와 권세와 능력과 주권과 이 세상뿐 아니라 오는 세상에 일컫는 모든 이름 위에 뛰어나게 하
시고 또 만물을 그의 발 아래에 복종하게 하시고 그를 만물 위에 교회의 머리로 삼으셨느니라.
교회는 그의 몸이니 만물 안에서 만물을 충만하게 하시는 이의 충만함이니라.

바울은 에베소 교회를 위한 기도에서 "지혜와 계시의 영을 너희에게 주사
하나님을 알게 하시고 너희 마음의 눈을 밝히사 그의 부르심의 소망이 무
엇인지를 알게 하시기를 원한다"고 합니다. 바울은 하나님을 알게 하시기
를, 그의 부르심의 소망이 무엇인지 알게 하시기를, 그의 힘의 위력으로 역
사하심을 따라 믿는 우리에게 베푸신 능력의 지극히 크심이 어떠한 것을
너희로 알게 하시기를 원한다고 말합니다. 신자의 신앙, 믿음의 크기와 깊
이는 결국 이 기도문과 일맥상통하는 것입니다. 신앙은 하나님이 누구신
지를 얼마나 아는가, 하나님이 우리를 어떤 소망으로 부르셨는지를 아는
가, 하나님이 우리 안에 어떻게 역사하시는지를 아는가에 비례할 수밖에

없습니다.

하나님의 간섭으로 강력하게 드러나는 교회

그런데 재미있는 것은 "그의 힘의 위력으로 역사하심을 따라 믿는 우리에게 베푸신 능력의 지극히 크심이 어떠한 것"에 대해 예수 그리스도의 부활과 교회를 예로 들고 있다는 것입니다. 에베소서 1장 마지막은 묘하게도 교회로 끝이 납니다. 1장 마지막에 등장한 교회는 교회가 어떤 것이냐 하는 교회론적 차원에서 설명되는 것이 아니라, 하나님께서 우리에게 어떠한 능력으로 간섭하시는가를 설명하기 위한 예화로 등장하고 있습니다.

성경이 교회를 등장시킨 것은 교회 자체를 설명하려는 것이 아니라, 하나님이 사랑하시는 자녀들에게 어떻게 간섭하시며 어떤 능력으로 자녀들을 지키시는가를 설명하기 위해서입니다. 또한 하나님께서 우리를 그의 능력과 지혜로 간섭하시고 목적하신 곳에 이르게 하실 것에 대한 예로써 부활과 교회를 말씀하십니다. 교회는 에베소서 2장에 다시 등장합니다.

> 너희는 사도들과 선지자들의 터 위에 세우심을 입은 자라. 그리스도 예수
> 께서 친히 모퉁잇돌이 되셨느니라. 그의 안에서 건물마다 서로 연결하여
> 주 안에서 성전이 되어 가고 너희도 성령 안에서 하나님이 거하실 처소가
> 되기 위하여 그리스도 예수 안에서 함께 지어져 가느니라(엡 2:20-22).

교회론이 다시 등장하지만 앞에 있던 교회와 뒤에 있던 교회, 곧 1장 마지막에 등장하는 교회에 관한 예와 2장 마지막에 등장하는 교회는 사실은 조금 다른 뜻으로 쓰입니다. 왜냐하면 2:1의 "그는 허물과 죄로 죽었던 너희를 살리셨도다"라는 말씀은 결국 앞에 있었던 기도문, 곧 1:19의 "그

의 힘의 위력으로 역사하심을 따라 믿는 우리에게 베푸신 능력의 지극히 크심"에 대한 예화입니다.

우리 안에 역사하시는, 우리 힘의 강력으로 역사하시는 하나님의 간섭하심이 '예수 그리스도의 부활', '예수 그리스도를 교회의 머리로 주신 것' 그리고 '우리를 살리신 것'으로 증명되었습니다. 에베소서 2:1은 원래 우리말에서는 빠졌지만 원문에는 "또한"이라는 말로 시작됩니다.

[또한] 그는 허물과 죄로 죽었던 너희를 살리셨도다. 그때에 너희는 그 가운데서 행하여 이 세상 풍조를 따르고 공중의 권세 잡은 자를 따랐으니 곧 지금 불순종의 아들들 가운데서 역사하는 영이라. 전에는 우리도 다 그 가운데서 우리 육체의 욕심을 따라 지내며 육체와 마음의 원하는 것을 하여 다른 이들과 같이 본질상 진노의 자녀이었더니 긍휼이 풍성하신 하나님이 우리를 사랑하신 그 큰 사랑을 인하여 허물로 죽은 우리를 그리스도와 함께 살리셨고 (너희는 은혜로 구원을 받은 것이라) 또 함께 일으키사 그리스도 예수 안에서 함께 하늘에 앉히시니 이는 그리스도 예수 안에서 우리에게 자비하심으로써 그 은혜의 지극히 풍성함을 오는 여러 세대에 나타내려 하심이라. 너희는 그 은혜에 의하여 믿음으로 말미암아 구원을 받았으니 이것은 너희에게서 난 것이 아니요 하나님의 선물이라. 행위에서 난 것이 아니니 이는 누구든지 자랑하지 못하게 함이라(엡 2:1-9).

그래서 "너희가 구원을 얻은 것은 너희에게 아무런 조건이 없다. 구원에 대한 깨우침이나 소원이 없을 때, 허물로 죽었을 때 하나님이 너희를 살리셨다. 즉 너희가 와 있는 이 자리까지, 너희가 지금 하나님의 자녀가 되어 있는 이 지점까지 하나님이 얼마나 큰 힘과 지혜와 열심으로 역사하셨는지 아느냐"를 설명하기 위한 예화로 교회를 등장시킨 것입니다.

오늘 우리가 살펴보는 에베소서 1:21-23에 있는 교회에 관한 설명은 2장에 나오는 것처럼 우리가 어떻게 구원을 얻었는지, 곧 우리가 하나님을 사랑하지 않고 구원에 대해 관심이 없을 때 어떻게 해서 구원을 얻었는지, 하나님이 우리에게 어떤 사랑과 능력을 베푸셨는지를 말해 줍니다.

그리스도께서 교회의 머리가 되셨고 우리가 그의 몸이 되었다는 것이, 하나님께서 우리 안에 강력하게 역사하신 간섭의 표라는 것을 알게 되는 것이 사도 바울의 목표였습니다. 하나님께서 우리에게 시작하신 모든 일, 그 착한 일을 그리스도의 날까지 이루실 줄로 확신한다는 사도 바울식의 확신을 모든 신자에게 분명하게 알게 하고 싶어서 교회를 예화로 등장시키고, 그 증거를 나열하고 있다는 것을 알아야 합니다. 그것이 신자들의 신앙이 커지고 강해지는 데 있어서 제일 좋고 성경적인 방법입니다. 방언하고 40일 금식기도 하는 것으로 신앙이 좋아지지 않습니다. 성경은 하나님께서 이미 우리에게 이루신 것이 무엇인가를 돌아보는 것, 그것이 신앙이 좋아지는 최고의 방법이라고 말합니다.

그런 의미에서 교회에서 간증을 많이 듣는 것이 썩 좋은 방법은 아닙니다. 꼭 간증을 들을 필요는 있습니다. 유명 연예인이 와서 하는 간증을 들으면 무엇이 유익합니까? "하나님이 역사하시는구나!"라는 메시지 외에는 없습니다. 유명해서 하나님이 부르신 게 아닙니다. 유명한 사람이 받은 구원이 극적이라서 더 감격적인 게 아닙니다. 덤덤해 보여도 성경 말씀이 가장 무게감 있는 것입니다. 중요한 것은 우리의 종교적인 기분을 달래는 것이 교회에 있어서 가장 중요한 것을 대신해서는 안 된다는 각성이 필요합니다. 어떤 사업이나 간증담, 어떤 경우에는 찬송까지도 그렇습니다.

한국교회는 그런 의미에서 너무 성가대가 부각되고 있습니다. 조금은 기현상입니다. 성가대가 너무 전문화되어 있다는 뜻입니다. 예를 들어 연세대학교는 축구부, 고려대학교는 농구부가 유명합니다. 그러나 별로 탐

탁지 않은 부분 중 하나는 그 학교에 입학한 학생들 중에서 운동선수가 되는 것이 아니라 용병, 곧 돈 주고 사온 군사들이 선수라는 데 있습니다. 연대·고대라는 이름을 달고 나갔을 뿐, 그 학교 학생 중에서 뽑은 선수가 아닙니다. 사실 그 학교 학생들은 구경만 할 뿐입니다.

교회가 그렇게 되고 있습니다. 성가대도 전문화되어 갑니다. 솔리스트들, 악기를 연주하는 사람들이 좀 더 전문화되고 교인들과 괴리된 전문집단이 될 수 있습니다. 우리 교회 성가대, 우리 교회 오케스트라 하면서 다른 데 나가서, 마치 연고전 하고 나서 "우리 학교가 이겼어" 하는 식으로 말하는 것은 절대로 좋은 일이 아닙니다.

기왕 축구부가 있고 농구부가 있을 것이라면 그것으로 인해서 재학생들이 이익을 봐야 합니다. 그 운동을 함으로써 팀워크가 좋아지는 등의 무슨 정신적인 성장이나 진전이 있어야 합니다. 그래서 저는 저희 성가대에 머리 하얀 분들이 많이 앉기를 소원합니다. 음악성보다 영성이 더 있기를 강조합니다.

오늘 본문과 연관해서 말하자면, 교회란 하나님께서 그의 사랑하는 자녀들에게 직접 간섭하시고 역사하시는 능력이 가장 강하게 나타난 곳입니다. 즉 교회생활이란 상당히 신비합니다. 혼자서 신앙생활을 하는 것과 교회 나와서 신앙생활 하는 것은 참 다릅니다. 집에서 혼자 신앙생활을 하는 것이 좋다는 무교회주의자들이 있습니다. 무교회주의자들이 전혀 맛볼 수 없는 교회된 표는 함께 찬송을 부른다든가, 교회에 들어오면 어떤 신비한 인도하심이나 힘을 얻게 되는 것 등입니다. 그건 참으로 신비한 것입니다.

교회는 하나님께서 직접 간섭하시고 우리를 돌보시는 것이 가장 두드러지게 나타나는 기관입니다. 이것을 너무 강조해서 천주교식으로 갈 필요는 없습니다. 교회가 구원의 기관이라든가 하나님이 계신 유일한 장소라는 뜻이 아니라, 하나님께서 우리 안에 역사하시고 간섭하시고 인도하시는 능력이 가장 두드러지게 나타나는 기관이라는 말입니다.

그리스도와의 연합

그래서 예수 그리스도를 교회의 머리로 주신 것입니다. 하나님께서는 사랑하시는 자들에게 강력하게 역사하시며 간섭하십니다. 예수 그리스도께서 죽은 자 가운데서 부활하셨는데, 그분이 이 교회의 머리이시기 때문입니다. 교회를 말할 때 성경에서는 조직체나 기관으로 진술하지 않고 그리스도를 머리로 한 그의 몸이라고 말합니다. 물론 교회는 기관이자 조직, 장소입니다. 하지만 교회라고 할 때는 어느 부분을 더욱 강조하는가 하면, 건물이나 조직, 기관이 아니라 일차적으로는 연합이란 뜻입니다. 누구와의 연합입니까? 그리스도와의 연합입니다. '교회'라고 할 때 성경은, 교회의 머리가 그리스도요 그 몸이 우리인 상태를 가리켜 교회라고 합니다. 언제나 그리스도와 함께한 자가 연합된 것을 가장 크게 강조하기 위하여 교회라는 단어를 쓰는 것입니다.

이것은 우리가 주님과 생명체로, 유기적인 방식으로 연합되어 있다는 뜻이 됩니다. 유기적인 생명체입니다. 손가락을 다치면 누가 아픕니까? 내가 아픕니다. 내가 시험을 못 보면 누가 창피합니까? 내가 창피합니다. 축구 선수가 발로 공을 차 넣었다면 누가 자랑스러울까요? 발이 자랑스럽지 않고 내가 자랑스럽습니다. 유기적인 생명체로 연합되어 있기 때문입니다. 내가 아프면 주님이 아프며 주님이 자랑스러우면 내가 자랑스러운 사이로 연합되어 있습니다. 이것이 "그의 힘의 위력으로 역사하심을 따라 믿는 우리에게 베푸신 능력의 지극히 크심" 중에서 대표적인 것입니다.

하나님께서는 이미 모든 신자들을 예외 없이 그리스도에게 접붙였습니다. 그리스도가 누리는 영광은 우리의 것이며, 우리가 당하는 아픔은 그리스도의 아픔이 되게 하셨습니다. 연합되게 하신 것입니다. 신앙생활에서 가장 큰 오해는 "내가 적극적이고 진지하며 열심을 내면 그리스도께 붙어 있게 되고, 내가 나태하거나 게으르며 소극적이고 죄를 지으면 그리스도로부터 떨어지는 존재가 된다"는 생각입니다.

내가 무슨 짓을 하든 상관없이 하나님께서는 예수 그리스도의 십자가로 인해 자녀가 되게 한 자는 예외 없이 그리스도의 몸에다 붙여 놓으셨습니다. 물론 부끄러울 수 있습니다. 우리가 그에게 부끄러운 지체일 수는 있습니다. 그러나 떨어져 나가는 법은 없습니다. 모든 신자는 예외 없이 주님과 붙어 있습니다. 이것이 성경이 우리에게 알게 하려는 "그의 힘의 위력으로 역사하심을 따라 믿는 우리에게 베푸신 능력의 지극히 크심"입니다.

여러분은 이제 무엇을 해도 그리스도로부터 떨어지지 않습니다. 사람들이 이 부분에서 얼마나 많이 오해하는지 모릅니다. 우리가 틀리게 되면 주님께 외면당하고 주님으로부터 떨어져 나간다면서 얼마나 많이 두려워합니까? 떨어져 나가지 않습니다. 그분과 유기적으로, 생명적인 연합으로 묶여져 있습니다.

주님이 머리이시고 우리가 몸이라는 것은 다음과 같은 의미입니다. 발이 잘못하면 그 책임을 인격, 그의 지성에게 묻듯이 우리에게 일어난 모든 일의 궁극적인 책임은 주님이 지시겠다는 뜻입니다. 주님은 우리를 그렇게 가져다가 붙이신 것입니다. 주께서 교회의 머리가 되셨고 우리가 그의 지체가 된다는 것은, 하나님께서 우리에게 구원을 시작하시고 간섭하셔서 완성시키실 것임을 확신시키고 보장해 주는 말입니다. 혹시 내가 잘못해서 어떤 일이 일어난다 해도 결국 주님께서 그 책임을 지시겠다는 것입니다. 아니, 하나님은 그 책임을 주님에게 지게 하시려고 우리를 주님의 몸으로, 주님을 우리의 몸으로 연합시키신 것입니다. 하나님이 우리에게 행하신 이런 일을 알고 계십니까?

여러분의 자녀가 잘못하면 누구 책임이겠습니까? 여러분 자녀가 잘못하면 부모 책임입니다. 여러분이 차 사고를 내면 누구 책임입니까? 차 책임입니까? 아닙니다. 여러분 책임입니다. 물론 이렇게 이야기하는 것으로 인해서 여러분이 "하, 그러면 됐네, 만고강산이다" 이렇게 생각하라는 것은 아닙니다. 뒤에 가서 제가 그 부분에 대한 단서를 붙이겠습니다.

교회에 대해서 우리가 생각할 것은 주님께서는 우리 없이 혼자서는 만족하지 않기로 했다는 사실입니다. "교회는 그의 몸이니 만물 안에서 만물을 충만하게 하시는 이의 충만함이니라"(엡 1:23)는 표현을 잘 보십시오. 교회는 그의 몸입니다. 그는 누구입니까? 주님입니다. 만물 안에서 만물을 충만하게 하시는 자는 주님입니다. '~의 충만'은 무엇입니까? '~의 충만', 그러니까 만물 안에서 만물을 충만하게 하시는 자는 주님입니다. 주님의 충만은 교회입니다. 교회는 주님의 충만입니다. 요약하면 교회는 만물 안에서 충만하게 하시는 자의 충만입니다. 교회는 주님의 충만입니다. 교회가 없으면 주님은 충만하지 않으시겠다는 것입니다.

그러니까 이렇게 생각하면 쉽습니다. '목 없는 미녀'라고 여름이 되면 꼭 나오는 영화 제목인데, 아무리 생각해도 이상한 것은 목이 없는데 어떻게 얼굴이 미녀인지 추녀인지를 아느냐는 것입니다. 그래서 저는 "목 없는 미국 여자(美女)구나" 싶었습니다. 예수님은 지금 머리이시고 우리는 몸입니다. 몸은 안 가고 머리만 천국에 가면 어떻게 됩니까? 천국에 성부 하나님과 목만 있는 예수님, 이런 식으로는 하지 않으시겠다는 것입니다. 주님께서는 교회 없이는 만족하지 않으시겠다고 하십니다. 혼자서는 온전하지 않다고, 운명을 같이하겠다며 우리와 함께 묶이셨습니다. 누가 그렇게 하셨나요? 하나님께서 교회의 머리로 주님을 주셨다는 것입니다. 이것을 꼭 기억하시기 바랍니다.

이 일은 이미 일어난 것입니다. 우리가 그에 걸맞게 사느냐, 우리가 그런 것을 알고 있느냐, 우리가 그것에 동의하느냐에 따라서 일이 이루어진 것이 아니라, 그것과는 상관없이 이루어진 일입니다. 우리의 동의나 요구와 상관없이 십자가 사건이 있었듯이, 우리와 상관없이 교회를 하나님 앞으로 부르신 것입니다. 십자가로 우리가 구원을 얻었고, 구원을 얻은 모든 신자가 예외 없이 주님의 몸으로 주님과 연합됩니다. 예수를 믿어 구원을 얻은 주님의 자녀들은 이미 하나님께서 궁극적인 영광을 위하여 주님과 묶어 버린 존재인 것입니다. 주님과 묶여 있다는 것은, 주님이 이미 천국에 계시는 이상 주님을 따라갈 수밖에 없는 존재라는 말입니다. 주님께서 의로우시고 사망에서 승리한 이상 신자도 부활할 것이요, 승리할 수밖에 없는 운명적인 간섭 속에 있다는 것을 알아야 합니다. 이것이 바울이 우리에게 알려 주고 싶어 하는 내용입니다.

우리 신앙의 가장 큰 약점은 언제나 내가 책임져야 한다는 생각 속에서 흔들리는 것입니다. 우리의 연약함과 미련, 혹은 세상의 위협이나 공갈, 이런 것이 나를 실패하게 만들 수 있습니다. 우리는 실패합니다. 우리는 넘어집니다. 그러나 그것들이 예수 그리스도를 넘어뜨릴 수는 없습니다. 주님이 넘어지시거나 실패하지 않으시는 한, 우리는 넘어지거나 실패하지 않습니다.

주의 명령을 행할 신앙의 근력을 기르라

예수님을 능력의 창고로 생각하지 마십시오. 주님께 "이것 주십시오, 저것 주십시오" 하는 기도는 좋은 기도가 아닙니다. 우리는 이제 주님과 연합되어 있습니다. 주님께 일어난 모든 일이 내 것입니다. 이제 우리에게 있는 것이 하나님께서 허락하신 것이며 계획하신 것임을 알고 누리고 실천해야 합니다. 이것이 신앙입니다.

사탄은 우리의 실패와 연약함을 들어서 "네가 지금 주님께 붙어 있느냐? 너 지금 구원 얻었느냐"고 물으며 쓸데없는 걱정을 하게 만듭니다. 쓸데없는 데에 모든 신경과 노력, 정력을 다 낭비하게 만듭니다. "아직도 하나님이 나를 사랑하실 것인가? 이 꼴로도 구원을 얻을 것인가? 이러고도 교회 나갈 수 있는가?" 하는 데에서 헛바퀴 돌게 만듭니다. 이런 유혹에 넘어지지 마십시오. 어떤 경우에도 로마서 8:39처럼 "높음이나 깊음이나 다른 어떤 피조물이라도 우리를 우리 주 그리스도 예수 안에 있는 하나님의 사랑에서 끊을 수 없"습니다. 이것을 알고, 믿고, 나아가는 것이 신앙입니다.

우리는 신앙생활에서 책잡힐 것 없는 사람이 되고자 합니다. 신앙생활에 있어서 올무에 걸리지 않는 사람이 되려고 합니다. 우리는 끊임없이 자기를 씻는 작업을 합니다. 40일 금식기도를 해서 씻고, 안수 받아서 씻고, 방언을 해서 씻고, 밤낮을 그러면서 세월을 헛되이 보냅니다.

아닙니다. 우리가 해야 하는 것은 "나는 실패하지만 주님은 실패하지 않으신다. 나는 못나고 연약하지만 주님은 그렇지 않으시다. 내가 하는 것이 아니라 주께서 하신다"는 이것을 알고 행하는 자가 되어야 합니다. "그래, 나는 어제 실패했다. 조금 전까지도 나는 실패했다. 완악했다. 그러나 그럼에도 불구하고 나는 주님 안에 있으며 하나님의 사랑을 입은 자녀이다. 주님과 함께 묶여 있다. 주님, 이제는 저를 쓰십시오!"라고 말하는 것이 신앙입니다. 내가 신앙 안으로 돌아온 순간, 나를 주께 맡긴 순간, 나를 주께서 사용하시도록 하는 것, 이것이 신앙입니다.

주님이 사용할 수 있도록 나를 씻고만 있지 마십시오. 씻다가 세월만 갑니다. 시험 보러 가면 꼭 연필 깎다가 시간 다 보내는 학생이 있습니다. 연필을 뾰족하게 깎아야 정답이 써진다고요? 그래서 가지고 간 연필을 다 깎았더니 시간이 다 되었더라, 그래서 이름도 못 쓰고 나왔다, 나중에 그러지 마십시오. 절대 그러지 마십시오. 이제 단서를 하나 붙입니다.

여태껏 이야기한 것같이 우리가 주님과 연합되어 있으며 그의 안에 있으므로 관계가 취소될 수 없고, 나의 연약함과 미련함이 나를 좌우할 수 없는 운명과 생명이 보장된 상황 속에 있다는 것을 확인했습니다. 그리고 그것을 누리고 확인하면서 배짱을 부리는 것이 신앙입니다.

그러면 이런 질문이 꼭 나옵니다. "할 일이 없겠네. 가만히 있으면 되겠네요?" 그렇지 않습니다. 이것을 꼭 기억하십시오. 머리와 몸이 결합되어 있으면, 머리로부터 모든 명령이 내려갑니다. "이렇게 해라, 저렇게 해라" 하는 명령, 신경 쓸 것과 판단, 지혜와 지식 등이 다 머리로부터 내려갑니다. 그러나 모든 것이 주님으로부터 나온다 해도 그러한 명령을 행할 근육이 없다면 일이 안 됩니다.

"신자가 해야 할 일이 무엇이고 신앙 훈련은 무엇인가" 하면, 신경조직과 영양 공급을 받을 조직이 제대로 되어 있는 것, 그다음으로는 그것을 받았을 때 할 수 있는 힘이 있어야 합니다. 근육을 단련해야 합니다. 하고 싶고 해야 된다는 것을 알고도 할 수 없다면 그것은 '연약한 믿음'이라고 합니다. 분리되어 있어서 명령 하달이 안 되면 큰일입니다. 병으로 치면 중풍입니다. 머리가 보낸 명령과 딴짓을 하는 것을 중풍이 들었다고 합니다. 심각한 중증입니다. 그렇다고 떨어져 있는 것은 아닙니다. 붙어 있는 것입니다. 사지가 머리의 명령과 상관없이 독자적으로 움직이는 것은 전부 중풍입니다.

내가 피아노를 옮기고 싶다는 것과 그것을 옮길 힘이 있는 것과는 다릅니다. 매일 연습해야 합니다. 필요할 때 갑자기 하려면 잘 되지 않습니다. 훈련해야 합니다. 그래서 결국 건강한 신자, 믿음이 강한 신자란 명령받은 것을 차근차근히 연습해서 지혜와 힘을 기르는 자를 말합니다. 지혜와 힘을 기르기 위해서는, 하나님께서 우리를 어떻게 부르셨고 어떻게 영광의 자리에 앉히실 것이며, 그러기 위하여 우리를 어디에다 연결해 두셨는지를 알아야 합니다. 이것이야말로 신앙의 최고 근거입니다. 또한 여러분을 모든 낙심과 의심과 연약함에서 구원하는 '영혼의 닻' 같이 신앙의 가장 중요한 기초가 되는 것입니다. 연습하십시오. 훈련하십시오. 작은 것부터 해 나가십시오. 몰라서 못하는 것만 있지 않습니다. 알아도 못하는 것이 있습니다. 훈련하셔야 합니다.

하나님께서 우리에게 어떠한 능력을 베푸셨는가, 어떠한 영광된 목적으로 우리를 부르셨는가 하는 것을 알아서 신앙생활에서 승리하시기 바랍니다. 더 열심을 내야겠습니다. 주님을 곧 만나게 될 것입니다. 영광된 모습으로 만나야 합니다. 하나님은 우리에게 하실 일을 다 하셨고 지금도 하고 계시며 앞으로도 하실 것입니다. 게으른 자가 되지 말고 여러분의 생애를 주의 자녀답게 성실하게 보내서서 기쁨으로 주님을 만나 뵙도록 준비하시기 바랍니다.

2

교회의 실천

11

목표, 하나됨

요 17:21

아버지여, 아버지께서 내 안에, 내가 아버지 안에 있는 것같이 그들도 다 하나가 되어 우리 안에 있게 하사 세상으로 아버지께서 나를 보내신 것을 믿게 하옵소서.

하나님께서 예수 그리스도를 보내신 궁극적인 목표는 '하나되는 것'이었습니다. 오늘은 "아버지께서 나를 보내셨다"는 말씀을 중심으로 살펴보려고 합니다. 기독교의 궁극적인 목표가 무엇이냐, 하나님이 계획하고 계신 일이 무엇이냐 하면, 본문에서 보는 것과 같이 예수님을 보내신 일입니다.

훈련 과정 가운데 있는 교회

하나님께서 예수님을 보내신 목적은 우리를 하나님과 화목하게 하고, 우리들을 서로 화목하게 하는 것이었습니다. 예수님께서는 십자가에 달려 돌아가셔서 우리를 구원하셨을 뿐만 아니라, 친히 교회의 머리가 되셔서 교회를 이루시고 우리를 지체로 불러 하나되도록 훈련하십니다. 그 영광의 소망, 하나님의 모든 충만하신 것으로 충만하게 되는 자리에 우리를 도달시키시려고 지금도 역사하고 계십니다.

우리가 기억해야 되는 것은, 우리의 신앙이 하나님께서 어떤 계획과 목표를 가지고 일을 하신다는 방향성에 대해 의외로 무디게 반응한다는 것입니다. 이 방향성을 잃을 때 우리는 뜻하지 않았던 어려움을 만나게 됩니다. 이런 문제 때문에 어려움을 당했던 교회도 있습니다. 고린도 교회입니다.

고린도전서 12장을 찾아봅시다. 고린도 교회에는 늘 싸움과 분쟁이 있었습니다. 왜냐하면 은사가 있었고 능력이 있었고 지식이 있었기 때문에 그렇습니다. 신앙적인 면에서 보자면 상당한 경지에 있었던 것이 오히려 그들을 싸우게 했습니다. 그래서 사도 바울은 이렇게 이야기합니다.

> 몸은 하나인데 많은 지체가 있고 몸의 지체가 많으나 한 몸임과 같이 그리스도도 그러하니라. 우리가 유대인이나 헬라인이나 종이나 자유인이나 다 한 성령으로 세례를 받아 한 몸이 되었고 또 다 한 성령을 마시게 하셨느니라(고전 12:12-13).

사도 바울은 '하나'라는 것을 몹시 강조하고 있습니다. 그런데 왜 다툼이 있느냐? 그다음 14절 이하에 눈과 코가 왜 서로 싸우겠으며 팔과 다리가 왜 싸우겠느냐 하는 이야기를 합니다. 27절에 가면 "너희는 그리스도의 몸이요 지체의 각 부분이라"고 말합니다. 즉 교회는 각 지체가 상대방보다 얼마나 더 우월하며 특별한 기능을 부여받았는가, 얼마나 더 필요한 존재인가를 경쟁하는 곳이 아니라, 어떠한 목표 때문에 보냄을 받아서 훈련 과정으로 세워졌다는 것을 기억해 달라는 것입니다. 에베소서 2장을 봅시다.

> 너희는 사도들과 선지자들의 터 위에 세우심을 입은 자라. 그리스도 예수께서 친히 모퉁잇돌이 되셨느니라. 그의 안에서 건물마다 서로 연결하여

주 안에서 성전이 되어 가고 너희도 성령 안에서 하나님이 거하실 처소가 되기 위하여 그리스도 예수 안에서 함께 지어져 가느니라(엡 2:20-22).

그러니까 교회로 모였고 신자가 되었다는 것은 끝이 아니라, 이제 그 다음부터 완성을 향한 어떤 과정이 있다는 말입니다. 우리는 지금 지어져 가고 있습니다. 연결되어 가는 것입니다. 이는 마치 축대공사를 하는 것과 같이 묘사되어 있습니다.

요즘은 규격화된 벽돌로 집을 지으니까 어떤 것을 사용해도 괜찮고 그냥 차곡차곡 쌓기만 하면 됩니다. 그러나 예전에는 그렇지 않았습니다. 옛날 우리나라의 축대 쌓는 것을 생각해 보십시오. 산성이나 궁궐의 계단을 보면 쪼아 만든 것 말고 자연석을 이용해서 담을 쌓거나 계단을 만든 것을 보게 될 것입니다. 규격화된 것이 아니라 크고 작은 각각의 모양대로 맞추어서 쌓은 것입니다. 즉 여기에는 최소한 큰 것이 들어가야겠다, 작은 것이 들어가야겠다고 하면서 축대를 쌓았던 것입니다. 그리고 쌓을 때에는 규격품이 아니기 때문에 대강 비슷한 것을 놓고도 이전에 놓았던 밑에 있는 돌과 옆에 있는 돌을 조금 더 깎을 수도 있었습니다. 보통은 대충 깎아서 대충 맞추어 놓지 않습니까? 구멍이 나게 맞추어 나가지만 그렇게 해서 축대를 쌓고 담을 쌓고 하였습니다.

그 깎이는 것, 이것이 아마 가장 중요한 훈련 과정일 것입니다. 그렇게 되어야 비로소 하나님의 집이 형성되고 서로 손과 발, 다리와 팔이 다 합쳐져서 어떤 기능을 가지게 될 것입니다. 교회에서는 이에 대한 여러 가지 훈련이 요구되고 있습니다. 바로 이 목표와 방향을 놓치면 그가 가지고 있는 것이 금방 비교 대상이 되거나 누군가를 힘들게 하게 됩니다. 이 문제에 있어서 실수한 것 중의 하나가 고린도전서 12장에 나타난 것과 같은 은사나 체험들이 오히려 그 사람을 죽이는 것이 되었다는 것입니다.

우리 한국교회에도 한때 그러한 어려움이 있었습니다. 방언이 터지며 병 고치는 은사가 나올 때, 이로 인해 서로 손해를 경험한 일이었습니다. 이런 은사를 경험한 사람은 경험하지 못한 사람을 공격했고, 경험하지 못한 자는 경험한 자를 공격했습니다. 그래서 방언의 은사를 받은 사람은 안 받은 사람들을 다 가짜라고 했고, 안 받은 사람은 받은 사람들을 다 신비주의자 내지는 이단이라고 공격하는 불상사가 있었습니다. 말하자면 이런 과정 속에서 자신이 가야 할 방향을 모르니까, 그냥 현재 가지고 있는 것들을 놓고 비교해서 우열을 논하고 진위를 가르는 싸움으로 몰고 갈 수밖에 없었던 것입니다.

훈련시키시는 것은 우리의 자랑

이와 같은 말씀을 나누는 이유는, 지금 하나되는 일을 위해 하나님이 예수 그리스도를 보내셨다는 이 말 속에 우리의 신앙생활에 있어서 중요한 기준 두 가지가 제시되어 있기 때문입니다. 이 일은 우리의 선택과 계획으로만 되는 일이 아니라는 깨우침과, 예수 그리스도에게 붙어 있지 않다면 이러한 훈련이 불가능하다는 것입니다.

요한복음 17:21로 돌아가 보면, '하나 됨'에 관한 이야기는 17장 전체에 나타난 결론입니다. "아버지께서 내 안에, 내가 아버지 안에 있는 것 같이 그들도 다 하나가 되어 우리 안에 있게 하사." 이것은 목표입니다. 그렇게 해서 "세상으로 아버지께서 나를 보내신 것을 믿게 하옵소서"입니다. 재미있는 것은 아버지께서 예수 그리스도를 보내셨기 때문에 이 일이 된 것이지, 우리 쪽에서 득도해서 그 자리에 간 것은 아니라는 말입니다.

여러분은 성경의 기록이 어떠한 특성을 가진다고 생각합니까? 성경은 이런 특성을 가진다, 성경은 이런 내용이 주를 이룬다고 이야기할 때 그 핵심은 무엇입니까? 보통 제일 많이 나오는 대답은 '구원'입니다. 여기서 좀 더 이야기를 확대해 보면, 성경에서 눈에 띄는 것은 뜻밖에도 '교훈과 도' 보다는 '역사 기록'입니다. 성경 내용으로 들어가면 '생명과 진리', '구원' 에 관한 것이지만, 기록된 문제 자체를 놓고 본다면 '역사서'라는 말입니다. 역사라면 좁게 '이스라엘 민족' 정도로 보지 마시고, 우리가 살고 있는 세계, 곧 하나님이 천지를 어떻게 창조하셨으며, 이 역사를 어떻게 끝내실 것인가에 대한 것으로 생각하십시오. 왜 이 말씀을 드리느냐면 성경에는 어떤 도나 어떤 뜻에 관한 설명이 적고, 도리어 어떤 일이 있었는데 하나님 편을 들었더니 이겼다, 하나님께 잘못했더니 매 맞았다는 사실 기록의 연속이더라는 말입니다.

왜 이것을 앞의 이야기와 연결시키려 하는 것일까요? 하나님을 어떤 목표와 결과를 놓고 시작하시고 간섭하시며 결론을 이루시는 분으로 인식 하고 있으면, 우리가 그의 손안에 잡혀 있다는 시각을 가지게 됩니다. 따라 서 우리 믿음으로 인해 어떤 결과가 생기고 우리가 반응한 것으로 인해 운 명이 결정되는 사람이 된다면 우리는 자만하거나 자멸할 수도 있습니다. 하지만 하나님이 역사를 시작하고 끝내실 것이며, 그 역사 속에서 최고 핵 심을 우리 인간이라고 생각하신다는 것을 안다면 신자들은 이런 믿음을 가지게 됩니다. 내가 비록 지금 여기서 실패했을지라도 내 운명이 절대로 이것으로 끝나지 않는다는 것을 알게 된다는 말입니다.

이것은 요나서에 기록된 사건이기도 합니다. 요나는 하나님이 시키신 일이 싫어서 도망갔다가 물고기 뱃속에 들어가게 됩니다. 물고기 뱃속에 서 요나가 한 고백은 이렇습니다. "제가 주의 목전에서 쫓겨났을지라도 다 시 주의 전을 바라보겠다 하였나이다." 이것이 어떤 의미에서는 믿음의 최 고 핵심이라고 봅니다. 나의 실패와 무너져 내리는 마음, 수치감과 모멸감 속에서 그것들이 폭발하여 나를 산화시키는 것이 아니라, 모든 것을 바라며 기다리고 견디면서 이 역사를 시작하고 결론 내시는 분이 간섭하시는 것을 알게 된다는 말입니다. 여러분, 이것이 여러분과 저의 가장 큰 존재 근거가 되어야 합니다. 이것이 바로 본문에 나온 것과 같이 하나님 아버지가 예수 그리스도를 보내신 이유입니다.

그분이 이렇게 교회를 세우시고 머리에 서서 우리 모든 지체들을 훈련시키며 간섭하시고 있는 것입니다. 이것이 우리의 자랑입니다. 그래서 가장 수치스럽고 가장 처절한 자리에 있다 해도 우리에게는 아직도 소망이 있고 찬송이 남아 있게 되는 것입니다. 그래서 시편 기자는 의인은 엎드러져도 아주 넘어지지 않는다는 고백을 하게 되는 것입니다. 이사야서 11장으로 갑시다.

그 때에 이리가 어린 양과 함께 살며 표범이 어린 염소와 함께 누우며 송아지와 어린 사자와 살진 짐승이 함께 있어 어린아이에게 끌리며 암소와 곰이 함께 먹으며 그것들의 새끼가 함께 엎드리며 사자가 소처럼 풀을 먹을 것이며 젖 먹는 아이가 독사의 구멍에서 장난하며 젖 뗀 어린아이가 독사의 굴에 손을 넣을 것이라. 내 거룩한 산 모든 곳에서 해 됨도 없고 상함도 없을 것이니 이는 물이 바다를 덮음 같이 여호와를 아는 지식이 세상에 충만할 것임이니라(사 11:6-9).

그 때가 되면 이렇게 된다고 합니다. 위험에 의한 어떤 예측할 수 없는 결과가 아니라 역사를 시작하신 이가 가졌던 목표와 결과, 계획과 궁극적인 일들이 이루어질 것을 선언하고 있는 것입니다. 이것이 성경 기록입니다. 이어서 10절을 봅시다. 여기에 중요한 단어가 나옵니다.

그 날에 이새의 뿌리에서 한 싹이 나서 만민의 기치로 설 것이요 열방이 그에게로 돌아오리니 그가 거한 곳이 영화로우리라(사 11:10).

이것은 그 날과 그 때가 있다는 말입니다. 그리고 그것을 위하여 이새의 뿌리에서 한 싹이 날 것입니다. 바로 예수 그리스도입니다. 그리고 만민의 기호로 세우실 것입니다.

에베소서에서 본 대로 하자면 "그리스도 예수께서 친히 모퉁잇돌이 되셨느니라"(엡 2:20)는 바로 그 이야기 아닙니까? 그 계획을 이루겠다고 선언하셨고 지금 우리에게 이루어지고 있지 않습니까? 이것이 우리 신앙의 근거입니다.

다시 계속해서 이사야 11:11을 봅시다. 똑같은 단어가 또 나옵니다.

그 날에 주께서 다시 그의 손을 펴사 그의 남은 백성을 앗수르와 애굽과 바드로스와 구스와 엘람과 시날과 하맛과 바다 섬들에서 돌아오게 하실 것이라. 여호와께서 열방을 향하여 기치를 세우시고 이스라엘의 쫓긴 자들을 모으시며 땅 사방에서 유다의 흩어진 자들을 모으시리니(사 11:11-12).

"모으리라, 기치를 세워 모두 다시 집합시키리라, 내가 불러 오리라, 돌아오게 하리라, 그 날에." 이것이 역사입니다.

에베소서 1장으로 다시 돌아갑시다. 하나님이 어떻게 행하고 계시는지를 아는 사도 바울은 이 기록을 반복하여 강조할 수밖에 없었던 것입니다.

또 만물을 그의 발 아래에 복종하게 하시고 그를 만물 위에 교회의 머리로 삼으셨느니라. 교회는 그의 몸이니 만물 안에서 만물을 충만하게 하시는 이의 충만함이니라(엡 1:22-23).

교회

이것은 하나님의 원대한 계획이요, 지금도 이루어져 가고 있는 현실입니다. 이것이 교회입니다. 교회라는 것은 하나님이 그 일을 이루어 내시는 방법인 것입니다.

교회는 분명히 바람 잘 날이 없고 오해와 상처가 끊이지 않는 곳입니다. 그러나 그런 것들 없이는 교회를 이룰 방법이 없다는 사실을 기억해야 합니다. 우리는 부족하기 때문에 모이다 보면 본의 아니게 서로에게 상처를 줄 수 있습니다. 그러나 그 결과는 뜻밖에도 상처로 인하여 갈라져서 잘못되는 것이 아니라, 하나님의 깊은 간섭 속에서 더 깊은 것, 더 놀라운 것, 더 비밀한 것으로 인도함을 받게 됩니다. 이것이 우리의 자랑이며 믿음이 되는 것입니다.

훈련 회피는 지는 것이다

요한계시록 5장에는 하나님이 역사적인 차원에서 일하고 계심을 잘 나타낸 장면이 나옵니다.

내가 보매 보좌에 앉으신 이의 오른손에 두루마리가 있으니 안팎으로 썼고 일곱 인으로 봉하였더라. 또 보매 힘있는 천사가 큰 음성으로 외치기를 누가 그 두루마리를 펴며 그 인을 떼기에 합당하냐 하나 하늘 위에나 땅 위에나 땅 아래에 능히 그 두루마리를 펴거나 보거나 할 자가 없더라. 그 두루마리를 펴거나 보거나 하기에 합당한 자가 보이지 아니하기로 내가 크게 울었더니 장로 중의 한 사람이 내게 말하되 울지 말라. 유대 지파의 사자 다윗의 뿌리가 이겼으니 그 두루마리와 그 일곱 인을 떼시리라 하더라. 내가 또 보니 보좌와 네 생물과 장로들 사이에 한 어린 양이 서 있는데 일찍이 죽임을 당한 것 같더라. 그에게 일곱 뿔과 일곱 눈이 있으니 이 눈들은 온 땅에 보내심을 받은 하나님의 일곱 영이더라. 그 어린 양이 나아와서 보좌에 앉으신 이의 오른손에서 두루마리를 취하시니라. 그 두루마리를 취하시매 네 생물과 이십사 장로들이 그 어린 양 앞에 엎드려 각각 거문고와 향이 가득한 금 대접을 가졌으니 이 향은 성도의 기도들이라. 그들이 새 노래를 불러 이르되 두루마리를 가지시고 그 인봉을 떼기에 합당하시도다. 일찍이 죽임을 당하사 각 족속과 방언과 백성과 나라 가운데에서 사람들을 피로 사서 하나님께 드리시고 그들로 우리 하나님 앞에서 나라와 제사장들을 삼으셨으니 그들이 땅에서 왕 노릇 하리로다 하더라(계 5:1-10).

잘 기억해야 하는 장면입니다. 일곱 인으로 봉한 책이 있습니다. 말하자면 역사입니다. 역사라는 것은 세상사가 아니라 사실은 구속사입니다. 하나님의 백성을 불러내며 완성하는 것이 역사이고 역사의 가장 중요한 내용인데, 그것이 되지 않고서는 역사를 풀 의미가 없는 것입니다. 그래서 일곱 인을 떼고 이 책을 펼 자가 없어서 사도 요한이 이 환상을 볼 때에 웁니다.

하지만 누가 이겼다고 합니까? 다윗의 뿌리, 어린 양이신 예수 그리스도가 이기심으로 이 책을 펼 수 있습니다. 무엇을 의미합니까? 위의 9절 말씀에 있는 것같이 "새 노래를 불러 이르되 두루마리를 가지시고 그 인봉을 떼기에 합당하시도다. 일찍이 죽임을 당하사 각 족속과 방언과 백성과 나라 가운데에서 사람들을 피로 사서 하나님께 드리시고", 이것이 있기에 인봉을 떼기에 합당하시다는 말입니다. 이 백성을 모아 오는 일이 불가능하다면 인봉은 떼어질 수 없고 역사는 어떤 의미에서 진전될 필요가 없는 것입니다. 이것이 가능하기 때문에 지금까지 역사가 흘러온 것이고 앞으로도 지속될 것입니다. 예수님께서 각 나라와 각 족속 중에서 그의 백성을 피로 사서 모아 오는 일을 위한 무대와 시간, 공간으로서 역사가 존재합니다.

6-10장에 이르도록 요한계시록에는 그 인봉을 떼는 장면이 나옵니다. 첫째 인을 떼니 첫째 천사가 나와서 어떤 일을 하고 하나의 역사가 진전됩니다. 둘째 인을 떼니 또 천사가 나오고 셋째 인을 떼니 또 천사가 나오며 결국 일곱째 인을 뗍니다. 그런데 첫째 인부터 여섯째 인까지는 계시의 세밀한 발전성에 관한 것입니다만, 일곱째 인을 뗄 때에는 그것이 또다시 일곱 개로 세분화됩니다. 말세에 관한 것이기 때문에 그러한 것 같습니다. 일곱째 인을 떼니까 첫 번째 천사가 나와서 나팔을 붑니다.

또다시 나팔 일곱 개가 등장합니다. 일곱 인 중에 일곱 번째 인에 오면 나팔이 일곱 개 등장하는데, 나팔을 불 때마다 앞서 인을 뗀 것같이 역사가 또 진전되는 상황이 설명됩니다. 예언이 나옵니다. 그래서 여섯 번째 나팔까지 분 것이 나옵니다. 일곱 번째 나팔은 아직 불지 않았습니다. 그래서 일곱 번째 나팔을 불면 이제 끝인 것입니다. 하나님이 하실 모든 일이 끝나는 것입니다. 나팔 부는 것을 통해서 우리의 마지막 날이 묘사되어 있는 것입니다. "마지막 나팔 소리와 함께"라는 말이 성경에 등장합니다. 고린도전서 15장 말씀입니다.

형제들아, 내가 이것을 말하노니 혈과 육은 하나님 나라를 이어 받을 수 없고 또한 썩는 것은 썩지 아니하는 것을 유업으로 받지 못하느니라. 보라, 내가 너희에게 비밀을 말하노니 우리가 다 잠 잘 것이 아니요 마지막 나팔에 순식간에 홀연히 다 변화되리니(고전 15:50-51).

그래서 여기에 나팔 소리가 등장하는 것입니다. 우리는 지금 실패하고 실수하고 잘못했지만, 하나님은 그것을 우리의 실패대로 갚지 않으시고 그것을 통해서 우리에게 분명하게 유익한 것들을 주십니다. 우리는 잘했다고 할 말이 없기 때문에, 하나님이 우리를 지키고 있다는 것만은 더 많이 경험할 수 있습니다. 그것은 바로 우리의 인생과 온 우주의 역사가 바로 우리를 사랑하신 하나님의 손에 있고, 우리를 사랑하시기 때문에 우리를 완성시키는 것에만 쓰인다는 것입니다. 내가 잘 반응하면 칭찬 받으면서 완성되어 갈 것이요, 잘못 반응하면 얻어터지고 욕먹게 될 것입니다. 하지만 그렇다고 해서 버려지는 것이 아니라 동일한 결론과 동일한 수준으로 역시 같은 이익을 얻으면서 이 길을 갈 것입니다.

여러분, 교회생활이란 무엇을 의미하는가를 이 차원에서 꼭 정립해 주시기를 바랍니다. 교회는 분명히 미숙한 사람들끼리 모여서 감당할 수 없는 이야기들을 나누어야 하고 훈련을 받아야 하는 곳입니다. 따라서 끝도 없이 어려운 일들이 생기는 곳이라는 것을 각오해 주셔야 합니다. 그러나 우리가 아는 것은, 교회생활이 우리를 실패하게 만들고 좌절하게 하며 도망가게 하는 것으로 쓰인다면, 바로 이 훈련에서 지는 것임을 기억하기로 합시다. 이것은 안 됩니다.

누군가를 욕하는 것은 얼마든지 용납하겠습니다. 저를 욕하시는 것, 저는 얼마든지 용납할 수 있습니다. 그러나 저를 욕하시고 붙어 있으십시오. 욕하고 떠나지는 마십시오. 여러분이 이 교회를 떠나 다른 교회로 간다면, 훨씬 더 마음을 닫고 구경만 하겠다고 결심하며 가게 될 것입니다. 그것은 너무나 큰 손해입니다. 기왕 여기서 값 지불하고 훈련 받았는데, 이대로 가시면 안 됩니다. 조금만 있으면 검은 띠를 딸지 모릅니다. 다른 데 가면 다시 흰 띠부터 시작해야 되는데 왜 또 그렇게 하시려고 합니까? 같이 속을 썩고, 돕고 맡아야 될 책임을 서로 지기로 합시다. 이 교회에서 여러분이 받아야 할 이익과 이 교회를 통해서 하나님이 역사와 사회 앞에 보여주고 싶어 하시는 일들을 책임지는 교인이 되겠다고 결심하기로 합시다. 만일 이것을 회피한다면 우리는 비겁한 사람인 것입니다.

12

훈련의 방향

요 4:12-16

이는 성도를 온전하게 하여 봉사의 일을 하게 하며 그리스도의 몸을 세우려 하심이라. 우리가
다 하나님의 아들을 믿는 것과 아는 일에 하나가 되어 온전한 사람을 이루어 그리스도의 장성
한 분량이 충만한 데까지 이르리니 이는 우리가 이제부터 어린아이가 되지 아니하여 사람의
속임수와 간사한 유혹에 빠져 온갖 교훈의 풍조에 밀려 요동하지 않게 하려 함이라. 오직 사랑
안에서 참된 것을 하여 범사에 그에게까지 자랄지라. 그는 머리니 곧 그리스도라. 그에게서 온
몸이 각 마디를 통하여 도움을 받음으로 연결되고 결합되어 각 지체의 분량대로 역사하여 그
몸을 자라게 하며 사랑 안에서 스스로 세우느니라.

우리는 하나님이 교회를 직접 세우시고 여러 가지 직분을 맡기셔서, 모든
신자들을 교회 안으로 모아서 완전하게 하시려는 대목을 살펴보았습니다.
이 모든 일이 13절의 "온전한 사람을 이루어 그리스도의 장성한 분량이 충
만한 데까지" 이르게 하시려는 하나님의 계획과 뜻에 의해서 만들어진 방
법이고 장소라는 것을 기억해야겠습니다.

과정이 요구되는 훈련장

우리가 이 문제를 보면서 가장 놀라는 것은, 교회란 무엇인가에 대해서 성
경이 말하는 초점과 우리가 생각하는 것에 차이가 있다는 점입니다. 성경

은 교회의 가장 큰 목표와 내용을 '교회 안의 문제들'이라고 진술합니다. 반면 우리는 교회로 모인다 해도 교회가 대외적인 일을 해야 한다는 데에 초점을 두고 있습니다. 교회라면 적어도 이런저런 일을 해야 한다고 생각하는 것입니다.

하지만 에베소서에 나타난 교회론은 교회로 모인 사람들이 뭉쳐서 제삼자에게 무슨 일을 해야 한다는 것보다는 오히려 모인 것 자체에 숙제가 있고, 여기에 해야 할 무슨 일이 있으며, 이곳에서 빚어지는 어떤 일을 목적으로 한다고 말합니다. 결국 교회는 마음을 합쳐서 무엇을 하는 장소이기보다는 어떤 결론에 도달하기까지의 과정이 요구되는, 결론 합치에 필요한 훈련장이라는 뜻입니다.

이런 생각을 해보십시오. 태권도 도장은 도장에 오는 사람들을 빨리빨리 가르쳐서 다른 도장의 사람들과 태권도로 싸움하게 하려고 있는 곳일까요? 아닙니다. 태권도를 배우러 온 사람을 잘 가르치는 곳이 태권도 도장입니다. "이 도장은 어느 도장하고 싸워서 졌대. 저기 가면 이쪽보다 덜 배울 것 같다. 여기 가면 더 잘 배울 것 같다"는 식으로 생각하는 것은 태권도 도장을 잘못 이해하는 것입니다. 태권도 도장은 관원을 받아서 어디 가서 싸우게 하고, 다치면 또 새 사람을 뽑아서 싸우게 하는 장소가 아닙니다.

마찬가지로 교회는 교회라는 이름으로 신자들을 모아서 무슨 소모품처럼 다루는 곳이 아닙니다. 우리는 전쟁을 하기 위해서, 어떤 다른 일을 위해서 부름 받은 게 아닙니다. 여기 모여서 하나님이 요구하시는 일을 통해 훈련 받을 것입니다. 따라서 교회가 어느 의견을 빨리 일치시키고 마음을 합해서 일을 하자는 운동을 일으키는 것은 첫 번째 목표가 아니어야 합니다.

예를 들어 구제하자, 전도하자, 선교하자는 것이 교회의 일차 목표가 되어서는 안 된다 이것입니다. 이것은 이차 목표가 되어야 맞습니다. 곧 선교나 전도 등 교회에서 무엇인가 일을 하게 되었을 때, 그 과정에서 일차 목표가 결정되어야 합니다. 어떻게 해야 아름답게 일을 할 수 있는가, 지혜롭게 일을 하려면 어떻게 해야 하는가, 하나님은 이런 일을 어떻게 추진하려고 하시는가를 배우는 것이 더 중요합니다. 선교, 전도, 봉사, 구제가 일차 목표이거나 궁극적인 목표가 되어서는 안 됩니다.

제가 왜 이 문제에 신경을 곤두세우는지 아십니까? 사실 어떤 일을 할 때 우리는 그 과정에서 일어나는 논쟁이나 회의, 망설임 같은 것들을 얼마나 무시하고 있는지 모릅니다. "좋은 일인데 왜 그러십니까?" 그래서 그냥 몰아붙입니다. 있는 돈 다 털어내게 합니다. "금니라도 뽑으시오" 하는 식으로 일을 바쁘게 몰아붙입니다. 점점 그 일에 참여한 신자들의 마음이 멀어지고, 허약하게 만드는 결과를 초래했습니다.

그렇게 하지 말아야 합니다. 제가 이런 말씀을 드리는 것은 교회가 해야 되는 어떤 일들을 약화시키려는 게 아닙니다. 하나님께서 에베소서 말씀을 통해서 의도하시는 말씀이 무엇인가에 초점을 맞추어 보면 이렇습니다. 교회에서 우리가 훨씬 많이 신경을 써야 하는 것은 교회의 직분과 그 직분을 통해서 행하는 봉사, 봉사를 통해 서로가 맡은 직분을 수행하는 데 있어서 남이 하는 말, 그리고 이런 것들을 통해서 우리가 성장하는 것이 궁극적인 목표라는 것입니다.

교회에서 일하다가 제일 속상한 것은, 나는 한다고 했는데 빈정거리는 소리를 들었을 때입니다. 그럴 때면 "아, 내가 월급 받고 하는 거야? 좋아, 그럼 네가 해! 난 다음부터 죽었다 깨도 안 해, 다시는 하나 봐라!" 이런 마음이 드는 것입니다. 또 반대되는 마음은 이런 것일 것입니다. "저런 사람이 일을 맡아가지고 이 따위로 했구나?" 이런 식으로 일이 잘 안 되는 것을 보는 안타까움이 전부인 것으로 알고 있지만 아닙니다. 하나님은 우리 중에 실력 있는 자를 동원하지 않으시고, 훈련시켜야겠다고 생각하신 사람을 그 자리에 앉히십니다. 김 아무개라는 사람을 훈련시키려고 그 자리에 앉히셨지, 그 일을 이루기 위해서 그 사람을 뽑으신 게 아니라는 말입니다.

그 일을 이루려고 했다면, 돈 주고 전문가를 사다가 쓰면 편했을 것입니다. 하지만 이 사람을 훈련시키려 했고, 이 사람은 자기가 그 자리에 있으면 잘할 줄로 알았는데 해보니까 안 되더라, 그래서 겸손해지고 일의 깊이를 깨달으며 회개하게 되었다, 그래서 하나님께 매달리게 되었다는 결론을 얻고 싶으셨던 것입니다. 제삼자가 초조한 마음으로 보는 것같이, "왜 저 사람이 해? 내가 했으면 벌써 했을 텐데……. 발가락으로 해도 벌써 했겠다"가 아니라는 말입니다.

지적보다는 자신의 책무에 치중하라

또한 내가 그 일을 감당할 만하지 않은데, 책임을 맡았다고 자책하지 않으셔도 됩니다. 하나님이 나에게 목사직을, 장로직을, 집사직을, 권사직을 맡기셨다면 담대하게 할 줄 알아야 합니다. 물론 그 담대함이 겸손한 차원에서 담대한 것과 분수를 지나치는 것의 경계선을 명확히 구분해야 하고, 그 경계선을 잘 알고 있어야 합니다. 신자들 중에서 결벽 알레르기를 가진 사람이 참 많습니다. 너무 완벽하게 하려는 욕심이 있습니다. 저도 아주 중증에 걸려 있는 사람 중의 하나입니다.

제가 어떤 분에게 아주 적절한 충고를 받았습니다. "면도날로는 통나무를 베지 못한다"는 말씀이었습니다. 예리하고 철저하게 하려 들면 큰일을 못 해낸다는 충고였습니다. 도끼를 보십시오. 면도날에 비해 상대적으로 얼마나 무딥니까? 도끼로 연필 깎는 사람 보았습니까? 이 충고가 우리에게 필요할지도 모릅니다. 저는 대단한 결벽증을 가지고 있습니다. 저는 교역자들이 하는 실수들과 그 실수 때문에 입은 상처가 많은 사람입니다. 말하자면 "그렇게 하지 않겠다"는 마음을, 제가 품어야 하고 견뎌야 하는 것조차도 일단 쏟아 놓는 식으로 처리하는 결점을 갖고 있습니다.

이런 점에 대해 누군가가 "당신은 목사입니다. 목사가 자기 할 일은 않고, 나는 정직한 사람이라고 증명하는 것으로 목사의 책임을 다하는 것입니까?"라고 충고했습니다. 참으로 아픈 지적이었습니다. 목사가 자기에게 맡겨진 일을 하는 것이 아니라, "나는 도둑놈이 아니다"를 열심히 증명하는 것이 목사가 해야 할 일은 결코 아닐 것입니다. 그렇습니다. 교회 안에서 어떤 직분을 맡은 분들이 기억해야 할 것 중의 하나입니다. "나는 최소한 위선은 떨지 않는다. 나는 최소한 잘못을 하고서 슬슬 웃으면서 어물쩍 넘기진 않겠다"가 전부는 아니라는 말입니다.

아픈 마음과 부족한 마음을 통해서, 그 직분을 맡지 않았다면 사람들 앞에 드러나지 않았을, 자기 자신도 몰랐을 부족함을 통하여 하나님 앞에 매달리며 꿇어 엎드리는 은혜의 기회를 가지십시오. 그것이 하나님이 원하시는 것입니다. 또 하나 있습니다. 부족해 보이는 사람을 옆에서 보면 답답할 것입니다. 그가 독단적으로 하지 않는 것을 감사해하면서도 답답해하는 사람들이 또 있습니다. "목사님, 그렇게 하시면 안 돼요. 다 비위 맞추어 가면서 언제 해요? 할 건 그냥 팍팍 해야 돼요." 하지만 답답해하시는 분들께 말씀드리고 싶습니다. 하나님은 답답한 사람을 사용하셔서 남은 사람들에게 관용과 자비, 인내로 훈련하고 계신다는 사실을 잊지 마셔야 합니다.

교회에는 "아무리 못된 목사라 해도, 목사에게 덤비지 마십시오" 하는 말이 있습니다. "목사님으로부터 억울한 일을 당해도 참아라. 하나님이 대신 하신다"는 말도 있습니다. 사실 목사에게 대들다 보면 멀쩡하던 이에 충치가 생기는 등의 일이 있습니다. 이상합니다. 목사에게 덤빌 것이 아닙니다. 비록 목사가 꼴 보기 싫더라도 하나님이 그렇게 하시는 이유가 있는 것 같습니다. 못난 사람을 목사로 쓰시면서 하나님은 물으십니다. "그럼, 너는 그렇게 똑똑한데 왜 나한테 네 인생을 바치지 않았느냐?" 자신에게 이것을 묻고 있다고 생각하는 사람은 참으로 없습니다. 예전에는 예비고사 떨어진 사람만 신학교에 가지 않았습니까? 290점 이상 맞은 아들이 신학교 가려고 하면 펄펄 뛰면서, "너 신학교 가면 난 자살한다" 그래서 안 갔지 않습니까? 그래 놓고 이제 와서 "왜 우리 목사님은 그러실까?" 이러는 것은 말이 안 맞는 것입니다. 이 말은 참으라는 것이 아니라 우리 모두가 얼마나 그 모든 문제에 책임이 있는가를 돌아보라는 말입니다.

우리 자신을 목적으로 삼으심

종종 사회에서 별 볼일 없는 사람들이 교회에 와서 텃세 부릴 때가 있습니다. 일을 하는 차원에서, 교역자 치고 변변한 사람이 없다고 합니다. 그래서 안타깝고 답답하십니까? 아무리 그래도 하나님보다 더 답답하겠습니까? 참새 한 마리가 두 앗사리온에 팔립니다. 그러나 그중에 하나라도 하나님이 허락하지 않으시면 땅에 떨어지지 않습니다. 이것을 믿는 믿음이 필요합니다. 교회는 어떤 일을 얼마나 경제적으로 신속히, 합리적으로 처리하느냐 하는 단체가 아닙니다.

은행 다니시던 분들에게 교회 일을 맡겨 보면 어떤 때는 매우 답답할 때가 있습니다. 꼭 자기 특기를 살려서 회계를 맡습니다. 그러면 영수증 모두 받아 와라, 장부검사도 1년에 한 스무 번쯤 해야 한다며 귀찮게 구는데, 교회는 그런 데가 아닙니다. 물론 어물쩍 넘어가자는 뜻은 아닙니다. 행여 오해하는 성도가 없기를 바랍니다. 또한 교육부서에서 누가 부장이나 교사를 하냐면, 사회에서 선생님 하시는 분들, 대학교 교수 하시는 분들이 맡아서는 교육학적으로 가르칩니다. 교회는 그런 데가 아닙니다. 여러분도 경험하셨겠지만 일을 해보면 이상하게 말이 안 되면서도 되는 곳이 교회입니다. 이것을 깨닫는 것이 신앙의 깊이입니다.

　교회는 우리의 실력을 동원하는 자리가 아니고, 하나님께 보탬이 될 만한 것을 모아서 일을 하는 데도 아닙니다. 우리를 부르시고, 우리를 목적으로 삼으시는 곳입니다. 우리를 위해 일도 있고, 기관도 있고, 직책도 있고, 사건도 있는 것입니다. 이러한 점을 잊지 마십시오. 교회 안에 "아니, 그런 일이 있을 수 있어?" 하는 엄청난 사건이 생기거든 인내를 시험하십시오. 만일 그것이 있어서는 안 되는 일입니까? 에베소서에서는 그것을 이렇게 설명합니다.

　　이는 성도를 온전하게 하여 봉사의 일을 하게 하며 그리스도의 몸을 세우려 하심이라(엡 4:12).

　"그리스도의 몸을 세우려 한다"에서, 몸이라는 것은 일반 건축물하고 다르지 않습니다. "세운다"는 것은 건축적인 표현입니다. 그러나 몸이라는 말과 건축이라는 것에는 다른 점이 있습니다. 건축물은 짓다가 어느 것에 하자가 있다고 하면 바꿔 끼우지만, 몸은 바꿔 끼울 수가 없습니다. 팔이 마음에 안 든다고 해서 빼내고 다른 것을 끼우지 않습니다. 그래서 12절과 같이 "성도를 온전하게" 합니다. "온전하게 한다"는 말은 부러진 뼈를 맞춘다는 뜻입니다. 갈아 끼우는 것이 아니라, 지금은 어긋나 있고 부적합하지만 그것을 제자리에 맞추며 회복시킨다는 말입니다. 그래서 교회 안에는 어떤 일 때문에 누구를 갈아 끼운다는 생각은 절대로 해서는 안 됩니다.

　"저 사람만 없으면 우리 교회는 참 잘될 텐데……"라는 생각이 제일 큰 죄입니다. 이런 생각이 들거든 여러분이 틀렸다는 것을 알아차려야 합니다. "저 사람이 저 일을 안 맡았으면……" 이런 생각이 날 때가 있을 것입니다. "저 사람이 목사가 아니었으면, 저 사람 말고 누구 다른 사람이 목사를 했으면……" 하는 생각을 합니다. 우리가 어느 교회에서든지 그런 면에서 부족함을 볼 수 있을 것입니다. 하지만 "이 사람만 없으면"이라는 생각은 절대 잘못입니다.

그런 사람 눈에 보이는 인간의 결함은 마치 부러진 팔과 같습니다. 부러져 있는 동안 얼마나 아픕니까? 깁스해서 목에 걸고 다녀도 목이 얼마나 불편합니까? 혼자만의 아픔뿐 아니라 잠잘 때도 불편합니다. 돌아누우려고 하면 몹시 아프니까 그럴 때는 없는 것만 못합니다. 그러나 팔이 나으면 이야기가 달라집니다. 아프니까 잘라 버립니까? 그렇지 않습니다. 눈에 티가 들어가 아프니까 눈알을 뽑아 버립니까? 그런 사람은 없습니다. 피곤하면 입 주위가 헙니다. 그래서 보기 싫다고 입술을 뜯어 버린다면 먹는 음식이 다 입 밖으로 쏟아질 것입니다. 그렇게는 안 합니다. 그곳이 낫기를 바라듯이, 교회란 그런 것입니다.

말씀이 우선이다

그래서 교회에서 신앙이 깊어지는 것은 바로 이 교회를 세우신 하나님께서 요구하시는, '성품적인 목적'을 찾는 것입니다. 성품적인 목적, 그것이 우리에게 굉장히 중요합니다. 바로 이런 일들이 우리에게 필요하기 때문에, 그리고 이 일의 필요성 때문에 성경에서 가장 강조되는 것이 '말씀'입니다. 여기서 '말씀'이 갑자기 등장하는 것을 잘 이해하기 원합니다. 왜냐하면 인간의 상식 차원에서 교회를 생각하고 신앙을 생각하면, 성경이 요구하는 것과 거리가 멀기 때문입니다.

우리는 신앙생활을 시작하고 교회가 교회답게 모이면, 그러면 일할 것부터 먼저 생각합니다. 모양 나게 일을 하고 주를 위해서 무엇을 해야 되느냐를 자꾸 연구해야 된다고 생각하는데, 오히려 성경에서는 우리더러 무엇을 자꾸 하려고 하지 말라는 것입니다.

어떤 집 아들이 "껌을 팔아서라도 돈 벌어다 드리는 것이 어머니를 제일 신나게 하는 것이다. 아빠가 월급 타다 드릴 때 어머니가 제일 좋아하지 않던가, 돈이다!"라고 생각했습니다. 그래서 학교 간다고 도시락을 싸 가지고 나갔다가 가방은 팽개쳐 두고 껌을 팔아 저녁에 돈을 벌어 가지고 집에 들어오곤 했습니다. 초등학교 졸업식 날 가 보니까 졸업식장에 아들이 없었습니다. 그날 저녁에 아들이 그동안 껌 팔아서 모아둔 돈 32만원을 갖다 놓았습니다. 얼마나 기가 막힌 일입니까? "내가 언제 너보고 돈 벌어 오랬어" 할 것입니다. 오해하지 마십시오.

교회란 매우 다른 것이며, 신앙이란 참 다른 것입니다. 골로새서에는 "우리가 그를 전파하여 각 사람을 권하고 모든 지혜로 각 사람을 가르침은 각 사람을 그리스도 안에서 완전한 자로 세우려 함이니"(골 1:28)라는 말이 나옵니다. 그리스도 안에서 완전한 자, 승자가 된 다음에도 우리는 어떤 선입견에서 벗어나지 못하고 있습니다. 우리가 원래 갖고 있었던 가치관, 곧 무엇이 성공이냐, 무엇이 괜찮은 것이냐, 하나님께서 무엇을 만족하실 것이냐를 자기가 갖고 있는 가치관으로 판단하려는 데에서 한 걸음도 벗어나지 못하고 있습니다. 이것이 제일 큰 병입니다.

이제 교회 안에서 제일 필요한 것은 말씀을 가르치는 것입니다. 말씀을 가르친다는 것이 필요한 이유가 바로 이것입니다. 기존의 가치관을 바꾸어 놓는다는 것이 그렇게 어렵습니다. 디모데후서를 보겠습니다.

모든 성경은 하나님의 감동으로 된 것으로 교훈과 책망과 바르게 함과 의로 교육하기에 유익하니 이는 하나님의 사람으로 온전하게 하며 모든 선한 일을 행할 능력을 갖추게 하려 함이라(딤후 3:16-17).

이 말씀을 읽으면서도 우리가 사회생활 속에서 가지고 있는, 괜찮은 사람이라는 교만한 자기 확인으로만 이해하기 쉽습니다. 아닙니다. 하나님께서 우리에게 무엇을 가장 원하고 계시는가를 말씀 속에서 찾아야 합니다. 우리에게 무엇을 원하시고, 어떻게 훈련시키려고 하시는가, 무엇을 하려고 하시는가, 그런 면에서 성경 말씀에 해박해야 합니다. 물론 어렵습니다.

그동안 '교회'하면, 얼마나 오해를 많이 했는지 모릅니다. 교회는 모여서 데모나 하고, 밖을 향해서 이런 일 하자, 저런 일 하지 말자며 사회운동을 하는 곳이 아닙니다. 그것은 있을 수 있는 일입니다만 가장 중요한 일은 결코 아닙니다.

미국에 제리 포웰이라는 유명한 목사가 있습니다. 그는 '낙태 금지운동' 같은 도덕운동을 일으키고 있는 유명한 사람입니다. 가두시위도 하고 그럽니다. 그러나 이 일은 사회운동가들이 할 일이고 윤리와 도덕적 차원에서 할 일입니다. 교회는 그런 데에 동원되어서는 안 됩니다. 교회는 교회에 나온 사람들을 영적인 사람으로 만들어서 각자를 그렇게 만드는 싸움을 해야 할 뿐입니다. 사회적인 운동을 통해 여론을 환기시키는 것으로 어떤 세력을 형성하지도 않습니다. 왜 그런 일을 해서는 안 되느냐면, 밖으로 나타난 일을 위해서 교회에 들어와 있는 사람들을 훈련시킬 틈이 없기 때문입니다. 조급해집니다. "빨리빨리 내 말 듣고 이 일을 해라", 이렇게 됩니다.

어떤 교회의 목사님께서는 선교에 대해 굉장한 열심을 갖고 있었습니다. 우리나라 선교에 굉장히 앞장서신 분이었고, 그분으로 인해 한국교회가 선교에 눈을 뜨게 된 것은 사실입니다. 그런데 그분이 교인들에게 일일이 선교에 대한 필요성과 중요성을 인식시키는 시간이 너무 오래 걸리는데 비해서 할 일은 급하니까 무조건 "나를 믿고 내가 하자는 대로 하시오"라는 식으로 일을 했습니다. 시간이 흐를수록 교인들의 마음이 반감을 가지게 되어서 급기야는 갈라서고 말았습니다. 아마 대표적으로 실패한 예 중의 하나일 것입니다. 그래서 그분은 지금도 따로 떨어져 선교하고 계시고 교회는 교회대로 존재합니다.

교회라는 것은, 거기 모인 사람들을 하나씩 가르칠 생각을 하지 않고 모아서 무엇인가를 하려고만 할 때, 아무도 훈련받을 수 없습니다. 훈련될 시간과 과정을 허락받지 못하게 됩니다. 그렇습니다. 교회는 어떤 의미에서 영원토록 아무 일도 못 할지도 모릅니다. 그리고 어떤 일을 하나 하게 된다면 별별 소리를 다 들으면서, 서로 엎치락뒤치락하면서 하나씩 해 갈 것입니다. 그때도 백 퍼센트의 만족을 얻어 내지는 못합니다. 어떤 사람은 급하게 "해야 된다"고 하고, 어떤 사람은 "할까 말까", 다른 사람은 "하지 말자"고 합니다. 대다수의 의견을 하나씩 성취해 갈 때마다 어떤 사람은 "너무 늦었다"고 하고, 어떤 사람은 "꼭 맞았다", 다른 사람은 "너무 일렀다"고 말하는 속에서 우리는 커 갈 것입니다. 그것을 감당해야 합니다.

우리는 한 교회에 소속된 모든 성도들을 하나님의 뜻과 계획, 목적하시는 자리까지 키워 내야 됩니다. 거기는 누구도 혼자 선생이 될 수 없습니다. 모두가 선생이고, 모두가 학생입니다. 하나님이 구별하시고 고르십니다. 우리는 틀림없이 어떤 문제에서는 선생일 것이고, 어떤 문제에서는 학생일 것입니다. 모든 것을 잘해야 된다는 법은 없습니다. 다 다릅니다. 그것을 서로 인정하셔야 됩니다. 나에게 다른 사람이 선생이고, 어떤 때는 내가 그 사람의 선생입니다. 그것이 중요합니다.

우리는 세월이 흐르면서 문득문득 내가 커 가고 있다는 사실을 깨닫습니다. 참된 교회는 보이지 않게 크는 것입니다. 마치 친하게 지내던 집에 오랜만에 찾아가 보았더니, 전에 유치원 다니던 아이가 벌써 자라서 군대에 갔다고 그랬을 때의 놀라움처럼 그렇게 자라는 것입니다. 어느 날 만나 보니까 장로가 되었답니다. 아내가 교회 간다고 집에서 때리고, 약 먹고 죽는다고 발버둥 치던 사람이 장로가 되어서 교회개척을 하겠다고 그럽니다. 참 놀라운 기적을 발견하는 것입니다.

하나님께서 이런 일들을 교회를 통해서 이루실 것입니다. 기다려 주십시오. 한없는 자비와 긍휼과 은혜와 사랑으로 이 일을 이루어 나가고 계십니다. 왜 우리가 더 펄펄 뛰고, 좌절하고, "나는 안 돼"라고 발버둥 칩니까? "나는 안 된다"고 우기는 것과 "저 사람 아니면 안 돼!"라는 쓸데없는 말은 이제 우리 입 밖에 내지 않기로 해야 합니다. 서로 이런 것을 깨달으셔야 합니다.

우리 모두 그런 축복된 자리에 부름을 받았습니다. 기대하셔도 좋습니다. 우리 안에 하나님의 간섭하심이 계시고 그 속에서 무럭무럭 자랄 것입니다. 믿고 기대하시고 인내하시기를 바랍니다.

13
성전이 되어감

고전 3:10-15

내게 주신 하나님의 은혜를 따라 내가 지혜로운 건축자와 같이 터를 닦아 두매 다른 이가 그 위에 세우나 그러나 각각 어떻게 그 위에 세울까를 조심할지니라. 이 닦아 둔 것 외에 능히 다른 터를 닦아 둘 자가 없으니 이 터는 곧 예수 그리스도라. 만일 누구든지 금이나 은이나 보석이나 나무나 풀이나 짚으로 이 터 위에 세우면 각 사람의 공적이 나타날 터인데 그날이 공적을 밝히리니 이는 불로 나타내고 그 불이 각 사람의 공적이 어떠한 것을 시험할 것임이라. 만일 누구든지 그 위에 세운 공적이 그대로 있으면 상을 받고 누구든지 그 공적이 불타면 해를 받으리니 그러나 자신은 구원을 받되 불 가운데서 받은 것 같으리라.

고린도전서 3:5-9에서 바울은 사역의 다양성에 대해 이야기했습니다. 생명을 주시고 그 생명을 자라나게 하시는 이는 하나님뿐이십니다. 그 일은 여러 사람의 손길과 은사를 통해서 이루어집니다. 하나님은 예수 그리스도로 말미암아 사람들을 그의 백성으로 새롭게 태어나게 하셨고, 완성시키려고 하십니다. 우리는 하나님께서 사람들을 구원하시고 새롭게 태어나게 하시는 일을 전하는 일에 부름을 받을 수 있고, 태어난 자를 완성시키는 일에도 쓰임을 받을 수 있습니다. 일차적으로 전도 사역을 할 수도 있고, 주의 자녀로 부름을 받은 자들이 와서 하나님의 자녀로 완성되는 일에서 봉사할 수도 있습니다. 특별히 구별되기보다는 양쪽을 우리가 다 직무로 갖고 있다고 생각해도 됩니다. 어떤 사람은 하나님 앞에서 특별한 사명을 감당하도록 부름 받을 수도 있습니다. 목사나 선교사, 이렇게 특별히 전도하는 일을 위해서 혹은 말씀의 사역을 위하여 하나님의 사람으로 세움 받는 자들이 있습니다.

예수 그리스도의 터

그래서 바울은 아볼로와 자기 자신을 예로 들어서 고린도 교회 교인들에게 그 문제에 대하여 근본적인 오해가 없기를 촉구하고 있는 것입니다. 바울이든 아볼로든 그들 자신이 생명을 준 것이 아니고, 그들이 한 사람을 새롭게 태어나도록 만든 것이 아니라, 하나님이 하신 것이라고 말합니다. 그들은 하나님께서 우리에게 생명을 주기 위하여 불러낸 사역자에 불과하다는 것을 이야기합니다. 바울은 사역자를 통하여 일을 하시는 하나님을 보이기 원하고, 하나님으로부터만 모든 은혜와 진리와 생명이 온다는 것을 오해 없이 알리려고 애쓰고 있습니다.

또한 본문에서처럼 내게 주신 은혜를 따라 내가 지혜로운 건축자와 같이 터를 닦아 두었다고 하면서 다른 이가 그 위에 건물을 세운다는 이야기를 고린도 교회 교인들의 문제점들과 연결시키려고 논리를 확대시켜 나가는 것을 봅니다. 그래서 "각각 어떻게 그 위에 세울까를 조심할지니라"는 이야기로부터 시작해서 "마지막 날에 불로 심판하고 시험하여 그 공적이 불타면 해를 받으리니 그러나 자신은 구원을 받되 불 가운데서 받은 것 같으리라"하고 경고합니다.

바울은 고린도 교인들이 예수를 믿고 그 위에 쌓아 가고 있는 것이 있다고 믿으며 자랑하기 때문에 꼬집어서 말하는 것입니다. 예수 그리스도라는 터 외에는 건물을 지을 다른 터가 없고, 그렇기 때문에 그 위에 짓는 건물은 그 터가 제안하고 있는 특별한 목적과 특별한 원리와 일치해야 한다는 말을 하는 셈입니다.

바울이 고린도전서를 쓰게 된 가장 큰 직접적인 이유는 고린도 교회 교인들의 잘못, 곧 지혜 있다고 생각하나 하나님의 지혜를 깨닫지 못하는 그들의 미련함, 오해, 그런 것을 생각해 보려는 것입니다. 그들은 자신이 지혜 있다고 생각하고 신령하다고 생각해서 서로 나뉘어져 있었습니다. 바울이 이야기하고 싶은 것은 너희가 쌓는 모든 것, 곧 신령하다든가 믿음의 깊은 경지에 갔다는 것은 다 예수 그리스도로 말미암아서만이 시작되고 가능한 것이니, 너희들이 지금 주장하는 것들은 세워질 수 없는 것이라고 이야기하고 싶은 것입니다. 너희가 예수를 믿고 하나님의 자녀가 되게 한 기초는 이미 내가 닦아놓은 것이며, 그 위에 세워질 건물을 제안하고 결정하고 있다고 지적하고 싶은 것입니다.

이 터 위에 세울 것은 금이나 은이나 보석이어야 하지 나무나 풀이나 짚이어서는 안 된다고 합니다. 금, 은, 보석은 무엇이고 나무나 풀이나 짚은 무엇이냐는 것은 많이 오해하게 되는 구절 중의 하나입니다. 여기서 나무나 풀이나 짚이라는 것은 타 버리는 성질 때문에 도입된 것이지 이 세상에서 값어치 없는 것, 싼 것이라는 의미는 아닙니다. 금이나 은이나 보석은 다 비싼 것이고 풀이나 나무나 짚은 싼 것이라는 개념이 아니고, 타는 것과 타지 않는 것의 비교입니다.

이것은 마태복음 6장의 비유와 연결해서 보면 정확해집니다. 19절 말씀입니다.

너희를 위하여 보물을 땅에 쌓아 두지 말라. 거기는 좀과 동록이 해하며 도둑이 구멍을 뚫고 도둑질하느니라. 오직 너희를 위하여 보물을 하늘에 쌓아 두라. 거기는 좀이나 동록이 해하지 못하며 도둑이 구멍을 뚫지도 못하고 도둑질도 못하느니라(마 6:19-20).

무슨 이야기인가 하면, 이 세상에 있을 때만 가치 있는 것과 저 세상에 가서까지 가치 있는 것, 지상에 쌓는 보물과 하늘에 쌓는 보물과의 차이입니다. 즉 우리 신자의 가치관을 보여줍니다. 영원이라는 시간 속에서 보아야 한다는 가치관입니다. 그리고 영원이라는 시간 속에서는 이 세상에서 사는 삶, 인류 역사라는 것 자체가 짧습니다. 1억만 년짜리든 10억만 년짜리든 간에 인류 역사는 영원이라는 시간 속에서는 지나가는 순간입니다. 이 세상에서 가치 있는 것은 땅에 있는 보물이고 오늘 본문으로 보자면 불에 타버릴 것, 잠시 동안밖에 그 가치가 보존될 수 없는 것입니다. 이에 비해서 불에 타지 않는 것, 금이나 은이나 보석은 비싸다는 개념이 아니고 저 하늘에 쌓는 보물, 곧 영원한 나라까지 그 가치가 인정되는 보물로, 영원한 가치가 있는 것입니다.

그래서 지금 사도 바울이 하고 싶은 이야기는 "십자가로 말미암아 너희가 하나님의 백성으로 새롭게 태어나서 달려가야 할 곳이 어디냐? 너희가 옛날에는 이 세상의 욕심을 따라 살고 이 세상의 가치를 쫓았으며, 이 세상의 미혹된 것을 따라 살 때는 영원한 것을 몰랐고 이 세상의 가치 있는 것에 너희의 욕심을 팔아먹고 살았다. 이제는 너희가 거듭나서 하나님의 자녀가 되어 그 영원한 것의 가치를 알게 되었으며 그 안에서 너희의 거둘 것들을 씨 뿌릴 수 있는 자가 되지 않았느냐?"하는 것입니다. 이것이 바로 사도 바울이 꾸짖는 기초가 되는 것입니다. 내가 닦아 놓은 터는 예수 그리스도이다. 그러면 이 터 위에 세워야 할 것은 무엇이냐? 그런데 너희는 십자가를 반대하고, 십자가를 기초로 한 결과와는 반대로 가고 있지 않느냐? 그래서 "내게 주신 하나님의 은혜를 따라 내가 지혜로운 건축자와 같이 터를 닦아 두매 다른 이가 그 위에 세우나 그러나 각각 어떻게 그 위에 세울까를 조심할지니라"(고전 3:10), 이와 같은 경고가 나오는 것입니다.

성전이 되어 가는 일을 실천하라

이 터 위에 우리가 무엇을 세워야 하느냐에 대해서는 에베소서 2:20에 나옵니다.

> 너희는 사도들과 선지자들의 터 위에 세우심을 입은 자라. 그리스도 예수께서 친히 모퉁잇돌이 되셨느니라. 그의 안에서 건물마다 서로 연결하여 주 안에서 성전이 되어 가고 너희도 성령 안에서 하나님이 거하실 처소가 되기 위하여 그리스도 예수 안에서 함께 지어져 가느니라(엡 2:20-22).

여기서는 선지자들과 사도들의 터 위에 세우심을 받았다고 하고 예수님이 모퉁잇돌이라고 합니다. 유대인들의 건축 방식은 좀 다릅니다. 한옥은 주춧돌을 기초로 놓고, 주춧돌 위에 기둥을 세웁니다. 유대인들이 집을 짓는 방법은 벽과 벽이 직각으로 만나는 모퉁이에 기초가 되는 돌을 하나 놓습니다. 거기서부터 이어서 양쪽 벽을 만듭니다. 한옥의 경우, 주춧돌 네 개면 기둥 네 개, 주춧돌 여덟 개를 놓으면 기둥 여덟 개를 세우고 그 위에 대들보를 얹어서 집을 세우는데, 유대인들은 모퉁잇돌을 기준으로 삼습니다. 모퉁잇돌에 의지해서 벽을 만들고 집을 짓는 것입니다.

따라서 모퉁잇돌에 의해서 집의 모양과 규모가 결정되는 것입니다. 기둥을 어떤 것으로 쓰느냐에 따라 몇 층짜리 건물이냐가 결정되고, 모퉁잇돌이 얼마나 크냐에 따라서 건물의 크기나 성격, 모양이 결정된다는 것이 암시되고 있습니다. 그래서 그리스도 예수께서 친히 모퉁잇돌이 되셔서 그의 안에서 건물마다 서로 연결하여 주 안에서 성전이 되어 간다고 그럽니다.

그래서 지금 사도 바울이 고린도 교회 교인들에게 경고하는 것에는

"예수 그리스도밖에는 기초가 없다. 그 터밖에는 다른 터가 없다. 따라서 이 터 위에 무엇을 세울 때 이미 무엇이 세워져야 될 것인지가 결정되어 있다. 네 마음대로 세우면 안 된다"는 암시가 들어 있는 것입니다. 여기 있는 바와 같이 주 안에서 서로 연결하여 성전이 되어 가야 합니다. 하나님을 모시는 성전이 되어 가야 합니다.

우리가 가진 기독교적 열심 중에서 가장 나쁜 것은 이런 기초와 분리된 자기 열심의 산물로서 종교적인 열심과 정성, 성의를 기울이는 것입니다. 이것만큼 미련한 것은 없습니다. 그러니까 그저 헌금 많이 내고, 기도 많이 하고, 열심히 나가서 전도하는 것이 틀린 것은 아닙니다. 열심히 이런 기초 안에 있는 것이냐, 아니면 이런 기초를 대신하고 있느냐는 매우 심각한 문제입니다. 이 문제에 대해서는 아주 유명한 예화가 있습니다. 마태복음 7:24입니다.

> 그러므로 누구든지 나의 이 말을 듣고 행하는 자는 그 집을 반석 위에 지은 지혜로운 사람 같으리니 비가 내리고 창수가 나고 바람이 불어 그 집에 부딪치되 무너지지 아니하나니 이는 주추를 반석 위에 놓은 까닭이요. 나의 이 말을 듣고 행하지 아니하는 자는 그 집을 모래 위에 지은 어리석은 사람 같으리니 비가 내리고 창수가 나고 바람이 불어 그 집에 부딪치매 무너져 그 무너짐이 심하니라(마 7:24-27).

무엇을 비교하고 있습니까? 집을 비교하고 있지 않고 기초를 비교하고 있습니다. 둘 다 똑같이 열심히 집을 지었다는 것을 잊지 마십시오. 실천을 하지 않았다는 것이 아니라 무엇을 근거로 한 실천이냐를 묻고 있는 것입니다. 22절을 봅시다. 아주 무서운 구절입니다.

그날에 많은 사람이 나더러 이르되 주여, 주여, 우리가 주의 이름으로 선지자 노릇 하며 주의 이름으로 귀신을 쫓아 내며 주의 이름으로 많은 권능을 행하지 아니하였나이까 하리니 그때에 내가 그들에게 밝히 말하되 내가 너희를 도무지 알지 못하니 불법을 행하는 자들아 내게서 떠나가라 하리라(마 7:22-23).

얼마나 무섭습니까? 우리는 하라고 하신 것을 해야 합니다. 사도 바울은 고린도 교회 교인들을 향해 꾸짖습니다. "너희들이 무엇을 많이 쌓았다고, 너희들이 신령하다고, 믿음이 깊다고, 지혜롭다고 그러는데 도대체 무엇을 해 놓은 것이냐?" 그러는 것입니다. "기초가 무엇이었느냐? 너희들 마음대로 쌓은 것이지 않느냐? 기초에 맞지 않는 집을 지었다, 기초에 맞게 집을 지어라" 이것입니다.

예수님께서 이제 십자가를 지고 죽어야 된다고 하시니까 베드로가 "주여, 그리 마옵소서. 이 일이 결단코 주에게 미치지 못하리이다. 제가 그 일이 일어나지 않도록 막겠습니다. 주님이 죽도록 제가 방관하고 있지 않겠습니다. 제가 목숨을 걸고라도 주를 지키겠습니다"라고 했다가, 잘 아시는 대로 "사탄아, 내 뒤로 물러가라. 너는 나를 넘어지게 하는 자로다"라는 꾸중을 들었습니다. 이것을 기억하셔야 합니다. "네가 하나님의 일은 생각지 아니하고 사람의 일을 생각하는도다." 사람들은 이것을 잘 알면서도 자기가 저촉되는 줄은 모릅니다.

제가 목회를 하면서 사람들로부터 우리 목사님은 왜 헌금을 내라고 한다든가 기도를 열심히 하라든가 그런 것은 안 하고, 자꾸 이런 이야기만 하는가, 질문을 받습니다. 왜냐하면 그것이 성경이 가르치는 것이기 때문입니다. 십자가가 기초가 된 것은 우리가 누구인가를 가장 적나라하게 고소한 것 아닙니까? 우리 안에 무익한 것뿐이며, 우리에게 선한 것이 없으며, 성경이 이야기하는 대로 우리는 열린 무덤이라는 말입니다. 거기서 나오는 것이 무엇입니까? 시체 썩는 냄새와 시체 썩은 물밖에 나올 것이 없습니다. 저들의 목구멍은 열린 무덤입니다. 말만 하면 악취와 남을 죽이는 것밖에 나오는 것이 없습니다. 사람이란 그런 존재입니다.

그래서 주님이 베드로를 꾸짖으시고 뭐라고 하십니까? 그러므로 "누구든지 나를 따라오려거든 자기를 부인하고 자기 십자가를 지고 나를 따를 것이니라"(마 16:24). 이것이 바로 기초입니다. 예수 그리스도가 기초가 되었고 그 터 위에 집을 지어야 하는 것입니다. 겸손과 남을 나보다 낮게 여김, 온유와 오래 참음과 자비, 양선, 충성을 하는 것입니다. 오른편 뺨을 때리면 왼편 뺨도 대고, 왼편 뺨을 때리면 이마도 대고, 악으로 악을 갚지 말고 선으로 악을 이기고, 원수가 주리면 먹이고 원수가 목말라하면 마시게 하는 것입니다. 교회란 결국 그 훈련의 장입니다.

교회는 운동 단체가 아닙니다. 교회는 무슨 사업을 벌이거나 하는 세력이 아닙니다. 오천만 명을 그리스도에게로 끌어들이기 위하여 머리에 띠를 두르고 혈서 쓰고 뛰어나가는 데가 아닙니다. 여러분이 죽고 십자가를 앞세우고 예수 그리스도를 통하여 서로 연결하여, 예수 그리스도가 모퉁잇돌이 되어 이 안에 하나님께서 좌정하신 성전이 되어 가는 일을 실천하고 이루어 나가는 곳입니다. 그 일이 이렇게 성도들이 모였을 때 실현되지 않으면 그나마 다른 곳에 나가서 어떻게 될 것입니까? 여기서 훈련받아 가정에서, 이웃들 앞에서, 여러분이 몸담고 사는 모든 장소와 모든 사건 속에서, 그 일들이 영향을 미치도록 하는 집 짓는 일을 하셔야 합니다. 이것이야말로 성경이 요구하는 이 터 위에 건물을 짓는 자마다 어떻게 세울 것을 조심하라는 경고에 대하여 귀 기울여야 하는 대목입니다. 금이나 은이나 보석 같은 것으로 해야 됩니다.

마태복음 16:16 사건 이후 예수님께서 죽으실 것과 교회를 세우실 것을 이야기한 이후에는, 하늘나라의 성격에 관한 이야기를 자주 하십니다. 하늘나라는 어떤 원리이어야 하는지, 그리고 그 원리가 자신의 죽음으로 말미암아 교회 안에 하나의 원리로 완성되어야 할 것이라고 암시하십니다.

> 그때에 세베대의 아들의 어머니가 그 아들들을 데리고 예수께 와서 절하며 무엇을 구하니 예수께서 이르시되 무엇을 원하느냐. 이르되 나의 이 두 아들을 주의 나라에서 하나는 주의 우편에, 하나는 주의 좌편에 앉게 명하소서. 예수께서 대답하여 이르시되 너희는 너희가 구하는 것을 알지 못하는도다. 내가 마시려는 잔을 너희가 마실 수 있느냐. 그들이 말하되 할 수 있나이다. 이르시되 너희가 과연 내 잔을 마시려니와 내 좌우편에 앉는 것은 내가 주는 것이 아니라 내 아버지께서 누구를 위하여 예비하셨든지 그들이 얻을 것이니라. 열 제자가 듣고 그 두 형제에 대하여 분히 여기거늘 예수께서 제자들을 불러다가 이르시되 이방인의 집권자들이 그들을 임의로 주관하고 그 고관들이 그들에게 권세를 부리는 줄을 너희가 알거니와 너희 중에는 그렇지 않아야 하나니 너희 중에 누구든지 크고자 하는 자는 너희를 섬기는 자가 되고 너희 중에 누구든지 으뜸이 되고자 하는 자는 너희의 종이 되어야 하리라. 인자가 온 것은 섬김을 받으려 함이 아니라 도리어 섬기려 하고 자기 목숨을 많은 사람의 대속물로 주려 함이니라(마 20:20-28).

기억할 만한 말씀입니다. 열두 제자 중에 세베대의 아들 둘이 있었는데, 그들의 어머니가 예수님께 와서 요청을 했습니다. "나중에 하늘나라에 가서 제 아들 하나는 우의정으로, 하나는 좌의정으로 삼아 주십시오." 그때 예수님께서는 "하늘나라는 세상과 같지 않아서 권세를 가진 높은 사람이 오히려 섬긴다. 그러니까 너희도 섬기는 자가 되어라. 높아지고 싶으면 섬기는 자가 되어라"고 하십니다. 이것이 바로 십자가 안에 나타나는 진리입니다. "내가 온 것은 섬김을 받으러 온 것이 아니라 섬기러 왔고 많은 사람의 대속물로 내 목숨을 주러 왔노라." 이것이 기초입니다. 이렇게 닦아 놓은 터 외에 다른 터가 없습니다. 예수님께서 친히 자기의 목숨을 대속물로 주러 오셨고 섬기러 오셨습니다. 그냥 모퉁잇돌입니다. 그로부터 시작하여 건물이 지어져 가는 것입니다.

건물의 규모와 성격이 예수님이라는 기초석에서 이미 결정이 되어 있는 셈입니다. 그런데 우리가 짓는 것들이 섬기는 것이 아니고, 짐을 지는 것이 아니며, 주를 따르기 위하여 자기를 부인하고 십자가를 지는 것이 아니라면, 고린도 교회 교인들과 마찬가지가 되는 것입니다. "너희가 지혜 있는 자냐? 너희가 신령한 자냐? 너희가 과연 십자가 위에 집을 지은 것이냐? 너희가 지은 것이 나무나 풀이나 짚 위에 지은 것 같다." 이렇게 꾸짖고 있는 셈입니다.

성령이 하나되게 하신 것을 지키라

한국교회 상황에서 매우 심각하게 오해하고 있는 것이 무엇인 줄 아십니까? 여러분이 전도를 얼마나 많이 했느냐, 헌금을 얼마나 많이 했느냐로 하늘나라에서 상을 받지 않습니다. 물론 그것들도 상의 조건이 되고 칭찬의 조건이 됩니다. 그러나 천국에서는 이것보다 훨씬 다른 것들로 채점이 됩니다. 이 점을 아셔야 됩니다. 에베소서 4장입니다.

그러므로 주 안에서 갇힌 내가 너희를 권하노니 너희가 부르심을 받은 일에 합당하게 행하여 모든 겸손과 온유로 하고 오래 참음으로 사랑 가운데서 서로 용납하고 평안의 매는 줄로 성령이 하나되게 하신 것을 힘써 지키라. 몸이 하나요 성령도 한 분이시니 이와 같이 너희가 부르심의 한 소망 안에서 부르심을 받았느니라. 주도 한 분이시요 믿음도 하나요 세례도 하나요 하나님도 한 분이시니 곧 만유의 아버지시라. 만유 위에 계시고 만유를 통일하시고 만유 가운데 계시도다(엡 4:1-6).

놀라운 일이지요? 가장 중요한 것이 무엇이냐? 너희가 부르심을 입은 부르심에 합당하게 행하라, 무엇으로 부르심을 입었는지 알라는 말입니다. 너희가 지으려는 건축물이 어떤 기초 위에 있는지를 알라는 말입니다. 부르신 분은 이미 우리를 부르실 때, 무엇이 되어야 하는지에 대한 계획을 가지고 계신다는 것입니다.

그중 가장 중요한 것이 무엇이냐 하면, 겸손과 온유와 오래 참음과 사랑 가운데서 용납하는 평안의 매는 줄로 성령의 하나되게 하신 것을 지키는 것, 하나되게 하신 것입니다. 서로 연결하여 벽돌과 벽돌이 함께 쌓여져 있어 서로 물고 물어서 하나의 건축물을 이룬 것같이 성전이 되어야 합니다. 이것이 가장 중요한 건축물이요, 신자가 신경을 써야 하는 실천사항입니다. 이것을 위해서는 나뉘고 상대방을 분노하게 하며 시기, 경쟁하는 것을 일단 접어야 합니다. 겸손, 온유, 오래 참음, 사랑 가운데서 용납하며 상대방을 해치지 않아야 합니다. 네가 잘못했다고 탓하지 않는 것입니다.

고린도 교회에서는 싸움이 생겨서 일반 법정으로 재판을 받으러 갔다고 합니다. 사도 바울이 이렇게 꾸짖습니다. "차라리 속고 차라리 당해라. 누가 옳으냐, 누가 그르냐로 누구를 정죄해야 되고 갈라서야 된다면 차라리 네가 당하고 네가 지고 네가 죽어서 하나 된 것을 지켜라." 대단합니다. 물론 진리에 관한 것일 때는 갈라서야 합니다. 그러나 진리를 적용하는 문제가 아니라면 참고 하나되게 하신 것을 지켜야 합니다. 그래서 저는 잘난 척하는 것을 가장 싫어합니다. 잘난 척하지 말라고 해서 가만히 있으라는 것은 아닙니다. 열심히 일해야 합니다. 그러나 열심과 헌신으로 자기를 중명하려고 하거나 게으른 사람을 정죄하려 한다면, 하지 마십시오.

성 프란체스코는 역사상 최고로 청빈하게 살았던 사람입니다. 그는 제자들과 함께 청빈하며 금욕적인 생활을 했습니다. 한번은 이런 시범을 보인 적이 있습니다. 제자들과 함께 40일 금식기도를 하기로 했는데, 그냥 하는 것은 너무 쉬우니까 매일 한 대접씩 죽을 쑤어서 가운데 놓고 빙 둘러 앉아서 금식을 했습니다. 그런데 약 20일쯤 지나서 한 제자가 견디다 못해 죽을 손으로 떠먹고 말았습니다. 그러자 나머지 제자들이 그 제자를 째려 본 것입니다. 눈빛이 도끼눈이 되었죠. 그러자 갑자기 성 프란체스코가 죽을 점잖게 떠먹기 시작했습니다. 제자들이 다 놀랐죠. "아니 스승님, 무슨 일이십니까?" 그러자 성 프란체스코가 이렇게 말하는 것입니다. "형제와 싸우면서 40일 금식기도하는 것보다는 금식기도하지 말고 형제와 화목하라." 이곳이 바로 건물을 세워야 할 십자가 지점입니다.

오늘날 한국교회의 가장 큰 잘못은 선교하거나 교회를 키우는 것, 성경공부하는 것 모두가 경쟁적이라는 점입니다. 여러분들이 "나는 어느 교회에 나간다"고 할 때, 여러분이 다니는 교회의 자랑들이 그 이야기를 듣는 대상 교회 신자에게는 약점으로 작용하기 때문에 자랑한 적은 없는가 한번 점검해 보십시오. 여러분들이 "나는 그 꼴 보기 싫어서 이 일은 안 해" 하며, 혹시 그 일을 하지 않는 것이 이중인격자 같은, 위선적인 누군가를 공격하기 위해서 그러는 것은 아닙니까?

그것은 다 예수 그리스도 위에 세워서는 안 될 건축물들인 것입니다. 다 나무요 짚이요 풀인 것입니다. 교회에서 하는 싸움은 그런 싸움이 아닙니다. 우리의 싸움은 무엇입니까? 하나되게 하신 것을 지키는 싸움입니다. 교회에서는 훨씬 이런 훈련을 많이 해야 합니다. 이런 싸움을 더 많이 하도록 격려해야 됩니다.

정비석 씨가 쓴 『홍길동』에 이런 대목이 나옵니다. 학조대사가 홍길

교회

동에게 묻습니다. 폭포로 데리고 가서 폭포물이 흐르는 것을 보여줍니다. 폭포를 보고 "무엇을 깨달았느냐?"고 묻습니다. 사람이 뜻을 낮출수록 공감하는 자가 많다는 것을 배웁니다. 물은 아래로 흘러서 내려올수록 많아지죠? 시냇물이 강물이 되고 강물이 바닷물이 됩니다. 뜻을 낮출수록 동조자가 많아진다는 것입니다.

신앙생활을 하다가 여러분이 많은 동조자를 얻는 때가 언제인지 생각해 보십시오. 보통은 그 사람이나 내가 본성적으로 가진 이야기들, 누구는 싫고 밉고 하며 헐뜯을 때 동조자가 많습니다. 의외로 신앙적이고 경건한 일을 하려고 할 때는 동조자가 없습니다. 세상에서는 물론 교회 안에서도 그렇습니다. 이는 한국교회가 방향과 목표 설정을 잘못하고 있기 때문에 그렇습니다. 교회는 동조자가 그나마 많은 곳이 되어야 합니다. 적어도 교회는 온유하고 겸손한 것이 대접을 받아야 하고, 그 일에 대한 격려가 있어야 하는 곳입니다. 그래야 나가서 동조자가 없는 곳에 가서도 싸울 수 있습니다. 그런데 교회마저도 서로 헐뜯는 일이 다반사가 되고 말았습니다. 선교를 한다, 구제를 한다, 전도를 한다, 철야기도를 한다, 금식기도를 한다는 것이 동원되고 있는데, 이런 것들은 이 터 위에 세워서는 안 되는 것들입니다.

우리는 훨씬 더 온유하고 겸손하고 오래 참고 용납해야 합니다. 이 얼마나 어려운 일입니까? 성경을 제대로 추적해 들어가면, 하기 싫은 것만 하라고 합니다. 쉬운 것은 하라고 시키지 않습니다. 그래서 성경이 요구하는 모든 일은 마태복음 16:24에서 말씀한 바와 같이 자기를 부인하고 자기 십자가를 지지 않고는 절대로 할 수 없는 것입니다. 이것이 바로 이 터 위에 세울 수 있는 건물입니다. 예수 그리스도라는 터 위에 유일하게 세울 수 있는 것입니다.

여러분은 어떤 터 위에 집을 짓고 계십니까? 혹시 다른 터 위에 집을 짓고 계신지도 모릅니다. 그런 것을 모래 위에 지은 집이라고 합니다. 종교적인 행사, 종교적인 열심과 종교적인 성의도 있었는데 성경이 요구하는 것이 아니라면, 그날에 많은 사람이 말하는 것같이 "주여, 우리가 주의 이름으로 선지자 노릇하고 주의 이름으로 귀신을 쫓아내고 주의 이름으로 많은 권능을 행하지 않았습니까?"라고 할지라도 "내가 너희를 도무지 알지 못하나니, 불법을 행한 자들아" 하는 꾸중을 듣게 될지도 모릅니다. 이곳이 바로 우리의 분별이 필요한 신앙의 자리입니다.

신앙이라는 것이 무엇입니까? 주를 닮아 가고 주 안에서 커 가는 것입니다. 잊지 마십시오. 성령의 아홉 가지 열매를 맺어야 합니다. 사랑과 희락과 화평과 자비와 양선과 온유와 절제, 그리고 오래 참음이 있어야 합니다. 일흔 번씩 일곱 번 용서하는 싸움이 있어야 합니다. 무슨 일이 있어도 여러분의 입 밖으로 더러운 말이나 조롱하는 말이 나오지 않도록 하십시오. 여러분의 입을 묶으시고 마음의 쓴 뿌리를 뽑아내는 작업을 하셔야 됩니다. 주님이 싫어하는 것을 여러분이 싫어하도록 피 흘리기까지 싸우셔야 합니다. 그것이 성경이 이야기하는 터 위에 세울 수 있는 유일한 건물입니다. 이 건물을 짓지 않고 모두가 다 자기 방식으로 건물을 짓고는 하나님께 와서 준공 검사를 해 달라고 합니다.

여러분이 보이는 태도나 일이 누군가를 정죄하기 위해서 하는 것이냐, 아니냐를 늘 점검하십시오. 내가 한 일로 인해 용서받고 누군가의 허물이 덮어지고 남이 드러나는지를 보십시오. 그렇지 않다면 내가 남의 시체 위에 군림하고 있는 것입니다.

그것이 바로 이 터 위에 세우는 건물의 진위를 가늠해 보는 유일한 길입니다. 교회 안에는 자기를 증명하고 남을 비웃는 사람이 등장하면 금방 시험을 받습니다. 이것은 본성에서 나온 것입니다. 잘난 척하는 것은 인간이 타고난 재주입니다. 그래서 그런 사람이 교회에 들어오면 누구나 쉽게 적발됩니다. 그 사람을 정죄하려고 하지 마십시오. 내버려 두시고 여러분이 그것을 싸워 이기십시오. 그것이 오늘 성경이 우리에게 말하는 바입니다. 마지막 날에 우리가 살아온 생애, 주의 자녀로 살았던 생애를 주님이 채점하실 것입니다. 그때 부끄러운 구원을 받지 않도록 주의하십시오.

여기에서 불로 태워 없어진다고 해서 구원이 취소된다는 것은 아닙니다. 오늘 본문에도 있는 바와 같이 구원은 취소되지 않지만 부끄러운 구원을 얻을 것이라고 이야기합니다. 불 가운데서 얻는 구원, 부끄러운 구원을 얻는다는 말입니다. 여러분의 신앙이 영원한 것을 목표로 하고, 하나님의 자녀로서의 점수를 받기 위한 시험을 보기 시작했다는 것을 기억하십시오. 대학 입학시험으로 국어·영어·수학을 본다고 했는데 미술·지리·음악 이렇게 준비해 가지고 가는 바보는 없습니다. 누가 더 키가 큰가 하는 이런 것은 아무 의미도 없습니다. 우리가 예수를 믿는다고 이야기했을 때, 예수님은 무엇을 요구하십니까? 하나님께서 우리를 무엇으로 채점하실 것인지에 대하여 주의를 기울이고, 우리의 모든 정성과 초점을 맞추어서 준비해야 될 것입니다.

헛되지 않은 인생, 하나님 앞에서 칭찬을 받는 신자로서 많은 열매를 맺는 신앙 인생을 걸으시기 바랍니다.

14

직분

그가 어떤 사람은 사도로, 어떤 사람은 선지자로, 어떤 사람은 복음 전하는 자로, 어떤 사람은
목사와 교사로 삼으셨으니 이는 성도를 온전하게 하여 봉사의 일을 하게 하며 그리스도의 몸
을 세우려 하심이라. 우리가 다 하나님의 아들을 믿는 것과 아는 일에 하나가 되어 온전한 사
람을 이루어 그리스도의 장성한 분량이 충만한 데까지 이르리니.

그리스도의 선물의 분량대로 은혜를 주심

에베소서 4:11 말씀은 7절에서 연결되는 말씀입니다. "우리 각 사람에게
그리스도의 선물의 분량대로 은혜를 주셨나니"(엡 4:7), 그가 혹은 사도로,
혹은 선지자로, 혹은 복음 전하는 자로, 혹은 목사와 교사로 주셨다고 했습
니다.

　지구상에 있는 교회들은 어떤 의미에서 두 가지로 나눌 수 있습니다.
하나는 조직 일변도이고 다른 하나는 조직에 전혀 반대하는 부류입니다.
조직으로 제일인 곳은 천주교입니다. 천주교가 조직 중에서 가장 강하고
다음으로는 감리교단이 아닌가 여겨집니다. 조직을 가장 많이 반대하는
데는 무교회주의자들입니다. '무교회주의'는 일본 사람 중에 우찌무라 간
조(內村鑑三)가 대표적인 인물이고, 우리나라에서는 함석헌 선생이 대표적

인 분입니다. 교회의 조직과 권위주의 때문에 상처 입은 사람들이 반대 입장에 선 것이 무교회주의입니다. 조직과 권위주의, 특별히 성직권을 강조하는 데가 천주교이고, 그다음이 감리교, 성공회, 장로교 순입니다. 그리고 조직을 조금 반대하는 쪽이 침례교입니다. 침례교는 원칙적으로 목사 하나밖에 인정하지 않는 편입니다. 여기서 더 나아가면, '형제회'가 있습니다. 'Brethren Church'는 목사, 장로, 집사 어떤 것도 인정하지 않고 교인만 모이되, 모인 중에서 누구든지 일어나서 설교하고 기도하며 그때그때 성령님께서 인도하시는 대로 예배를 이끕니다. 퀘이커 교도들도 이런 형태를 취했습니다.

이런 일들은 다 하나님이 허락하신 것과 그것을 시행하는 중에 일어나는 부작용을 혼동할 때 야기되는 것입니다. 본문이 지시하는 것을 추적해 보면 재미있는 사실을 알게 됩니다. 사도 바울이 에베소서 4:11에 쓴 것처럼, 목사나 교사, 말하자면 교회라는 것 자체도 인간의 작품이 아니라는 것을 이해하지 못해서 여러 가지 분파가 생겼음을 알게 됩니다.

교회는 인간이 만든 기구가 아닙니다. 기업 경영적 차원에서나 교육의 효율성을 위해서 만든 것이 아니라 하나님께서 지시하시고 강조하신 것입니다. 교회의 머리로 예수님을 주셨고, 그 몸으로 우리를 부르셨습니다. 교회는 결코 인간의 창조물이 아닙니다. 그러므로 우리가 교회를 부정하는 것은 성경이 말하는 것과 어긋나는 것입니다.

또한 교회 안에 있는 여러 직분들, 사도, 선지자, 복음 전하는 자, 목사, 교사 등은 분명히 주님께서 시키신 일인 것입니다. 더 나아가 집사, 장로 등의 봉사 직분들은 주님께서 요구하신 것은 아니지만 사도들이 교회로 모인 것의 필요성에 의해 정한 것들입니다. 따라서 교회 정치나 행정을 보면 주님께서 정하신 직분은 보통 항존직(恒存職)이라고 합니다. 교회 안에 이런 직분은 꼭 있어야 됩니다. 항존직 중에는 장로가 들어갑니다.

장로라고 하면, 우리 식으로 말하자면 안수집사, 장로, 목사까지가 장로(長老)라는 이름 속에 포함되어 있습니다. 그리고 해마다 임명하는 서리집사는 교회가 행정 관리와 봉사의 필요성에 의해서 임시로 정한 직분이기 때문에 이를 임시직이라고 합니다. 임시직이니 항존직이니 하는 표현이 듣기에 따라 불쾌하게 들릴 수 있으나 무슨 뜻인지를 알면 재미있습니다. 교회에 꼭 있어야 되는 어떤 직분, 하나님께서 교회를 만드셔서 우리 성도들에게 유익을 끼치려 할 때, 교회에 꼭 있어야 되는 어떤 직분들, 그것은 항존직입니다. 그러나 그것 외에 현실적인 필요와 효율성을 위하여 만든 직분들은 임시직이라고 합니다.

본문에는 사도, 선지자, 복음 전하는 자, 목사, 교사, 이런 이름들이 나옵니다. 우리가 기억해야 될 것은 12절 말씀과 같이 "이는 성도를 온전하게 하여 봉사의 일을 하게 하며 그리스도의 몸을 세우려"고 주신 것이지, 그 직분으로 인해 본인들이 빛나라고 주신 것이 아니라는 사실입니다. 따라서 무교회주의도, 형제회도, 침례회도 서로 구별할 필요가 없는 것입니다. 어디든 저는 별 차이가 없다고 생각합니다. 장로교가 더 행정 관리를 잘하는가, 침례교의 행정 관리가 더 뛰어난가 하는 것은 교인들이 누가 더 이익을 보느냐에 대한 것이 되어야지, 그 외에는 논외일 뿐입니다.

요즘으로 말하면 대통령 책임제냐, 내각 책임제냐 묻는 것과 다를 바 없습니다. 어느 것이 더 낫습니까? 내각 책임제가 더 나은 것입니까, 대통령 책임제가 더 나은 것입니까? 그러나 사실 이것은 논외입니다. 제도란 어떻게 쓰느냐가 문제입니다. 세상에서 제일 민주주의가 발달한 영국에는 여왕이 있지 않습니까? 그렇다고 해서 그 나라가 왕정 국가입니까? 아닙니다. "어떻게 쓰느냐"입니다. 그래서 우리가 살펴보려고 하는 것은 도대체 하나님께서 교회를 창조하시고 예수 그리스도가 교회의 머리가 되시며 교회 안에 이런 직분들을 만들어서 무엇을 하시려는가 하는 것입니다. 이로 인해 어떤 이익이 있으며 어떤 계획을 갖고 계신지를 깨우치심으로써 교회라는 것, 우리가 함께 모인다는 것, 한 교회에서 어떤 직분을 맡는다는 것이 도대체 어떤 의미를 갖느냐 하는 것을 분명히 하시고자 하는 것입니다.

교회의 직분

그동안은 교회의 성직권을 강조하는 것이 일차적으로 문제가 되었습니다. 말하자면 그런 문제에 있어서는 천주교나 감리교식으로 교회 안의 어떤 신령한 일의 집행권을 성직자들이 홀로 가지는 것이 되어서, 상식 이하의 일이 생겨도 평신도 입장에서는 전혀 항소를 할 수 없었던 것에 대해 불만이 컸습니다.

　문제는 이것 때문이었습니다. 성직자들이 중요한 일을 맡았다는 것과 그가 중요한 사람이라는 것이 혼동되어서 생긴 것입니다. 맡은 일이 중요한 것과 그 사람이 중요한 사람이라는 것은 사실 다릅니다. 교회 안에 직분을 세운 것은 그 직분을 통하여 하나님이 어떤 일을 하고 싶으시기 때문입니다. 목사나 집사를 세우시고, 어떤 봉사를 하게 하신 것은 질서와 규모가 있게 하시려고 그런 것입니다. 왜냐하면, 인간은 질서나 규모가 없어서 최선으로 판단된 상식이나 기준이 주어지지 않으면 혼란이 오기 때문입니다. 하나님은 목사가 있어야 일을 하시고 집사가 있어야 일을 하실 만큼 손발이 없고 능력이 없는 분이 아니십니다.

　이 사실을 분명하게 알고 있다면, 목사나 집사, 장로가 제일 중요하다고 이야기해서는 절대로 안 됩니다. 자기가 맡은 일은 중요합니다. 그러나 자기에게 맡겨진 그 일 때문에 자기도 드러나는 것이지, 어떻게 자기 하나 때문에 일이 좌지우지되겠습니까? 우리는 원님을 태운 '당나귀'였을 뿐입니다. 그런 의미에서 우리는 사도 바울이 고린도전서에서 "우리는 하나님의 동역자들이요 너희는 하나님의 밭이요 하나님의 집이니라"(고전 3:9)고 고백한 것을 기억해야 합니다.

집을 짓고 밭을 일구기 위해서 일꾼을 부르신 것입니다. 우리가 '하나님의 동역자'라고 불린다는 말은 '강하다'는 말이 아닙니다. 우리는 그저 값 주고 부르신 일꾼이고, 여러분이 궁극적인 목표입니다. 여러분이 자녀이고 여러분이 목적물입니다. 교회의 목사, 장로, 집사는 더 이상 자기 자신을 위해서 있는 게 아니라 교인을 위해서 존재하는 것입니다.

그러나 오늘날 교회들은 집사로 임명해서 사람을 붙잡아 놓는, 모든 신자의 간부화를 만들어 놓았습니다. 무슨 감투든지 씌워 가지고 다른 교회로 빠져나가지 못하게 만들어 놓은 것입니다. 임명할 만한 사람이 아닌데 집사로 임명된 분들이 허다합니다. 교회에서 집사나 장로로 임명받거나 성직자가 되었다면 그때부터 그 사람은 더 이상 개인의 삶이 없어야 합니다. 물론 사람이기 때문에 쉬어야 하고 어디 가서든지 긴장을 풀어야 합니다만, 그것도 숨어서 풀어야 합니다. 혹시 여러분 중에 특별히 성직자와 개인적인 친분을 가지게 되거든 어디 가서 자랑하지 않아야 합니다. 오히려 여러분들에게 감당하지 못하는 교역자를 위해서 하나님이 맡긴 잠깐의 특별한 사명이었다고 생각하셔야 합니다.

제가 어떤 집에 심방을 갔습니다. 그 후 다른 집의 심방 요청이 있었는데, 사정상 제가 못 가고 대신 강도사를 보냈습니다. 그 자리에는 전날 제가 심방 갔던 집의 여자 집사님이 같이 참석해 있었습니다. 강도사가 가니까 집주인이 왜 목사님은 못 오셨냐고 물었습니다. "아, 목사님은 심방 안 하기로 하셨습니다." 그러니까 같이 있던 분이, "우리 집엔 어제 목사님이 오셨던데요?" 그래서 난처해졌습니다. 그 집에 혹 목사가 왔었다면, 그래서 자랑스러운 것이었다면 숨기셔야지, "우리 집엔 왔는데요!" 하며 모든 사람 앞에서 목사와의 개인적인 친분이 있고, 그래서 혜택을 받은 것을 뽐

내는 것은 잘못된 것입니다. 목사가 직접 갔다면 그만큼 심각했다는 뜻일 것입니다. 강도사가 가서는 마음이 안 놓여서 목사가 갔다는 뜻인데, 따지고 보면 그렇게 자랑일 것도 없는 셈입니다.

이렇게 말씀드립니다만, 목사는 쉴 틈이 없다는 것을 조금 이해해 주십시오. 어디 가서 좀 쉬어야 합니다. 그런데 한 번 보면 "열 번 봤다"고 하고, 한 번 가서 한 번 돌아왔는데도 "갈 때마다 왔더라"고 과장하여 묘사되는 게 목사입니다. 서로 오해하지 말아야 합니다. 목사 스스로 오해하는 것도 있겠고, 목사와 성도가 함께 오해하는 것도 있습니다. 우리는 그렇게 존재합니다.

교회도 그렇습니다. 맡은 일이 중요하다는 것과 사람이 중요한 것은 다릅니다. 이것을 명심해야 합니다. 사람들은 '원님을 태운 당나귀'가 자기가 잘난 줄 알고 있었던 것과 같은 실수를 합니다. 반면 모든 조직과 직분을 무시하고 그저 마음에 있는 대로 모든 조직과 형식을 부정하는 것이 무교회주의나 형제회 같은 것입니다. 진심이 있다는 것은 좋습니다. 그러나 그 사람들은 인간은 그렇게 강하지 않다는 것을 모릅니다.

이런 게임이 있습니다. 눈을 감게 하고 일 분이 되면 일어나도록 하는 게임입니다. "일 분이 지났다고 생각될 때 일어나십시오." 그러면 몇 초쯤 지나서 사람들이 일어나는지 아십니까? 10초를 전후로 해서 사람들이 일어난다는 통계가 있습니다. 사람을 고문할 때 가장 심한 고문 중의 하나가 시간 개념을 빼앗는 것입니다. 독방에 집어넣고 빛이 들어오지 않게 한 뒤, 식사를 시간 맞춰 주지 않고 아무 때나 줍니다. 그러면 하루가 지났는지, 한 시간이 지났는지, 구별할 수 없게 됩니다. 해가 진다든가, 해가 뜬다든가 하는 개념도 없어집니다. 시간을 가늠해 볼 것이 아무것도 없게 되면 사람은 미치게 됩니다. 그렇게 인간은 아무것도 아닌 존재입니다. 하나님께서 여러 직분을 세우신 것은 인간이 그렇게 하는 것이 필요했기 때문입니다. 이를 겸손히 인정해야 됩니다.

우리 교회에서 영적인 각성운동이 일어나고 기도의 불이 붙은 것을 감사하게 생각합니다. 지난번에 구역장들끼리 모여서 기도회를 하면서 공공연하게 부탁드렸던 게 있습니다. "끼리끼리는 가지 마십시오"라는 부탁이었습니다. 한두 사람이 사적인 기도를 하는 것은 상관없지만, 구역장과 구역원들을 다 데리고 구역 단위로 간다든가, 몇 사람만 모여서 가지는 말라고 그랬습니다. 그럴 때는 반드시 교역자를 초청하십시오. 그렇게 하는 것은 하나님께서 교역자에게 큰 능력을 주어서도 아니고 교역자에게 영적인 문제에 있어서 어떤 권위와 지혜를 허락하셨기 때문도 아니라, 그를 통해서 역사하시는 사람으로 세우셨고 그런 일에 남다른 간섭이 있기 때문입니다.

해보시면 아시겠지만 영적으로 깊은 경지에 들어가려고 하면, 자신이 경험이 없고 그 부분에 무지하다는 것을 금방 발견하게 될 것입니다. 쉽지 않습니다. 보통 신앙 면에서 문제가 생긴 사람들 중에 게을러서 문제가 생긴 사람은 거의 없습니다. 꼭 열심을 내서 탈이 납니다. 물론 열심을 내지 말라는 것은 아닙니다. 열심을 낼 때마다 조심해야 된다는 말입니다. 이부분에 대해서도 분명히 가르쳐 주는 사람이 있어야 되고, 그런 부분에 대해서 먼저 경험한 사람, 먼저 알고 있는 사람이 필요합니다. 최소한 장로님들, 권사님들, 이런 분들을 초청하시고 같이 하셔야 합니다. "나는 구역장을 오래했다." 그것도 큰 경력이 됩니다. 그런 면에서 볼 때에는 어려서부터 교회에서 자란 사람이 아무래도 앞서 있습니다. 그것을 절대로 과소평가하지 마시기 바랍니다.

우리는 이 부분부터 확인하고 들어가야 합니다. 교회에서 하나님은 도대체 어떤 지체들을 부르셔서 어떤 직책을 주셨는가 하는 부분입니다. "교회는 예수 그리스도께서 머리가 되시고, 우리를 각 지체로 부르신 곳"입니다. 이 사실은 매우 중요합니다. 우리를 각 지체로 부르셨고, 교회 안에서 두드러져 보이는 직분 이외에도 한 지체로서의 기능을 담당하라고 부르셨습니다. 다른 의미로 보자면 교회에서는 뜻밖에도 말씀을 맡은 사람들, 곧 사도나 선지자인 목사나 교사는 그 일을 위해 부른, 말하자면 가정교사이고, 여러분들이 그리스도를 머리로 한 실제적인 몸입니다. 목사는 그런 의미에서는 몸의 지체가 아닐 수도 있겠습니다. 오히려 성도들을 지체로서의 충실하고 정확한 위치에 서게 하며 책임을 완수하도록 부르신 종일 것입니다. 그러니까 정작 필요한 것은 여러분 자신입니다.

우리가 교회다

목사와 장로가 교회를 이루는 것이 아닙니다. 교회는 불러 모으신, 하나님께서 피로 값 주고 사신, 성도 여러분들이 교회라는 이름을 갖고 힘을 가져야 됩니다. 그러니까 목사는 신자들을 책임 완수하게 하고 서로 협력하게 하며 영적으로 자기 수준과 위치를 파악하도록 할 때 유능한 것입니다. 목사가 똑똑하고 공부 많이 했으며 인격이 뛰어날 때 유능한 게 아닙니다. 이 부분이 바로 중요한 싸움거리입니다.

하지만 오늘날의 교회는 그 교회 목사가 누구냐로 점수가 매겨집니다. 이렇게 이야기하는 것을 용서하십시오. 사실이 그렇습니다. 무슨 교회, 어느 목사가 성도를 얼마나 불러 모았는가, 그 목사가 얼마나 설교를 잘하는가를 봅니다. 성도들은 유명한 학원 강사 밑에 우르르 몰리는 수강생이 되고 말았습니다. 그만큼 교회가 실패한 것입니다.

그런데도 우리는 모르고 있습니다. 목사가 최소한 돈 문제, 명예 문제, 여자 문제에서 깨끗하고 그저 설교만 잘하면 된다고 생각하는데, 그것으로 다는 아닙니다. 우리 교회들이 너무 상식 이하의 실수를 하는 바람에 적극적인 면에서 하지 않은, 단지 실패하지 않은 것만으로도 박수를 치는 형편에 이르고 말았습니다. 아닙니다.

교회란 여기 본문 말씀대로 하자면 이렇습니다. "우리 각 사람에게 그리스도의 선물의 분량대로 은혜를 주셨나니"(엡 4:7). 또한 11절에 "그가"가 나오는데 "친히"라는 말이 빠졌습니다. "그가 [친히] 어떤 사람은 사도로, 어떤 사람은 선지자로, 어떤 사람은 복음 전하는 자로, 어떤 사람은 목사와 교사로 삼으셨으니"(엡 4:11)라고 합니다. 즉 각 사람에게 이런 일은 대표적인 것이고, 그 외에도 허다한 모습을 보여주셨습니다.

예를 들면 이런 것입니다. 한동안 의학계에서 맹장은 필요 없는 장기로 간주된 적이 있었습니다. 맹장은 진화 과정에서 퇴화된 장기이니까 잘라 버리는 게 낫다, 그래서 개복수술을 할 경우가 생기면 맹장까지 잘랐습니다. 하지만 지금은 맹장을 일부러 떼어 내지는 않습니다. 그것도 나름대로의 기능이 있다고 판명되었기 때문입니다. 또한 편도선이 잘 부으면 고통스러우니까 아무 쓸데없다고 수술했는데, 이것도 아니었습니다. 인간이 진화되는 과정에 있는 것이라면 잘라 낸다는 말이 성립이 되겠으나, 하나님의 창조물이라면 이야기는 사뭇 달라집니다.

우리 몸 중에는 그 기능이 무엇인지 모르는 것들이 굉장히 많습니다. 왜 있는지 모르는 것, 그렇다고 해서 그것이 쓸데없는 것은 아닙니다. 몸에 뼈가 몇 개 있는지 우리는 잘 모릅니다. 알면 이미 우리 몸에 병이 난 것입니다. 허리가 있는지를 아는 사람은 이미 병이 난 사람입니다. 건강한 사람은 허리가 있는 줄을 모릅니다. 손이 목 뒤로 자꾸 가거든 조심하십시오. 그것은 목이 건강하지 않다는 뜻입니다. 있는 줄을 모르고 무심한 것, 이것이 건강입니다. 사랑니가 있는 것을 언제 압니까? 썩었을 때 압니다.

교회의 신자들이 잊고 있는 것 중의 하나는 어떤 교회에서든지 하나님의 놀라우신 부름으로 출석하고 있으면서도 각자에게 분명하게 부여된 어떤 기능(직책)이 있다는 사실을 모른다는 것입니다. 어떤 기능은 두드러지나 어떤 기능은 잘 드러나지 않습니다. 이 본문에서 보자면 말하는 것, 곧 목사가 하는 일이 가장 두드러집니다. 하지만 사실 목사는 기능이 아니라고 말해야 맞습니다. 말하는 것은 기능이 아닙니다. 우리도 말을 많이 합니다만 말하는 것 자체가 어떻게 되는 것은 아닙니다. 말로 걷거나 말로 먹거나 하지 않습니다. 그러나 말이 있어야 의사를 소통하기 때문에 먹는 것도, 가는 것도 가능하게 됩니다. 정작 가는 것은 다리로 가는 것입니다. 먹는 것도 손을 뻗쳐서 집어넣고 씹어야 되는 것이지, 말로 씹지는 않는 것입니다. 말로 하면 힘들 게 어디 있겠습니까? 말로 축구했으면 벌써 월드컵 수십 번 우승했을 것입니다. 그러나 그것은 아닙니다.

목사란 어떤 의미에서는 말쟁이에 불과할지도 모릅니다. 말로 여러분에게 진리에 이르는 지식을 전해 주고, 약속으로 가르치며 훈계하는 일을 해서 여러분을 충만하게 합니다. 신자들은 그런 의미에서 나름대로의 위치와 기능과 책임이 있습니다. 그다음에 우리가 확인해야 할 것은 교회 안에 얼마나 많은 기능이 필요한가를 깨닫는 것입니다. 내가 교회 안의 어떤 주체로 부름 받았는가 하는 것을 하나님 앞에서 확인 받아야 합니다. 이것이 필요합니다. 힘이 되는 일을 한다는 것같이 필요한 것은 없습니다.

여러분, 우리 몸에서 가장 필요한 것이 있다면 무엇이라고 생각하십니까? 뼈와 살, 피와 신경, 이 넷 중에 가장 필요한 것은 무엇일까요? 뼈와 살과 핏줄과 신경조직 중에 어느 것이 가장 중요합니까? 그러나 문제는 그중 어느 것이 가장 필요하다, 가장 중요하다고 말할 수는 없다는 것입니다. 어느 것이 고장났느냐에 따라서 중요성이 달라지기 때문입니다.

그러나 이것 네 개로만 사람의 모양이 갖추어져 있다면 어떻게 보이겠습니까? 뼈에 신경과 핏줄만 얽혀 있습니다. 거기 근육이 붙습니다. 생명이 공급되고 명령이 전달되어도 근육이 붙어 있지 못하면 움직이지 못합니다. 근육까지만 붙어 있어도 안 됩니다. 피부가 덮여 있어야 합니다. 군이 따지면 생명에 직접 필요한 것이 아닌 것 같으면서도 가장 중요한 것은 피부입니다. 피부, 우리 모두 아침마다 한 시간에 걸쳐서 치장하는 것이 피부 아닙니까? 그나마 전체도 아닌 일부분을 말입니다. 가장 기능이 적은 곳을 가장 많이 손질합니다.

교회도 그렇습니다. 덜 귀한 것을 중히 여긴다고 고린도전서 12장에 사도 바울이 분명히 묘사를 하고 있습니다. 여기에 교회에서 두드러지게 대접을 받는 것이 가장 귀중한 것이거나 소중한 것은 아니라고 분명히 못 박고 있습니다. 결국 싸움은 이것입니다. 우리는 "누구의 박수를 받고 싶은 것인가" 하는 것입니다. 결국 우리는 사람의 박수를 받고 싶어 합니다. 마태복음 6장에서 그 부분에 대해 이렇게 말씀하고 있습니다.

사람에게 보이려고 그들 앞에서 너희 의를 행하지 않도록 주의하라. 그리하지 아니하면 하늘에 계신 너희 아버지께 상을 받지 못하느니라(마 6:1).

사람에게 보이느냐, 하나님께 보이느냐의 싸움은 결국 영적인 분별력에 관한 싸움이 됩니다. 교회란 그런 의미에서 영적인 분별력으로 깨우치며 훈련시키는 장소이어야 되고, 십자가를 지는 것, 죽는 것, 하나님 앞에서의 충성으로 자기 훈련을 앞에 놓고 노력해야 되는 것입니다.

교회가 흔들리는 것은 사람 앞에 칭찬받는 것과 보이는 것에 대한 입김이 강해질 때입니다. 그것을 알아야 합니다. 그것이 쉽지 않기 때문에 우리는 그 부작용을 맛보고 몸부림치게 됩니다. 그러나 그러한 부작용이 두렵다고 해서 그 일을 하지 않거나 타협할 수도 없습니다. 성경이 하는 말씀입니다. 이것이 여러분에게 드리는 중요한 기도 제목입니다.

주께서 나를 이 교회에 보내시며 신앙생활하는 중에, 이 교회에서 내가 성도들 앞에 보이거나 보이지 않는 것을 떠나서 하나님 앞에 부여받은 내 책임은 무엇인가, 나는 이 몸 된 교회의 어디에 소속되어 있는 것인가, 내가 할 일은 무엇인가를 위해 기도해야 합니다. 하나님이 귀히 여기시고 맡기신 중요한 사명 앞에서 더 충성하고 경건하게 연습하며 신령한 훈련을 쉼 없이 해 나가는 재미와 진전이 있어야만 되는 것입니다. 그것이 교회입니다.

그 일을 위하여 모두가 함께 지어져 가는 기적의 과정을 맛보기로 결심하고 기대하고 모이며, 그런 약속을 근거로 기도 제목을 정하고, 사람들을 보고 용서하며 위로하는 일에 여러분이 한몫을 담당하시기를 바랍니다.

15

말씀을 맡은 자

고후 10:9-11

이는 내가 편지들로 너희를 놀라게 하려는 것같이 생각하지 않게 함이라. 그들의 말이 그의 편지들은 무게가 있고 힘이 있으나 그가 몸으로 대할 때는 약하고 그 말도 시원하지 않다 하니 이런 사람은 우리가 떠나 있을 때에 편지들로 말하는 것과 함께 있을 때에 행하는 일이 같은 것임을 알지라.

사도 바울을 바라보는 시각틀

사도 바울은 고린도 교회 교인들 중에 어떤 반대파들로부터 자신의 부족함과 결점을 지적당한 내용을 소개하고 있습니다. 그가 쓴 편지의 내용은 좋고 말투도 힘이 있는데, 그 생긴 것이나 말하는 것은 시원치 않다는 지적을 받은 것을 이야기합니다. 이것을 근거로 할 때, 실제로 사도 바울의 외모가 볼품이 없었고 말을 좀 더듬었거나 매끄럽지 못했을 것으로 추측됩니다. 그랬을 가능성이 없지는 않습니다. 그러나 사도 바울이 꼭 외모가 못나고 말을 못했을까 하는 것에는 얼른 수긍할 수 없는 대목들이 있습니다. 이것은 사도 바울을 어떻게 보느냐 하는 시각에 달린 문제인 것 같고, 다른 문제는 아닐지도 모릅니다. 왜냐하면 사도행전 14장에 다음과 같은 기록이 나옵니다.

루스드라에 발을 쓰지 못하는 한 사람이 앉아 있는데 나면서 걷지 못하게 되어 걸어 본 적이 없는 자라. 바울이 말하는 것을 듣거늘 바울이 주목하여 구원 받을 만한 믿음이 그에게 있는 것을 보고 큰 소리로 이르되 네 발로 바로 일어서라 하니 그 사람이 일어나 걷는지라. 무리가 바울이 한 일을 보고 루가오니아 방언으로 소리 질러 이르되 신들이 사람의 형상으로 우리 가운데 내려오셨다 하여 바나바는 제우스라 하고 바울은 그중에 말하는 자이므로 헤르메스라 하더라(행 14:8-12).

무리들은 바나바를 향해 제우스라 하고, 바울은 제우스의 명령을 전달하는 신인 헤르메스라고 했습니다. 헤르메스는 오늘날로 말하자면 공보관 같은 것입니다. 당시의 헤르메스 신은 웅변가들의 수호신으로 되어 있었습니다. 즉 바울이 말을 잘 했던 것 같다, 이것입니다. 바울이 말하는 것을 듣고 바울을 헤르메스라고 지칭했을 정도였으니까, 그가 말을 못했을 것이라는 이야기는 설득력이 없습니다. 나중에도 나오지만 아그립바 왕 앞에 섰을 때에 바울은 자신을 변호하는 장면에서 아주 매끄럽게 말합니다. 기록된 내용들을 보시면, 아그립바 왕이 "네가 적은 말로 나를 권하여 그리스도인이 되게 하려 하는도다"(행 26:28)라고 핀잔하는 대목이 나옵니다.

이와 같은 것을 볼 때, 사도 바울이 꼭 말을 못했다고 여겨지지는 않습니다. 오히려 여기에는 무언가 배경이 있는 것 같습니다. 그 당시는 로마 시대였지만 그리스 문화를 이어받은 때였기 때문에 웅변에 대한 가치가 아주 높았을 때입니다. 그때 웅변의 가치, 웅변의 평가 기준은 사고력이나 내용보다는 수사학적 미사여구를 누가 더 잘 구사하느냐 하는 것이었습니다.

사도 바울을 향해서 비난했던 이들이 볼 때, 그들은 능력 있고 매력 있어서 바울에 대해 비난을 퍼붓는 것이고, 바울 쪽에서 보자면 그들이 가치를 두는 것과는 전혀 다른 가치로 무장한 자기 자신을 나타내기를 부끄러

위하지 않고 자랑했던 것입니다. 내가 왜 이렇게 일을 하는가를 증명하며, 자기가 맡은 일은 세상적인 일이 아니고 하나님께 속한 것임을 증명하는 데 초점을 모으고 있는 것입니다.

사실 설교 자체는 논리적이지 않습니다. 수사학적이지도 않습니다. 설교는 진리와 생명에 관한 것입니다. 설교를 매끄럽게 한다고 해서 꼭 은혜가 되고 생명이 있는 것은 아닙니다. 말을 잘한다고 해서 상대방이 꼭 항복하는 것도 아닙니다.

우리 부목사님들이 심방 다녀와서 하는 보고 중에 제일 기가 막힌 보고가 있습니다. "오늘 어떤 집사님 집에 갔더니요, 집사님 보기에 목사님이 그렇게 잘생겼대요." 그러면서 킥킥킥 웃어요. 이것은 잘생겼다 못생겼다가 무슨 이목구비가 어떻게 생겼고, 얼굴과 체격이 어떠하냐의 이야기가 아닙니다. 생명의 말씀을 잘 전해 주어서 배부르게 먹고 나니 감사해서 눈이 바뀌어 버린 것입니다. 자기 자식은 다 예뻐요. 말은 '웬수'라 그러지만 말입니다. 손자 손녀 생각해 보세요. 모든 손주는 다 천재고 세상에 그렇게 예쁠 수가 없습니다. 다 자기 아이들은 예쁜 법입니다. 사람은 객관적이고 절대적이지 않습니다. 이해관계나 혈연관계, 그 어떤 것으로든 사람은 보는 기준이 다릅니다.

저를 책이나 설교 테이프로 알게 된 사람들은 저를 만나기를 소원하지만, 막상 저를 만나면 대부분 실망합니다. 실망하는 가장 큰 이유는 자기가 은혜를 받고 자기를 만족하게 해준 사람이라면 영적인 수준과 깊이가 있을 것이요, 이러저러하게 생겼을 것이라고 그리는 모습이 있는 것입니다. 그런데 그 모습과 제 모습이 전부 다 반대인 것입니다. 저를 펑퍼짐하고 나이도 좀 지긋하고 눈은 자애로운 그런 모습으로 상상합니다. 하지만 눈이 작고 빛이 나며 마른 체형에 '쌩' 하는 성격을 보고는 깜짝 놀라는 것입니다. 무슨 목사가 이렇게 은혜롭지 않게 생겼느냐는 것입니다. 그러나 우리 교우들은 처음부터 나를 봤으니까 어디 가서 푸근하게 생긴 목사님을 보면 도리어 이상해합니다. 저는 심방 가서 눈 큰 아이들을 보면 그렇게 이상합니다. 원래 아이들 눈은 작은 것으로 알고 있는데 눈이 큰 것을 보면 저러다 빠지지 않나 별 걱정이 다 됩니다. 그게 그렇다는 말입니다. 사실 여기에는 아주 중요한 문제가 개입되어 있습니다.

말씀을 맡은 자

고린도전후서에서 사도 바울이 계속 강조하는 것은 무엇입니까? "우리는 심부름꾼일 뿐 너희에게 전하는 것을 만든 자가 아니다", 이것을 강조하려고 애썼습니다. 그래서 하나님의 종이 모자라면 모자랄수록, 부족하면 부족할수록 그런 부족한 사람을 들어 쓰시는 하나님의 능력과 일하심의 기이함과 자비와 긍휼에 대해서 놀라는 것이 초점이지, "역시 하나님도 잘생긴 사람을 쓰는구나" 이것이 초점은 아니란 말입니다. "우리가 남다르기 때문에 구원을 주셨구나" 이것이 아닙니다. 바울이 말을 잘했느냐 못했느냐를 떠나서 바울에게 이런 문제로 시비를 걸고, 그의 생김새나 말에 대해서도 시비 거는 것은 이미 그를 공격하는 자들이 기준으로 삼는 것과 바울이 가진 기준이 전혀 다르다는 것을 알 수 있습니다. 우리도 이 문제로 인해서 무엇을 보아야 하는지를 다시 한번 돌아보는 기회를 가지게 됩니다.

설교는 조금 전에 설명한 것처럼 논리적인 싸움이 아닙니다. 설교는 권위적이고 선포적입니다. 목사가 윤리적·도덕적·인격적으로 일정한 수준에 있어야 하는 이유는 어떤 내용을 설명하기 전에 이미 권위 차원에서 선포되어야 하기 때문입니다. 적어도 그 말을 맡은 사람이 최소한 그 말을 듣는 사람들이 볼 때, 내용 전달 이전에 최소한 설득력을 가지고 있어야 하지 않습니까? 하나님의 종들은, 말씀을 맡은 하나님의 목사들은 도덕이나 인격 면에서 남다를 필요가 있는 것입니다. 목사가 더 많이 배웠다고 해서 설교가 더 효과가 있고, 목사가 인격자라고 해서 설교 내용이 더 좋은 것은 아닙니다.

예전에 기가 막힌 미인인데 머리가 조금 모자라는 여인과, 기가 막힌 두뇌의 소유자인데 아주 못생긴 남자가 한 시대에 산 적이 있습니다. 그 나라 온 국민이 아는 유명한 사람들입니다. 그래서 여인이 어느 날, 한 가지 아이디어를 내어 못생기고 머리 좋은 남자에게 편지를 보냈습니다. "나하고 결혼합시다. 그러면 우리가 낳는 아이가 당신 같은 두뇌와 나 같은 얼굴을 가지고 태어나지 않겠습니까?" 그러자 남자는 "당신 같은 두뇌와 나 같은 얼굴을 타고 태어나면 어떻게 하려고 그럽니까?"라고 답장을 보냈답니다. 역시 머리만큼 생각을 하는 거죠. 정말로 여자 말대로가 아니라, 그 남자가 이야기한 것처럼 거꾸로 되면 어쩌겠습니까? 하나님은 자비롭고 공평하셔서 머리가 좋지 않은 자에게도 유머를 주시고, 못생긴 사람에게도 좋은 머리를 주시는 공평하신 분입니다. 그리고 하나님은 하나님의 일을 하는 데에 남다른 재주가 있는 사람보다 재주가 없는 사람을 더 즐겨 쓰십니다. 그 이유는 그것이 우리의 작품이 아니라는 것을 증명하기 위해서입니다.

하나님의 일을 하는 자들의 실력은 어디에서 나올까요? 그 사람의 생김새나 머리, 노력에서 나오는 게 아닙니다. 그 사람의 성실함과 진실함, 지혜로움은 다 일차적인 증거에 불과합니다. 그 사람이 하는 말이라서 들어 볼 가치가 있다는 것이지, 그 사람의 지혜로움이나 잘생긴 것, 성실함이 전하는 내용을 상대방 마음에 받아들이게 하는 일에는 조금도 도움이 되지 않습니다. 광고 효과 이외에는 없습니다. 그래서 우리가 잘 아는 대로 고린도전서 1장에 가면 사도 바울이 이 문제를 고린도 교회 교인들에게 편지 시작부터 이렇게 풀어놓았던 것을 만나게 됩니다.

하나님의 뜻을 따라 그리스도 예수의 사도로 부르심을 받은 바울과 형제 소스데네는 고린도에 있는 하나님의 교회 곧 그리스도 예수 안에서 거룩하여지고 성도라 부르심을 받은 자들과 또 각처에서 우리의 주 곧 그들과 우리의 주 되신 예수 그리스도의 이름을 부르는 모든 자들에게 하나님 우리 아버지와 주 예수 그리스도로부터 은혜와 평강이 있기를 원하노라. 그리스도 예수 안에서 너희에게 주신 하나님의 은혜로 말미암아 내가 너희를 위하여 항상 하나님께 감사하노니 이는 너희가 그 안에서 모든 일 곧 모든 언변과 모든 지식에 풍족하므로(고전 1:1-5).

이 무슨 말인가 잘 보세요. 사도 바울은 말로 설득하지 않습니다. 말재주로 설득하지 않으며 그 내용의 합리성이나 논리성 같은 것으로 상대방을 납득시키려 하지 않습니다. 성령께서 저들의 마음을 움직여야 한다는 것을 압니다. 그 외에는 다른 방법이 없습니다. 만일 이것이 논리성에 관한 문제라면 구원 얻는 사람들은 똑똑한 사람들이어야 합니다. 그러나 어느 시대나 똑똑한 사람들은 예수 믿지 않습니다. 모자란 사람들이 예수 믿습니다. 세상적으로 따지자면 똑똑한 사람들이 예수 믿기를 거부하는 것 중의 하나가, "저건 똑똑한 사람들이 믿는 것이 아니요, 힘없고 모자란 사람들이 믿는 미신이다"라고 치부하기 때문입니다. 다른 말로 하면, 똑똑한 사람들이 예수를 믿는 것은 자기네들의 똑똑함을 증명하는 방법일 뿐, 자기네들이 근본적으로 구원이 필요한 존재란 것은 인식을 못하고 있다는 것입니다. 똑똑한 것이 아니지요.

우리가 전하고 믿으며, 우리가 소유하고 알고 있는 우리 신앙의 내용들은 추상적 개념에 관한 싸움이 아닙니다. 기독교는 도를 닦는 것이 아닙니다. 이건 이렇고 저건 저렇다는 말싸움이거나 깨우침의 싸움이 아닙니다. 생명과 인격에 관한 싸움입니다. 여기서 생명과 인격이라는 것은 살아 계신 하나님, 일하시는 하나님, 천지를 지으시고 천지를 섭리하시고 심판하시는 하나님, 그래서 역사에 개입하시는 하나님, 우리의 인생을 주장하시는 하나님에 관한 이야기입니다. 그분에 관해 우리가 설명하는 것이 아니라, 하나님이 말 그대로 역사와 온 우주와 내 인생의 주인이시며 깊이 간섭하고 계신다는 이야기입니다. 그것을 설명하고 설득하려는 이야기가 아니라, 하나님이 실제로 우리에게 그렇게 하신다는 것입니다.

그래서 우리로 하여금 하나님을 만나게 하시며 하나님 앞에 항복하게 하시고 죄를 깨닫게 하십니다. 우리가 깨닫는 것이 아니고, 우리가 예수 그리스도를 오라고 초청하지도 않습니다. 우리가 예수 그리스도의 필요성을 납득하고 여러 사람의 도장이나 서명을 받는 연판장을 돌리는 게 아닙니다. 우리가 아직 죄인 되었을 때에 아버지께서 예수 그리스도를 우리를 위하여 이 땅에 보내셔서 우리 죄를 위하여 죽게 하셨습니다. 그렇게 해야 우리를 구원하실 수 있습니다. 그동안 우리는 예수님이 왜 오셨고 죽으셨는지, 누구를 위해 죽으셨는지를 모릅니다. 하나님이 일하신 것입니다. 우리가 지금 사도 바울의 이 문제를 가지고 확인해야 되는 것은 이것입니다. 내가 어떻게 생겼다거나 내 말이 어떠하다거나 하는 것은, 너희가 하나님이 지금 일하시며 또 그가 누구신지 모르니까 문제를 삼고 시비를 건다는 이야기입니다.

주님께서도 예루살렘에 입성하실 때 나귀를 타고 들어가셨습니다. 모든 백성들이 "호산나 찬송하리로다" 하며 주를 영접하니까 반대파가 뭐라고 합니까? "금하시오!" 하지만 저들을 막으면 누가 외칠 것이라고요? 돌들이 다 외칠 것이라고 합니다. 그러니까 사도 바울은 "나는 당나귀라도 좋고, 돌이라도 좋다. 누가 이 이야기를 했느냐가 중요하지 않다. 내가 한 이야기가 무엇이냐가 중요하다"는 것입니다.

목사가 어떤 사람이냐는 것은 외모로나 세상적 가치로는 전혀 따질 것이 없습니다. 그가 무엇을 증거하고 무엇을 위하여 애를 쓰더냐 외에는 따질 것이 없다는 것입니다. 이것은 사도 바울이 하는 이야기입니다. 내 외모가 신통치 않아도, 내 말이 어눌해도 좋다, 이것입니다. 그런 게 문제가 아니라 내가 무엇을 전했느냐, 나를 반대하는 자들은 왜 나를 반대했느냐, 무엇 때문에 너희를 어디로 끌고 가려고 하느냐에 우리의 모든 초점이 있는 것입니다.

모든 신앙 내용들은 하나님께서 주신 것

요즘에는 내가 알고 믿는 것을 깨우치는 것만큼 내가 똑똑해서 예수를 믿으니까, 나를 가르치는 사람은 나를 깨우칠 만큼 더 똑똑하고 지혜롭고 더 높은 사람이어야 한다고 여깁니다. 교인들은 목사가 박사 학위 받기를 바라고, 똑똑하고 사회적으로도 유명하면 좋겠다고 합니다. 그래야 다른 사람보다 더 잘난 목사 밑에 있다는 것으로 나도 높아지기 때문입니다. 미련한 생각이요, 참 쓸데없는 생각입니다.

"나는 어느 교회 다녀." 사실 이것은 아무것도 아닙니다. 교회는 주민등록증 검사 안 합니다. 그리고 학력 검사도 안 합니다. 누구나 아무 때나 가면 됩니다. 그런데 어느 교회 다닌다고 자랑하는 이유는 무엇입니까? 그 교회가 만일 신실하고 하나님의 뜻을 따라서 제대로 하는 교회라면 "나는 어느 교회 다녀"라고 할 필요가 없는 것입니다. 내가 어느 교회 나간다는 것은 자기 교회가 잘났다고 하는 것 아닙니까? 그럼 뭐가 잘났다는 것입니까? 교인들이 다 겸손하고 온유하고 실제적으로 봉사하는 교회가 잘난 교회입니다. 우리 교회에 박사가 많다는 게 무슨 자랑입니까? 그러나 그것은 성경 속의 이 시대에도 그랬고 지금도 그렇다 이 말입니다. 끊임없이 우리가 당하는 유혹거리요, 세상이 우리를 유혹하는 것입니다. 참으로 큰 문제입니다. 어떤 교회에 출석한다는 게 자랑인 것같이, "우리 목사님은 굉장하셔. 똑똑하셔"라고 하는 이런 이야기는 서로 간에 부끄러운 이야기인 것입니다. 에베소서 1장을 보세요.

우리 주 예수 그리스도의 하나님, 영광의 아버지께서 지혜와 계시의 영을 너희에게 주사 하나님을 알게 하시고 너희 마음의 눈을 밝히사 그의 부르심의 소망이 무엇이며 성도 안에서 그 기업의 영광의 풍성함이 무엇이며 그의 힘의 위력으로 역사하심을 따라 믿는 우리에게 베푸신 능력의 지극히 크심이 어떠한 것을 너희로 알게 하시기를 구하노라(엡 1:17-19).

모든 신앙은 하나님께서 베푸신 것이요 하나님께서 알게 하신 것입니다. 우리가 깨달은 것, 우리가 쫓아가서 붙잡은 것, 우리가 노력해서 얻어온 것, 그래서 우리가 분석한 것이 아닙니다. 모든 신앙의 내용들은 하나님께서 주신 것입니다. 하나님께서 나에게 알게 하신 것입니다.

이 문제에 관한 제일 큰 오해는 생애 중간에 예수 믿는 자들이 "왜 아무도 나에게 믿으라고 안 그랬느냐"고 하는 것입니다. 진작 나보고 예수를 믿으라고 그랬어야지, 왜 믿으란 말을 안 했냐고 합니다. 중간에 예수 믿는 자들은 미리 말했으면 일찍 믿었다고 말합니다. 아닙니다. 수없이 믿으라고 했습니다. 그런데 그때는 귓등으로도 안 들은 것입니다. 그러다 어느 날 듣고 와서 자기는 딱 한 번 듣고 믿었다는 것입니다. 처음부터 자기가 알아들었을 텐데 왜 이걸 설명해 주지 않았느냐는 것입니다. 아닙니다. 지금도 알아들은 게 아니라 은혜를 입은 것입니다. 다른 방법이 없습니다.

시각장애인에게 해와 달을 설명해 보세요. "해는 무지하게 밝아. 달은 해보다 훨씬 어둡지. 그런데 밤엔 그것도 밝아" 하면, "밝은 게 뭐야?" 그럽니다. "그런 게 있어……." 하지만 결국에는 자기가 눈을 떠야 합니다. 눈을 뜨면 압니다. 그런데도 "저건 해, 저건 달이라고 진작 그러지, 왜 나한테 아무도 뭐가 해고 뭐가 달인지 말해 주지 않은 거야"라고 그러는 것입니다. 손가락으로 한 번 가리키면 되는데 안 그랬다고 하는 것입니다. 하지만 눈 뜨기 전인데 이거 저거가 어디 있습니까?

우리가 그렇습니다. 과정을 이야기하려는 게 아닙니다. 내가 알아들었다고 생각하지 마세요. 왜 은혜를 받았다고 하는지 아십니까? "은혜 받았다"는 표현은 한국교회의 좋은 표현입니다. 그것은 하나님이 허락하신 것입니다. 하나님이 나를 찾아와 주신 것이기 때문에 은혜를 받았다고 하는 것입니다. "오늘 설교에 많은 은혜를 받았습니다", 이렇게 이야기하는 것입니다. "설교는 좋은데요, 다음부터 가위 가지고 와서 요렇게 하면 딱 자를 거야", 그렇게 이야기하는 게 아닙니다. 여러분에게 겸손하라는 것이 아닙니다. 사실이 그렇다는 이야기입니다. 이것을 모르면 하나님의 종에게 종노릇하지 말라고 하는 것이 됩니다. 세상적으로 잘난 목사가 되라고 요구합니다. 그래서 목사에게 잘난 것을 증명해 달라고 하죠. 예수를 믿는다는 것은 그런 것이 아닙니다.

하나님의 종으로 부름을 받은 사람들이 자기 위치를 지켜야 하는 책임의 절반은 교우들에 있는 것입니다. 목사를 시험 들게 하지 마십시오. 물론 그 교인을 키우는 것은 목사니까, 절반의 책임은 목사에게 있습니다. 서로가 서로에게 막중한 책임이 있는 것입니다. 우리가 믿는 모든 것, 우리가 가지고 있는 소망, 우리 신앙의 내용은 모두 고린도전서에 나오는 것들이에요. 내가 가진 것 중에 받지 아니한 것이 무엇이냐? 우리가 깨우치고 우리가 소유하고 우리가 만들었다는 교만을 버릴 줄 알고 겸손하자는 이야기가 아니라 사실을 알자는 것입니다. 하나님이 지금 일하신다는 것을 알아야 합니다. 하나님이 나를 찾아오셨고 지금도 나를 통하여 또 한 영혼을 찾아가시는 것입니다.

사도 바울이 그렇게 고백했던 것처럼, "내 말의 지혜로 나를 구원한 것이 아니라. 오직 하나님의 능력이 너희 심령을 깨우치고 하나님께로 불러낸 그런 은혜의 산물이 너희니라"를 깨닫기 원합니다. "너희의 힘으로 여기에 온 줄로 생각지 말고 하나님 앞에서 교만하지 말아라. 사람을 외모로 보지 마라. 하나님이 하시는 일의 기이함을 보라. 우리의 잘난 것을 쓰시지 않으며 우리의 높은 것을 쓰시지 않으신다. 하나님께서 우리에게 허락하신 모든 것은 하나님으로부터만 나오는 진리요 생명이요 영원한 것이다." 이렇게 가르치고 있는 것이 이 내용들입니다

부디 여러분의 신앙에 가장 중요한 근거들이 흔들리지 않고 늘 정확한 기초 위에 서 계십시오. 그래서 은혜를 받는 일과 은혜 가운데서 자라나는 일이 더 깊이를 더해 가고 분별할 줄 알게 되는, 흔들림이나 실수 없는 복된 성도들이 되시기를 권합니다.

16

참된 예배

요 4:20-24

우리 조상들은 이 산에서 예배하였는데 당신들의 말은 예배할 곳이 예루살렘에 있다 하더이
다. 예수께서 이르시되 여자여 내 말을 믿으라. 이 산에서도 말고 예루살렘에서도 말고 너희가
아버지께 예배할 때가 이르리라. 너희는 알지 못하는 것을 예배하고 우리는 아는 것을 예배하
노니 이는 구원이 유대인에게서 남이라. 아버지께 참되게 예배하는 자들은 영과 진리로 예배
할 때가 오나니 곧 이때라. 아버지께서는 자기에게 이렇게 예배하는 자들을 찾으시느니라. 하
나님은 영이시니 예배하는 자가 영과 진리로 예배할지니라.

요한복음 4:20-24의 말씀을 가지고 참된 예배에 관해 생각해 보고자 합니
다. 사마리아 동네에서 예수님과 사마리아 여인이 나누시는 대화와 사건
을 통해서 우리에게 주시는 하나님의 깊고 오묘한 생명의 말씀입니다.

설교 말씀을 할 때는 두 가지 시각이 있습니다. 하나는 우리가 겪는 현
실적인 문제에서부터 하나님의 위로와 약속을 추적하는 것이고, 다른 하
나는 우리의 현실과 내가 지금 부딪친 상황 없이 하나님 편에서 우리에게
하시고 싶은 이야기를 하나님의 시각에서 추적하는 것입니다.

오늘은 하나님 편에서 우리에게 주시는 말씀들을 우리의 현실이나 상
황과 관계없이 말씀드리고자 합니다. 이런 접근은 때로 우리의 문제와는
동떨어진 듯한 느낌을 주기도 합니다. 하지만 옳은 생각이고 말씀이기에,

우리도 이 말씀들을 인용하게 되고 사용하게 됩니다. 그렇게 되면 더욱 깊은 맛을 느끼게 되시리라 생각합니다.

그리심 산과 관련한 역사적 배경

지난 시간에는 예수님께서 사마리아 여인과 대화를 주고받던 중 사마리아 여인이 "주여, 내가 보니 선지자로소이다" 하며 어떤 초월자의 임재를 느끼는 자리까지 왔다고 말씀드렸습니다. 그러면서 여인은 "때는 이때라 하셨는데, 어디서 예배를 드려야 맞습니까?"라고 묻습니다. 이것은 성경 말씀이 얼마나 날카롭게 지적하는지를 느끼게 하는 말씀 중 하나입니다. 오늘날 우리들도 마음에 맞는 교회를 찾거나 만나면 자신의 급박한 질문을 가지고 나옵니다.

많은 질문 중에는 "왜 선악과를 만드셨는가?", "하나님은 창세 전에 무엇을 하고 계셨는가?", "하나님은 자기가 들 수 없는 무거운 물건을 만드실 수 있으신가?" 등의 질문을 들고 옵니다. 그러니까 때는 '이때'라는 말입니다. 이런 현상에 대해 성경은 옛날이나 지금이나 동서고금을 막론하고, 그 질문과 호기심은 늘 동일하다고 말합니다.

본문 내용을 살피고 지나갑시다. 20절 이하의 말씀에서 사마리아 여인이 가리키는 '예배하는 산'은 그리심 산을 지칭하는 것으로 생각됩니다. 모세가 출애굽해서 이스라엘 백성들을 이끌고 가나안 입구까지 오지만 그리심 산에는 못 들어갔습니다. 그래서 들어가거든 이렇게 저렇게 하라고 유언한 것이 있습니다. 가나안에 들어가서 전쟁을 마치고 각 부족 간에 영토를 나누어 가진 뒤, 그리심 산에서는 축복을, 에발 산에서는 저주를 선포하라고 합니다. 너희가 하나님의 말씀대로 살면 축복을 받을 것이요, 하나님의 말씀에 불순종하면 저주를 받으리라고 선포했습니다.

그런데 그리심 산은 창세기 12장에 보면 조금 더 역사적인 배경을 가지고 있습니다. 창세기 12장은 아브라함이 하나님의 명령을 따라 갈대아 우르를 떠나 하란에 이르렀다가, 하란에서 드디어 가나안 땅으로 들어가는 장면입니다.

> 아브람이 그의 아내 사래와 조카 롯과 하란에서 모은 모든 소유와 얻은 사람들을 이끌고 가나안 땅으로 가려고 떠나서 마침내 가나안 땅에 들어갔더라. 아브람이 그 땅을 지나 세겜 땅 모레 상수리나무에 이르니 그때에 가나안 사람이 그 땅에 거주하였더라(창 12:5-6).

'세겜' 땅 '모레'라는 곳에 이릅니다. 7절을 보시면 "여호와께서 아브람에게 나타나 이르시되 내가 이 땅을 네 자손에게 주리라 하신지라. 자기에게 나타나신 여호와께 그가 그 곳에서 제단을 쌓고"라는 말이 나옵니다. 신명기 11장에는 다음과 같이 말합니다.

> 내가 오늘 복과 저주를 너희 앞에 두나니 너희가 만일 내가 오늘 너희에게 명하는 너희의 하나님 여호와의 명령을 들으면 복이 될 것이요. 너희가 만일 내가 오늘 너희에게 명령하는 도에서 돌이켜 떠나 너희의 하나님 여호와의 명령을 듣지 아니하고 본래 알지 못하던 다른 신들을 따르면 저주를 받으리라. 네 하나님 여호와께서 네가 가서 차지할 땅으로 너를 인도하여 들이실 때에 너는 그리심 산에서 축복을 선포하고 에발 산에서 저주를 선포하라. 이 두 산은 요단강 저쪽 곧 해지는 쪽으로 가는 길 뒤 길갈 맞은편 모레 상수리나무 곁의 아라바에 거주하는 가나안 족속의 땅에 있지 아니하냐(신 11:26-30).

앞에 말했던 지명과 같은 곳으로 생각됩니다. 아주 오래된 이야기이고 지명이 자주 바뀌므로 확신할 수는 없습니다만, 맞다고 생각하고 지나가겠습니다.

지금 사마리아 여인의 이야기는 이것입니다. "우리는 전통적으로 이 그리심 산에서 예배를 드렸습니다. 그런데 유대인들은 예루살렘에서 예배를 드려야 한다고 말합니다." 여기서 말하는 예루살렘은 솔로몬이 지은 솔로몬 성전을 가리킵니다. 그런데 성경에서는 한 번도 그리심 산에서 예배를 드린 적이 없습니다. 그럼에도 불구하고 사마리아 사람들이 그리심 산을 예루살렘과 같은 양대 산맥으로 생각하는 데는 그만한 이유가 있습니다. 열왕기상 12:25입니다.

여로보암이 에브라임 산지에 세겜을 건축하고 거기서 살며 또 거기서 나가서 부느엘을 건축하고 그의 마음에 스스로 이르기를 나라가 이제 다윗의 집으로 돌아가리로다. 만일 이 백성이 예루살렘에 있는 여호와의 성전에 제사를 드리고자 하여 올라가면 이 백성의 마음이 유다 왕 된 그들의 주 르호보암에게로 돌아가서 나를 죽이고 유다의 왕 르호보암에게로 돌아가리로다 하고 이에 계획하고 두 금송아지를 만들고 무리에게 말하기를 너희가 다시는 예루살렘에 올라갈 것이 없도다. 이스라엘아 이는 너희를 애굽 땅에서 인도하여 올린 너희의 신들이라 하고 하나는 벧엘에 두고 하나는 단에 둔지라(왕상 12:25-29).

이스라엘은 처음에 부족사회였습니다. 그러다가 사울 때부터 왕국이 됩니다. 초대 왕 사울, 둘째 왕 다윗, 셋째 왕 솔로몬까지만 통일 왕국으로 있다가 솔로몬 왕이 죽은 후에는 나라가 둘로 나뉘었습니다. 열두 지파 중 열 지파가 다윗 왕조를 배반하고 북쪽 지방에 나라를 세우고는 국호를 그

대로 '이스라엘'로 썼습니다. 남쪽 지역은 다윗의 왕통을 인정한 유다 지파와 베냐민 지파의 두 지파만으로 남쪽 왕조를 설립하였고, 국호는 주를 이루는 유다 지파를 따라서 '유다'라고 했습니다. 이 말은 영어로 번역되면서 'ㅈ' 발음으로 변화되어 '유'가 '쥬'가 됩니다. 그래서 우리가 말하는 유대주의는 '쥬대이즘'(Judaism)이라는 영어 단어로 쓰이고 있습니다.

분열된 이유는 이러합니다. 솔로몬이 궁전을 짓느라고 이스라엘의 경제는 압박을 받았고, 민심도 그리 좋지 않았습니다. 마치 중국의 진시황제가 아방궁을 짓고 만리장성을 쌓을 때 백성의 생활이 도탄에 빠졌던 것과 비슷합니다. 마침내 솔로몬이 죽자 그의 아들 르호보암이 대를 이어 왕이 됩니다. 그러자 원로대신들이 르호보암에게 "당신도 당신의 아버지같이 세금을 중하게 부과시킬 것이냐"고 묻습니다. 이때 원로대신들은 세금을 가볍게 하라고 했고, 왕의 젊은 내신들은 더욱 중하게 매겨야 한다고 했는데, 르호보암은 젊은 내신들의 말을 듣고 세금을 무겁게 매겼습니다. 그러고는 "내 새끼손가락이 우리 아버지의 허리보다 굵지 아니하냐"라고 말합니다. 이 말의 뜻은 우리 아버지가 손에 채찍을 들었다면 나는 M16을 들겠다는 말입니다. 결국 이 말을 듣고 열 지파는 그를 떠났고, 여로보암을 왕으로 삼았습니다.

여로보암은 북왕조를 통치했는데, 원래 신정국가로서 종교를 중요하게 여겼던 이스라엘 사람들은 여전히 성전이 있는 남왕조 유다에 속한 예루살렘으로 예배를 드리러 갔습니다. 여로보암은 백성들의 발걸음을 막을 수가 없었습니다. 이때 여로보암은 예배를 드리려고 오가다가 왕위의 정통성이 유다 쪽으로 기울어 버리면 자기를 왕으로 인정하지 않게 되리라는 걱정을 하게 되었습니다. 결국 여로보암은 금송아지 둘을 만들어 하나는 벧엘에, 다른 하나는 이스라엘의 최북단인 단에 세워서 예배를 드리라고 했습니다. 예루살렘에 갈 필요 없이 이곳에서 예배드리라고 한 것입니다. 그래서 북왕조는 여호와 하나님께 예배를 드리는 것이 아니라 금송아지를 경배하게 되었습니다. 이러한 역사적인 근거를 밝히고 아브라함이 그리심 산에서 단을 쌓은 것과 연결시켜서 정당화시킨 것이 아닌가 싶습니다.

결국 사마리아 여인은 그런 추측들이 섞인 구전을 "우리 조상들은 이 산에서 예배하였습니다"라는 말로 묶어서 물어본 것입니다. "우리는 여기서 예배를 드리는데 왜 당신들은 예루살렘에서 예배를 드립니까? 우리의 조상이었던 아브라함이나 야곱도 여기서 예배를 드렸으니 이쪽이 정통이 아닙니까? 그런데 당신들은 예루살렘 성전에서 예배를 드려야 한다는데, 어느 것이 맞습니까?" 이것이 여인에게는 가장 큰 질문거리였던 모양입니다.

예배의 대상이 중요하다

이에 예수님께서는 "여자여 내 말을 믿으라. 이 산에서도 말고 예루살렘에서도 말고 너희가 아버지께 예배할 때가 이르리라. 너희는 알지 못하는 것을 예배하고 우리는 아는 것을 예배하노니 이는 구원이 유대인에게서 남이라"(요 4:21-22)고 말씀하시고는 "영과 진리로 예배하라"고 말씀하십니다. 오늘 우리가 "영과 진리로 예배를 드린다"는 것이 무엇인가를 생각해 보려 합니다. 이것은 앞에 있는 역사적 배경을 알아야만 실감이 납니다.

잠시 말머리를 돌려서 "도대체 종교란 무엇이며 교회가 왜 필요한가"에 대해서 정리해 봅시다. "교회는 무엇 때문에 필요합니까? 교회가 하나님을 만나는 통로입니까? 종교가 하나님을 만나는 통로입니까? 아니면 교회나 종교가 없이는 하나님을 못 만납니까? 또한 하나님을 만나고 무릇 신을 만나는 데는 꼭 종교적인 지도자가 필요한 것입니까?" 하는 질문을 스스로에게 한번 던져볼 필요가 있습니다.

성경은 하나님 만나는 데 지도자가 필요 없다고 말씀하십니다. 이것을 '만인제사장론'이라고 합니다. 우리는 예수를 믿으므로 모두 '왕 같은 제사장'이라는 칭호가 붙었습니다. 누구나 담대히 하나님 앞에 나아갈 권리가 있습니다. 목사나 장로의 도움이나 교회를 필요로 하지 않습니다. 교회는 하나님을 만나는 통로도 아니고, 교회 지도자들이 하나님을 면회하게 하는 비서실장도 아닙니다. 이 문제를 바로 이해하지 못하면 교회와 신앙생활 전반에 걸쳐서 쓸데없는 정력을 낭비할 수밖에 없습니다. "영과 진리로 예배하라"는 것을 예수님께서 어떤 말씀과 연결시키시는지 조심해서 살펴보아야 합니다. 21절을 보시면 "여자여 내 말을 믿으라. 이 산에서도 말고 예루살렘에서도 말고", 그러면 어떻게 하라고 하십니까? "영과 진리로 하라"고 하십니다. 그런데 예수님은 이 말씀을 처음부터 꺼내지 않으시고, 징검다리를 놓고야 그 말씀을 하십니다.

'때'라는 말씀을 하셨는데 그것이 왜 필요한가를 한번 생각해 보십시오. "이 산에서도 말고 예루살렘에서도 말고 너희가 아버지께 예배할 때가 이르리라." 예배할 때가 이를 것인데 너희는 '영과 진리로' 예배를 드려야 한다. 이게 무슨 말씀입니까? '영과 진리로' 한다는 것에 왜 '때'가 필요합니까?

성경이 '영과 진리'로 하기를 요구하는 것은 무엇입니까? 우리가 드리는 예배는 그 형식이나 종교, 신앙이라는 것의 통로, 과정, 방법에 관한 싸움이 아니라는 것을 말해 줍니다. 사마리아 여인의 질문과 예수님의 대답을 잘 연결해 봅시다. "이 산이나 예루살렘에서 예배를 드리는 것은 문제가 아니다. 예배를 드리는 데는 장소와 방법, 조건이 문제가 아니라 대상이 문제다"라고 말씀하시는 것입니다. 그 대답은 23절에 잘 나타나 있습니다. "아버지께 참되게 예배하는 자들은 영과 진리로 예배할 때가 오나니 곧 이때라." 이 대화에서 가장 기억해야 하는 중요한 단어는 '아버지'라는 단어입니다.

21절을 다시 봅시다. "여자여 내 말을 믿으라. 이 산에서도 말고 예루살렘에서도 말고 너희가 아버지께 예배할 때가 이르리라." 이 말씀은 그냥 단어를 열거해 놓은 게 아닙니다. 이런 생각을 해보십시오. '자녀와 아버지의 관계'에서 가장 중요한 조건은 형식입니까? 그렇지 않습니다. 아버지와 자녀와의 관계는 버릇이 없는 것과는 다릅니다. 그러면 "이 산에서도 말고 예루살렘에서도 말고 너희가 아버지께 예배를 드릴 텐데, 그것은 영과 진리로 해야 한다. 아버지께 예배하는 때가 온다", 이 말씀을 다 묶어 보면 결국 "예배가 무엇이냐?"입니다.

예배란 아버지를 알고 아버지께 마땅한 대접을 하는 것입니다. '영과 진리'란 결국 그 이야기입니다. 우리가 하나님 앞에 예배를 드린다고 할 때에, 하나님을 아버지로 인식하며 아버지께 영광과 경배를 올바로 드리고 있느냐로 참된 예배냐 아니냐를 가리지, 그 형식과 방법은 문제가 안 된다는 말입니다.

하나님을 드러내신 예수님

그러면 왜 예수님께서는 이 산도 아니고 예루살렘도 아니며 아버지께 예배할 때가 오는데, 그때 너희는 영과 진리로 예배를 하라고 하셨습니까? 이 말을 왜 등장시켰습니까? 예수님은 아버지가 누구이신가를 밝히러 오신 분입니다. 예수님이 오시기 전에 사람들은 하나님의 말씀을 듣지 않으면 큰일이 난다는 정도로밖에는 하나님을 몰랐습니다. 그러나 예수님이 오시자 하나님이 누구이신 줄을 알게 되었습니다.

하나님은 우리의 아버지가 되십니다. 여기서 아버지라는 것은 권위와 물질을 충족시켜 주시는 분으로 표현되기보다는, 오히려 사랑이 있고 성품이 드러나며 내가 깊이 알고 있고 끊을 수 없는 혈육 관계와 같은 친밀함이 배어 있는 단어인 것입니다. 그것은 오직 예수님으로 말미암아서만 가능해진 것입니다. 그런 의미에서 예수님이 오시기 전에는 참다운 예배가 불가능했다고 해도 과언이 아닙니다. 그래서 '때'라는 말을 등장시킵니다.

요한복음 1:17-18에서 왜 모세가 등장하는지 아십니까? 모세는 "하나님은 이것을 좋아하며 이런 것을 싫어하신다"는 육법전서(六法全書)식의 이야기밖에 할 수 없었고, 하나님은 감정이 있고 의지가 있는 인격적인 분이라는 설명은 할 수가 없었습니다. 이것은 예수님밖에는 할 수가 없었습니다. 말하자면 우리가 드리는 예배에서 영과 진리로 드릴 수 있는 가장 큰 조건은 예수 그리스도인 것입니다. 예수 그리스도로 말미암아 우리는 하나님이 누구이신 줄을 아는 것입니다. 그는 우리를 사랑하시는 분입니다. 오늘도 우리를 지키시는 분입니다. 우리로 인해 안타까워하시며 우리로 인해 애를 태우고 계시는 분임을 느끼기 전에는, 영과 진리로 드리는 예배가 불가능하다는 것입니다.

그런 차원에서 볼 때 영과 진리로 드리는 예배는 성경이 언제나 요구하는 계명 중에서 가장 큰 계명인, "너희는 목숨을 다하고 뜻을 다하고 성품을 다하여 주 너의 하나님을 사랑하라"는 것이 실현되는 예배였습니다. 다른 어느 것도 그런 예배에 비교할 수 없습니다. 영과 진리로 드리는 예배는 다른 것이 아니라 하나님을 사랑하는 행위입니다.

요한복음 14:6 이하에서는 "예수께서 이르시되 내가 곧 길이요 진리요 생명이니 나로 말미암지 않고는 아버지께로 올 자가 없느니라. 너희가 나를 알았더라면 내 아버지도 알았으리로다. 이제부터는 너희가 그를 알았고 또 보았느니라"고 했습니다. 그러자 우리들과 비슷한 빌립이 "주여, 아버지를 우리에게 보여주옵소서. 그리하면 족하겠나이다"라고 했습니다. 이런 사람은 동서고금을 통해 언제나 있나 봅니다. 이에 예수님은 다음과 같이 말씀하셨습니다. 따라서 예수님이 어떤 분이신가를 알려면 복음서를 보는 것이 가장 확실합니다.

> 빌립아 내가 이렇게 오래 너희와 함께 있으되 네가 나를 알지 못하느냐. 나를 본 자는 아버지를 보았거늘 어찌하여 아버지를 보이라 하느냐. 내가 아버지 안에 거하고 아버지는 내 안에 계신 것을 네가 믿지 아니하느냐. 내가 너희에게 이르는 말은 스스로 하는 것이 아니라 아버지께서 내 안에 계셔서 그의 일을 하시는 것이라. 내가 아버지 안에 거하고 아버지께서 내 안에 계심을 믿으라. 그렇지 못하겠거든 행하는 그 일로 말미암아 나를 믿으라 (요 14:9-11).

예수님이 하신 일을 보면 바로 그분이 하나님이십니다. 그는 베드로가 자른 말고의 귀를 붙여 주신 분입니다. 그는 자기를 십자가에 못 박은 이들을 위하여 "아버지여, 저들의 죄를 사하여 주옵소서"라고 하신 분입니다. 그는 자신이 기른 제자에게 팔리신 분입니다. 그가 세상에서 받은 것은 구유와 십자가밖에는 없었을 정도로 푸대접을 많이 받으셨습니다. 그런데도 우리를 사랑하셨고, 제자들을 사랑하시되 끝까지 사랑하셨다고 성경에 기록되어 있는 분입니다. 그분이 바로 우리 하나님이십니다.

우리가 예배를 드릴 때에는 그 예배가 어느 정도의 감격과 진심 속에서 드려지는지 늘 살펴보아야겠습니다. 재미있는 것은 이런 말씀이 왜 성경의 제일 앞부분인 창세기에 기록되어 있지 않고, 요한복음 4장에 이르러서야 나오느냐는 것입니다. 이렇게 중요한 말씀을 왜 천지창조(창 1장), 사람을 지음(창 2장), 타락(창 3장) 다음에 기록하지 않았느냐는 말입니다. 그 이유는 사람이 그렇게 빨리 알아듣지를 못하기 때문입니다. 하나님은 인간이 누구인 줄을 가장 잘 아십니다. 직접 만드셨으니까 가장 잘 아십니다.

아브라함은 그리심 산에서도 단을 쌓았던 것 같습니다. 이스라엘 백성은 모세를 통하여 출애굽을 하고 시내산에서 율법을 받고 예루살렘에 성전을 지었습니다. 그런데도 불구하고 나라를 나누었고, 단에서는 금송아지를 만들고 그것을 가리켜 "이는 너희를 애굽 땅에서 인도하여 올린 너희의 신들"(왕상 12:28)이라고 했습니다. 이런 것을 신학적 용어로 '여호와 이단'이라고 합니다. 그런데 이것과 비슷한 사건이 또 있습니다.

모세가 시내산에서 십계명과 율법들을 받기 위해 40일 동안 금식을 하고 있을 때 산 밑에서는 기다리다 지친 백성이 금송아지를 만들어 놓고 지칭하기를 "이는 너희를 애굽 땅에서 인도하여 낸 너희의 신이로다"(출 32:4)라고 말했습니다. 그때에도 신이라고 그랬습니다.

이것은 놀라운 점입니다. 즉 인간은 처음에 종교성을 표현할 때, 인격적인 대상을 향해 하지 않는다는 점입니다. 인간이 처음으로 종교성을 가질 때는 '자기최면'으로 가집니다. 자기의 손으로 신을 만들어 놓고 경배하다니 얼마나 웃을 일입니까? 자기 손으로 만든 것에 고개를 숙일 만큼 영적인 문제에 대해서는 어리석습니다. 그것이 우리의 타락하다 못해 이지러진 영적인 실력인 것입니다. 우리는 그것을 기억해야 합니다.

이스라엘 백성이 바알과 아세라를 섬기고, 우리가 잘 아는 엘리야가 갈멜 산에서 바알 선지자들과 싸웠던 사건들이 면면이 이어져 오는 것이 구약의 연속입니다. 이런 것이 언제 없어지는지 아십니까? 이것이 바벨론의 포로가 됨으로써 없어집니다. 환난을 당하고 어려움에 처하게 되자 그제야 사람은 자기최면과 자기 눈가림을 하던 것을 버리게 된다고 기록되어 있는 것입니다.

또한 예수님께서 오시기 바로 전의 구약시대에는 선지자들이 등장만 했다 하면 도처에 편만한 우상숭배를 지적하곤 합니다. 신약에 예수님이 오셔서부터는 우상숭배로 인하여 싸우신 적은 없습니다. 그러면 무엇이 문제였습니까? '자기최면'의 종교성을 없애고 나니까 두 번째로 '도덕적 경건주의'가 등장하는 것입니다.

예수님은 전 생애에 걸쳐서 바리새인과 싸우셨습니다. '도덕적 경건주의', 곧 스스로 어떤 아름다운 도덕과 윤리를 지키는 것이 종교라고 생각하는 사람들과 싸우셨습니다. 우리도 똑같습니다. 한 인간이 그의 신앙의 수준을 높여 가는 데에 있어서는 언제나 이 두 과정을 지나가야만 됩니다. 극복되어야만 합니다. 어디까지 극복되어야 하느냐면 '영과 진리로 예배하는 자리'까지입니다.

참된 예배

영과 진리는 무엇입니까? 하나님은 창조주이시며, 나의 아버지라는 뜨거운 인식과 만남이 있으며 또 그것을 아느냐 하는 것입니다. 바로 하나님을 아느냐 모르느냐의 싸움인 것입니다. 그렇다면 이런 질문을 던질 수밖에 없습니다. "형식도 필요 없습니까? 교회도 필요 없습니까? 그렇다면 아무 데나 앉아서 혼자 예배를 드리는 것이 낫지, 군이 교회에 와서 집사니 장로니 목사를 할 필요가 있겠습니까?" 하는 질문입니다. 이 질문에서 인간의 나약함이 드러납니다. 사람은 혼자서 생각만 하다 보면 독재자가 되기 마련입니다. 독단으로 흐르게 된다는 말입니다. 그러므로 늘 견제 세력이 필요합니다. 마치 빨갛게 달아오른 석탄 덩어리도 꺼내 놓으면 식듯이, 인간은 자신을 지킬 수 있을 만큼 강하지 못하다는 것을 인식해야 합니다. 그것이 교회가 필요한 이유입니다.

교회에 모이라는 것은 하나님께로 향하는 통로이기 때문만이 아닙니다. 이렇게 모여서 하나님을 아버지라고 부르며 그를 믿는 사람인 줄 알게 하는 향기를 피우라고 모이라는 것입니다. 그것이 우리에게 주어진 우리의 할 일입니다. 그러므로 주일에는 가능한 한 성경이 밖으로 보이도록 들고 다니십시오. 심장에 가깝게 들수록 영성이 높은 사람이라고 합니다. 형식주의와 진정한 형식이 필요한 것과의 차이를 여기서 인식해 주셨으면 좋겠습니다.

저도 신학교를 졸업했습니다만, 학교 다닐 때는 신학생이라면 누구나 가슴 근처에 성경책을 끼고 다녔습니다. 전 그러는 것이 별로 좋지 않았습니다. 그러다가 교수님 중 한 분이 제일 작은 성경책과 찬송가 두 권을 가볍게 들고 강대상에 오르시는 모습을 자주 보게 되었습니다. 그분은 그러한 형식적인 면에 대해 반발하셨기 때문이었습니다. 물론 이런 태도도 귀중히 여기셔야 합니다. 성경이 말씀하는 형식이란 '성의의 표현'을 말합니다. 형식이 내용을 대치시켜서는 안 됩니다. 그러나 형식은 정성이 넘치게 되면 생기게 마련입니다.

연애할 때 노트를 쭉 찢어서 연애편지를 쓰는 사람은 거의 없습니다. 몇 번이나 쓰고 찢으면서 반복하고, 편지지 색깔도 분홍색에다 쓰는 성의를 보입니다. 이렇게 형식이라는 것은 그 사람이 가지고 있는 내면에 가득 찬 정성이 바깥으로 흘러나온 표시입니다. 형식이 내용을 대치하거나 형식이 있어야만 이 일이 가능한 것은 아닙니다.

오늘날도 마찬가지입니다. 우리가 하나님을 사랑한다면, "예, 저는 하나님을 목숨을 걸고 사랑합니다"라는 고백을 해야 합니다. 그러면서도 거기에는 늘 이런 조건이 붙습니다.

예수께서 사두개인들로 대답할 수 없게 하셨다 함을 바리새인들이 듣고 모였는데 그중의 한 율법사가 예수를 시험하여 묻되 선생님, 율법 중에서 어느 계명이 크니이까. 예수께서 이르시되 네 마음을 다하고 목숨을 다하고 뜻을 다하여 주 너의 하나님을 사랑하라 하셨으니 이것이 크고 첫째 되는 계명이요 둘째도 그와 같으니 네 이웃을 네 자신 같이 사랑하라(마 22:34-39).

첫째는 "마음을 다하고 목숨을 다하고 뜻을 다하여 주 너의 하나님을 사랑하는 것"이요, 둘째로는 "네 이웃을 네 자신 같이 사랑하라"고 하셨습니다. 하나님을 정말 사랑하고 그것이 가득 차면 결국은 옆으로 흘러넘칠 수밖에 없다고 성경은 말씀합니다. 그러므로 영과 진리의 예배가 무엇이냐고 물으면, 하나님을 사랑하는 것이 내 몸을 사랑하는 것같이 옆으로 흘러넘치고 있는가를 보시면 됩니다. 물론 이것은 완성된 차원에서의 이야기입니다. 우리는 그렇게 하지 못합니다. 그러나 그렇게 해야 된다는 것은 알고 계셔야 합니다.

이것이 오늘 하나님께서 여기에 모인 여러분을 향하여 요구하시는 진정한 예배입니다. 그것을 참된 예배라고 합니다. 예배는 "하나님이 안 계시면 못 살겠습니다"라고 말로 하는 것이 아닙니다. "지금이라도 하나님이 하라시면 목숨이라도 내놓고 불 속에 뛰어들겠습니다" 하는 식으로 살벌하게 증명하는 문제도 아닙니다. 그것은 봄볕이 따스하게 얼음을 녹이듯이, 마음속 깊은 곳으로부터 녹아나는 것입니다.

하나님이 우리를 사랑하신다는 것을 예수님께서 어떻게 증명하셨는지를 다시 한번 점검해 보십시오. 우리가 아직 죄인이었을 때에 우리를 위하여 십자가의 그 수치스러운 죽음을 감당하신 하나님의 사랑과 우리를 향한 열심을 기억하십시오. 기억이 나신다면 우리 스스로는 하나님에 대해서 알아야 할 만큼 알지 못한다는 진단을 내릴 수밖에 없습니다. 거기서 다시 출발하십시오.

"하나님을 사랑합니다. 하나님께서 저를 사랑하시는 것을 알게 해주옵소서. 그 사랑에 알맞은 반응을 할 수 있게 하시고, 내가 누리고 마땅히 감격할 것들을 알려 주옵소서"라고 기도하십시오. 이것을 알게 될 때 비로소 우리는 마음속으로부터 흘러넘치는 찬송과 감사와 기쁨을, 모여서 이렇게 늘 하게 될 것입니다. 그것이 성경이 이야기하고 있는 영과 진리로 드리는 참된 예배입니다. 우리 모두가 마땅히 이 예배를 드릴 수 있는 축복을 얻고 있다는 것을 놓치지 마시기 바랍니다.

17

성찬

고전 11:23-26

내가 너희에게 전한 것은 주께 받은 것이니 곧 주 예수께서 잡히시던 밤에 떡을 가지사 축사하시고 떼어 이르시되 이것은 너희를 위하는 내 몸이니 이것을 행하여 나를 기념하라 하시고 식후에 또한 그와 같이 잔을 가지시고 이르시되 이 잔은 내 피로 세운 새 언약이니 이것을 행하여 마실 때마다 나를 기념하라 하셨으니 너희가 이 떡을 먹으며 이 잔을 마실 때마다 주의 죽으심을 그가 오실 때까지 전하는 것이니라.

고린도전서 11:17에서 마지막 절까지는 성찬 예식의 혼잡과 잘못 시행되는 성찬으로 인하여 고린도 교회가 사도 바울에게 꾸중 듣는 장면을 보여 줍니다. 이 일을 통하여 우리는 교회의 정체성을 살펴볼 수 있습니다. 교회의 정체성은 열심이 아닌 지식에 있어야 합니다. 이스라엘 백성은 지식을 좇아가지 않고 자기 행위와 자기 의를 앞세우는 열심만 냈습니다. 그래서 하나님이 원하시는 의에 이르지 못했던 것을 상기해야 합니다. 한국교회의 큰 문제점 중 하나는 열심과 감동은 있는데, 내용이 없다는 것입니다.

기독교의 근거는 원래 초월이 아닙니다. 모든 종교는 초월을 근거로 삼고 있습니다. 종교가 되는 필수적인 조건은 언제나 초월입니다. 초월이 없으면 사람들이 그것을 종교로 인정하지 않습니다. 하다못해 무당들도 초월적인 힘을 가지고 있습니다. 그러나 기독교가 다른 종교와 구별되는 근거는 초월이 아닌 '계시'입니다.

계시는 우리의 예배와 경배를 받으시고, 복종을 요구하시는 하나님이 누구이신가에 관한 것으로부터 출발합니다. 그래서 우리가 "예수를 믿는 다"고 할 때는 '믿는다'에 강조점이 있지 않고 믿음의 대상인 '예수님'께 있습니다. 그러므로 누가 무엇을 믿는다고 할 때는 "얼마나 열심히 믿느냐"가 아니라 "무엇을 믿느냐"고 물어보아야 합니다. 여기에 기독교의 중요한 핵심이 있습니다.

성찬식의 가장 중요한 내용

사도 바울이 성찬식 문제를 가지고 고린도 교회 교인을 심하게 꾸중하는 것은, 너희는 열심히 모였고 열심히 성찬을 행했지만 그 내용을 지키는 데 있어서는 실패했다는 것입니다. 모임은 성공했지만 모여서 해야 하는 핵심 내용을 살리는 일은 실패했던 것입니다. 오늘날 우리에게도 적지 않은 경고가 되는 말씀입니다.

성찬식의 가장 중요한 내용은 바로 '주의 죽으심'입니다. 얼마나 좋은 잔에다 얼마나 멋지게 하느냐가 문제가 아니라 주의 죽으심을 전하는 것입니다. 요한복음 6장을 살펴봅시다.

진실로 진실로 너희에게 이르노니 믿는 자는 영생을 가졌나니 내가 곧 생명의 떡이니라. 너희 조상들은 광야에서 만나를 먹었어도 죽었거니와 이는 하늘에서 내려오는 떡이니 사람으로 하여금 먹고 죽지 아니하게 하는 것이니라. 나는 하늘에서 내려온 살아 있는 떡이니 사람이 이 떡을 먹으면 영생하리라. 내가 줄 떡은 곧 세상의 생명을 위한 내 살이니라 하시니라. 그러므로 유대인들이 서로 다투어 이르되 이 사람이 어찌 능히 자기 살을 우리에게 주어 먹게 하겠느냐. 예수께서 이르시되 내가 진실로 진실로 너희에게 이르노니 인자의 살을 먹지 아니하고 인자의 피를 마시지 아니하면 너희 속에 생명이 없느니라. 내 살을 먹고 내 피를 마시는 자는 영생을 가졌고 마지막 날에 내가 그를 다시 살리리니 내 살은 참된 양식이요 내 피는 참된 음료로다. 내 살을 먹고 내 피를 마시는 자는 내 안에 거하고 나도 그의 안에 거하나니 살아 계신 아버지께서 나를 보내시매 내가 아버지로 말미암아 사는 것같이 나를 먹는 그 사람도 나로 말미암아 살리라(요 6:47-57).

본문대로라면 주님의 살과 피가 어떤 신비한 효과를 가지고 있는 것 같이 여겨질 수 있습니다. 그러나 이것을 오늘 읽은 고린도전서 11:23 이하의 내용에 적용해 봅시다. 여기서 주님의 살과 피는 그것이 양식이 된다는 것이 아니라, 그것이 우리를 살리기 위하여 주시는 예수님의 희생임을 분명히 밝힙니다. 성찬식에서 떡을 먹으며 그의 피를 마시는 것은 무슨 특별한 효험이 있는 예식이 아닙니다. 주께서 나 때문에 살이 찢기고 피를 흘리셨다는 것과 그가 죽으셨다는 사실을 기념하는 것입니다.

본문 고린도전서 11장을 보면 앞의 요한복음 6장을 이렇게 해석합니다. 주의 살을 먹고 주의 피를 마시지 않는 자에 대해 구체적으로 24절이 설명합니다. 주의 살을 상징하는 떡을 이야기할 때는 "축사하시고 떼어 이르시되"입니다. 언제나 '뗀 떡'입니다. '뗀 떡'이라는 것은 덩어리에서 떼어 낸 떡, 주님의 살이 뜯기고 찢긴 것, 몸이 상한 것을 지칭합니다. 곧 주의 희생을 의미하는 것으로서, 주님의 살 자체를 가리키는 것은 아닙니다. 살이 무슨 특효약이 아니라, 우리를 위하여 우리 주님의 몸이 상하셨음을 말합니다. '뗀 떡'과 함께 언제나 '잔'이 등장합니다. '잔'은 받은 것입니다. 그냥 피가 아니고 흘린 피로써 주의 희생, 주의 수난을 이야기하는 것이 성찬식에 있어서 핵심 내용입니다. 그리고 이것을 어떻게 합니까?

축사하시고 떼어 이르시되 이것은 너희를 위하는 내 몸이니 이것을 행하여 나를 기념하라 하시고 식후에 또한 그와 같이 잔을 가지시고 이르시되 이 잔은 내 피로 세운 새 언약이니 이것을 행하여 마실 때마다 나를 기념하라 하셨으니 너희가 이 떡을 먹으며 이 잔을 마실 때마다 주의 죽으심을 그가 오실 때까지 전하는 것이니라(고전 11:24-26).

성찬식에 참석해서 먹는 떡과 포도주가 신비하거나 특별한 무엇이라고 생각해서는 안 됩니다. 예식을 행함으로써 주님이 나를 위하여 죽으셨음을 의미할 뿐입니다. 우리는 성찬식에 포함된 문제를 세 가지로 나누어 생각할 수 있습니다.

영생을 위한 예수의 죽으심

첫째로, 그의 죽으심은 우리의 영생을 위한 것입니다. 요한복음 6장에서 본 바와 같이 "내 살을 먹고 내 피를 마시는 자는 영생을 가졌고"라고 말씀하십니다. "너희 조상은 만나를 먹었어도 죽었지만 내 살을 먹는 자는 영생할 것이다"입니다. 그의 죽으심이 우리의 영생을 위한다는 말은, 다시 말해 우리의 영생은 그의 죽으심 이외에는 방법이 없다는 것입니다. 이것이야말로 교회의 정체성입니다. 교회가 다른 집단과 다른 점은 '예수님이 죽어서 생겨난 집단'이라는 점입니다. 교회에는 아무리 못난 사람이 있다 해도 예수님이 그를 하나님의 자녀로 삼기 위하여 대신 죽으신 것입니다.

우리가 고린도전서 8장에서부터 시작했던 우상 제물에 관한 문제에서 비슷한 예를 들고 있습니다.

그런즉 너희의 자유가 믿음이 약한 자들에게 걸려 넘어지게 하는 것이 되지 않도록 조심하라. 지식 있는 네가 우상의 집에 앉아 먹는 것을 누구든지 보면 그 믿음이 약한 자들의 양심이 담력을 얻어 우상의 제물을 먹게 되지 않겠느냐. 그러면 네 지식으로 그 믿음이 약한 자가 멸망하나니 그는 그리스도께서 위하여 죽으신 형제라(고전 8:9-11).

이 가치를 잊지 말라고 합니다. 세상에서 사람들을 만날 때는 차별이 있을 수 있습니다. 배운 사람, 못 배운 사람, 가진 사람, 못 가진 사람, 잘난 사람, 못난 사람이 있을 수 있습니다. 하지만 교회는 안 그렇습니다. 교회에 있는 사람은 누구나 다 예외 없이 예수 그리스도께서 그를 위하여 죽으심으로 이 자리에 온 사람들입니다. 혹 어떤 차이가 있다 할지라도 예수 그리스도께서 대신 죽으신 값어치를 약화시키거나 그 위에 더 치장할 만큼의 차이를 나타낼 것들이 없다는 말입니다. 교회의 정체성은, 그가 아무리 잘났어도 예수님이 죽으셔야 잘난 사람이기에 겸손할 수밖에 없고, 그가 아무리 못났어도 예수님이 기꺼이 죽으신 사람이므로 못날 수가 없는 것입니다. 그럼에도 불구하고 이 정체성은 너무나 쉽게 사라집니다.

성도들이 제일 조심해야 되는 것은 믿음이 약한 자들에 대하여 무시하는 태도입니다. 이것은 대단히 나쁜 죄입니다. 요즈음 아파트 생활을 하니까 그런 일이 적습니다만 옛날에는 강아지를 많이 키웠습니다. 강아지 중에서 저는 우리나라 순수 잡종 강아지가 제일 예쁜 것 같습니다. 주인이 예뻐하는 강아지를 흉보려면, 그 개 주인을 괄시할 수 있는 입장에 있을 때 그렇게 할 수 있습니다. 혹시 자기 상전이 개 주인이라면, 개라도 무시하지 못합니다.

하나님께서 귀하게 여기신 예수 그리스도를 이 사람 때문에 보냈는데, 여러분이 어떻게 하나님이 귀히 여기는 자를 무시합니까? 우리 모두는 예수 그리스도의 죽으심으로 만들어진 존재입니다. 아무리 잘났어도 주님이 죽었어야 되었던 존재이고, 아무리 못났어도 주님이 그를 위하여 기꺼이 죽어 주신 대상입니다. 여기에 차별이 있을 수 없습니다. 교회의 정체성 중에서 제일 중요한 것은 교회에 와서 믿는 사람들끼리는 거룩한 것과 신령한 것을 나누고 격려하는 것 이외에 잘난 척하지 말아야 한다는 것입니다. 그리고 곁눈질하지 마십시오. 그렇게 하는 것은 신자의 정체성을 결과적으로 오해하는 것이고, 우리가 늘 하는 성찬식의 의미를 모르는 자의 행동일 뿐입니다.

그리스도인에게는 차별이 없다

둘째로, 차별이 없다는 차원에서 우리는 하나인 것입니다.

몸은 한 지체뿐만 아니요 여럿이니 만일 발이 이르되 나는 손이 아니니 몸에 붙지 아니하였다 할지라도 이로써 몸에 붙지 아니한 것이 아니요. 또 귀가 이르되 나는 눈이 아니니 몸에 붙지 아니하였다 할지라도 이로써 몸에 붙지 아니한 것이 아니니 만일 온 몸이 눈이면 듣는 곳은 어디며 온 몸이 듣는 곳이면 냄새 맡는 곳은 어디냐. 그러나 이제 하나님이 그 원하시는 대로 지체를 각각 몸에 두셨으니 만일 다 한 지체뿐이면 몸은 어디냐. 이제 지체는 많으나 몸은 하나라. 눈이 손더러 내가 너를 쓸 데가 없다 하거나 또한 머리가 발더러 내가 너를 쓸 데가 없다 하지 못하리라. 그뿐 아니라 더 약하게 보이는 몸의 지체가 도리어 요긴하고 우리가 몸의 덜 귀히 여기는 그것들을 더욱 귀한 것들로 입혀 주며 우리의 아름답지 못한 지체는 더욱 아름다운 것을 얻느니라. 그런즉 우리의 아름다운 지체는 그럴 필요가 없느니라. 오직 하나님이 몸을 고르게 하여 부족한 지체에게 귀중함을 더하사 몸 가운데서 분쟁이 없고 오직 여러 지체가 서로 같이 돌보게 하셨느니라. 만일 한 지체가 고통을 받으면 모든 지체가 함께 고통을 받고 한 지체가 영광을 얻으면 모든 지체가 함께 즐거워하느니라(고전 12:14-26).

이 말씀은 하나인 것에 대해, 어떤 차원에서 오해하지 말도록 설명합니다. 왜냐하면 몸에는 차별이 있는 것이 아니며, 우열의 개념도 아니고 다양하다는 것입니다. 마치 우리 몸의 지체가 눈, 코, 입, 귀, 손, 발, 이렇게 다 다르지만 어느 것이 더 좋다는 이야기는 못한다는 것입니다.

아주 재미있는 표현이 있습니다. 사람들은 덜 귀한 것을 귀히 여긴다고 합니다. 덜 귀한데 귀히 여기는 것으로는 귓불이 있습니다. 귓불은 아무짝에도 쓸모가 없는데도, 여인들은 쓸모없는 귓불을 치장하며 귀고리를 합니다. 실제로 인생을 살아가다 보면 사람들의 관심을 끄는 곳은 실상 가장 쓸데없는 것들입니다. 쓸모없는 것을 가치 있게 여깁니다. 또 가장 쓸모없는데 대접받는 것이 보석입니다. 보석 가지고는 하나도 할 것이 없고, 잘못하면 어려운 일만 당합니다. 괜히 하나 가지고 있다가 강도도 만나고 피해를 입기만 하는데도 여자들은 보석 가게를 그냥 지나가는 법이 없습니다.

귀하지 않은 것을 귀하게 여기는 것, 이것이 아마 사람들의 어리석은 모습 중의 하나일 것입니다. 교회 안에서도 누가 가장 중요하냐고 묻는다면, 저는 리더가 아니고 리더를 좇아오는 대중이라고 생각합니다. 제일 중요한 것은 언제나 많은 다수인 것입니다. 목사가 훌륭해야 되고, 장로가 훌륭해야 되고, 권사가 훌륭해야 됩니다. 그러나 교회에서 좋은 목표를 정하고 일을 시행할 때는 결국 다수의 사람들이 참여를 해야 합니다. 주인들은 바로 성도들이며 그들이 가장 중요합니다. 따라서 교회에서 소모품은 목사이지 신자가 아닙니다. 신자들을 위하여 목사가 하나님에 의해 준비되는 것입니다.

목사라는 직분은 계급으로 오해하기가 쉽습니다. 그래서 동료 목사끼리 만나 이야기하다가 제일 많이 회개하는 것은 대접받는 일에 익숙한 것 때문입니다. 목사들의 생활이 항상 신자들에게 대접을 받기 때문에 줄을 서 본 적이 없습니다. 따라서 관공서에 가거나 행정 부서에 가서 어쩔 줄 모르고 어정거리면 옆에 있는 사람이 "아저씨! 가서 줄 서세요" 합니다. 그러면 "아니, 아저씨라니"라고 깜짝 놀랍니다. 그럼 아저씨지 아줌마입니까? 자기도 모르게 습관이 되어 있습니다. 목사 역시 자기 할 일을 하고 있어야 합니다. 목사가 목사 할 일 하고 있으면 되는데, 남의 일에 끼어드는 일이 있습니다. 나설 때가 아니면 가만히 있어야 됩니다. 가장 중요한 역할은 나서지 않는 역할인 것입니다.

전체가 함께 가는 것, 그것이 제일 무서운 것이지 않습니까? 숨어 있는 한 사람이 하는 것보다 더 중요한 일은 없습니다. 너무 여럿이 하니까 빛이 안 나고, 한꺼번에 대접을 받으니까 전체가 하는 일을 중요하게 생각하지 않고 값싸게 생각을 합니다. 우리는 다 하나이며 다 동등합니다. 다 귀중합니다. 그중에서 가장 귀중한 것은 전체에 묻혀서 넘어가는 것들입니다. 그럼에도 불구하고 그것을 소중히 여기십시오. 두드러져서 나타나는 것을 부러워하지 마십시오. 교회에 목사가 몇 안 되니까 두드러지는 것일 뿐, 일반 성도들보다 더 우월하다고 생각해서는 안 됩니다. 목사 자신이 그렇게 우월성을 인정하는 것도 바보 같은 생각입니다. 여러분이 한 성도로서 보이지 않는 숫자 하나에 불과한 것 같다고 해서 여러분의 가치가 절대 적은 것은 아닙니다. 대단한 것이고, 하나님의 자녀이자 그 지체의 일부로서 너무나 중요한 일을 하고 있는 것입니다.

우리 모두는 예수 그리스도라는 한 분으로 말미암아 존재하고 그분으로서만 모든 것이 가능하기 때문에 하나입니다. 고린도전서 10장의 성찬식에서 하나됨의 의미를 발견하게 됩니다.

우리가 축복하는 바 축복의 잔은 그리스도의 피에 참여함이 아니며 우리가 떼는 떡은 그리스도의 몸에 참여함이 아니냐. 떡이 하나요 많은 우리가 한 몸이니 이는 우리가 다 한 떡에 참여함이라(고전 10:16-17).

성찬식에 참여함으로써 확인할 수 있는 게 무엇입니까? 우리는 다 똑같이 그리스도 안에 있는 자이며, 그리스도로 말미암아 이 자리에 온 자들입니다. 즉 우리는 다 그분 때문에, 그분의 은혜로 이 자리에 왔습니다. 그분이 나누어 주신 것으로 인하여 내 역할이 있습니다. 누구는 이런 역할을 하고 누구는 저런 역할을 하는데 그 역할은 주께서 맡기신 것입니다. 따라서 각자는 주께서 맡기신 역할에 대해 얼마나 충성하느냐의 싸움을 할 뿐입니다. 저 사람은 주님이 맡겼고, 저 사람은 가브리엘이 와서 맡겼으며, 저 사람은 미가엘이 와서 맡겼고, 저 사람은 바울이 맡겼던 것이 아닙니다. 우리가 맡은 모든 것에 있어서 가장 근본적인 새 생명, 그 생명을 주신 분은 그리스도입니다. 그러므로, 누구나 동등하므로 결코 싸움에 지지 마십시오.

아무도 꾸며낸 겸손과 천사 숭배를 이유로 너희를 정죄하지 못하게 하라. 그가 그 본 것에 의지하여 그 육신의 생각을 따라 헛되이 과장하고 머리를 붙들지 아니하는지라. 온 몸이 머리로 말미암아 마디와 힘줄로 공급함을 받고 연합하여 하나님이 자라게 하시므로 자라느니라(골 2:18-19).

아주 중요한 이야기입니다. 신자들 가운데 어떤 중요한 체험과 환상을 보았다는 신비주의자들이 생겨납니다. 겸손한 척하고 천사 숭배를 하거나 환상을 보았다, 특별계시를 받았다, 좀 더 금욕적으로 열심을 낸다는 것 등은 예수 그리스도로 말미암아 구원을 얻고 신자가 된 것을 능가한 등급이 됩니다. 우리 중에 누가 40일 금식기도를 40회 하고 하나님의 음성을 40번씩 40회 들었다 할지라도, 그 모든 것이 예수 그리스도로 말미암아 구원 얻은 하나님의 자녀된 것을 약화시키거나 배가시킬 수 없습니다. 그 안에, 예수 그리스도로 말미암아 하나님의 자녀된 신분에 등급을 매기게 하는 것은 아무것도 없습니다.

그리스도를 신뢰하고 그리스도께 의존하지 않고, 자기가 체험한 것에 의지해서 신비로운 것들을 더 우월하다고 우기는 자는 미련한 자입니다. 물론 이와 비슷한 체험들이 있을 수 있습니다. 하나님께서 우리의 믿음을 더욱 굳게 하기 위하여, 어떤 사명을 완수하도록 남다른 은사를 주시거나 직접 간섭하실 수 있습니다. 그것은 어떤 일을 위해서이지 우리의 신분을 나아지게 하려는 것은 아닙니다. 어떤 특별한 일을 위하여, 우리의 흔들리는 마음을 분명하게 하기 위하여, 하나님께서 간섭하시는 것입니다. 그것은 근본적으로 예수 그리스도로 말미암아 우리가 하나님의 자녀된 것, 그래서 우리의 영원한 소망이 그의 존전에 있는 것, 그것을 확인하는 작업 외에 아무것도 아닙니다. 거기에 덧붙여지는 것은 없습니다.

일부러 겸손해 보이려 하거나 예수 그리스도로 말미암은 가장 중요한 근거들을 다 버리고 다른 것을 근거로 남다른 계획을 가지려는 생각은 곧 "머리를 붙들지 않는 것"이라고 했습니다. 누가 무슨 체험을 하든지, 누가 어떤 신비로운 은사를 받았든지 저는 다 용납합니다. "나를 구원하신 하나님이 나에게 이렇게 직접적으로 확신을 주시고, 내가 하나님의 자녀인 것과 예수 그리스도로 말미암아 사랑을 입은 자임을 다시 한번 분명하게 해 주시니 너무나 감사합니다." 여기에 머물러야 할 것입니다. 그런데 예수를 믿어서 구원 얻는 것은 1학년이고, 그다음에 "방언을 받았나? 환상을 보았나? 신유를 하는가?" 등으로 2학년, 3학년 이렇게 올라가는 등급을 설정한 것은 잘못된 사상입니다. 같은 믿음 안에서 내가 이미 확보한 신분답게, 신자답게 사느냐, 얼마나 속이 깊어졌고 거룩해졌느냐는 것으로 신앙이 앞서거니 뒤서거니는 할 수 있습니다. 철이 들었느냐 아니냐는 있을지언정 계급은 있을 수 없습니다.

그리스도께서 오실 때까지 전하라

마지막으로, 우리가 생각할 것은 그리스도가 오실 때까지 전하는 것입니다. "너희가 이 떡을 먹으며 이 잔을 마실 때마다 주의 죽으심을 그가 오실 때까지 전하는 것이니라"(고전 11:26). 주님이 오시는 그날까지 전해야 합니다. 주님께서 우리를 위하여 죽으신 것은, 내가 구원 얻은 오늘까지가 끝이 아니고 내일 구원 얻을 사람, 모레 구원 얻을 사람, 글피 구원 얻을 사람 등 계속적으로 유효합니다. 따라서 그런 의미에서 말할 때 예수님의 구속 사역은 지속적입니다. 오늘이라는 이 순간과 이 시간 속에서 누구를 딱 집어서 정죄하지 맙시다. 지금 내가 볼 때 저 사람은 아닌 것 같다 할지라도 그가 언제 회개할지는 모르는 것입니다.

주님이 오시는 그날까지 우리는 성찬 예식을 행하면서 주의 죽으심을 전해야 합니다. 다시 말해서 그날까지는 구원의 날들입니다. 그때까지는 은혜가 시행되는 기간이고, 문이 열려 있습니다. 나보다 아래 있는 사람을 다 몹쓸 사람으로 생각하거나 나보다 늦게 오는 사람을 다 형편없이 대해서는 안 됩니다. 태어나는 순서와 중생하는 순서는 다르지 않습니까? 우리는 끝없이 모든 사람에 대하여 가능성을 열어 놓아야 합니다. 하나님께서 은혜를 베푸시고 기적을 베푸실 것을 기대해야 됩니다.

고린도전서 13장에서 밝히듯이 우리는 모든 것을 참고, 모든 것을 믿고, 모든 것을 바라고, 모든 것을 견뎌야 합니다. 이것이 성찬에 포함된 가장 중요한 내용입니다. 따라서 이러한 내용으로써 그 정체성을 밝혀야 합니다. 그럼에도 우리는 얼마나 쉽게 "나는 구원 얻었다. 그러나 너는 아니다", "나는 분명하다. 그러나 너는 분명하지 않다"며 차별합니까? 거기에 무슨 오래 참고 견디고 용납하고 바라는 것이 있습니까? 예수 그리스도의 은혜와 자비와 긍휼이 없고, 교회가 심판에 대하여 더 조급합니다. 너무나 쉽게 사람들을 심판합니다. 너무 쉽게 밟고 너무 쉽게 자르고 너무 쉽게 몰아내는 것을 볼 수 있습니다.

교회에 사랑과 용서가 더 없고, 단지 잘난 사람들의 경연장이 되었습니다. 사업에 실패를 하거나 애들이 시험에서 떨어지거나 집에 무슨 일이 생기면 부끄러워서 교회를 못 나옵니다. 어느덧 그것이 현실이 되고 말았습니다. 이것은 대단히 나쁜 것입니다. 다른 곳에서는 다 안 받아 주어도 교회에서는 응당 받아들여야 합니다. 물론 교회에서도 죄는 받아 주어서는 안 됩니다. 그러나 죄인은 받아 주고, 죄인은 용서해야 합니다. 우린 주님께서 다시 오실 때까지 주의 죽으심을 시행하고 있어야 합니다. 이것이 사도 바울이 성찬 예식을 가지고 고린도 교회를 꾸중하는 중요한 논거들입니다.

우리의 신앙생활을 다시 점검해 볼 때, 이것들은 우리를 점검하는 중요한 원리들이 됩니다. 우리는 얼마나 경쟁적입니까? 하나님이 나만은 특별 대접해 주실 것 같은 욕심을 냅니다. 그런 이유로 우리는 숨어 있지 못합니다. 우리는 다른 신자들과 같다는 것을 인정하려 들지 않습니다. 당신보다는 내가 낫다는 것을 증명하기 위하여 발버둥치고, 그러기 위해 너무나 많은 사람을 해칩니다. 많은 사람을 짓밟고 그 위에 섭니다. 성경은 언제나 우리에게 짓밟히라, 양보하라, 져 주어라, 그리고 묻혀 있으라고 합니다. 그렇게 살아갑시다. 왜냐하면 그것이 성경이 가르치고 하나님이 기뻐하시는 신자의 모습이기 때문입니다.

예수 믿었다고 해서 밖에 나가서 바보같이 살라는 것은 결코 아닙니다. 세상 사람들이 우리가 누구인지 어떻게 알겠습니까? 우리가 왜 참는지를 알겠습니까? 바보라서 참는 줄 알겠지요, "참으라는 것은 참겠는데 바보라고 하는 것은 못 참겠어!" 그러면 결국 못 참는 것입니다. 여러분의 자존심을 버려야 합니다. 그것으로는 주님이 십자가를 지실 수 없으셨을 것입니다. "네가 만일 하나님의 아들이라면 내려와 봐라. 저 자가 남은 살렸으면서 자기 목숨은 못 살린단 말인가?" 얼마나 자존심 상하는 비아냥입니까? 그러나 주님은 묵묵히 견디셨습니다.

오늘날 신자의 참 모습을 찾아보기가 얼마나 어려운지 모릅니다. 헌금을 하는 신자가 있습니다. 봉사하는 신자가 있습니다. 기도하는 신자도 있습니다. 그러나 그 성품이 주를 닮은 신자는 없습니다. 그 사람을 만나면 마음이 편안한, 그 사람을 만나면 짐이 가벼워지는 신자가 귀합니다. 자기의 짐을 묵묵히 지고, 옆 사람이 짐 때문에 끙끙거릴 때 짐 한 귀퉁이를 슬쩍 들어 주는 사람이 너무나 없습니다.

성경은 이것을 신자의 정체성이라고 가르칩니다. 그러니 우리는 이 원리로 우리를 점검해야 할 것입니다. 다른 일을 한 것으로 핑계 대지 마십시오. 다 소용없습니다. 내가 무엇을 했고 얼마를 바쳤다 할지라도 신자다운 성품과 인내, 겸손, 충성이 없다면 헛된 것입니다. 오늘 여러분의 신앙을 말씀에 비추어서 분명히 점검하시고 한 걸음 더 신자의 본질에 다가서기를 권합니다.

18

헌금

고후 9:10-15

심는 자에게 씨와 먹을 양식을 주시는 이가 너희 심을 것을 주사 풍성하게 하시고 너희 의의 열매를 더하게 하시리니 너희가 모든 일에 넉넉하여 너그럽게 연보를 함은 그들이 우리로 말미암아 하나님께 감사하게 하는 것이라. 이 봉사의 직무가 성도들의 부족한 것을 보충할 뿐 아니라 사람들이 하나님께 드리는 많은 감사로 말미암아 넘쳤느니라. 이 직무로 증거를 삼아 너희가 그리스도의 복음을 진실히 믿고 복종하는 것과 그들과 모든 사람을 섬기는 너희의 후한 연보로 말미암아 하나님께 영광을 돌리고 또 그들이 너희를 위하여 간구하며 하나님이 너희에게 주신 지극한 은혜로 말미암아 너희를 사모하느니라. 말할 수 없는 그의 은사로 말미암아 하나님께 감사하노라.

헌금하는 일은 은혜요 은사

고린도후서 8장과 9장에는 헌금 이야기가 나옵니다. 본문에는 헌금이 가진 참으로 깊은 뜻이 내재되어 있습니다. 여러분이 편견과 오해를 버리시고 내용을 잘 음미하신다면 많은 은혜와 깨달음이 있을 줄 압니다. 오늘 14절과 15절에 보면 헌금하는 일은 은혜와 은사라는 것을 알게 됩니다.

　　10절에 보면 "심는 자에게 씨와 먹을 양식을 주시는 이가 너희 심을 것을 주사 풍성하게 하시고 너희 의의 열매를 더하게 하시리니" 이렇게 나옵니다. 두 가지 약속이 있습니다. 하나님이 우리에게 무엇을 주시느냐 하면, 심고 거두는 일을 하게 하기 위해서 먹을 것을 주십니다. 심을 씨를 주십니다. 그리고 결실하게 하십니다. 그것은 하나님이 하시는 일입니다. 우리에게 심고 거두라고 합니다. 우리가 열매를 맺지 않고 우리가 씨를 만들지 않습니다. 그러나 그 씨를 심고 거두는 일은 우리의 몫입니다. 그것을 할 수 있도록 먹을 양식을 준다고 하십니다.

따라서 헌금 문제에 있어서 어떤 사고방식을 가져야 합니까? 내가 씨를 만들지 않습니다. 그러니까 내가 내놓는 헌금이 내 것을 내놓은 것이 아니라는 것을 아서야 하고, 그 열매도 내가 예상한 열매가 아니며 전혀 다른 하나님의 뜻과 계획에 의한 놀라운 결실이라는 것을 깨달아야 합니다. 돈을 심어서 돈으로 거두는 것이 아닙니다. 내가 시간을 냈다고 해서 시간으로 열매가 맺히지도 않습니다. 그것은 씨와 열매가 다른 것을 보면 압니다. 우리가 사과씨를 심어서 사과씨같이 생긴 사과를 얻는 것이 아니라 훨씬 큰 사과를 얻는 것같이, 무씨를 심어서 무를 거둘 때 그 무가 씨하고 다르듯이, 심은 것과 거둔 것은 다릅니다. 이 속에는 어떤 뜻이 있습니다.

인자야, 내가 너를 이스라엘 족속의 파수꾼으로 삼음이 이와 같으니라. 그런즉 너는 내 입의 말을 듣고 나를 대신하여 그들에게 경고할지어다. 가령 내가 악인에게 이르기를 악인아 너는 반드시 죽으리라 하였다 하자. 네가 그 악인에게 말로 경고하여 그의 길에서 떠나게 하지 아니하면 그 악인은 자기 죄악으로 말미암아 죽으려니와 내가 그의 피를 네 손에서 찾으리라. 그러나 너는 악인에게 경고하여 돌이켜 그의 길에서 떠나라고 하되 그가 돌이켜 그의 길에서 떠나지 아니하면 그는 자기 죄악으로 말미암아 죽으려니와 너는 네 생명을 보전하리라(겔 33:7-9).

의미심장하지요. 내가 심은 것이 어떤 열매를 맺는지는 모릅니다.

그러나 심는 것은 우리 책임입니다. 지금 에스겔 33장 본문을 통해서 보자면 하나님께서 악인에게 심판을 경고했을 때, 우리에게는 "너 그렇게 살면 죽는다. 너 그러면 하나님 앞에 벌 받는다"라고 말할 책임이 있다는 것입니다. 만일 그 말을 하지 않았다면 그 사람이 자기 죄로 죽을 뿐만 아니라, 내가 해야 할 일을 하지 않은 것에 대해서 하나님이 나에게 책임을 묻겠다고 하십니다.

여기에 헌금에 대한 중요한 원리가 있습니다. "이것이 어떻게 쓰이는가, 이것이 과연 정말 열매를 맺을 것인가?" 하는 문제는 이차적인 문제입니다. 지금 여러분이 할 일은, 하나님의 말씀을 전하고 증거해야 하듯이 여러분이 심어야 하는 것들, 하나님이 여러분에게 주신 것들을 갖다 심는 일을 하셔야 됩니다. 혼자 다 먹어 버리면 안 됩니다. 여러분이 갖고 있는 것 중 대부분은 여러분이 먹을 양식이지만 그중에 얼마는 분명히 새로 뿌려야 하는 씨입니다.

> 예수께서 비유로 여러 가지를 그들에게 말씀하여 이르시되 씨를 뿌리는 자가 뿌리러 나가서 뿌릴새 더러는 길가에 떨어지매 새들이 와서 먹어버렸고 더러는 흙이 얕은 돌밭에 떨어지매 흙이 깊지 아니하므로 곧 싹이 나오나 해가 돋은 후에 타서 뿌리가 없으므로 말랐고 더러는 가시떨기 위에 떨어지매 가시가 자라서 기운을 막았고 더러는 좋은 땅에 떨어지매 어떤 것은 백 배, 어떤 것은 육십 배, 어떤 것은 삼십 배의 결실을 하였느니라(마 13:3-8).

이것은 천국 비유입니다. 천국 비유에서 재미있는 것은 씨를 뿌리는 비유입니다. 밭의 비유가 아닙니다. 우리는 씨를 뿌리는 사람입니다. 씨를 뿌리다 보면 씨가 더러는 길가에도 떨어지고 돌밭에도 떨어집니다. 씨가 길가에 떨어지고 돌밭에 떨어져서 결실치 않는 것은 뿌린 자의 책임이 아닙니다. 뿌린 자의 책임은 뿌리는 데까지입니다. 자라는 것은 그 땅이 옥토였느냐 아니냐에 달린 것입니다. 그러나 씨가 자라날 가능성이 있느냐 없느냐 때문에 씨를 뿌릴 것이냐 말 것이냐를 내가 결정해서는 안 됩니다. 우리는 뿌릴 책임이 있을 뿐입니다. 그 씨가 결실하는 것은 전혀 다른 문제입니다. 마가복음 4장에 가면 바로 이 문제를 이야기합니다.

> 또 이르시되 하나님의 나라는 사람이 씨를 땅에 뿌림과 같으니 그가 밤낮 자고 깨고 하는 중에 씨가 나서 자라되 어떻게 그리 되는지를 알지 못하느니라. 땅이 스스로 열매를 맺되 처음에는 싹이요 다음에는 이삭이요 그 다음에는 이삭에 충실한 곡식이라(막 4:26-28).

참 흥미롭습니다. 어떻게 자라는지 우리는 모릅니다. 물론 물을 주고 김을 매어 줍니다만 우리는 사실 우리가 뿌린 씨가 어떻게 자라는지 모릅니다. 그것은 생명의 신비입니다. 그것이 결실을 맺으면 우리가 거두어들일 뿐입니다. 성경이 우리에게 가르치는 것은 뿌릴 씨를 주시고 그 씨가 결실을 맺게 하시는 것은 하나님의 몫이라는 것입니다. 우리에게는 뿌리고 가꾸라고 합니다. 게을러서는 안 됩니다. 뿌리고 가꾸어 보면, 씨를 주셨다는 것은 결국 결실할 수 있는 생명이 하나님 손에 있다는 것을 의미합니다. 하나님만이 생명의 씨앗을 주실 수 있지 우리가 만들 수 있는 것이 아니라는 것입니다. 그 생명을 결실하게 하는 것도 하나님이 하시지 우리가 하는 일이 아닌 것입니다. 그러면 우리의 역할이 무엇인지 아시겠죠?

하나님만이 생명을 결실하는 생명의 씨앗을 주시며 그 생명이 결실하도록 하시되 우리가 뿌리고 가꾸지 않는 한 그 일을 안 하시겠다는 것입니다. 내가 안 하고 거부권을 행사한다고 해서 하나님이 하실 일을 못하시는 것이 아닙니다. 하나님만이 하실 수 있는 이 일에 우리를 동역자로 부르신 것입니다. 이것이 바로 전도와 헌금입니다. 그래서 헌금하는 것이 굉장히 놀랍고 중요한 역할이라는 것을 깨닫는 것입니다.

서두에도 말씀드린 바와 같이 헌금하는 일은 은혜와 은사라는 것입니다. 아무나 하지 못합니다. 돈만 넣는다고 헌금이 아닙니다. 하나님께서 나를 통하여 일하시기를 기뻐하신다는, 분명한 깨우침 속에서 하는 진정한 헌금을 통해 하나님께서는 일하십니다. 버리고 거두는 문제를 해 오면서 우리가 그런 문제를 생각했었지요? 보릿고개 때 아무리 배가 고파도 봄에 뿌릴 씨를 먹어 버리지 않는다는 것을 말입니다.

넉넉한 헌금

그 부분을 이쪽에서 보면 분명해집니다. 묘하게 하나님 나라의 비유와 연결되어 있는데, 주님께서 가르치신 기도문을 보십시오. "오늘날 우리에게 일용할 양식을 주옵소서"라는 것은 무슨 기도에 이어져 나오느냐 하면 "뜻이 하늘에서 이루어진 것같이 땅에서도 이루어지이다"에 이어 나오는 것입니다. "뜻이 하늘에서 이루진 것같이 땅에서도 이루어지도록 나라가 임하옵소서. 그러기 위하여 우리에게 일용할 양식을 주시옵소서." 그럼 다시 봅시다. 도대체 나라가 임한다는 것은 무엇입니까? 잘못 생각하면 우리는 "나라가 임한다, 천국이 임한다"고 하면 수직적으로, 장소적으로 하늘나라가 구름을 뚫고 땅에 임하는 것을 생각하는데, 하나님 나라란 그렇게 임하는 것이 아닙니다.

물론 하나님 나라는 장소적이고 우리가 영원히 살 곳입니다. 약속된 나라입니다. 그러나 그 나라가 도래하기 전에 하나님 나라는 장소적으로 임하는 것이 아니라 통치권으로 임하는 것입니다. 나라의 3대 요소로 국민·영토·주권이 있습니다. 그중에 지금 '나라'라고 하면 땅이 먼저 생각이 되시죠. '나라'라고 하면 우선 땅이나 자원부터 생각납니다만, 성경에서 '나라'라고 하면 일차적인 의미가 주권이었습니다. 통치권입니다.

예를 들어 미국은 어디까지가 미국입니까? 본토와 알래스카와 하와이까지입니까? 아니요, 우리나라에 있는 미국대사관도 미국입니다. 미국의 통치권이 시행되는 모든 곳이 미국입니다. 대사관은 다 치외법권이죠? 왜 외교관들이 다 치외법권을 받죠? 이 나라에 와서 있을지언정 자국 통치권의 지배를 받는 자들이기 때문에 그렇습니다. 그래서 "하나님 나라가 임하옵소서, 뜻이 하늘에서 이루어진 것같이 땅에서도 이루어지옵소서"라는 기도는 오늘날 내가 하나님의 통치를 받는 사람으로 살겠다는 뜻입니다. 그러니까 한 명의 성도가 있을 때 여기에 하나님의 통치권이 시행되면 하나님 나라는 여기까지인 것입니다. 전쟁을 하면 제일 힘쓰는 게 무엇입니까? 해군의 함포 사격입니까? 공군 폭격기입니까? 육군 보병입니까? 그러나 아무리 적군을 다 소탕한다 해도 그 빈 땅에 아군의 군화를 신은 보병이 서지 않는 한 우리 땅이 아닌 것입니다.

하나님 나라는 하나님을 대적하는 자들이 물러간 것으로만 확장되는 것이 아니라 하나님의 통치권이 시행되는 자가 서 있는 곳, 그 자리까지가 하나님 나라인 것입니다. 우리는 모두 다 하나님 나라의 첨병들입니다. 그렇게 내가 하늘 아버지께 하늘나라에서 의와 거룩함, 생명과 진리로 통치하는 것에 순종하여 살면 하나님 나라는 내가 서 있는 여기까지요, 내가 그 뜻을 따라 산 모든 일에 하나님은 거기까지 와 계신 것이 됩니다. 하나님의 통치, 의와 생명, 거룩함과 영혼은 내가 만들거나 내가 결실하는 것이 아닙니다. 하나님이 하시는 것인데, 그것을 수행하고 순종하여 내가 선 자리까지 그것을 이어 오기 위해 내 존재가 살아 있고 튼튼해야 하기 때문에, 그 조건으로 "일용할 양식을 주시옵소서" 하는 것입니다. 마찬가지입니다.

뿌릴 씨를 주시고 열매 맺게 하시는 하나님이 우리에게 먹을 것을 주십니다. 그러면 허락한 씨 중에서 얼마만큼이 내 몫인가는 문제가 되지 않습니다. 내가 오늘 먹고 살고 일하는 데 지장이 없다면 그 나머지는 다 뿌려서 새롭게 거둘 생각을 하는 것이 정당한 신앙인의 자세라는 것입니다.

헌금을 얼마나 해야 할까요? 굶어 죽지 않을 만큼 빼놓고 다 하셔야 합니다. 이렇게 여러분이 듣고 가시면 여러분 마음에 적지 않은 부담이 될 것이라고 생각하는데, 부담을 가지는 것도 좋습니다. 그것이 여러분에게 복이기 때문입니다. 공부를 해야겠다, 훌륭해져야겠다, 성실해야겠다고 하는 정당한 명분이나 사고와 마찬가지로 헌금에서도 더 분발하셔야 합니다. 그것은 더 많은 땅을 개간하고 더 많은 씨를 뿌려 더 많은 수확을 욕심내는 것과 같이 정당하고 복된 소망이 되어야 할 것이기 때문입니다. 그것이 오늘 성경 말씀이 우리에게 가르치는 것입니다.

이제 본문이 이런 맥락 속에서 뒤의 본문 말씀과 어떻게 어우러지는지를 보실 것입니다.

> 심는 자에게 씨와 먹을 양식을 주시는 이가 너희 심을 것을 주사 풍성하게 하시고 너희 의의 열매를 더하게 하시리니(고후 9:11).

모든 일에 부요합니다. 앞에 있는 것과 연결해서 보면 뿌릴 씨도 부요하고 먹을 양식도 부요하고 결실도 부요한 것입니다. 그래서 지금 이 사람들이 많은 헌금을 내는 것은 많은 씨를 심는 것과 같고, 많은 씨를 심으면 틀림없이 많이 결실할 것입니다. 그것으로 인하여 하나님께 감사합니다.

많은 헌금 내는 것을 왜 하나님께 감사하게 됩니까? 하나님이 지금도 더 많은 사람에게 은혜를 베풀고, 더 많은 사람을 긍휼과 자비와 구원으로 만나기를 기뻐하시기 때문에 우리에게 많은 씨를 심게 하시는 것입니다. 하나님이 돈이 없어서 우리에게 많은 돈을 내라는 게 아닙니다. 우리에게 많은 씨를 심으라는 것은, 많이 거둘 약속 위에서 많은 씨를 심게 하는 것입니다. 하나님이 그의 은혜와 베푸시는 사랑과 기쁨, 모든 복을 주고 싶어 하시기 때문에 우리에게 많이 심으라고 그러시는 것 아니냐는 것입니다. 이것을 이해하시겠습니까? 헌금하는 기쁨을 아시겠습니까? 여러분이 드린 헌금이 눈에 보이는 모습, 아는 모습으로 여러분 눈앞에서 결실되지는 않습니다. 그러나 그것은 두고두고 결실합니다.

미국인들의 무서움과 악착함을 아십니까? 미국인들은 자기 나라 석유는 안 팝니다. 자기 후손들을 위해서 어떻게 해서든지 중동의 아랍 석유를 싸게 사다 쓸려고 별짓을 다합니다. 자기네 석유는 아끼고 있어요. 후손을 위해서입니다. 우리는 어떻게 합니까? 조금만 가물면 지하수를 다 뽑아 씁니다. 지금 큰일 났다죠? 후손은 그때 가서 알아서 하라는 처사입니다. 이러면 안 됩니다. 이렇게 일을 해서는 안 됩니다. 남겨 두어야 합니다. 후손을 위한 준비를 해야 합니다. 우리 시대에 누린 것보다 더 많은 것을 누리게 하려는 어떤 배려가 있어야 합니다. 이것이 미국 사람들의 무서움이요 분별입니다.

예수 믿는 사람들의 가장 큰 욕심은 무엇입니까? 하나님께서 부르는 사람, 땅 끝까지 부른 사람, 그리고 심판을 보류하시고 연장해 놓으신 구원의 시간들, 이것은 다 하나님께서 베푸시는 은혜와 긍휼과 자비와 구원이 결실되기 위하여 허락된 것입니다. 그리고 하나님은 여러분에게 더 많이 참여하고 더 크게 쓰임 받아 많은 열매를 맺는 사람이 되라고 요청하십니다. 안 하면 여러분만 손해입니다. 그 씨를 여러분이 혼자 다 쓰신다면, 여러분은 기적과 자랑과 승리로 사는 폭넓은 신앙생활을 놓치고 있는 셈이 됩니다.

이 봉사의 직무가 성도들의 부족한 것을 보충할 뿐 아니라 사람들이 하나님께 드리는 많은 감사로 말미암아 넘쳤느니라(고후 9:12).

헌금을 해서 성도의 부족한 부분을 채운 정도가 아니라 이것으로 하나님께 감사한다고 합니다. 왜요? 하나님이 많은 사람에게 은혜와 긍휼, 자비와 복으로 만나시기를 기뻐한다는 것을 넉넉한 헌금을 통해서 저들이 깨닫게 되기 때문입니다.

헌금은 하나님의 동역자로 부른 표

우리가 빌립보서 4장에서 이런 대목을 봅니다. "내게 능력 주시는 자 안에서 내가 모든 것을 할 수 있느니라"(빌 4:13)라는 바울의 감격스러운 고백은 다음과 같은 이야기 속에서 나온 것입니다. "너희가 나를 찾아왔으니 고맙다." 빌립보 교인들이 옥에 갇힌 바울을 찾아온 것을 고마워하는 이야기 끝에 나옵니다. 그러나 "내가 궁핍해서 고맙다는 것이 아니다. 내 궁핍한 것을 너희들이 채워 주어서 고맙다는 것이 아니라 너희들이 하나님의 사랑에 동참해서 고맙다"고 합니다. "너희가 이런 일에까지 참여할 수 있는 사람이 되었고, 너희를 이런 일에까지 하나님이 동역자로 불러 주신 것이 너무 기쁘다"는 것입니다.

이것이 그 이야기입니다. 헌금은 불쌍한 사람을 위하여 내가 마지못해 낸 구제금이 아닙니다. 그것은 하나님이 여러분의 손길과 여러분의 마음과 여러분의 존재를 귀히 여기셔서 하나님의 특별하신 일에 여러분을 동역자로 부른 표이기 때문에 귀한 것입니다.

이 직무로 증거를 삼아 너희가 그리스도의 복음을 진실히 믿고 복종하는 것과 그들과 모든 사람을 섬기는 너희의 후한 연보로 말미암아 하나님께 영광을 돌리고(고후 9:13).

이제 이런 표현들이 무엇인지 다 이해가 되시겠죠? 헌금은 돈이라는 것으로, 액수로의 문제가 아니라 하나님께서 우리를 통하여 어떻게 일하시며 은혜와 긍휼을 어떻게 베푸시기를 기뻐하시는가, 우리를 동역자로 부르셔서 그 복된 일에 쓰시는가를 말씀하고 있는 것입니다.

또 그들이 너희를 위하여 간구하며 하나님이 너희에게 주신 지극한 은혜로 말미암아 너희를 사모하느니라(고후 9:14).

"나도 저 사람들같이 하나님 앞에 쓰임 받고 싶다. 하나님의 귀한 일에 쓰임 받는 사람이 되었으면 좋겠다. 말할 수 없는 그의 은사를 통하여 하나님께 감사하겠다." 하나님이 우리 같은 사람들과 함께 일하십니다. 하나님이 우리의 모든 일에 관심을 가지시고 우리의 조그만 필요에도 예외 없이, 그냥 지나침 없이 관여하고 계심에 대하여 감사하는 것입니다.

그래서 우리는 헌금으로 어떤 사람이 도움을 받을 때 그것은 다만 어려움을 해결하는 일로만이 아니라 하나님이 우리 인생의 어려움을 보고 계시고 간섭하시며 해결해 주시기를 기뻐하신다는 것, 그 하나님의 지극한 사랑을 만나는 것입니다. 이를 데살로니가전서 5:16에서 확인할 수 있습니다. "항상 기뻐하라. 쉬지 말고 기도하라. 범사에 감사하라"(살전 5:16-18).

우리가 항상 자신을 분별해서 기뻐하고 있는 것이 아닙니다. "나는 기뻐요, 나는 기뻐요" 이러고 있는 것을 말하는 것이 아닙니다. 항상 기뻐하는 것은 "항상 기뻐하도록 해주겠다"는 말씀입니다. 무엇을 근거로 그렇게 이야기합니까? 바로 이어 나오는 말씀에서 그 이유를 찾을 수 있습니다. "이것이 그리스도 예수 안에서 너희를 향하신 하나님의 뜻이니라"(살전

5:18하).

그리스도 예수 안에서 우리를 향하신 하나님의 뜻입니다. 예수 그리스도는 우리가 요청해서 오신 분이 아닙니다. 하나님이 우리에게 빚을 지셨기 때문에 보낸 분이 아닙니다. 우리가 아직 죄인 되었을 때에 우리를 사랑하신 하나님이 우리가 멸망당할 것을 그냥 놔둘 수가 없어서 그의 아들을 우리에게 보내신 사랑의 표입니다. "항상 기뻐하라"는 우리를 기쁘게 해주시는 것이 하나님의 본심임을 말하고 있습니다. 어떻게요?

"항상 기쁘게, 쉬지 말고 기도하라"는 말은 우리에게 열심히 기도하라는 것만이 아닙니다. 언제나 한순간도 쉬지 않고 하나님은 나를 보고 계시고 나에게 귀 기울이시며, 나에게 주시기를 기뻐하며 준비하고 계시는 분이라는 뜻입니다.

"범사에 감사하라"는 말씀은 큰 덩어리만 하나님이 책임져 주는 것이 아니라 가장 사소한 문제, 별것도 아닌 일에도 하나님은 우리 편을 들고 계신다는 것입니다. 우리는 이 일을 헌금과 구제에서 배우는 것입니다. 여러분, 제발 헌금에 대해 여러분을 쥐어짜는 것이라든가, 그것을 냄으로써 여러분이 요구하는 것을 하나님께 얻어 내는 방법으로 아는 오해를 하지 마시기 바랍니다. 여러분을 통해 거룩함에 속한 일을 하기 위하여 하나님은 여러분을 동역자로 부르셨습니다. 하나님의 귀한 초대와 복된 직분을 받았음을 기억하십시오. 헌금을 통해서 하나님이 여러분과 함께 일하시는 기적을 체험하시길 권합니다.

19

구제의 자리

행 6:1-7

그때에 제자가 더 많아졌는데 헬라파 유대인들이 자기의 과부들이 매일의 구제에 빠지므로 히
브리파 사람을 원망하니 열두 사도가 모든 제자를 불러 이르되 우리가 하나님의 말씀을 제쳐
놓고 접대를 일삼는 것이 마땅하지 아니하니 형제들아, 너희 가운데서 성령과 지혜가 충만하
여 칭찬 받는 사람 일곱을 택하라. 우리가 이 일을 그들에게 맡기고 우리는 오로지 기도하는
일과 말씀 사역에 힘쓰리라 하니 온 무리가 이 말을 기뻐하여 믿음과 성령이 충만한 사람 스
데반과 또 빌립과 브로고로와 니가노르와 디몬과 바메나와 유대교에 입교했던 안디옥 사람 니
골라를 택하여 사도들 앞에 세우니 사도들이 기도하고 그들에게 안수하니라. 하나님의 말씀이
점점 왕성하여 예루살렘에 있는 제자의 수가 더 심히 많아지고 허다한 제사장의 무리도 이 도
에 복종하니라.

초대교회의 모습이 사도행전 5장까지는 늠름하고 멋있고 굉장했습니다.
6장에 이르자 교회의 분란이 일어납니다. 여기서 헬라파 유대인이란 헬라
어를 쓰는 유대인들, 우리 식으로 말하면 이민을 가기 위해 삶의 터전을 옮
겼다가 다시 돌아온 사람들을 말하는 것 같습니다. 이 헬라파 유대인에 속
한 과부들이 구제받는 일에서 빠지자 원망하는 일이 벌어진 것입니다. 이
런 문제가 생기자 사도들은 직접 관여하여 해결하지 않고, 집사를 뽑아 그
일을 맡기고 자신들은 말씀에 전념하겠다고 선언합니다. 그런 의미에서
이 본문은 구제가 기독교 신앙에서 본질적인 것이 아님을 보여준다고 생

각합니다.

구제의 오용

구제는 우리가 믿는 기독교 복음이 은혜에 속한 것임을 나타내는 아주 중요한 구체적인 방식입니다. 교회가 구제를 해야 하는 것은 그것이 복음을 구체적으로 실천하는 일이기 때문입니다. 그럼에도 구제는 그것 자체가 복음을 대신하는 대표적 형식은 아닙니다. 말씀이 대표 형식입니다. 그러나 구제는 매우 중요하고 그 중요성 때문에 잘 오해되기도 합니다.

예를 들면, 기독교 신앙이 부패하면 제일 먼저 나타나는 것은 도덕성의 부패입니다. 이 도덕적 부패가 일어났을 때 먼저 도덕성이 회복되어야 신앙이 회복되는 것은 아닙니다. 신앙이 회복되어야 도덕성이 회복됩니다. 다시 말해 기독교 신앙은 도덕성을 가지고 있지만 도덕성이 기독교 신앙의 핵심이 아니듯이, 구제도 예수 믿는 사람들이 갖는 은혜에 대한 이해요 그것을 나누는 구체적인 책임인 것은 맞지만 그것이 복음의 내용을 대신하지는 않는다는 것입니다. 그리고 그것이 복음의 진정한 내용을 가리게 해서도 안 됩니다.

이 구제가 자주 논란이 되는 이유는 당연히 해야 할 것인데도 제대로 안 해서 일어나기도 하고, 또 그것이 복음을 가리는 문제로 잘못 쓰여 왜곡하기 때문이기도 합니다. 교회에는 이런 식의 요구가 있습니다. "교회 예산의 절반을 떼어서 사회에 봉사하자." 멋있는 말입니다. 당연히 그런 식으로 기독교 신앙이 갖는 나눔도 필요합니다. 하지만 그런 식으로 사회 앞에 기독교를 납득시켜 예수 믿는 것을 인정받으려 해서는 안 됩니다. 교회 형편상 그렇게 많은 액수를 구제에 할당하지 못할 수도 있습니다. 그런데 그렇게 할당하지 못하면 마치 교회가 아닌 것처럼 이야기하는 것은 본말이 전도된 것입니다.

예수님은 공생애를 사시는 내내 참으로 놀라운 일들을 행하셨습니다. 그러나 사람들이 기대했던 기적들이 예수님의 궁극적인 목적은 아니었다고 자주 말씀하십니다. 그런 이유로 당시 유대인 지도자들과 충돌하셨습니다. 유대인 지도자들이라는 말은 그들이 민족적이고 종교적이었다는 면을 드러내는 것입니다. 유대인은 하나님을 알고 율법을 받았으며 믿음이 있고 하나님의 자녀로서의 정체성을 가지고 있었습니다. 예수님은 이들과 항상 충돌하셨습니다. 왜냐하면 그들이 기대했던 메시아는 하나님이 보낸 해방자로서 자신들이 하나님 편에 서 있는 것을 보상해 줄 사람이었기 때문입니다. 하지만 예수님은 오셔서 죄인들의 친구가 되셨습니다.

예수님이 죄인들의 친구가 되셨다는 것은 그들에게는 난처한 일이었습니다. 옳은 이들에게는 보상하고 죄인들을 심판하셔야 할 해방자가 옳다고 인정받아야 할 사람들에게는 보상해 주시지 않고 당연히 멸시받고 정죄받아야 할 자들과 친구가 되셨으니 난감한 일이었을 것입니다. 이런 싸움이 예수님의 생애 내내 반복해서 일어납니다. 요한복음 8:31-32을 보겠습니다.

그러므로 예수께서 자기를 믿은 유대인들에게 이르시되 너희가 내 말에 거하면 참으로 내 제자가 되고 진리를 알지니 진리가 너희를 자유롭게 하리라(요 8:31-32).

이 말씀은 자기를 믿은 유대인들에게 하신 이야기입니다. 그런데 이어지는 대화를 보면 매우 신랄하게 적대적 대화가 오갑니다. 예수님이 "진리를 알지니 진리가 너희를 자유롭게 하리라"고 말씀하시자, 바로 유대인들의 대응이 나옵니다.

그들이 대답하되 우리가 아브라함의 자손이라. 남의 종이 된 적이 없거늘 어찌하여 우리가 자유롭게 되리라 하느냐. 예수께서 대답하시되 진실로 진실로 너희에게 이르노니 죄를 범하는 자마다 죄의 종이라. 종은 영원히 집에 거하지 못하되 아들은 영원히 거하나니 그러므로 아들이 너희를 자유롭게 하면 너희가 참으로 자유로우리라. 나도 너희가 아브라함의 자손인 줄 아노라. 그러나 내 말이 너희 안에 있을 곳이 없으므로 나를 죽이려 하는도 다. 나는 내 아버지에게서 본 것을 말하고 너희는 너희 아비에게서 들은 것을 행하느니라(요 8:33-38).

예수님과 유대인 사이에 대화는 이렇게 오갑니다. "진리가 너희를 자유롭게 하리라." "우리가 왜 자유가 필요한 것이냐? 우리는 하나님의 백성이다." "죄를 짓는 자는 죄의 종이다. 나를 믿지 아니하면, 내가 구원을 베풀지 않으면 아무도 자유롭게 될 수 없다." "우리는 아브라함의 자손이다. 무슨 소리냐?" "너희가 아브라함의 자손이냐?" 대화는 계속 이어집니다. 39절부터 보겠습니다.

대답하여 이르되 우리 아버지는 아브라함이라 하니 예수께서 이르시되 너희가 아브라함의 자손이면 아브라함이 행한 일들을 할 것이거늘 지금 하나님께 들은 진리를 너희에게 말한 사람인 나를 죽이려 하는도다. 아브라함은 이렇게 하지 아니하였느니라. 너희는 너희 아비가 행한 일들을 하는도 다. 대답하되 우리가 음란한 데서 나지 아니하였고 아버지는 한 분뿐이시니 곧 하나님이시로다. 예수께서 이르시되 하나님이 너희 아버지였으면 너희가 나를 사랑하였으리니 이는 내가 하나님께로부터 나와서 왔음이라. 나는 스스로 온 것이 아니요 아버지께서 나를 보내신 것이니라. 어찌하여 내 말을 깨닫지 못하느냐. 이는 내 말을 들을 줄 알지 못함이로다. 너희는 너희 아비 마귀에게서 났으니 너희 아비의 욕심대로 너희도 행하고자 하느니라. 그는 처음부터 살인한 자요 진리가 그 속에 없으므로 진리에 서지 못하고 거짓을 말할 때마다 제 것으로 말하나니 이는 그가 거짓말쟁이요 거짓의 아비가 되었음이라. 내가 진리를 말하므로 너희가 나를 믿지 아니하는도다 (요 8:39-45).

이 얼마나 살벌한 대치입니까? 31절은 "예수께서 자기를 믿은 유대인들에게"라고 시작하는데 그들은 무엇을 믿었을까요? 그들이 무엇을 믿었기에 예수께서 이토록 신랄하게 비판하실까요? 또 그들은 왜 그 비판에 대하여 악의를 드러내고 적대감을 품고서 반발하고 자신들을 변호하는 것일까요? 우리 신약시대 성도들이 너무나 쉽게 유대인들을 평가하는 것 같습니다. 그들이 바보라서 예수님을 죽인 것처럼 생각하고 또 제대로 된 신앙을 못 가진 것처럼 이야기합니다. 그러나 사실 모든 인류가 본성상 가지고 있는 문제를 저들이 대표적으로 여기 등장해서 드러내고 있는 것입니다. 이것은 다 우리들의 문제입니다.

우리는 모두 믿음을 이해하고 인정한다는 듯이 그것을 축소시키는 본성이 있습니다. 제가 자주 드린 말씀인데, 우리가 보통 하는 기도는 어떤 기도라고 했습니까? "더 이상 하나님을 찾아올 필요가 없게 해주십시오. 애들이 말 잘 듣고, 오래오래 형통하고 다시는 하나님 앞에 와서 귀찮게 굴지 않도록 오늘 한꺼번에 해결해 주시옵소서." 이것을 넘어가는 기도는 드뭅니다. 물론 직접 이렇게 기도하기 민망하니까, 먼저 민족과 국가와 자녀를 위해서 기도합니다. 이렇게 기도함으로써 자신의 이기심과 믿음 없음을 가립니다.

제가 구제에 대해서 이렇게 펄펄 뛰는 것은 구제 자체가 잘못이라는 것이 아닙니다. 그것이 이런 식으로 넘어가는 용도에 쓰이기 때문입니다.

복음이 훨씬 값싼 구제에 가려진다는 것입니다. 값싸다는 것은 상대적인 평가입니다. 구제는 귀한 것이지만 예수님과 비교하면 상대가 안 됩니다. 그런 것 때문에 예수님이 가려집니다. 그래서 이런 자랑들을 합니다. "우리 교회는 선교사를 몇 명 보내. 우리 교회는 구제를 상당히 많이 해. 우리는 구제금도 믿을 만한 기관에 보내." 이런 것이 다 무슨 이야기입니까? 우리가 한 점의 의혹도 없이 얼마나 괜찮은 사람인가 하는 것을 인정받고 싶어 하는 것 아닌가요? 모두가 이해할 수 있는 방법으로 기독교 신앙을 인정받고 마음이 편해지고 싶어 합니다. 그렇게 되면 예수님을 붙잡기 위해 목숨도 버릴 수 있다는 그런 각오까지는 못 갑니다. 아니, 그것은 각오의 문제가 아니라 기독교 신자로서 그 신앙의 본질에 관한 이해의 문제입니다.

구제는 하나의 표적

초대교회 초기에 일어난 가장 유명한 사건은 성령 강림과 앉은뱅이를 고친 사건입니다. 성령 강림으로 충만한 능력과 확신 가운데서 초대교회가 시작되었고, 예수님의 이름으로 앉은뱅이를 일으킴으로써 많은 사건을 불러일으킵니다. 위협과 반대 속에서 어떤 능력을 받는 것으로는 기독교 신앙의 진정한 정체성과 지켜야 할 내용과 지키는 방법이 잘못 갈 수도 있습니다. 사도행전 5:12-16을 보겠습니다.

> 사도들의 손을 통하여 민간에 표적과 기사가 많이 일어나매 믿는 사람이 다 마음을 같이하여 솔로몬 행각에 모이고 그 나머지는 감히 그들과 상종하는 사람이 없으나 백성이 칭송하더라. 믿고 주께로 나아오는 자가 더 많으니 남녀의 큰 무리더라. 심지어 병든 사람을 메고 거리에 나가 침대와 요위에 누이고 베드로가 지날 때에 혹 그의 그림자라도 누구에게 덮일까 바

라고 예루살렘 부근의 수많은 사람들도 모여 병든 사람과 더러운 귀신에게 괴로움 받는 사람을 데리고 와서 다 나음을 얻으니라(행 5:12-16).

이 부분은 모두가 좋아하는 장면입니다. 여기서 이 사건은 어떻게 설명되고 있습니까? 12절에서 "사도들의 손을 통하여 민간에 표적과 기사가 많이 일어"났다는 이야기로 시작합니다. "기사" 곧 기적은 다들 아실 것입니다. 그러나 "표적"이라는 말은 얼른 이해를 못 하실 수 있습니다. 이 두 단어는 언제나 평행법적으로 쓰입니다. 예수께서 행하신 기적을 전부 표적이라고 일관되게 쓴 사람은 사도 요한입니다. 요한복음 6장에 보면 이 표적이 무슨 뜻인지 나타납니다. 보리떡 다섯 개와 물고기 두 마리로 오천 명을 먹이고 남은 것이 열두 광주리가 넘었습니다. 그 기적 바로 다음에 일어난 일들에서 표적이 무슨 뜻인지 드러납니다.

이튿날 바다 건너편에 서 있던 무리가 배 한 척 외에 다른 배가 거기 없는 것과 또 어제 예수께서 제자들과 함께 그 배에 오르지 아니하시고 제자들만 가는 것을 보았더니(그러나 디베랴에서 배들이 주께서 축사하신 후 여럿이 떡 먹던 그 곳에 가까이 왔더라.) 무리가 거기에 예수도 안 계시고 제자들도 없음을 보고 곧 배들을 타고 예수를 찾으러 가버나움으로 가서 바다 건너편에서 만나 랍비여, 언제 여기 오셨나이까 하니 예수께서 대답하여 이르시되 내가 진실로 진실로 너희에게 이르노니 너희가 나를 찾는 것은 표적을 본 까닭이 아니요 떡을 먹고 배부른 까닭이로다. 썩을 양식을 위하여 일하지 말고 영생하도록 있는 양식을 위하여 하라. 이 양식은 인자가 너희에게 주리니 인자는 아버지 하나님께서 인치신 자니라(요 6:22-27).

왜 많은 사람이 예수님께 왔다고 합니까? 그들이 떡을 먹어서 왔다고 합니다. 표적을 보고 온 것이 아니라는 것입니다. 이 표적이라는 말의 의미는 무엇입니까? 우리가 이해하기 좋게 표현한다면 이런 것입니다. 흔히 하는 말로 손가락으로 이렇게 달을 가리키면서 손가락은 보지 말고 그 가리키는 달을 봐라 하지 않습니까? 표적이란 이런 것입니다. 그 기적으로 인하여 그 기적을 베푸신 이가 누구인지를 알아보게 하려는 데 있습니다. 예수께서 일으키신 기적은 이런 표적이었습니다.

여기 사도행전에서 그 일어난 것도 표적이라고 이야기합니다. 표적과 기적은 평행법적으로 같은 내용을 다른 특징으로 설명하는 단어입니다. 기적이 일어났는데 그 기적은 예수님이 누구신지를 가리키는 표적이라는 것입니다. 사람들이 표적은 못 보고 다 떡에 빠져 있었습니다. 예수님이 그들에게 뭐라고 하십니까? "썩을 양식을 위하여 일하지 말고 영생하도록 있는 양식을 위하여 하라. 이 양식은 인자가 너희에게 주리니 인자는 아버지 하나님께서 인치신 자니라"(요 6:27). 그들은 이 기적이 가리키는 주인공과 내용과 하나님의 일하심을 알아채지 못한 것입니다.

사도행전 6장에 나오는 구제도 마찬가지입니다. 구제를 하면 그것이 하나의 표적이라는 것을 서로 알아야 합니다. 행하는 자와 보는 자가 "저들은 누구기에 저렇게 하는가" 하고 따라 들어오게 만들어야 합니다. 구제 행위를 함으로써 우리 자신의 책임을 거기에 다 넘길 수 있다고 생각하면 안 됩니다. 예수께서 병든 자를 고치러 세상에 오신 것도 아니요, 말씀을 잘해서 모두 납득시키려고 오신 것도 아닙니다. 우리가 보았듯이 그는 결국 죽을 수밖에 없는 길에 들어오신 것입니다. 그가 어떤 능력과 고귀한 뜻을 가지셨을지라도 결국 죽음이라는 순종으로 결과를 얻으셨다는 것입니다. 마찬가지로 교회도 결국 예수님의 뒤를 따라 죽을 각오를 해야 합니다. 그것은 다른 어떤 것으로도 대체할 수 없습니다. "예수님이 누구시냐? 역사와 운명의 주인이 누구시냐?" 하는 이 싸움에서 자기 자리를 지키는 책임을 다른 것으로 떠넘길 수 없습니다. 우리는 이 사실을 알아야 합니다.

교회의 일원으로 책임지기

기독교의 깊은 신앙의 경지에 아직 이르지 못했을 때 기독교를 사랑, 희생과 같은 단어들로 설명할 수밖에 없다는 것은 충분히 이해가 갑니다. 교회에 오면 마음이 훈훈하다. 모두 따뜻하게 대해 준다. 이런 것들 말입니다. 그런데 그런 것으로 시작해서 행복해지고 인생이 그렇게 종결되는 것만으로 사람은 만족하지 못합니다. 모두가 자기를 사랑해 주고 내가 형통해진다고 해서 사람이 행복한 것은 아닙니다. 이것은 인류 역사의 증언입니다. 인간이란 그것만으로 만족할 수 있는 존재가 아닙니다. 예수님 안에서 하나님을 만나기까지는 평안이 없습니다. 이 말은 아우구스티누스의 고백입니다. 우리 모두 그것을 알기 때문에 여기까지 온 것입니다. 그러니 이 밑바닥에 뭐가 있는가, 왜 이런 일이 있는가 하는 것을 알아야 합니다.

우리는 자꾸 세상이 알아볼 수 있는 것들로 자신의 신앙을 확인하려고 합니다. 그것은 세상의 위협에 근본적으로 겁을 내기 때문입니다. 자신의 신앙에 대해 스스로 겁을 먹는다는 것입니다. 그래서 누군가에게 확인을 받고 싶어 합니다. 특히 세상과 적대적으로 서서 자기 신앙을 지키는 일에 대해 대단히 겁을 냅니다. 그러니 자꾸 세상 앞에 "우리는 좋은 사람이야"라고 설명하려 합니다. "너희가 예수 믿지 않아도 결국 교회가 존재하는 게 세상에 유익하다"는 것을 보이려고 합니다. 그것이 구국 기도회입니다. 그것은 해야 할 일이지만, 세상 앞에 뭔가를 설명하는 것은 점점 더 커지는 것입니다. 그래서 나중에는 그 교회가 애국심을 얼마나 갖고 있느냐 하는 것으로 자신의 정체성을 증명하는 데까지 나아갑니다. 미국의 극우파 교회들에 가면 강대상에 국기가 있습니다. 그것은 잘못 간 겁니다. 기독교가 필요하다는 것을 모두 납득하게 하려는 데로 끌고 가는 일입니다.

우리는 겁이 나니까 기도할 때마다 이런 기도를 하는지도 모릅니다. 마땅히 해야 할 기도이기도 하지만 한번 잘 생각해 보십시오. "정치를 잘하게 해주시고, 나라가 평안하게 해주시고, 교육을 잘 받게 해주시고, 지도자들이 정신 차리게 해주시옵소서." 그래서 이런 자리로 가는 것이 아닙니까? "내가 걱정하지 않게 해주시옵소서." 그렇게 때우려 하시지 말고 실제로 걱정하셔야 합니다. 제 나이가 되면 나라 걱정을 안 할 수 없습니다. "하나님, 우리나라를 인간의 손에 맡기지 마시고 하나님의 은혜로 붙들어 주십시오." 이런 기도는 당연히 할 수밖에 없습니다. 그렇더라도 자기 책임을 그런 식으로 떠넘기면 안 된다는 것입니다.

구제하고 기도하는 것은 해야 할 일입니다. 다만 그것으로 자기 할 일을 다한 것처럼 생각하지는 마십시오. 여러분, 교회의 일원이 되시면 교회에서 함께 책임을 나누셔야 합니다. 신앙을 지키는 일과 우리가 속한 시대에서 빛이고 소금인 역할이 무엇인지를 구체적으로 책임져야 합니다. 무슨 명분과 구호를 외치는 식이 아니라, 한 교회를 교회답게 하는 것으로 책임질 수 있어야 합니다. 그런데 그 일에서 현대 사회는 슬쩍 도망가는 시대가 되었습니다. 대형교회가 생기면서 숨을 수 있는 틈이 생겨 버렸습니다. 들어와서 책임을 같이 나누고 한 교회를 제대로 교회답게 만드는 일을 해야 합니다. 비판만 하고 비난만 하고 고함만 지르고 도망만 가는 것으로 다 했다 하지 마시고 실제로 교회의 일원이 되는 일을 하셔야 합니다.

우리는 이 두 가지 문제에 분명히 직면해 있습니다. 거기에 겁내지 않으셔야 합니다. 환상에 젖지도 않아야 합니다. 겁내지 않아야 한다는 것이 무엇인지 이해하시겠지요. 왜 세상이 우리를 반대하는지 그 근본 이유를 알고 있어야 합니다. 공격은 세상이 할 만한 것으로 합니다. 도덕성을 가지고 공격할 수 있고, 요즘은 세습 같은 것으로도 합니다. 또 여러 가지 욕

먹을 만한 일들을 가지고 공격하기도 합니다. 그러나 거기 답하는 것에 급급한 나머지 정작 해야 할 일에서 빗나가는 일들에 말려들면 안 됩니다.

그런 욕을 먹게 된 것은 분명히 잘못한 것이지만 우리가 지켜야 할 진짜 싸움은 따로 있습니다. 욕먹는 일은 외면하고 이것만 해야 한다는 것이 아니라, 그 욕도 먹지 않도록 노력해야 하지만 그것이 전부가 아닌 줄 알아야 합니다. 지금 우리 사회에 일어나는 현상이 욕먹는 교회들을 향해 손가락질하니까 자꾸만 그러지 말라고 합니다. 그렇게 하는 이유가 무엇입니까? "나 편하게 제발 그러지 마! 똑바로 해!" 겁이 나서 그런 것 아닙니까? 거기에 말려들지 마시고 들어오십시오. 들어와서 신앙생활을 하십시오. 겁먹지 말고 자기 자리를 지키십시오.

예수님은 큰 권능을 가지고 계셨으나 십자가를 향하여 가셨기 때문에 그를 따르던 무리가 분노한 것입니다. 앞서 요한복음 6장에서 본 바와 같이 예수님이 어디 가셨는지 찾아 헤매고 쫓아와서, "랍비여, 어디 계십니까?" 하던 사람들의 입에서 나중에 "저를 십자가에 못 박으소서. 바라바를 놓아주고 예수를 십자가에 못 박으소서"라는 외침이 왜 터져 나왔겠습니까? 그들의 기대가 무너졌기 때문입니다. 예수님이 그들의 기대와 다르게 가니까 그 기대가 무너졌던 것입니다. 죽은 자를 살리고 중풍병자를 고치고 오병이어의 기적을 일으키고 바다를 잠잠하게 하셨는데, 십자가에서 죽어 버리니까 그 꼴을 못 보겠다고 한 것입니다.

기독교 신앙이 세상에서 어떻게 이해되어야 하는지 알고 계십니까? 하나님의 자녀로 산다는 것이 무엇을 의미하는지 알고 계십니까? 그 책임의 중심에 들어오셔야 합니다. 그것은 교회입니다. 한 사람이 갖는 신앙고백과 신앙 행위가 교회 공동체에서는 관계성이라는 폭과 차원을 갖게 됩니다. 그리하여 믿음이 갖는 진정한 내용을 웅장하게 보여줄 수 있습니다. 거기에 참여하십시오. 비겁한 자리에서 일어나십시오. 우리가 맡은 일과 고백의 진정한 내용의 자리에 들어오십시오. 우리가 존재하고 우리가 살아가는 신앙인이라는 이름이 갖는 본질과 마주 대하십시오. 그리하여 여러분의 인생이 하나님의 자녀라는 이름으로 사는 것임을 실제로 누리십시오. 책임 있게 사십시오. 자랑할 것이 있는 인생이 되십시오.

20

권징

고전 5:1-6

너희 중에 심지어 음행이 있다 함을 들으니 그런 음행은 이방인 중에서도 없는 것이라. 누가 그 아버지의 아내를 취하였다 하는도다. 그리하고도 너희가 오히려 교만하여져서 어찌하여 통한히 여기지 아니하고 그 일 행한 자를 너희 중에서 쫓아내지 아니하였느냐. 내가 실로 몸으로는 떠나 있으나 영으로는 함께 있어서 거기 있는 것같이 이런 일 행한 자를 이미 판단하였노라. 주 예수의 이름으로 너희가 내 영과 함께 모여서 우리 주 예수의 능력으로 이런 자를 사탄에게 내주었으니 이는 육신은 멸하고 영은 주 예수의 날에 구원을 받게 하려 함이라. 너희가 자랑하는 것이 옳지 아니하도다. 적은 누룩이 온 덩어리에 퍼지는 것을 알지 못하느냐.

큰 범죄와 관련하여 야기된 두 가지 질문

오늘 생각할 말씀은 고린도전서 5:1-6에 있는 바와 같이, 교회에 있어서는 안 되는 큰 범죄가 일어났을 때 그 일을 어떻게 처리하는가 하는 것입니다. 5절 말씀같이 "이런 자를 사탄에게 내주었으니"라는 말이 무엇을 의미하는가? 우리가 교회 안에 범죄한 자가 있을 때 그를 과연 사탄에게 내어주어야 하는가? 아니면 잘라 버리는 것이 교회가 할 수 있는 가장 적절한 처벌 방법인가? 그것은 너무 가혹하지 않은가? 하지만 6절의 "적은 누룩이 온 덩어리에 퍼지는 것을 알지 못하느냐"는 말대로, 교회의 거룩함과 성결을 위해서라면 그런 잘못들을 단호하게 처벌해야 하는가? 도대체 어디까지 용납해야 하는가? 여러 가지 생각이 들 것입니다.

두 번째 문제는 이런 자를 사탄에게 내어주는 이유가 육신은 멸하고 영은 주 예수의 날에 구원을 받게 하려 함이라고 했는데, 이 말에는 생각해야 할 큰 문제가 들어 있습니다. 말하자면 "인간은 육과 영이 다른 이원적 존재인가? 아니면 육은 악하고 영은 소중하고 거룩한 존재인가? 육은 멸하고 영은 구원 받게 한다는 말이 무엇을 뜻하는가?" 하는 것입니다. 어찌 되었든 이 구절에서 파생되어 오해하게 만드는 성경해석 문제를 제대로 이해해야 교회 안에서의 생활과 여러분 자신의 신앙생활에 대한 적당한 이해가 생길 줄로 압니다.

먼저 첫 번째 질문인 교회 안에 범죄한 자가 있을 때 단호하게 처벌해야 되느냐를 볼 때, 만일 교회에서 범죄한 자를 쫓아낸다고 하면 그것은 개인을 위해서가 아니라 교회를 위해서입니다. 하지만 5절 말씀처럼 이런 자를 사탄에게 내어주는 이유는 당사자를 위해서입니까, 아니면 교회를 위해서입니까? 적은 누룩이 온 덩어리에 퍼진다고 했는데 이것은 교회를 성결하게 보존하기 위해서가 아니라 그 당사자의 영혼을 구원하기 위해서입니다.

"이런 자를 사탄에게 내주었으니 이는 육신은 멸하고 영은 주 예수의 날에 구원을 받게 하려 함이라"고 했는데, 교회라는 이름으로 개인을 가혹하게 처벌하는 것이 교회를 지키는 성경적인 원칙은 아닙니다. 개인을 위해서 교회가 존재합니다. 물론 이것은 상당히 어려운 판단이고, 쉽게 어떤 기준선을 그을 수는 없습니다. 그러나 근본적으로 교회를 위하여 개인이 희생되지는 않습니다. 다만 그를 위한 처벌이 존재할 뿐입니다. 범죄한 당사자의 유익을 위하여 처벌이 존재하지 교회를 지키기 위하여 개인을 가혹하게 정죄하는 법은 없다는 것이 성경 말씀의 본뜻입니다. 또 전체적인 성경의 맥락을 훑어보아도 아흔아홉 마리의 양이 우리에 있고 한 마리의 양이 없을 때, 그 잃은 한 마리 양을 찾기 위해 목자가 양을 찾아 나서는 것이 주님의 뜻이고 하나님의 뜻이며 교회의 책임입니다.

그러면 두 번째로 육신과 영이 다른가에 대한 문제에 대해 대답을 해야 합니다. 성경은 인간을 육과 영으로 나누지 않습니다. 성경은 인간을 이야기할 때 육신이라는 말을 쓰기도 하고, 영이라는 말을 써서 본문에 있는 말씀같이 육신은 멸하고 영은 주 예수의 날에 구원 얻게 하려 함이라고 분리해서 쓰기도 하지만, 인간에게 두 부분이 있다는 뜻은 아닙니다.

육신과 영으로 나눌 수 없는 인간 존재

인간은 두 개로 나누어지는 존재가 아니라 둘을 합쳐서 쓰는 존재라는 것입니다. 육은 악하고 영은 거룩하다. 이 거룩한 영이 육에게 붙잡혀 있다는 식으로 생각하는 것은 잘못입니다. 말하자면 물리적인 존재와 정신적인 존재를 둘로 나누어서, 물질적인 것은 악하고 정신적인 것은 거룩하다고 생각하는 것이 그리스 사람들이 가졌던 이원론입니다. 우리 스스로도 성경에 있는 말씀 중에 "마음으로는 원이로되 육신이 약하구나" 하는 식으로 말할 때가 많습니다. 정신은 괜찮은데 그 정신을 가두고 있는 육체가 약해서 우리 마음속에 있는 신앙의 소원들을 제대로 이루지 못하는 것같이 오해하는 경향이 있습니다.

성경은 그렇게 육신과 영을 나누지 않습니다. 우리가 나중에 몸으로 부활한다는 것을 기억하셔야 합니다. 우리의 부활은 정신의 부활이 아니요 우리의 구원은 정신의 구원이 아니고, 우리 몸의 부활과 우리 몸의 구원입니다. 대표적인 예로 고린도전서 6:13을 보십시오. 신자의 몸을 논할 때도 물질적인 육체를 과소평가해서는 안 되는 표현이 나옵니다.

음식은 배를 위하여 있고 배는 음식을 위하여 있으나 하나님은 이것 저것을 다 폐하시리라. 몸은 음란을 위하여 있지 않고 오직 주를 위하여 있으며 주는 몸을 위하여 계시느니라(고전 6:13).

그러니까 몸 자체가 주를 위하여 있는 것입니다. 몸은 더러운 것이고, 몸은 주를 못 섬기고 어떤 정신, 영혼만이 주를 섬긴다고 생각하지 마십시오. 신앙은 사상과 개념일 뿐만 아니라 몸으로 표현되어야 합니다.

우리의 신앙, 주님을 사랑하는 것, 주님께 복종하는 것은 생각 속에서만 일어나지 않고 우리의 몸으로 실제로 실천해야 합니다. 몸이 거룩한 하나님의 피조물이고, 우리 몸으로 하나님 앞에 산 제사를 드려야 한다는 것을 잊지 않아야 합니다. 신자가 되면 정신만이 아니라 육신까지도 그 정신의 뜻을 따라 순종하고 실천하고 표현되어야 합니다. 이것은 인간의 존재에 있어서 빠뜨릴 수 없는 본질적인 요소입니다. 고린도전서 6:14 이하에서도 그것을 확인할 수 있습니다.

하나님이 주를 다시 살리셨고 또한 그의 권능으로 우리를 다시 살리시리라. 너희 몸이 그리스도의 지체인 줄을 알지 못하느냐. 내가 그리스도의 지체를 가지고 창녀의 지체를 만들겠느냐. 결코 그럴 수 없느니라. 창녀와 합하는 자는 그와 한 몸인 줄을 알지 못하느냐. 일렀으되 둘이 한 육체가 된다 하셨나니 주와 합하는 자는 한 영이니라. 음행을 피하라. 사람이 범하는 죄마다 몸 밖에 있거니와 음행하는 자는 자기 몸에 죄를 범하느니라. 너희 몸은 너희가 하나님께로부터 받은 바 너희 가운데 계신 성령의 전인 줄을 알지 못하느냐. 너희는 너희 자신의 것이 아니라. 값으로 산 것이 되었으니 그런즉 너희 몸으로 하나님께 영광을 돌리라(고전 6:14-20).

이 육체라는 것을 과소평가하거나 부정적인 시각으로 보아서는 안 됩니다. 금욕 사상을 가지는 것은 성경적이 아닙니다. 성경은 오히려 철 따라 나는 과일을 잘 먹고, 철 따라 피는 꽃을 잘 감상하고, 그것을 하나님께서 우리에게 주시는 복인 줄 알고 용납하라고 합니다. 꽃을 감상하고 음악을 들을 틈이 없다고 합니다만, 아닙니다. 시간 나면 기도, 짬나면 찬송, 또 시간 나면 전도, 이렇게만 사는 것이 아니라 맛있는 음식도 드시고 좋은 영화 구경도 하시고 재미있게 사십시오. 물론 그러한 것들은 가장 결정적이거나 가장 중심에 있어야 하는 것은 아닙니다.

육신과 영을 분리해서 표현한 이유

그러면 왜 "이런 자를 사탄에게 내주었으니 이는 육신은 멸하고 영은 주 예수의 날에 구원을 받게 하려 함이라"는 분리된 표현을 쓴 것일까요? 이것이 우리가 풀어야 할 문제입니다.

성경은 분명히 육체와 영이라는 것을 나누어서 두 개의 존재, 분리해야 될 두 존재, 분리해야 될 두 요소로 나누고 있지 않습니다. 인간은 두 요소가 하나 된 존재라고 말합니다. 또한 구원도 영이 구원을 얻는 것이 아니라 몸으로 구원 얻는다고 이야기합니다. 그럼에도 불구하고 본문은 분명히 육신을 멸하고 영을 구원 얻게 하겠다고 표현합니다. 그래서 이런 표현들을 깊이 이해하지 못하면 커다란 실수를 하게 되는 것입니다.

신자 안에 있는 죄악된 요소만 따로 집어서 표현할 때 육신이라는 표현을 쓰는 것입니다. 우리의 육체, 몸을 말하는 것이 아니라 인간의 존재, 신자의 모든 성품 속에서 죄악된 성품을 지칭할 때 '육신'이라는 말을 씁니다. 그리고 그 안에 있는 하나님을 향한 성향, 하나님을 향한 호감, 거룩함을 향한 성품, 그러한 요소들만을 따로 떼어 죄악된 성품과 대비하고 분리

교회

해서 지칭할 때는 '영'이라는 말을 쓰는 것입니다.

영적인 존재인 인간에게 육체가 있고 영이 있는 것은 사실이지만, 두 가지가 분리되어야 하는 존재는 아닌 것입니다. 영이 육체로부터 해방되어야 된다든가, 육체가 영을 가두고 있는 존재는 아닙니다. 육체는 영혼의 생각과 크기, 깊이가 나타나는 형태일 뿐이지 둘은 하나입니다. 생각과 실천, 내용과 형태, 이렇게 동전의 앞뒷면, 손의 앞뒤와 같이 한 존재인데, 성경이 이 둘을 나눠서 이야기할 때는 지금 이야기한 바와 같이 인간이 가지는 죄악된 성향을 분리해서 그것만을 지칭할 때는 육신이라는 단어를 쓰고, 일반 인간이 아니고 신자가 가지는 하나님을 향한 거룩한 성품과 성향을 죄악된 요소와 분리해서 지칭할 때는 영이라는 말로 둘을 대조시키는 것입니다.

"육신은 멸하고 영은 주 예수의 날에 구원을 받게 하려 함이라"는 것은 인간에게서 두 요소를 분리하는 작업이 아닙니다. 한 인간에게 있는 죄악된 성품으로의 요소들, 그 찌꺼기들을 빼내고 전 인격이 하나님 앞에 합격점을 받는, 거룩함과 영광의 완성으로의 길로 구원해 내고 완성시키며 성취시키고 만다는 뜻으로 말하기 위해서 이런 표현을 쓰는 것입니다.

"그리스도 예수의 사람들은 육체와 함께 그 정욕과 탐심을 십자가에 못 박았느니라"(갈 5:24). 그럼, 신자들은 다 유령입니까? 몸은 다 십자가에 가져다 죽이고 유령들이 옷 입고 와 있는 것입니까? 그렇지 않습니다. 우리 몸으로 와 있는 것입니다. 우리 몸이 와 있음에도 불구하고 신자는 육체와 함께 정과 욕심을 십자가에 못 박았습니다. 정과 욕심이라는 것은 형체가 있습니까? 아닙니다. 여기서 육체라는 말은 뒤에 나오는 정과 욕심이라는 말과 같은 의미의 평행구입니다. 같은 내용을 다른 단어를 써서 표현하고 있는 것입니다.

육체란 여기서는 정과 욕심, 곧 옛 성품이라는 말입니다. 인간 속에 있는 신자가 가지는 옛 성품, 죄의 성향, 이런 것들을 십자가에 못 박았다는 것입니다. 육체라는 물질적인 몸을 못 박은 것이 아니라 그 죄성을 십자가에 못 박은 자들이라는 말입니다. 이것이 본문에서 보는 "육신은 멸하고"의 뜻입니다. 로마서 7:5을 보십시다.

> 우리가 육신에 있을 때에는 율법으로 말미암는 죄의 정욕이 우리 지체 중에 역사하여 우리로 사망을 위하여 열매를 맺게 하였더니 이제는 우리가 얽매였던 것에 대하여 죽었으므로 율법에서 벗어났으니 이러므로 우리가 영의 새로운 것으로 섬길 것이요 율법 조문의 묵은 것으로 아니할지니라(롬 7:5-6).

옛날에 죄인이었을 때는 우리가 죄를 지었는데 어디에 있었다고 그럽니까? "육신에 있을 때에는"이라고 말합니다. 죄의 성품이 우리를 주장하고 있을 때를 "육신에 있을 때에는"이라고 하고, 우리가 죄의 성품 아래 있지 않고 거룩한 자, 새로 거듭난 자, 의와 거룩함의 지배 아래 있는 것을 "영의 새로운 것으로 섬긴다"고 합니다.

옛날에는 육체로 있었고 지금은 영혼으로 있다는 뜻이 아니라, 옛날의 우리 존재를 죄악된 것이 주장했던 것에 비하여 이제는 신자가 되어서 중생한 사람들, 예수 그리스도로 말미암아 거듭난 자들은 거룩함과 의와 하나님의 모든 것이 우리를 주장하는 자가 되었다는 것입니다. 그 둘을 무엇이라고 합니까? 육신에 있을 때, 곧 육신의 지배 아래 있을 때와 비교해서 영의 지배 아래 있는 것으로 둘을 분리해 내고 있습니다. 그러니까 결국 한 사람입니다. 고린도 교회 교인들을 향한 이 경고는 "너희 속에 있는 죄의 성품들을 뽑아내라"는 작업이고 명령이지, "너희가 영과 육신으로 둘이 되었는데 육체는 죽이고 영만 살려라" 하는 그런 말은 아닙니다. 이런 의미에서 금욕주의는 적당하지 않습니다. 우리가 신앙생활할 때 가장 크게 오해하는 것과 실족할 수 있는 것 중의 하나가 바로 초월주의입니다.

초월주의

초월주의라는 것은 결국 하나님의 것, 신적인 것, 종교적인 것이라고 생각합니다. 이것은 순수한 생각입니다. 인간이 가지는 아주 단순하고 보편적인 종교성은 다 그렇게 생각합니다. 그래서 어느 시대, 어느 사회, 어느 인간 집단이든 종교가 있습니다. 그리고 종교의 권위는 초월로 누립니다. 불교든 미개한 원주민 사회의 종교든 주된 힘은 언제나 초월에 있습니다. 인디언 부락의 무당이든 폴리네시아 원주민의 무당이든 간에 모두 초월로 자신의 지위를 확보합니다. 병든 자를 고쳐 낸다든가, 앞날을 예언한다든가, 다른 족속의 원수들이 쳐들어오는 것을 미리 알게 된다든가, 무당이 가진 지팡이가 적이 쳐들어오면 밤에 갑자기 소리를 낸다든가 하는 어떤 초월적인 형태로 나타납니다.

　사실 기독교 신자인 우리들에게도 인간의 종교적 본능, 옛 성품이 있어서 자꾸 초월적인 것으로 우리의 신앙을 채우려는 욕구가 있습니다. 그래서 자녀들이 공부해서 학교 들어간 것과 공부 안 하고 부모가 기도해서 학교 들어간 경우, 후자가 더 멋있게 보입니다. 여러분이 기도 안 하고 자녀들이 3년간 열심히 공부해서 좋은 대학 간 것과, 자녀들이 공부 안 하고 여러분이 기도해서 대학 간 것 중에서 어떤 것이 더 신앙적인 면에서 폼이 납니까? 두 번째입니다. 공부도 안 하고 담임선생님이 원서를 안 써준다고 해서 이를 박박 갈았는데도 불구하고, 가서 싸우고 싸워서 내가 기도했으니까 될 거라고 그랬는데 정말로 돼서 담임선생님이 깜짝 놀랐다, 이래야 신앙 있는 것 같지 않습니까? 그렇지 않습니까? 여기에 초월적인 요소가 있습니다.

그런데 초월은 자꾸 반대되는 개념, 곧 자연적인 것에 대해서 어느 정도 외면하느냐가 바로 초월의 경지로 들어간 것 같은 느낌을 줍니다. 한 예로 천주교 식으로 하면 신부나 수녀들은 결혼을 안 합니다. 자연적인 법칙을 외면하는 것이 초월에 근접되어 있고 초월에 더 깊이 들어가 있는 증거로 느껴진다는 말입니다. 또 금식을 좋아합니다. 금식기도, 철야기도도 그냥 하는 것보다는 가능하면 눈물을 흘리는 것이 좀 더 자극적입니다. 그래서 이런 성경 구절들이 오해를 삽니다.

> 그러므로 형제들아, 내가 하나님의 모든 자비하심으로 너희를 권하노니 너희 몸을 하나님이 기뻐하시는 거룩한 산 제물로 드리라. 이는 너희가 드릴 영적 예배니라(롬 12:1).

몸으로 산 제사를 드리는 것이 영적 예배입니다. 여러분의 몸으로 가장 고상한 신앙을 표현해야 합니다. 춤추고 손을 번쩍 들고 찬송하고 '할렐루야'를 외치는 데 사용하지 말고 몸으로 매일의 삶을 성실하게 사십시오.

주님께 아침밥을 차리는 기분으로 남편 아침밥상을 차려 드리십시오. 요새 젊은 가정의 남편들이 아내가 해주는 아침밥을 먹지 못하는 사람들이 많다고 하는데, 사실이라면 이것은 치리감입니다. 그것은 아주 중요한 책임입니다. 그리고 그것이 신앙입니다. 말하자면 집안일을 팽개치고 교회 와서 일하는 것은 신령한 것이 절대 아닙니다. 내가 할 일을 하지 않고 전도를 하거나 종교적인 행사를 하는 것은 칭찬받을 만한 일이 아닙니다. "너희가 제단의 제물을 두고라도 형제에게 원망 받을 만한 일이 생각나거든 제단에 제물을 놔둔 채로 가서 먼저 사과하고 화해하고 와서 제사를 지내라"고 합니다. 바로 이러한 문제입니다. 육신과 영을 분리해서 생각하는 것입니다.

초월주의적인 생각 때문에 자연적인 것, 물질적인 것에 대한 부정적인 생각이 있고 소극적인 생각을 가지고 있습니다. 그래서 하나님의 일을 우리 몸으로 해야 된다는 것에 대해 너무 많이 놓치고 있고, 하나님의 자녀된, 신자된 표를 일상생활에서 나타내지 못하고 있습니다. 그러나 여성분들이 신자라는 것을 남편에게 인정받아야 하고, 남성분들이 신자라는 것을 아내에게 인정받으셔야 합니다. 그리고 자신들한테 인정받으십시오. 우리는 그러지 못하고 있습니다. 그래서 교회에서는 너무 훌륭한 사람인데 집안에 들어가면 이혼하기 일보 직전입니다. 이것은 상당히 심각한 문제입니다.

범죄 당사자를 위한 유익

고린도후서 2장으로 가십시다. 첫 번째 문제와 두 번째 문제를 합쳐서 결론을 내리자면, 사탄에게 이런 자를 내어주어서 그 육신은 멸하고 그 영혼은 구원 얻게 하려 한다, 사탄에게 저들을 내어주라는 것이 무엇을 의미하는 것입니까? 교회를 지키기 위하여 한 개인을 가혹하게 처벌하는 의미도 아니요, 단호한 정죄에 관한 것도 아닙니다. 일차적으로 당사자의 유익을 위한, 거룩한 길로 인도하고 도전을 주기 위한 것으로 보게 됩니다.

근심하게 한 자가 있었을지라도 나를 근심하게 한 것이 아니요 어느 정도 너희 모두를 근심하게 한 것이니 어느 정도라 함은 내가 너무 지나치게 말하지 아니하려 함이라. 이러한 사람은 많은 사람에게서 벌 받는 것이 마땅하도다. 그런즉 너희는 차라리 그를 용서하고 위로할 것이니 그가 너무 많은 근심에 잠길까 두려워하노라(고후 2:5-7).

사도 바울이 고린도전서를 썼을 때 그런 자를 사탄에게 내어주라고 엄중하게 꾸짖으니까 사람들이 근심했습니다. 그러나 지금 고린도후서에서는 "그 사람들을 너무 심하게 다루지 마라. 그 사람들을 낙심하게 하고 멸하는 것이 목적이 아니다. 너희는 나중에 하나님 앞에 서야 되고 거룩하고 흠 없는 자리에 가야 되는 사람인데, 어찌하여 이런 죄를 짓느냐고 죄를 꾸짖은 것이다. 하지만 마치 그것이 그 사람을 공격한 것같이 되어서 너무 근심할까봐 걱정이 된다", 이런 말을 고린도후서에서 다시 쓰고 있습니다. 그 진의를 아시겠습니까? 성경 전체의 원리가 범죄와 범죄자를 분리하는 것입니다.

죄는 미워하되 죄인은 미워하지 않는 원리를 잊지 말아야 합니다. 죄에 대해서는 단호해야 됩니다. 아무리 가혹해도 부족합니다. 그러나 죄인에 대해 가혹하지는 마십시오. 갈라디아서 6:1을 보십시오. 범죄하면 어떻게 하라고 되어 있습니까? "형제들아, 사람이 만일 무슨 범죄한 일이 드러나거든 신령한 너희는 온유한 심령으로 그러한 자를 바로잡고." 여기서 '바로잡고'는 치유하라, 치료하라는 뜻입니다. 부러진 팔을 회복시키듯이, 팔이 부러진 것을 잘라 버리지 않고 뼈를 맞춰서 깁스해서 목에 고정하고 다니듯이 그를 치료해야 된다는 것입니다. 절대로 잘라 버리지 않습니다.

그러나 동시에 이런 말씀이 있습니다. "그러한 자를 바로잡을 뿐만 아니라 네 자신을 돌아보아 너도 시험을 받을까 두려워하라." 죄만은 짓지 마라. 그러나 죄인은 잘라 버리지 마라. 죄인은 치료해라. 그리고 고쳐라. 회복시켜라. 그러나 너도 그런 시험을 받을까 두려워해라. "누가 이 편지에 한 우리 말을 순종하지 아니하거든 그 사람을 지목하여 사귀지 말고 그로 하여금 부끄럽게 하라"(살전 3:14).

그러나 원수처럼 생각하지 말고 형제같이 권하라고 합니다. 이것이 어렵습니다. 말은 다 형제라고 하는데 분위기가 원수입니다. 이것은 각자가 판단할 문제입니다. 여러분이 정말 미운 마음으로 그러는 것인지, 정말 사랑해서 그러는지는 당사자밖에는 모릅니다. 만일 여러분이 말할 때 그 말을 상대방이 형제같이 느낄지, 원수같이 느낄지 자신이 없다면 하지 마십시오. 그것이 최선의 방법입니다.

보통은 상대방을 위해서 하는 것이 아니라 자기가 참다못해서 하는 것이라고 합니다. 내가 이 말을 하면 안 되는 줄 알지만 아무도 이야기해 주는 사람이 없어서 결국 "내가 성미가 급해서 하는 말인데"라는 것입니다. 그런데 이 말을 빼고 "내가 그래도 사랑하는 마음으로 하노라"는 말을 갖다 붙입니다. 그러지 마십시오. 누구에게 무슨 말을 하는 것같이 어려운 것이 없습니다. 결론은 이것입니다.

죄와 죄인을 구별해 내는 싸움을 해야 합니다. 같은 죄를 짓는 것을 두려워하십시오. 죄에 대한 하나님의 징벌과 하나님의 싫어하심을 직접 느끼셔야 합니다. 죄인을 고쳐 내시는 하나님의 은혜와 기다리심과 사랑을 동시에 놓치지 않아야 합니다. 여러분은 신앙을 머릿속에 갖고 있지 말고 몸으로 나타내야 합니다. 거기까지가 여러분의 신앙입니다. 여러분이 머릿속으로 "나는 백두산까지 간다. 아니다, 나는 히말라야까지 간다"라고 생각하는데, 사실 머리로는 거리가 필요 없고 생각도 필요 없습니다. 내가 발로 간 데까지가 내가 간 실제 거리라는 것입니다. 여러분의 신앙을 머릿속으로 점검하지 마십시오. 여러분의 발로 점검하시고 여러분의 행동으로 점검하셔야 합니다. 그러면서 여러분 속에 있는 육체를 제거하셔야 합니다.

실천하는 신앙

머릿속에서는 사상을 외쳤고, 머릿속에서는 신령한 것을 외쳤는데, 해 보십시오. 은혜가 은혜롭게 전달되는가, 진실이 아름다운 그대로 전달되는

가를 보십시오. 그것이 안 되면 실력은 아직 모자라는 것입니다. 그것을 고치는 싸움을 해야 합니다. 제일 무서운 신앙의 병이 무엇이냐면 모두가 말만 하는 신자가 되는 것입니다. 말만 하면서 행동하지 않으면 그가 얼마나 괜찮은 사람인지 알 수가 없습니다. 그래서 어떤 사람이 욕을 먹느냐면 떠들고 돌아다니며 일하는 사람입니다. 일한 사람은 실력이 없는데, 일을 하며 돌아다니다 보면 그 일을 한 것 때문에 그 사람의 실력이 백일하에 폭로됩니다. 그의 약점이 지탄을 받습니다.

그럼 지탄하는 사람들은 그 사람보다 나은 것입니까? 신앙이란 결국 누가 아프면 찾아가는 것이고, 누구에게 문제가 생기면 전화하는 것이고, 누가 슬픈 일을 당하고 절망에 빠졌으면 위해서 기도하는 것 아닙니까? 기도하다 보면, 찾아가다 보면, 무슨 일을 하다 보면, 그의 약점이 드러납니다. 그가 마음속으로 갖고 있는 것과 실제의 실력은 실천해 보면 다른 것입니다. 그러나 그것을 해보지 않는 사람은 실수가 드러나지도 않습니다.

그런데도 아무것도 안한 사람들이 무슨 일을 하려다가 실수한 사람들을 매도합니다. 목사들의 목표도 그렇고, 우리 한국 사회 속에서의 목표도 '흠 없는 사람' 방향으로 가고 있습니다. 그 흠 없음이 영광과 적극성에 있어서의 흠 없음이 아니라 부정적이고 소극적이라는 말입니다. 침묵은 금이라는 것입니다. 그러나 헌신과 사랑은 다이아몬드입니다. 아무도 안 하고 있습니다. 십자가는 아무도 지지 않고 모두 멀리 서 있습니다. 그리고 다 베드로를 욕합니다. 베드로는 닭이 울기 전에 세 번 부인한 사람이지만, 베드로는 제자들 중에서 제일 나은 사람입니다. 그는 거기까지라도 쫓아간 사람입니다. 나머지는 그 전에 다 도망갔기 때문에 베드로만 지목받은 것입니다. 왜 베드로가 욕을 먹어야 됩니까? 남은 열 명이 욕을 먹어야 당연합니다.

그러나 우리는 베드로만 욕하지 다른 사람들에 대해서는 욕을 안 합니다. 우리는 이런 방관자가 되어서는 안 됩니다. 실패해도 좋습니다. 열심히 신앙생활 하십시오. 오늘날 교인들의 가장 큰 약점이 무엇입니까? 교회의 신앙 속에 손을 담그지 않는다는 것입니다. 전부 구경하고 듣고만 갑니다.

아무도 신자답게 살지 않습니다. 할 말은 많은데 그의 신앙이 생활 속에 섞여 나오는 것은 너무 없다는 말입니다. 그리고 끊임없이 무엇인가를 사모합니다. 기도원에 가서 40일 금식기도 한 번 해본 것으로 밤낮 누가 뭐라고 하면 비웃는 것입니다. 그리고 한 번도 금식기도를 한 적이 없는데, 생각이 거기 있다는 것만으로 자기가 40일 금식기도를 벌써 1년에 열 번이나 한 것같이 생각하는 것입니다. 1년은 365일인데 400일을 한 것처럼 말입니다. 속지 마세요. 스스로 속이지 마십시오. 우리는 한 번도 심은 적이 없는 사람입니다. 그런데도 계속 거두려고만 합니다. 신앙이란 무서운 싸움입니다. 왜냐하면 우리가 부패한 종자고 우리가 스스로를 속이기 때문입니다. 여러분의 신앙을 참되게, 정말로 실천하는 신앙으로 변화시키십시오. 여러분의 몸을 드리는 영적 예배를 드리며 여러분 자신을 점검하십시오.

21

교회의 분쟁(1)

고전 6:1-6

너희 중에 누가 다른 이와 더불어 다툼이 있는데 구태여 불의한 자들 앞에서 고발하고 성도 앞에서 하지 아니하느냐. 성도가 세상을 판단할 것을 너희가 알지 못하느냐. 세상도 너희에게 판단을 받겠거든 지극히 작은 일 판단하기를 감당하지 못하겠느냐. 우리가 천사를 판단할 것을 너희가 알지 못하느냐. 그러하거든 하물며 세상 일이랴. 그런즉 너희가 세상 사건이 있을 때에 교회에서 경히 여김을 받는 자들을 세우느냐. 내가 너희를 부끄럽게 하려 하여 이 말을 하노니 너희 가운데 그 형제간의 일을 판단할 만한 지혜 있는 자가 이같이 하나도 없느냐. 형제가 형제와 더불어 고발할 뿐더러 믿지 아니하는 자들 앞에서 하느냐.

고린도전서 6장에는 고린도 교회에서 있었던 싸움들을 세상 법정으로 가져가 불신자들 앞에서 싸우는 일에 대한 지적이 나옵니다. 이런 일은 한국 교회에서도 여러 번 경험한 일입니다. 교회에 여러 파벌이 생기고 갈라설 때면, 한쪽은 기도하고 한쪽에선 찬송 부르다가 법정 싸움으로 갑니다. 재산권을 나누고 교회가 분립하고는 새로 독립하는 교회가 있던 교회 정문 앞에 큰 교회를 세워서 대항하기도 했습니다. 여태까지 실제로 한국교회가 발전해 온 모습입니다. 그럼, 이런 일들을 어떻게 보아야 하는가, 이런 문제들을 어떻게 처리해야 하는가에 대한 것이 고린도전서 6장에 기록되어 있습니다. 꼭 알고 넘어가야 합니다. 몰라서는 안 됩니다.

종말론적 시각을 가지라

신앙은 시험이나 환난, 죄와 같이 치사한 것에 빠지지 않기 위해서 필요한 것입니다. 교인끼리 돈 문제나 다른 문제로 인해서 법정 싸움으로 가는 일이 있는데, 그런 문제를 어떤 시각으로 볼 것이냐 이전에 그 문제를 어떻게 풀 것이냐 하는 기준이 오늘 2절에 나타납니다. "성도가 세상을 판단할 것을 너희가 알지 못하느냐"라는 말씀입니다.

첫째, 종말론적 시각을 가지라는 권면입니다. 둘째, "성도가 세상을 판단할 것을 너희가 알지 못하느냐"에서 '너희'는 고린도 교회를 가리키는 것입니다. 교회 안에서 일어난 개인적인 사건일지라도 교회라는 차원에서 생각해야 하며, 이것은 신자들이 교회 안에서 가져야 하는 책임 있는 시각입니다. 교회 안에서 일어나는 모든 일은 위의 두 시각을 벗어나서 해결하려고 하면 안 됩니다. 교회 안에서 일어난 문제는 개인과 개인의 문제일지라도 교회 문제로 풀고 종말론적 시각을 가지고 해결하라는 것입니다. 종말론적 시각을 가지라는 것은 교회 안에 어떤 문제가 있을 때 그 문제를 '지금'이라는 시점에서만 풀지 말라는 것입니다. 지금 누가 손해를 봤다, 누가 억울하다, 이렇게 풀지 말고 우리가 하나님 앞으로 갈 것이라는 입장에서 문제를 풀어 가시라는 것입니다. 그러면 이야기가 달라집니다.

우리가 교회 안에서 당하는 어려움 가운데 하나는 믿는 사람들끼리 돈을 꾸고, 꾸어 주는 일입니다. 돈을 꾸어 주거나 사업을 같이할 때는 상대방의 신앙을 보고 하지 말고, 반드시 상대방의 사업 수완과 과거의 돈 관계가 어떠했는지를 추적해 보고 하라는 것입니다. 왜냐하면 이 문제는 신앙과는 조금 다른 문제이기 때문입니다. 우리나라 사람들은 신앙만 있으면 상식 밖의 일도 되는 것으로 오해하고 있는 경우가 대부분이기 때문입니다. 신앙에는 초월적인 요소가 있는데, 그 초월은 상식과 과학을 넘어선 것에 있는 것이지 상식과 과학을 외면하고 있는 것은 아닙니다. 몰상식한 것이 초월은 아닙니다. 상식과 논리성과 과학적인 것을 비웃고 그것을 배타적으로 취급하며 말도 안 되는 자리에 가 있는 것을 초월이라거나 깊은 신앙이라고 하지 않습니다.

신앙의 높은 경지에 이르기 위해서 우리가 생각해야 하는 것은 초월이 아니라 종말론적 시각입니다. 우리가 이 세상에서의 돈 관계, 이해관계 혹은 억울함이라는 것을 지금 세상 사람들에게서 내가 어떻게 평가받는가? 지금 그것이 얼마나 나에게 손해인가라고 따지지 말고 종말론적 시각을 가지고 보라는 말입니다. 그 백만 원이 없으면 내가 당장 굶어 죽는다, 그러니까 그것은 내가 꼭 받아야겠다 그러지 마시고, 그것을 받지 못해서 내가 굶어 죽으면 하나님 앞에 먼저 간다, 그렇게 생각하라는 것입니다. "그 백만 원 때문에 내가 더 빨리 주를 만나게 됐다." 이렇게 풀지 않는 한 그 문제는 풀지 못한다는 것입니다. 그러지 않으면 법정으로 가게 되어 있습니다. 이것은 근본적인 차이를 나타내는 굉장한 시각입니다. 차용증서를 받았고 각서도 받았으니 이제 법정으로 가면 이길 것이 확실합니다. 차압을 할 수도 있습니다. 그러나 그렇게 가는 것은 신자가 할 일이 아니라고 말합니다. 그러면 당장 우리가 어떻게 살겠느냐고 말씀하실 수 있습니다.

하지만 먼저 종말론적 시각을 가지고 모든 문제를 해결하십시오. "우리가 천사를 판단할 것을 너희가 알지 못하느냐." 천사까지도 우리가 심판을 할 것입니다. 천사까지도 심판을 할 수 있는 위치에 갈 우리가 지금 세상 문제를 가지고 따지는 것은 우스운 것입니다. 물론 우리는 이 세상에서 열심히 살아야 합니다. 그러나 세상에서의 이해관계, 이 세상에서 가치 있는 것을 놓고 싸우다가 하나님 앞의 영광스러운 자리에 가는 일에 문제가 생겨서는 안 됩니다. 이것이 종말론적 시각인 것입니다.

교회 차원에서 생각하라

또한 한 걸음 더 나아가, 교회라는 차원에서 생각해야 됩니다. 교회라는 차원에서 생각해야 된다는 것은 하나님이 우리를 부르시고 교회를 세우셨을 때, 그 교회는 종말을 향해서 가는 교회임을 기억해야 한다는 것입니다. 즉 하나님께서 우리에게 주시고 완성시키시려는 영광스러운 모습과 영적 원리가 가장 잘 드러난 단체로 교회를 부르신다는 말입니다. 따라서 교회 안에서 어떤 문제를 어떻게 풀어 나가느냐는 것은 세상 사람들 앞에서 교회가 맡은 책임입니다. 사활이 걸린 책임입니다. 교회가 십자가를 지다가 망하게 된다면 괜찮습니다. 그러나 만일 십자가를 외면한 승리라면, 그것은 결국 교회가 망한 것입니다.

교회는 종말론적 시각 속에서 거룩함을 목표로 하고, 거룩함을 향해 가고 있습니다. 거룩한 것은 교회의 원리이어야 합니다. 교회는 거룩함 때문에 실패하거나 중간에 방해를 받아서는 안 됩니다. 교회는 하나님이 인정하시는 곳, 우리가 가서 살 영원한 나라의 원칙과 원리가 실현되는 곳이어야 합니다.

하지만 그런 일이 시행되어야 함에도 불구하고 온전히 시행되기 전에 시행착오가 있을 수 있습니다. 시행착오 때문에 교회를 정죄하고 칼로 심판을 내리지는 말라는 것입니다. "나는 성경이 떠나라고 했으니까 입 다물고 떠나지만 너희는 하나님이 유황불을 내려서 홀라당 다 태우시기를 바란다!" 이러지 마십시오. 하나님이 현재의 실수를 밑거름으로 삼아서 언젠가 회개의 기회를 주시고, 그 회개 과정을 통해 더 멋진 자리로 인도해 주실 것임을 믿으십시오. 그 일을 위해 나에게 직분을 맡기셨고, 오해를 뒤집어썼고, 이런 일을 통해서 나도 성장할 것을 믿으십시오. 이것이 성경이 말하는, 우리 안에 일어나는 문제를 푸는 두 가지 시각의 가장 중요한 공통

원리입니다.

아주 큰 문제가 아닌데도, 교회 안에서는 종종 상식 이하의 일들이 벌어집니다. 교회는 경영 합리화를 하는 데가 아닙니다. 십만 원이 드는 걸 오만 원이 들도록 경영 합리화를 하고, 열 사람이 할 일의 인건비를 줄이기 위해 세 사람이 하게 하지 않습니다. 오만 원 드는 것을 오십만 원 들게 하고 다섯 사람이 해도 되는 일을 쉰 사람이 하게 하는 것이 교회입니다. 누구든지 다 하나님의 사역에 동참할 기회를 가져서, 신앙이 성장하고 훈련받을 수 있게 하고 싶은 것입니다.

교회를 키우는 것이 아니라 교회 안에 있는 사람을 키워야 합니다. 사람들의 시행착오를 용서하고, 훈련과 연습이 용납되고 있다는 것을 보여주는 것이 교회가 세상 앞에서 책임져야 하는 큰 책임 중의 하나라는 말입니다. 세상은 실패를 용서하지 않습니다. 세상은 두 번의 기회를 주지 않습니다. 그러나 교회는 일흔 번씩 일곱 번 기회를 주는 곳임을 보여주어야 합니다. 그것이 교회입니다.

교회는 한 번 실수하면 두 번 용서하고, 열 번 실수하면 스무 번 용서하는 곳입니다. 아무래도 좋다는 게 아니라, 그 실패와 실수를 통해 결국에는 하나님을 닮는 자리로, 거룩한 자리로, 죄를 외면하는 자리로 인도해 가는 것입니다. 그렇게 되기까지 교회는 절대로 그 사람들을 쫓아내지 않고, 붙잡아 훈련을 시키고 함께 울면서 고치는 곳이라는 것을 보여주어야 합니다.

이것이 교회입니다. 교회 차원에서 모든 문제를 해결해 달라는 이유입니다. 교회는 그 안에 있는 개인이 다른 사람보다도 신앙이 좋다는 것을 보여주는 곳이 아닙니다. 교회란 함께 가는 곳입니다. 양떼를 몰고 가는 목자가 저녁이 되면 함께 돌아옵니다. 우리는 그런 의미에서 모두가 목자이기도 하고, 양이기도 합니다. 우리는 혼자서만 하나님 품 안으로 가도록 되어 있지 않습니다. 이것이 바로 교회 차원에서 우리가 함께 져야 하는 책임입니다. 하나님께서는 우리를 거룩함의 완성을 향해 가도록 하십니다. 그러나 그 과정은 언제나 일직선으로 가는 것이 아니라 많은 시행착오 속에서 가는 것을 용납하십니다.

완성의 자리에 이르도록 기다리라

우리는 하나님께서 요구하시는 거룩함을 완성하는 자리로 가야 됩니다. 이때 혹 실패하는 일이 있어도 그 실패와 실수가 우리를 거룩함으로 가게 하는 곳, 그런 실패와 실수가 용납되고 연습 가능한 곳이 교회가 되어야 합니다. 하나님이 우리를 완성하시기 위해서 결코 놓지 않으시는 곳임을 증명하는 곳이 교회란 말입니다. 거룩함을 완성하기 위해 연습하는 곳, 세상적인 것을 연습하는 곳이 아닌, 거룩함을 연습하는 곳입니다. 이것이 증명되어야 하고, 하나님께서 만족하시는 자리에 이르기까지는 우리를 내버려두지 않는다는 하나님의 의지와 간섭이 드러나는 곳이 교회가 되어야 합니다. 그래서 성경은 하나님이 부르신 자녀들은 완성된다는 것을 자꾸 강조하고 있습니다.

은사는 여러 가지나 성령은 같고 직분은 여러 가지나 주는 같으며 또 사역은 여러 가지나 모든 것을 모든 사람 가운데서 이루시는 하나님은 같으니 각 사람에게 성령을 나타내심은 유익하게 하려 하심이라. 어떤 사람에게는 성령으로 말미암아 지혜의 말씀을, 어떤 사람에게는 같은 성령을 따라 지식의 말씀을, 다른 사람에게는 같은 성령으로 믿음을, 어떤 사람에게는 한 성령으로 병 고치는 은사를, 어떤 사람에게는 능력 행함을, 어떤 사람에게는 예언함을, 어떤 사람에게는 영들 분별함을, 다른 사람에게는 각종 방언 말함을, 어떤 사람에게는 방언들 통역함을 주시나니 이 모든 일은 같은 한 성령이 행하사 그의 뜻대로 각 사람에게 나누어 주시는 것이니라(고전 12:4-11).

교회는 종말론적입니다. 거룩함이 완성되는 지점을 향하여 가고 있습니다. 거룩함의 완성을 위하여 가는 여기는 시행착오가 용납되는 곳입니다. 완성을 위하여 하나님이 우리를 훈련시키는 곳입니다. 이 훈련으로 합격점을 받기까지는 하나님이 우리를 가만히 놔두시지 않는 곳입니다. 하나님의 간섭은 은사에서 두드러집니다. 왜 은사를 베푸시는가? 이 말은 못난 사람들끼리 내버려 두지 않으신다는 말입니다.

어떤 이에게는 성령께서 지혜의 말씀을 주십니다. 우리 안에서는 죽었다 깨어도 지혜가 안 나옵니다. 그러니까 하나님이 교회 안에 은사를 베푸시는 것입니다. 한 사람에게는 지혜의 말씀을, 다른 이에게는 같은 성령을 따라 지식을, 다른 이에게는 믿음을, 병 고치는 은사를, 능력을, 예언함을, 영들 분별함을 주십니다. 그럼 왜 이런 일들을 자꾸 하십니까?

은사는 교회를 유익하게 하기 위하여 하나님께서 주시는 것입니다. 그리고 교회가 종말론적인 목표, 하나님께서 요구하는 거룩함의 완성에 이르게 하시는, 하나님의 직접적인 간섭인 것입니다. 그래서 우리는 이 일이 이루어지고 말 것임을 압니다. 그러므로 우리가 어떻게 해야 되는지 봅시다.

내가 사람의 방언과 천사의 말을 할지라도 사랑이 없으면 소리 나는 구리와 울리는 꽹과리가 되고 내가 예언하는 능력이 있어 모든 비밀과 모든 지식을 알고 또 산을 옮길 만한 모든 믿음이 있을지라도 사랑이 없으면 내가 아무것도 아니요 내가 내게 있는 모든 것으로 구제하고 또 내 몸을 불사르게 내줄지라도 사랑이 없으면 내게 아무 유익이 없느니라. 사랑은 오래 참고 사랑은 온유하며 시기하지 아니하며 사랑은 자랑하지 아니하며 교만하지 아니하며 무례히 행하지 아니하며 자기의 유익을 구하지 아니하며 성내지 아니하며 악한 것을 생각하지 아니하며 불의를 기뻐하지 아니하며 진리와 함께 기뻐하고 모든 것을 참으며 모든 것을 믿으며 모든 것을 바라며 모든 것을 견디느니라(고전 13:1-7).

이 말씀이 결론으로 나오게 되는 것입니다. 교회 안에 어떤 일이 있든지 조급하게 생각하지 말아야 합니다. 또한 상대방의 잘못을 지적하고 심판하는 일에 앞장서지 마십시오. 사랑으로 대하고 그들이 완성될 것을 믿으라는 것입니다. "저 원수 같은 사람만 없으면 우리 교회가 열 배로 부흥할 텐데"라는 생각을 갖지 말고, 그 원수가 하나님 앞에 귀히 쓰이고 하나님이 만족하실 만한 사람으로 변할 것을 믿고 기다려야 합니다. 종말론적 시각에서 모든 것을 참고 모든 것을 믿고 모든 것을 바라고 견디는 삶을 살아야 합니다.

그럼 우리가 교회에서 해야 될 일이 무엇입니까? 교회 안에 있는 사람, 주를 믿고 주 앞에 나온 그 어떤 사람도 버릴 사람은 없다는 점을 기억하십시오. 그가 일으키는 문제를 문제로 생각하지 말고 여러분이 영적으로 대응해야 하는 숙제라고 생각하십시오. 세상 사람이 여러분에게 "당신이 정말 신자야?"라고 할 때 신자다운 반응을 보일 수 있는 시험대라고 생각하십시오. 내 약점을 보강하는 아주 좋은 기회라고 생각하십시오. 여러분이 겪는 모든 문제를 이런 시각에서 대응하는 훈련을 하십시오. 그리고 나를 시험하고 괴롭히는 그 사람이 바로 나와 함께 주님 앞에 설 것을 믿으십시오. 함께 서서 기뻐하며 영광의 면류관을 쓸 것을 믿으십시오. 이렇게 될 때 우리는, 물론 갈등과 고민이 한꺼번에 없어지지는 않지만, 우리가 당했던 모든 일을 감수할 준비가 되는 것입니다.

다만 교회 안에서 일어나는 일들과 인생에서 일어나는 문제들에 대해 신앙으로 짐을 지기 싫어해서 빨리 문제를 해결해 달라고 기도하기 쉬운데, 그러지 마십시오. 주님께서 십자가를 지시기 전날 밤, 겟세마네 동산에서의 기도는 아버지의 뜻을 이룰 수 있게 해 달라는, 십자가의 짐을 지게 해 달라는 기도였습니다.

그와 같이 우리도 우리의 십자가를 지고 가게 해 달라는 기도를 해야 됩니다. 짐을 없애 달라는 기도, 고통을 없애 달라는 기도가 아니라, 우리가 거룩해지도록 하나님께서 준비하신 그 짐을 달게 받겠다는 기도를 해야 됩니다. 그 기도를 통해 우리가 어디를 향하여 가며 무엇으로 빚어지는지 아는, 또 우리가 믿는 하나님이 누구이신지가 제대로 증명되는, 하나님 앞에 쓰임 받는 인생과 존재가 되기를 끊임없이 기도하는 여러분이 되시기 원합니다.

22

교회의 분쟁(2)

고전 6:7-8

너희가 피차 고발함으로 너희 가운데 이미 뚜렷한 허물이 있나니 차라리 불의를 당하는 것이 낫지 아니하며 차라리 속는 것이 낫지 아니하냐. 너희는 불의를 행하고 속이는구나. 그는 너희 형제로다.

세상으로 가져가지 말라

교회 안에 어떤 문제가 생겼을 때 그 문제를 구체적으로 어떻게 풀어야 하는가에 대해서 살펴보려고 합니다. 우리가 앞의 1절에서부터 살펴본 바와 같이, 교회 안에서 일어나는 문제를 푸는 방법에 있어서 우리는 영원이라는 시각을 가지고 풀어야 합니다. 결국에는 우리가 하나님 앞, 영광스러운 자리에 설 것을 기억하고 이 문제들을 풀어 나가야 된다는 것입니다.

다시 말해서, 세상은 하나님 앞에 심판을 받을 존재이고 교회는 하나님 앞에 칭찬을 받을 존재입니다. 그러나 상식이나 경우에 있어서 때로는 세상이 교회보다 낫고, 신자들의 모임인 교회가 더 몰상식하고 수준이 더 낮을 수도 있습니다. 또한 맹신하고 있을 수도 있고 경우에 어긋나는 수도 있지만, 결국 교회는 영광의 완성으로 갈 것이고 세상은 심판으로 끝날 곳입니다.

따라서 교회는 세상보다 나은 입장, 세상 앞에서 모범을 보여야 하는 입장입니다. 즉 세상이 아무리 잘나고 아무리 옳아 보여도 결국에는 하나님 앞에서 심판을 벗어날 수 없는 곳이고, 우리는 영광과 칭찬으로 갈 존재라는 것을 알아야 합니다.

우리는 이러한 것을 염두에 두고 우리의 책임을 생각하며 세상을 보는 눈을 가져야 합니다. 혹시 어떤 부분에 있어서는 세상 사람들의 상식이나 포용력에 미치지 못하는 것이 있다 할지라도, 세상 사람들의 포용력은 술 한잔 먹고 풀어 버리는 것이지 십자가의 용서는 아닙니다. 가끔 우리는 교회에서 일어나는 일에 대해서 교회가 더 쩨쩨하고 교회가 더 편협하다고 말하는데, 그것은 옳지 않습니다. 어떤 문제라도 교회에 세상의 방법을 도입해서 문제를 풀 수는 없습니다.

본문에 나오는 것처럼, 교회가 추구하는 것, 그 근거와 원리, 핵심 등 모든 것이 영적인 반면, 세상이 추구하는 것들은 지극히 세상적입니다. 아무리 실패하고 아무리 잘못되어 있더라도, 추구하는 것의 근거와 원리 등이 미약하거나 아예 없다고 할지라도, 세상의 것으로 그 자리를 때울 수 없는 것이 교회입니다. 그래서 세상의 똑똑한 연설가를 불러다가 설교를 시킬 수 없고, 세상에 있는 도덕군자를 불러다가 교사를 시킬 수 없는 것입니다. 세상에서 아무리 박식한 학자라 할지라도 성경을 강해할 수 없으며 영적인 문제를 대언할 수 없고, 아무리 도덕군자라 해도 하나님께서 부르신 어린 자녀들 앞에 영적인 모델로 세울 수는 없는 것입니다.

그런 의미에서 우리 교회는 교회에 있는 문제를 세상 사람들에게 가지고 나갈 수도 없습니다. 세상의 방법과 세상에 속한 것을 교회의 미약하고 부족한 부분을 채우기 위해 사용할 수 없습니다. 왜냐하면 그들이 추구하는 것과 우리가 추구하는 것은 전혀 다르기 때문입니다. 교회의 목표와 가치는 영적이며 영원한 것입니다. 하지만 세상은 영적이지 않고 영원하지 않습니다. 세상에서 아무리 뛰어나고 아무리 가치 있는 것이라 해도 그것으로 교회를 채울 수는 없습니다.

그래서 성경은 "너희 중에 누가 다른 이와 더불어 다툼이 있는데 구태여 불의한 자들 앞에서 고발하고……그런즉 너희가 세상 사건이 있을 때에 교회에서 경히 여김을 받는 자들을 세우느냐"(고전 6:1, 4)고 합니다. 이것은 결국 지금 교회 안에 문제가 있을 때, 왜 그 문제를 영원이라는 시각에서 풀지 않고 나를 증명하기 위해서 풀려고 하느냐는 것입니다. 지금 내가 '옳다'는 것, 지금 내가 '맞다'는 것으로 점수를 얻어 내려고 하니까, 하나님 앞에 호소하거나 하나님 앞에 완성될 시간을 기다리지 않고, 지금 내가 한 말이 상식과 일반론에서 옳다는 것을 증명받기 위해서 세상 사람들을 내 증인, 내 남편으로 삼아서 나의 옳음을 증명해 내려 한다는 것입니다. 그리고 그런 생각 때문에 교회 안에 싸움이 생긴다는 것입니다.

세상 사람들로부터 증언을 받고 세상 사람들에게 인정을 받을 수 있는 일이라는 것은 교회 안에 없습니다. 교회 안에 일어난 모든 일은 결국 하나님 앞에서 인정받아야 되고 하나님께서 만족하실 만한 자리까지 가야 되는 일입니다. 지금 인정받을 만큼 되어 있지 않다면, 인정받을 때까지 합심하여 노력해서 그 자리까지 가야 합니다. 그리고 지금 내가 제대로 하고 있는데 인정받지 못하고 있다면, 하나님께서는 인정하신다는 것을 알고 참아야 되는 것이지 그것을 가지고 세상 사람들에게 인정을 받으러 갈 수는 없습니다.

그런데 왜 찾아갑니까? 지금 인정받고 싶은 것입니다. 이것이 결국 싸움에 관해서 사도 바울이 지적한 핵심되는 부분입니다. "너희가 교회 안에서 싸우는 것은 결국 너희의 신앙과 너희의 대의명분과 욕심을 하나님 앞에서가 아니라 세상 사람 앞에서 인정받으려는 것이다. 정말로 그렇다면 너희는 벌써 교회의 책임을 벗어난 일을 하고 있는 것이다. 그건 벌써 교회가 아니다"라는 꾸중을 받게 되는 것입니다.

아합 왕의 사례

우리는 이런 것을 성경 가운데서 찾아 볼 수 있습니다. 열왕기상 22장에
있는, 아람과 이스라엘 사이의 전쟁입니다. 유다 왕 여호사밧과 이스라엘
왕 아합이 연합해서 아람과 싸우기로 하는 장면입니다.

> 아람과 이스라엘 사이에 전쟁이 없이 삼 년을 지냈더라. 셋째 해에 유다의
> 여호사밧 왕이 이스라엘의 왕에게 내려가매 이스라엘의 왕이 그의 신하들
> 에게 이르되 길르앗 라못은 본래 우리의 것인 줄을 너희가 알지 못하느냐.
> 우리가 어찌 아람의 왕의 손에서 도로 찾지 아니하고 잠잠히 있으리요 하
> 고 여호사밧에게 이르되 당신은 나와 함께 길르앗 라못으로 가서 싸우시겠
> 느냐. 여호사밧이 이스라엘 왕에게 이르되 나는 당신과 같고 내 백성은 당
> 신의 백성과 같고 내 말들도 당신의 말들과 같으니이다. 여호사밧이 또 이
> 스라엘의 왕에게 이르되 청하건대 먼저 여호와의 말씀이 어떠하신지 물어
> 보소서. 이스라엘의 왕이 이에 선지자 사백 명쯤 모으고 그들에게 이르되
> 내가 길르앗 라못에 가서 싸우랴 말랴. 그들이 이르되 올라가소서. 주께서
> 그 성읍을 왕의 손에 넘기시리이다. 여호사밧이 이르되 이 외에 우리가 물
> 을 만한 여호와의 선지자가 여기 있지 아니하니이까. 이스라엘의 왕이 여
> 호사밧 왕에게 이르되 아직도 이믈라의 아들 미가야 한 사람이 있으니 그
> 로 말미암아 여호와께 물을 수 있으나 그는 내게 대하여 길한 일은 예언하
> 지 아니하고 흉한 일만 예언하기로 내가 그를 미워하나이다. 여호사밧이
> 이르되 왕은 그런 말씀을 마소서(왕상 22:1-8).

그러니까 결국 이스라엘 왕 아합이 선지자 사백 명을 불러서 "하나님께서 이 일을 인정하십니까, 인정하지 않습니까?"라고 물었습니다. 이것은 하나님께 물은 것은 아니었습니다. 그렇다면 이 사백 명의 선지자들은 누구입니까? 하나님의 이름을 빌어서 "당신 생각이 여호와의 뜻입니다"라고 아첨 떨고 비위 맞춰 주는 사람입니다. 그러니까 여호사밧이 아무리 봐도 수상해서 "이 사람들 말고 좀 더 신실하고 신령한 선지자는 없습니까?"라고 물었습니다. 그러자 이스라엘 왕 아합은, 미가야라는 좀 더 실력 있는 선지자가 있는데 이 사람은 언제나 자기 마음에 들지 않는 소리만 해서 내가 안 불렀다고 합니다. 이해하시겠습니까? 교회에서의 싸움을 왜 세상으로 끌고 나가는가 하면, 하나님께 물어서는 인정받지 못한다는 것을 알기 때문에 세상으로 끌고 나가는 것입니다.

하나님은 "네가 옳다. 그러나 네가 옳은 것을 가지고 상대방을 심판하지 말아라. 상대방이 틀렸다는 것을 증명하고 싶다면 입을 다물고 참아라. 그 사람이 자기의 잘못을 깨우치고 돌이켜서 나 보기에 만족할 만한 자리에 오기까지 너는 참고 져 주고 오해받고 그 사람을 위해서 기도해라. 그런 후 함께 이 자리에 와라" 하시는 것입니다. 그런데 이것을 하나님께 물으면 결론이 뻔하기 때문에 세상으로 끌고 나가는 것입니다. 재판정으로 가면 내가 원하는 답을 줄 것 아닙니까? 내가 원하는 답이라면 교회는 벌써 해야 할 일을 놓친 것이라는 말입니다. 이것이 우리가 이해하고 넘어가야 할 부분입니다. 그래서 미가야가 어떻게 합니까?

여호사밧이 이르되 왕은 그런 말씀을 마소서. 이스라엘의 왕이 한 내시를 불러 이르되 이믈라의 아들 미가야를 속히 오게 하라 하니라. 이스라엘의 왕과 유다의 여호사밧 왕이 왕복을 입고 사마리아 성문 어귀 광장에서 각기 왕좌에 앉아 있고 모든 선지자가 그들의 앞에서 예언을 하고 있는데 그 나아나의 아들 시드기야는 자기를 위하여 철로 뿔들을 만들어 가지고 말하되 여호와의 말씀이 왕이 이것들로 아람 사람을 찔러 진멸하리라 하셨다 하고 모든 선지자도 그와 같이 예언하여 이르기를 길르앗 라못으로 올라가 승리를 얻으소서. 여호와께서 그 성읍을 왕의 손에 넘기시리이다 하더라. 미가야를 부르러 간 사신이 일러 이르되 선지자들의 말이 하나 같이 왕에게 길하게 하니 청하건대 당신의 말도 그들 중 한 사람의 말처럼 길하게 하소서(왕상 22:8하-13).

이것은 "괜히 반대해서 손해 볼 것이 있습니까? 누이 좋고 매부 좋으니, 당신도 좋게 말하십시오"라고 하는 것과 같은 것입니다.

미가야가 이르되 여호와께서 살아 계심을 두고 맹세하노니 여호와께서 내게 말씀하시는 것 곧 그것을 내가 말하리라 하고 이에 왕에게 이르니 왕이 그에게 이르되 미가야야 우리가 길르앗 라못으로 싸우러 가랴 또는 말랴. 그가 왕께 이르되 올라가서 승리를 얻으소서. 여호와께서 그 성읍을 왕의 손에 넘기시리이다(왕상 22:14-15).

미가야가 이렇게 이야기한 것은 진심이 아닙니다. 이것이 얼마나 빈정거리는 말인가가 바로 뒤에 나옵니다.

왕이 그에게 이르되 내가 몇 번이나 네게 맹세하게 하여야 네가 여호와의 이름으로 진실한 것으로만 내게 말하겠느냐. 그가 이르되 내가 보니 온 이스라엘이 목자 없는 양 같이 산에 흩어졌는데 여호와의 말씀이 이 무리에게 주인이 없으니 각각 평안히 자기의 집으로 돌아갈 것이니라 하셨나이다. 이스라엘의 왕이 여호사밧 왕에게 이르되 저 사람이 내게 대하여 길한 것을 예언하지 아니하고 흉한 것을 예언하겠다고 당신에게 말씀하지 아니하였나이까. 미가야가 이르되 그런즉 왕은 여호와의 말씀을 들으소서. 내가 보니 여호와께서 그의 보좌에 앉으셨고 하늘의 만군이 그의 좌우편에 모시고 서 있는데 여호와께서 말씀하시기를 누가 아합을 꾀어 그를 길르앗 라못에 올라가서 죽게 할꼬 하시니 하나는 이렇게 하겠다 하고 또 하나는 저렇게 하겠다 하였는데 한 영이 나아와 여호와 앞에 서서 말하되 내가 그를 꾀겠나이다. 여호와께서 그에게 이르시되 어떻게 하겠느냐. 이르되 내가 나가서 거짓말하는 영이 되어 그의 모든 선지자들의 입에 있겠나이다. 여호와께서 이르시되 너는 꾀겠고 또 이루리라. 나가서 그리하라 하셨은즉 이제 여호와께서 거짓말하는 영을 왕의 이 모든 선지자의 입에 넣으셨고 또 여호와께서 왕에 대하여 화를 말씀하셨나이다. 그나아나의 아들 시드기야가 가까이 와서 미가야의 뺨을 치며 이르되 여호와의 영이 나를 떠나 어디로 가서 네게 말씀하시더냐. 미가야가 이르되 네가 골방에 들어가서 숨는 그날에 보리라(왕상 22:16-25).

이 사건의 희극적이면서도 비극적인 면을 보시겠습니까? 결국 미가야가 와서 아합 왕에게 "가십시오. 당신이 승리할 것입니다"라고 했습니다. 이 이야기는 무엇입니까? "어차피 당신이 하나님의 말씀을 들으려고 날 부른 게 아니지 않습니까? 당신은 어차피 당신 고집대로 할 것 아닙니까? 그러니 가십시오. 가서 승리하십시오. 그리고 거기서 돌아가십시오." 그러니까 아합이 뭐라고 합니까? "내가 네게 몇 번이나 독촉을 해야 네가 진실을 말하겠느냐"라고 합니다.

이것은 무슨 말입니까? 자기가 여호와의 뜻을 이루려고 하는 것이 아니라 자기 욕심을 이루려고 한다는 것을 본인도 알고 있다는 뜻입니다. 하나님이 이 일을 원치 않는다는 것을 아합이 알고 있습니다. 그럼에도 불구하고 아합은 누구의 인정을 받고 싶어 합니까? 내가 한 일을 하나님께서 하나님의 뜻으로 인정하셨다는 말을 거짓말로라도 듣고 싶어 합니다. 이처럼 사람이란 참 어리석습니다. 자기가 하나님의 뜻을 어기고 있는 줄 알면서도, 자기 욕심을 하나님이 인정하신다는 것을 거짓 선지자의 입을 통해서라도 듣고 싶어 합니다. 이것이 인간의 어리석음입니다.

사도 바울은 고린도 교인들을 향해 교회 안에서 싸우지 마라, 그 싸움을 세상으로 끌고 가지도 말라고 합니다. 왜냐하면 교회는 싸우는 자리가 아니기 때문입니다. 교회에서 잘못한 사람이 있거든 그 잘못한 사람을 위하여 기도해야 합니다. "교회에서 잘못한 사람이 더 큰소리를 치고 피해를 입히거든 너희가 조용히 물러나라." 이것이 성경적인 해결 방법입니다. 누가 옳으냐를 세상 앞으로 끌고 갈 수는 없는 것입니다. 하나님 앞으로 끌고 가야 하는데 하나님은 세상이 쓰는 방법, 누가 옳고 누가 그르다는 방법을 쓰지 않으십니다.

아무도 패배해서는 안 되는 싸움

본문에서 하나 더 살펴 볼 것은, 이 싸움이 "세상 앞에 가져갈 싸움이 아니다"라는 것과 교회 안에서 신자끼리의 싸움은 아무도 패배해서는 안 되는 싸움이라는 것을 명심하라는 것입니다. 교회 안에서 싸워서는 안 되는 이유는 아무도 패배해서는 안 되기 때문입니다. 심판을 받아서는 안 됩니다. 신앙적인 오해나 연약함이 있거나 어떤 시험에 의해 교회 안에서 걸리적거리는 돌이 되었다 해도, 그 사람을 고쳐서 하나님 앞으로 함께 가야 된다는 것이 성경의 가르침입니다. 우리는 경쟁하지 않습니다. "너희는 불의를 행하고 속이는구나. 그는 너희 형제로다"(고전 6:8)는 말처럼, 상대방이 아무리 못났고 아무리 원수같이 굴어도 그가 하나님이 부른 사람임을 잊지 마십시오.

성경에서 제일 재미있는 예는 스데반과 사도 바울일 것입니다. 스데반은 성경이 묘사한 신자 중에서 가장 아름답게 묘사된 사람입니다. 스데반같이 아름답게 묘사된 사람은 없습니다. 성령과 지혜가 충만했고, 죽을 때 빛나는 천사의 얼굴을 하고 죽은 사람입니다. 그를 죽인 사람이 바로 회심하기 전의 바울(사울)입니다.

그랬던 바울이 기독교 역사상 가장 큰 하나님의 종이 되었습니다. 스데반은 죽으면서 바울을 저주하지 않았고 자기에게 돌을 던지는 이들을 위해 중보의 기도를 했습니다. 주님 앞에서 그들의 죄를 사하여 달라고 기도했습니다. "저들이 자기가 하는 일을 알지 못하나이다." 이것을 아셔야 됩니다.

교회란 어떤 곳입니까? 옳은 자가 칼을 잡는 곳이 아니라 틀린 사람이 돌을 던지는 곳입니다. 도리어 옳은 사람이 틀린 사람들이 던지는 돌에 맞고 조용히 죽어 가는 것이 교회의 아름다움입니다. 사실 우리는 "왜 잘못을 행하는 너희가 교회에서 돌을 던지고 목소리를 높이느냐?"고 하고 싶습니다. 하지만 틀린 것을 없애고 옳은 사람을 앞세워서 아름다운 교회를 세우려고 해서는 안 됩니다. 교회는 절대로 그렇게 하지 않습니다. 틀린 사람들이 큰소리치는 곳이 교회이고, 옳은 사람이 묵묵히 돌을 맞고 돌아가는 데가 아름다운 교회요 성경이 요구하는 교회의 모델입니다. 스데반은 다 죽고 사울만 남는 것입니다.

그것이 교회입니다. 성경이 말하는 교회입니다. 그래서 우리는 함께 가야 됩니다. 언젠가 이런 비유를 들었는데, 훌륭한 목사란 신자들에게 많이 물리는 사람이라고 했습니다. 비유를 들자면 낚시 바늘 중에 '원자탄'이라는 것이 있습니다. 그 원자탄이라는 것은 바늘이 열 개쯤 있는 것을 말합니다. 그래서 그 근처만 지나가도 바늘에 걸리는 것입니다. 바늘이 여러

개 수북하게 걸려 있기 때문입니다. 누가 훌륭한 목사냐면, 보다 많은 사람이 그를 물고 늘어지게 하는 사람입니다. 목사는 틀림없이 천국에 갈 것이기 때문에, 물고 늘어지는 사람들을 함께 딸려 올라가게 하는 것이 목사의 책임인 것 같습니다. 여러분이 신자로서 세상에서나 교회에서 해야 될 것이 바로 그런 일입니다.

여러분을 무는 사람을 다 때려서 떨어뜨리지 마시고 여러분을 물고 있게 하십시오. 될수록 많은 사람이 여러분을 물게 하십시오. 여러분은 지렁이입니다. 보다 많은 사람이 여러분을 물어서 여러분이 가는 곳에 그분들도 함께 오게 하십시오. 만일 그 일을 하고 있지 않다면 여러분은 신자가 아닙니다.

차원 높은 신앙

이스라엘 백성이 애굽을 탈출하여 시내산에 이르러 모세가 율법을 받으러 올라간 사이에 죄를 짓습니다. 그래서 하나님께서 진노하십니다.

> 이튿날 모세가 백성에게 이르되 너희가 큰 죄를 범하였도다. 내가 이제 여호와께로 올라가노니 혹 너희를 위하여 속죄가 될까 하노라 하고 모세가 여호와께로 다시 나아가 여짜오되 슬프도소이다. 이 백성이 자기들을 위하여 금 신을 만들었사오니 큰 죄를 범하였나이다. 그러나 이제 그들의 죄를 사하시옵소서. 그렇지 아니하시오면 원하건대 주께서 기록하신 책에서 내 이름을 지워 버려 주옵소서(출 32:30-32).

여기서 모세의 신앙은 "저 사람들을 죽이시려면 저도 같이 죽여 주십시오"라는 것입니다. 자신을 그토록 괴롭힌 이스라엘 백성들인데, 모세는 그들과 함께하게 해 달라는 기도를 합니다. 로마서 9장으로 가 봅시다. 사도 바울도 같은 이야기를 합니다.

> 내가 그리스도 안에서 참말을 하고 거짓말을 아니하노라. 나에게 큰 근심이 있는 것과 마음에 그치지 않는 고통이 있는 것을 내 양심이 성령 안에서 나와 더불어 증언하노니 나의 형제 곧 골육의 친척을 위하여 내 자신이 저주를 받아 그리스도에게서 끊어질지라도 원하는 바로라(롬 9:1-3).

자기 혈육, 이스라엘 백성이 구원을 받을 수만 있다면 자기가 저주를 받아도 좋다고 말합니다. 그런데 유대인들은 바울을 얼마나 괴롭힙니까? 그를 쫓아다니면서 괴롭혔습니다. 바울을 가장 못살게 구는 이들은 유대인들이었습니다. 그런데도 바울은 "이 사람들이 구원을 얻을 수만 있다면 저는 저주를 받아서 하나님에게서 끊어져도 좋습니다"라고 고백하였습니다. 이 마음이 있습니까? 없다면 여러분은 신앙의 가장 중요한 핵심을 놓치고 있는 것입니다.

여러분이 산을 움직일 만한 믿음이 있고 천사의 방언을 한다 할지라도, 그것은 신앙의 핵심이 아닌 것입니다. 그것은 액세서리에 불과합니다. 신앙의 핵심은 같이 가는 것입니다. 여러분을 괴롭히고 여러분을 붙잡고 늘어지는 사람들과 함께 하나님 앞, 그 은혜의 자리, 그 영광의 자리에 같이 가기 위하여 여러분은 애끊는 마음으로 가장 사랑하는 사람을 위하여 기도하듯이 해야 되는 것입니다. 그것이 교회 안에 나타나야 한다는 말입니다. 그 마음이 있다면 결단코 싸움이 있을 수 없습니다.

싸움이 있을 수 없다는 것은 교회 안에 실패가 없다든가 완악한 자나 나쁜 사람이 없다는 것이 아닙니다. 문젯거리가 없다는 것이 아닙니다. 문제를 일으키는 사람은 언제나 있습니다. 몰상식한 신자가 있을 수 있고,

신앙을 오해한 사람이 있을 수 있으며, 신자의 초보 단계에서 큰소리치는 사람도 있습니다. 싸움은 언제나 부딪칠 때 일어나는 법입니다. 고장난명(孤掌難鳴)이라는 말이 있듯이 손바닥 하나로는 소리가 나지 않습니다. 함께 부딪쳐야 싸움이 일어납니다. 싸움의 이유는 네가 틀리고 내가 옳았다는 것입니다. 하지만 내가 옳았다고 하는 것은 틀린 것입니다.

차원 높은 신앙은 어떤 것입니까? 그를 위하여 기도하는 것입니다. 져 주는 것입니다. 본문에서는 "너희가 피차 고발함으로 너희 가운데 이미 뚜렷한 허물이 있나니 차라리 불의를 당하는 것이 낫지 아니하며 차라리 속는 것이 낫지 아니하냐"(고전 6:7)라고 합니다. 불의를 당하고 속는 것은 그의 실패, 무식, 낮은 수준에까지 내려가 기다려 주는 것입니다.

지금 그와 싸워서 그의 유치함을 증명하고 그가 틀렸다는 것을 심판하여 잘라 내지 마십시오. 교회에서는 몰상식한 사람, 어떤 잘못된 신앙으로 인해서 딴소리하는 사람, 하나밖에 모르는 고지식한 사람에 의해서 문제가 생기는 것이 아니라는 것입니다. 그런 일은 언제나 있습니다. "그런 것을 받아 내는 깊은 신앙을 가진 자가 정말 있느냐?" 이렇게 묻는 것입니다. 교회란 결국 이런 사람들이 많아야 되는 곳입니다. 기도를 많이 하는 사람이 필요합니다. 기도를 많이 한다는 것은 그만큼 주님을 만나서 바로 이런 싸움을 이길 수 있는 자리까지 간 사람을 말하는 것입니다.

무조건 오래 기도한다고 최고가 아닙니다. 기도한다는 것이, 성경을 많이 본다는 것이 무엇입니까? 산에 가서 혼자 울며 통회하는 이유가 무엇입니까? 우리가 남보다 나은 것이 뭐가 있습니까? 오른편 뺨을 맞고 왼편 뺨을 대는, 그런 십자가를 지는 마음이 어디 있습니까? 겉옷을 달라고 하면 속옷을 내놓는 그런 마음이 어디 있습니까? "그래, 너! 내가 가는 길 같이 가자" 이러한 마음이 있습니까? 원수가 주리거든 먹이고 목마르거든 마실 것을 주는 게 어디 있습니까?

한국교회는 이런 것이 약합니다. 헌금을 하고 교회를 세우고 선교사를 파송합니다. 그러나 자기 부인이 없습니다. 용서하고 애타는 마음이 없습니다. 자기 부인과 자기 죽음이 없습니다. 함께 가는 싸움이 없다는 것입니다. 주께서 부르신 영혼들, 아니, 당연히 부르실 영혼들을 향해서 미끼가 되어 주는 마음이 없습니다. 그렇게 쓰임받기 위해서 나 자신의 욕심과 나를 증명하려는 마음을 포기하고 오직 눈물로 기도하는 사람들이 없습니다. 기도해야 합니다. 한국교회에 너무나 필요한 문제입니다. 교회 안에서 누가 안타까워하고 속상하며 잘못되었다는 소리를 들으셨습니까? 말없이 가서 기도하십시오. 기도하시고 기도하십시오. 그것보다 더 큰 사명이 있습니까?

한국교회는 나서서 돈을 모아 어디에 가고, 무얼 하는 일은 너무나 잘합니다. 그러나 소매 걷어붙이고 일만 하는 게 아니라 싸움도 잘합니다. 장례식에 가면 발인예배를 마치고 운구를 합니다. 장의차까지 운구를 하는 동안은 참으로 멋쩍은 시간입니다. 그래서 이런 요청을 하는 사람이 많습니다. "목사님, 그 시간에 찬송을 합시다. 성가대가 와서 성가를 하게 합시다." 하지만 저는 허락하지 않습니다. 왜냐하면 그 시간은 무엇으로도 메울 수 없는 멋쩍은 시간입니다. 멋쩍을 때는 멋쩍게 서 있는 게 최고입니다. 그것을 다른 것으로 메우려 하지 마십시오. 눈을 어디다 두어야 될지, 표정을 어떻게 해야 될지, 괜히 멋쩍은 그대로 계십시오. 어느 곳에서나 똑 떨어지게 할 필요는 없습니다.

우리 신앙생활 속에서 우리가 해야 하는 일은 그런 것입니다. 자기가 아무 이야기도 할 자격이 없는 때가 있습니다. 그때는 완전히 지나가는 사람처럼 계시는 것입니다. 왜 항상 발언을 해야 되며 언제나 나서야 합니까? 그것이 싸움의 원인입니다. 성경에서 여자들에게 요구한 것은 입 다물고 가만히 있으라는 것입니다. 집에 가서 남편과 의논하셔서 남편을 통해서 발언을 하십시오. 여자들이 남자보다 못하다는 뜻이 아닙니다. 그 일이 훨씬 중요한 사명입니다.

누가 발언을 잘못했습니까? 누가 실수했습니까? 누가 입바른 소리를 했습니까? 그 앞에서 웃지 마세요. '에이그', '쯧쯧쯧' 하는 표정을 짓지 마시고 경청을 하십시오. 누군가를 민망하게 하지 마십시오. 집에 가서 열심히 기도하는 것입니다. 주여, 저도 옛날에 그랬습니다. 주의 뜻을 모를 때 저도 그랬습니다. 다른 방법으로 고칠 수가 없습니다. 주께서 은혜를 베푸셔야 되고, 주께서 저를 이 자리에 오게 한 것같이 잘 넘어오게 해주시옵소서. 제가 제 앞선 사람에게 은혜를 입어 믿음의 선배들이 저를 용납했듯이, 이제 제가 이 일을 갚게 해주십시오. 그렇게 기도하십시오.

이것이 멋진 교회입니다. 이것이 교회 안의 문제를 푸는 유일한 방법입니다. 성경은 이런 방법 외에 다른 방법을 제시한 적이 없습니다. 이것이 고린도 교회에 있었던 문제이고 해결책이며, 성경적인 원리입니다. 여러분이 이것을 잘 되새긴다면 신앙이 일로써가 아니라 하나님이 요구하시는 원리나 자세라는 것을 배우게 되실 것입니다.

주변을 둘러보십시오. 기도해 주어야 할 사람이 많습니다. 여러분 마음에 있는 시기와 질투, 그런 싸움을 몰아내기 위해 얼마나 울부짖으며 회개해야 하는지를 배우게 되실 것입니다. 내가 이루어 놓은 업적 하나로 나머지 모든 잘못을 때우지 마십시오. 우리는 잘한 것이 없습니다. 아직도 남아 있는 용서할 수 없는 마음, 어떻게 해서든지 손가락질하고 싶은 마음, 그것을 없애기 위하여 우리가 얼마나 많이 무릎을 꿇어야 하는가를 직시하십시오. 그리고 주님이 요구하시는 자리에 다른 사람을 부르시기 전에 여러분이 먼저 서시고 고침 받으며 칭찬 받으시기를 원합니다.

23

목자와 양

고후 6:11-13

고린도인들이여 너희를 향하여 우리의 입이 열리고 우리의 마음이 넓어졌으니 너희가 우리 안에서 좁아진 것이 아니라 오직 너희 심정에서 좁아진 것이니라. 내가 자녀에게 말하듯 하노니 보답하는 것으로 너희도 마음을 넓히라.

우리가 생각하려는 것은 교회 안에서 하나님의 일을 맡은 종과 여러 성도들 간의 관계에 관한 것인데, 이 내용들을 개인적인 차원에서 오해하지 말기를 바랍니다. 제 개인적인 발언으로 보지 마시고, 성경을 가르치려는 한 부분으로 이해해 주시기 바랍니다.

사도 바울은 고린도 교회에 고린도전서와 후서를 쓰면서 마음에 큰 고민이 있었습니다. 그는 고린도 교회 교인들에 대하여 하나님의 심정을 가지고 대했지만, 고린도 교회 교인들은 끊임없이 사도 바울의 사도권을 의심하고 있었습니다. 사도 바울이 전하려는 내용들을 달게 받고 열심히 연구하며 좇아도 될까 말까 한 일들을 거부하고 의심하니 "어떻게 하려고 그러는가" 하는 안타까움에서 이렇게 이야기합니다. "내가 자녀에게 말하듯 하노니 보답하는 것으로 너희도 마음을 넓히라." 그럼, 목자와 성도 사이의 관계가 현실적으로 어떤 부분에서 어떤 이해가 있어야 되는지 따져 보겠습니다.

목자와 성도가 가지는 책임

먼저 생각할 것은 목자가 가지는 책임입니다. 목자는 진리와 생명을 전하는 자로서 정도(正道)를 걸어야 합니다. 사역에 대하여 헌신과 사랑과 책임을 가지고 행해야 합니다. 보상을 바라고 해서는 안 됩니다. 이것이 목자가 갖는 당연한 자세요, 기본 양식입니다.

우리가 예전에 부부의 문제를 다룰 때도 그랬습니다만, 남편에게 복종해야 되는 아내의 책임과 목숨 걸고 아내를 사랑해야 되는 남편의 책임이 있는데, 상대방이 그 대접을 받을 만하냐 못하냐와 상관없이 일단 자기 책임을 다 해야 된다는 것이 성경이 요구하는 것이라고 확인했습니다.

남편에게 복종할 만하냐 아니냐를 떠나서 복종하는 것이 신앙적인 자세요, 아내를 사랑할 만하냐 아니냐를 떠나서 아내를 사랑해야 하는 것이 주어진 책임인 것을 기억해야 합니다. 그렇듯이 목자가 목자다운가를 따지기 전에 성도들은 목자에 대해 다해야 하는 책임이 있습니다. 또 성도들을 사랑할 만하냐, 그들을 위해 희생할 만하냐를 떠나서, 목자는 힘을 다해 헌신해야 된다는 것이 기본적으로 성경이 가르치는 원칙입니다.

먼저 목자의 책임을 분명히 해둘 필요가 있습니다. 앞서 말씀드린 바와 같이 진리와 생명에 있어서 목자는 정도를 걸어야 됩니다. 지금 말하는 목자란 크게 말하면 한 교회를 책임지고 있는 목사와 장로, 또 구역장을 말합니다. 여러분 자신들이 성도이기도 하고, 특별히 봉사를 맡으신 분들은 목자의 역할을 감당하고 있다는 것을 잊지 마십시오. 이제 그 역할을 분명히 할 필요가 있습니다. 디모데전서 2:5입니다.

하나님은 한 분이시요 또 하나님과 사람 사이에 중보자도 한 분이시니 곧 사람이신 그리스도 예수라. 그가 모든 사람을 위하여 자기를 대속물로 주셨으니 기약이 이르러 주신 증거니라. 이를 위하여 내가 전파하는 자와 사도로 세움을 입은 것은 참말이요 거짓말이 아니니 믿음과 진리 안에서 내가 이방인의 스승이 되었노라. 그러므로 각처에서 남자들이 분노와 다툼이 없이 거룩한 손을 들어 기도하기를 원하노라. 또 이와 같이 여자들도 단정하게 옷을 입으며 소박함과 정절로써 자기를 단장하고 땋은 머리와 금이나 진주나 값진 옷으로 하지 말고 오직 선행으로 하기를 원하노라. 이것이 하나님을 경외한다 하는 자들에게 마땅한 것이니라. 여자는 일체 순종함으로 조용히 배우라. 여자가 가르치는 것과 남자를 주관하는 것을 허락하지 아니하노니 오직 조용할지니라(딤전 2:5-12).

가르치는 자, 하나님의 부르심을 받은 자, 목사든 장로든 구역장이든 간에 그들이 하는 모든 일은 사람에게 보상받기 위해서가 아닙니다. 하나님의 부르심을 받은 책임 있는 일이요, 또 하나님의 은혜와 긍휼히 여기심에 동참한 그 사랑이 자신을 강권하는 줄 알아야 합니다. 이것이 참다운 목자상(牧者像)입니다.

이런 일을 할 때 못난 자들은 꼭 상대방에게는 책임을 묻고 자신은 혜택만을 보려 합니다. 그러나 잘난 사람일수록 상대방의 책임보다 자기의 책임을 먼저 생각하는 법입니다. 에베소서 1장으로 가 보십시다. 양떼의 책임은 여러분이 상상하는 것과 조금 다릅니다.

이로 말미암아 주 예수 안에서 너희 믿음과 모든 성도를 향한 사랑을 나도 듣고 내가 기도할 때에 기억하며 너희로 말미암아 감사하기를 그치지 아니하고 우리 주 예수 그리스도의 하나님, 영광의 아버지께서 지혜와 계시의 영을 너희에게 주사 하나님을 알게 하시고 너희 마음의 눈을 밝히사 그의 부르심의 소망이 무엇이며 성도 안에서 그 기업의 영광의 풍성함이 무엇이며 그의 힘의 위력으로 역사하심을 따라 믿는 우리에게 베푸신 능력의 지극히 크심이 어떠한 것을 너희로 알게 하시기를 구하노라(엡 1:15-19).

현실적으로 목사에게 잘하는 것이 하나님께 잘하는 것이라는 이야기는 굉장히 애매한 말입니다. 저는 목사에게 잘하라는 게 도대체 무슨 뜻인지, 아직도 그 정확한 뜻을 잘 모르겠는데, 제 식으로 이해하자면 목사에게 잘하라는 것은 가르치는 대로 살라는 뜻일 것입니다. 원래 저는 기회 있을 때마다 목사에게 잘하지 말라고 강조했습니다. 목사를 개인적으로 대접하고 개인적으로 호의를 베푸는 것으로 본인이 해야 되는 신앙의 책임을 다했다고 여기지 말라는 의미였습니다. 목사에게 어떤 귀한 선물을 했다고 해서 여러분이 해야 하는 다른 책임이 그것으로 대치될 수는 없다는 이야기입니다.

제가 우려하는 것 중 하나는 저와 친하다는 것이 여러분의 신앙생활에 방해가 될 때가 많다는 점입니다. 저와 친하다는 것으로 인해 여러분이 책임져야 하는 겸손과 경건과 성실함을 놓치는 경우가 많습니다. 그래서 저와 가까워지거나 어떤 호의를 베푸는 것을 악을 쓰면서 제가 강력히 반대하는 것입니다. 개인적인 관계를 냉정히 정리하자는 것이 아닙니다. 목자가 가지는 책임, 목자로서의 궁극적인 목표, 여러분을 하나님의 사람으로 완성하기 위한 책임을 완수하는 동안 여러분이 하나님의 사람으로 변하는 것입니다. 그 일에 대한 보상이 바로 여러분이 하나님의 사람으로 변하는 것이 됩니다. 개인적으로 목자에게 잘하는 것이 보답이 아닙니다. 에베소서 1:15 이하에서 본 것은 골로새서 1장에도 나오는 내용입니다.

우리가 너희를 위하여 기도할 때마다 하나님 곧 우리 주 예수 그리스도의 아버지께 감사하노라. 이는 그리스도 예수 안에 너희의 믿음과 모든 성도에 대한 사랑을 들었음이요(골 1:3-4).

여러분이 목자에게 해야 할 보답은 하나님 안에 있는 믿음입니다. 예수 안에 있는 믿음, 그리고 성도에 대한 사랑입니다. 여러분이 어떤 큰 업적을 이루었느냐, 어떤 큰일을 했느냐가 아닙니다. 여러분이 하나님의 사람으로 바뀌어야 합니다. 그것보다 더 큰 보상은 없습니다.

위로와 경계가 필요한 우리

이제 현실적인 문제로 돌아와서 하나 더 생각해 보려 합니다. 목자가 목자의 정도(正道)를 걸으며, 성도가 성도의 정도를 걷는 일을 위해서 우리가 정답을 제시하는 것만으로는 부족하다는 사실입니다. 사실 우리는 정답을 안다고 해도, 곧 행하고 그것을 곧바로 실천할 수 있을 만큼 성실하거나 능력을 가지고 있는 자가 아닙니다. 우리는 위로와 경계가 필요한 자들입니다. 고린도전서 16장에 가시면 이 일에 관한 귀한 성경의 가르침이 나옵니다.

디모데가 이르거든 너희는 조심하여 그로 두려움이 없이 너희 가운데 있게 하라. 이는 그도 나와 같이 주의 일을 힘쓰는 자임이라. 그러므로 누구든지 그를 멸시하지 말고 평안히 보내어 내게로 오게 하라. 나는 그가 형제들과 함께 오기를 기다리노라(고전 16:10-11).

디모데가 이르거든 두려움이 없게 하고 멸시하지 말라고 합니다. 참 희한한 말입니다. 여러분이 목사에게 기대하는 것이, 혹 작게는 여러분 구역의 구역장에게 기대하는 것이 이런 식이어서는 안 됩니다. 그가 나를 가르칠 만한 실력과 완벽한 조건을 갖추고 있으리라 생각해서는 안 됩니다.

세상적인 모든 조건과 인간적인 모든 조건에서 나보다 우월하기 때문에 이 일을 맡았다고 생각하면 안 됩니다. 언젠가 신학교 개강 수련회에 갔다가 인간적인 약점에 관한 이야기를 한 적이 있습니다. "나는 아직도 이렇고, 이러이러한 약점이 있다"고 이야기하자 어떤 신학생이 저를 이렇게 힐난하는 것입니다. "목사님, 아직도 그런 약점을 가지고 있으면서 목사를 하세요?" 제가 아주 기가 막히게 대답을 했습니다. "저도 왜 하나님이 저 같은 사람을 불렀는지 모르겠어요!"

그것은 하나님의 비밀이요 하나님의 은혜입니다. 제가 왜 목사인지 여러분도 모르고 저도 모릅니다. 우리가 아는 것은 하나님이 저를 목사 되게 하셨다는 것이요, 하나님이 여러분과 저를 만나게 하셨다는 사실입니다. 우리 대부분이 만족하고 살아서 참 다행입니다. 사실 인생을 살면서 우리가 얼마나 중요한 부분들을 결정하지 못하는지 아십니까? 여러분들이 결정하는 것은 대단히 사소한 것뿐입니다. 머리를 자를까 말까? 파마할까? 이것 외에는 결정하는 것이 없습니다. 부모를 결정하거나 시대를 결정한 적이 있습니까? 참 뜻밖입니다. 친구를 결정한 것 같죠? 하지만 여러분은 친구도 결정하지 않았습니다. 여러분들에게 보내 주신 사람 중에 여러분이 고른 것뿐입니다. 부부는 안 그런 것 같습니까? 부부도 하나님이 제시해 주신 사람들 중에서 여러분이 골랐다고 생각하지만, 하나님이 그 사람과 결혼시키기 위해서 나머지는 들러리로 세운 것입니다. 자기가 만나는 사람 중에서 제일 괜찮은 사람을 고른 것 같아도 하나님은 처음부터 그 사람을 보내려고 나머지를 들러리로 세우고 그 사람을 두드러지게 했을 뿐입니다.

우리는 중요한 것을 결정하지 않습니다. 이 부분에서는 더욱더 그렇습니다. 목사 되겠다고 해서 목사가 되는 사람은 거의 없습니다. 어느 날 하나님의 크신 부르심을 받고 붙잡혀 옵니다. 설 자격이 없다는 것을 우리

교회

스스로가 더 잘 압니다. 하나님께서 세우시고 교우들이 은혜를 받습니다. 여러분들이 놀란 것보다 목사 자신이 더 크게 놀랍니다. 제 일기장을 보여드릴까요? 일기장마다 전부 물음표뿐입니다. "아니, 어째 이런 일이?" 놀라고 놀라는 일의 연속입니다.

우리가 목자를 대할 때 가져야 되는 생각은, 하나님이 그를 마이크로 쓰고 있다는 것입니다. 그 목자가 남다른 자라서, 남이 가져오지 못한 것을 캐오고, 남이 해주지 못한 것을 해주는 해결사라고 생각해서는 안 됩니다. 이것이 성경이 우리에게 가르치는 것입니다.

형제들아, 스데바나의 집은 곧 아가야의 첫 열매요 또 성도 섬기기로 작정한 줄을 너희가 아는지라. 내가 너희를 권하노니 이같은 사람들과 또 함께 일하며 수고하는 모든 사람에게 순종하라. 내가 스데바나와 브드나도와 아가이고가 온 것을 기뻐하노니 그들이 너희의 부족한 것을 채웠음이라. 그들이 나와 너희 마음을 시원하게 하였으니 그러므로 너희는 이런 사람들을 알아 주라(고전 16:15-18).

하나님이 누군가를 어떤 일에 세우시면 복종하십시오. 그렇게 하는 것이 여러분의 복입니다. 또 그렇게 일하는 사람들을 알아주셔야 됩니다. 여러분이 목사에게 해주어야 하는 위로가 있습니다. 간덩이가 부은 목사거든 나가시면서 "은혜 받았습니다" 그러지 마세요. 생각보다 오해를 많이 하니까요. 그러나 저 같은 사람은 의외로 좌절하는 스타일이니까 은혜를 안 받았어도 "은혜 받았습니다" 하고 가셔야 합니다. 안 그러면 일주일 내내 "그만 두어야 될까봐, 이제 하나님이 은혜를 거두셨나보다" 이렇게 생각하거든요.

저는 그런 스타일입니다. 설교를 하고 돌아서면 그렇게 창피할 수가 없습니다. 예배 후 나가서 서 있을 때는 있는 힘을 다해 버티고 서 있는 것입니다. 그래서 스스로 자꾸 속을 갉아먹습니다. 위로할 필요가 있습니다. "목사님만한 사람은 없어요"라고 이야기해 주셔야 합니다. 아니면 "그만하면 괜찮은 거예요"라고 꼭 해주셔야 합니다. 대단히 필요한 것입니다.

이런 예를 생각해 보십시오. 우리가 신앙생활할 때 가장 못난 사람이 누구냐 하면, 믿음이 연약한 성도가 처음으로 신앙생활에서의 무언가를 해내고 기뻐할 때 "그건 아무것도 아냐, 뭐 그 정도를 가지고 그래"라고 하는 사람입니다. "아직 멀었어, 이제 시작이야, 아직도 갈 길이 멀어" 이렇게 이야기하지 마십시오. "와, 어떻게 10개월 만에 그렇게 하냐? 난 그거 하는데 11개월 걸렸는데." 이렇게 이야기를 하셔야 합니다. 그것이 잘하는 것입니다. 서로 격려하고 알아주어야 합니다.

성도들이 보통 실수하는 것은 돈 있는 사람이 헌금하는 것을 알아주지 않는 것입니다. 어렵게 사는 사람이 헌금하는 것에는 박수를 치지만, 돈 있는 사람이 헌금하면 '세리의 돈'이라고 평합니다. 아닙니다. 꼭 맞는 이야기는 아닙니다만 어려운 쪽은 돈을 잘 씁니다. 어차피 없는 인생에 익숙하거든요. 돈 없으면 또 한 끼 굶으면 되지만 있었던 사람은 돈으로 살기 때문에 돈을 못 내놓습니다. 그것은 돈이 아니고 살점입니다. 돈을 많이 모은 사람은 돈을 흥청망청 써서 그 돈을 모은 게 아닙니다. 남들이 놀 때 안 놀고, 남들이 돈 쓸 때 안 쓰고 욕먹어 가면서 모은 것입니다. 그래서 더 알아주어야 합니다.

한 사람을 사귀더라도 그의 한 가지 약점을 보지 말고 장점을 보아야 합니다. 열 가지 약점은 당연한 것입니다. 인간은 하나도 쓸모가 없습니다. 어쩌다 하나 잘한 것은 기적이고 놀라운 일입니다. 그것을 격려해 주어야 합니다. 늘 그 하나 잘한 것을 사용하게 만들어야 합니다. "홍, 너는 하나만 잘하지? 네겐 열 가지 약점이 있잖아." 이렇게 말하는 것은 못난 사람입니다. 누가 그것을 들추라고 했습니까? 감추어져 있는 것을 일부러 들추지 마세요. 할 줄 아는 것을 격려해서 모든 열심과 시간을 내게 하며 하나 되게 해야 합니다. 그래서 그 기쁨과 유익을 함께 나누는 것이 바로 성도가 해야 되는 일입니다.

우리에게는 병이 있습니다. 완벽하려는 병, 비평하는 병, 잘못한 것 하나를 끄집어내어 쾌감에 사로잡히는 병 등입니다. 이런 병 때문에 사람이 얼마나 악하고 약한지 모릅니다. 잘한 것에 대해서 대단하다고 여기며 격려해 주지 못하고 있습니다. 또 자기 자신도 그런 격려를 받을 때, 제대로 받아들이지 못합니다. 우리는 위로해야 하며, 위로를 받을 줄도 알아야겠습니다.

다음 세대를 위해 준비하라

갈라디아서 6장에 가면 여러분이 잘 아는 중요한 교훈이 나옵니다.

가르침을 받는 자는 말씀을 가르치는 자와 모든 좋은 것을 함께 하라. 스스로 속이지 말라. 하나님은 업신여김을 받지 아니하시나니 사람이 무엇으로 심든지 그대로 거두리라. 자기의 육체를 위하여 심는 자는 육체로부터 썩어질 것을 거두고 성령을 위하여 심는 자는 성령으로부터 영생을 거두리라. 우리가 선을 행하되 낙심하지 말지니 포기하지 아니하면 때가 이르매 거두리라(갈 6:6-9).

이 중 "스스로 속이지 말라. 하나님은 업신여김을 받지 아니하시나니 사람이 무엇으로 심든지 그대로 거두리라"는 갈라디아서 6:7은 제가 좋아하는 구절입니다. 사람이 무엇으로 심든지 그대로 거둡니다. 그리고 이 말씀은 "가르침을 받는 자는 말씀을 가르치는 자와 모든 좋은 것을 함께하라"(갈 6:6)는 말씀과 연결되어 있습니다. 여러분, 꼭 기억하십시오.

제가 신학교 다닐 때만 해도 신학을 한다는 것이 별로 매력이 없었던 시대였습니다. 제가 아주 열렬히 사랑했던 여인도 제가 목사가 되겠다고 하자 미국으로 갔습니다. 십 수년 후에 "그래, 나 버리고 가서 얼마나 잘 사나 보자"고 찾아가 봤는데 잘 살더군요. 저는 평생 하루에 라면 두 개로 살지도 모른다는 각오로 신학교에 들어갔습니다. 각오의 장렬함을 과시하려는 게 아닙니다. 그때는 그런 때였습니다. 제가 교육전도사로 있었던 세월들을 생각해 보면, 추억의 빛깔이 다 어둡습니다. 왜냐하면 성도들이 담임목사에게는 아첨 떨며 잘하면서도 장차 목사가 될 전도사에 대해서는 전혀 배려가 없었기 때문입니다. 사람 취급을 안 합니다. 그 암담했던 세월 때문에 결국 오늘날 한국교회에 좋은 목사가 그다지 많지 않은지도 모르겠습니다. 저도 한동안 한을 가지고 컸습니다.

성도들이 해야 하는 큰일 중에 하나는 하나님께서 앞에 세운 하나님의 일꾼을 따뜻한 마음과 정성을 가지고 대하는 것입니다. 그 일꾼이 양떼들에게 열심을 다하여 봉사하며 진액을 바칠 수 있도록 해야 합니다. 그것은 여러 방법으로 해야 합니다. 아첨을 떨고 눈치를 보라는 이야기가 아닙니다. 그것이 하나님이 우리에게 보내신 은혜를 헛되이 받지 않는 방법입니다. 이런 말씀을 드리는 것이 저로서는 굉장히 조심스럽습니다. 개인적인 대접과는 전혀 무관한 것입니다. 하나님이 우리를 인도하실 때 직접 하시지 않고 종을 세우는 방법을 쓰시는 이상, 세우신 종을 통하여 하시는 일이 다른 데로 덜어지지 않고 다 내 몫이 되게 하는 자세와 방법을 이야기하는 것입니다.

제가 이 부분을 강조하는 데는 그만한 이유가 있습니다. 저는 신학을 할 때 굉장히 열심히 했습니다. 그런데 졸업반이 되어도 부르는 데도 없었고, 유학을 가자니 재정적인 뒷받침도 안 되고 어떻게 해야 될지 난감했습니다. 그때 학교에서나 저를 아는 사람들이 다 저에게 뭐라고 말했는지 아십니까? "가서 박사만 따 가지고 와. 그러면 내가 책임지고 어디 소개해 줄게"라고 이야기하는 것입니다. 아니, 박사가 되면 그 사람 부탁받을 일 없지 않습니까? 지금은 박사가 넘쳐 나지만 그때는 상황이 달랐습니다. 그때 당시에 박사가 되도록 도와주었어야 했습니다. 박사가 되면 그때는 갈 데가 많았습니다. 그런데 정작 문제는 당장 아무도 도와주지 않았습니다.

그래서 그때 제가 가깝게 모시던 장로님에게 성질을 부렸습니다. "아니, 월급은 쥐뿔만큼도 안 주면서 언제 박사를 따요?" "왜, 부족해?" "부족하죠. 책 살 돈도 없는데요." "얼마나 들어?" "많이 들어요." 그래서 그때 10만원을 받았던 적이 있습니다. 15년 전에 10만원이면 상당히 컸습니다. 바로 그것입니다. 여러분이 목사에게 "이렇게 하시오, 저렇게 하시오" 하는 것만으로는 다 되지 않습니다. 특별히 어렵고 조심스럽지만 이 이야기를 해 두겠습니다.

중국에 청렴결백하다고 아주 호평이 난 어떤 관리가 있었습니다. 그래서 왕이 상을 주기로 했답니다. 상패를 하나 만들고 돈을 따로 준비했습니다. 그리고 그 관리에게 물었습니다. "상패를 줄까, 돈을 줄까?" 마지막으로 그의 청렴함을 과시하도록 하기 위한 질문이었습니다. 그런데 뜻밖에도 돈을 달라고 하는 것입니다. 신하들도 놀라고 왕도 놀랐습니다. "아니, 그대는 돈은 하찮게 여기고 명예를 중시하는 줄 알았는데, 이게 웬일인가?" 그가 대답했습니다. "굶고 정직할 수는 없습니다."

우리 한국교회가 잘되려면 자라나는 새싹들이 한을 품도록 하게 마시고, 부요하게 영적인 준비를 할 수 있도록 해주셔야 합니다. 어느 교회나 담임목사에 대한 배려는 늘 넉넉하지만 장차 그다음 세대를 준비하는 이들에 대하여는 너무 소홀합니다.

교회가 지금 당장 혜택을 보는 것이 아니더라도 여러분이 혜택을 입은 것 이상으로 여러분의 자녀, 후손과 다음 세대를 위해 준비하셔야 합니다. 오늘 성경이 가르치는 바와 같이 하나님이 일꾼을 세우셔서 일하신다면 우리도 하나님이 일하시는 방법에 대하여 이해하고 순종해야 한다는 것을 잊지 마십시오. 심는 대로 거두는 법칙을 기억하셔서 신령한 것을 얻기 위해 하나님이 일하시는 방법에 여러분이 어떻게 순응해야 하고 협조해야 하는지 기억하셔서야 하겠습니다.

우리는 서로서로에게 일꾼이고 양떼입니다. 경우에 따라서는 내가 지도자가 되고 상대가 학생이 되었다가, 어떤 때는 반대 경우가 되기도 하는 것이 교회입니다. 서로가 서로에 대하여 선생이 되고 제자가 되는 교우로 모인 것을 기억하셔서 서로를 격려하시고 경계하십시오. 그래서 신령한 것으로 주고받아 서로에게 열매가 풍성한 그런 교회와 신앙인으로 자라시기를 바랍니다.

24

죽음의 길로 가는 동지

빌 2:12-18

그러므로 나의 사랑하는 자들아, 너희가 나 있을 때뿐 아니라 더욱 지금 나 없을 때에도 항상 복종하여 두렵고 떨림으로 너희 구원을 이루라. 너희 안에서 행하시는 이는 하나님이시니 자기의 기쁘신 뜻을 위하여 너희에게 소원을 두고 행하게 하시나니 모든 일을 원망과 시비가 없이 하라. 이는 너희가 흠이 없고 순전하여 어그러지고 거스르는 세대 가운데서 하나님의 흠 없는 자녀로 세상에서 그들 가운데 빛들로 나타내며 생명의 말씀을 밝혀 나의 달음질이 헛되지 아니하고 수고도 헛되지 아니함으로 그리스도의 날에 내가 자랑할 것이 있게 하려 함이라. 만일 너희 믿음의 제물과 섬김 위에 내가 나를 전제로 드릴지라도 나는 기뻐하고 너희 무리와 함께 기뻐하리니 이와 같이 너희도 기뻐하고 나와 함께 기뻐하라.

신앙을 지킨다는 것

예수님의 낮아지심 곧 섬김과 순종과 죽음은 하나님이 예수를 높여 모든 이름 위에 뛰어난 영광을 주시기 위해 세우신 길입니다. 하나님 나라에서는 낮추고 순종하고 섬기고 희생하고 죽는 것이 가장 값진 것이고, 그것이 바로 하나님이 기뻐하시는 그분의 영광입니다. 지난번에도 확인했지만 바울은 자신이 있든지 없든지 혹은 자신의 도움을 받든지 받지 않든지 상관없이 언제나 할 수 있는 일, 즉 죽어 나가는 일을 하라고 말씀합니다. 이것이 우리가 살펴보려는 말씀 중 하나인 16절에 "생명의 말씀을 밝혀 나의 달음질이 헛되지 아니하고 수고도 헛되지 아니함으로 그리스도의 날에 내가 자랑할 것이 있게 하려 함이라"고 표현되어 있습니다. 무엇을 자랑할 것이냐 하는 것은 "만일 너희 믿음의 제물과 섬김 위에 내가 나를 전제로 드릴지라도 나는 기뻐하고 너희 무리와 함께 기뻐하리니"(17절)라는 말씀에 나옵니다.

바울은 자기를 전제(奠祭)로 드린다고 합니다. 여기서 전제는 제물을 바칠 때 그 제물 위에 포도주를 붓는 행위를 말합니다. 제물을 드릴 때 그 위에 피를 대신해서 붉은 포도주를 뿌림으로써 제물이 드려지는 의미를 분명하게 하는 것입니다. 사도 바울은 기꺼이 자신이 전제가 되겠다고 말합니다. 전제라는 것은 단순히 포도주를 뿌리는 것이 전부가 아닙니다. 반드시 바쳐진 제물 위에 그것을 부어야 합니다. 사도 바울은 빌립보 교회 교인들의 바쳐진 제물 위에 포도주를 붓듯이 자신의 피를 뿌려서 제사를 온전하게 하겠다고 한 것입니다. 바울은 이것을 기쁨으로 소원한다고 했습니다.

빌립보서 1:3 이하에 이미 이런 이야기가 나왔습니다. "내가 너희를 생각할 때마다 나의 하나님께 감사하며 간구할 때마다 너희 무리를 위하여 기쁨으로 항상 간구함은 너희가 첫날부터 이제까지 복음을 위한 일에 참여하고 있기 때문이라"(1:3-5). 빌립보 교회는 분명히 사도 바울과 긴밀한 협조관계에 있었습니다. 그들은 자신들의 구원과 교회에 대한 책임을 넘어서서, 사도 바울의 사역에 깊이 참여했습니다. 7절은 그것을 이렇게 말합니다. "내가 너희 무리를 위하여 이와 같이 생각하는 것이 마땅하니 이는 너희가 내 마음에 있음이며 나의 매임과 복음을 변명함과 확정함에 너희가 다 나와 함께 은혜에 참여한 자가 됨이라." 그들은 감옥에 갇힌 바울을 외면하지 않았습니다. 그들은 진심으로 사도 바울을 염려하고 위로하며 격려하고 또 함께 걱정함으로써 그의 어려움에 동참했습니다.

그들에게 복음이 전해질 때부터 사도 바울이 감옥에 갇혀 있는 지금까지 빌립보 교회는 여러 혼란과 걱정과 위기들에 대해 사도 바울과 아주 긴밀하게 묶여 있고 책임을 인식하고 또 실천하고 있습니다. 이것을 빌립보서 2:17에서 표현하는 식으로 이해하면 이렇습니다. 내가 죽는다면 그 죽음은 너희가 나의 복음에 참여하는 길에 절정이 될 것이다 하는 것입니다. 다시 말하면, 너희가 나의 희생 곧 예수 그리스도의 희생을 잇는 그 길에 들어왔다. 따라서 지금 내가 죽는다면, 그것은 우리가 누구인가 또는 복음으로 나와 동역자된 너희의 헌신이 무엇인가에 대한 답을 완성하는 것이 될 것이다 하는 뜻입니다. 어떤 완성입니까? 신앙을 지킨다는 것은 죽어가는 일이며, 자신의 죽음을 통하여 절정에 이르고 온전하게 된다는 이야기입니다. 사도 바울이 지금 죽지 않는다 할지라도 어차피 죽음의 길로 가고 있다는 것은 그와 빌립보 교회가 긴밀하게 협조한 내용이자 처음부터 지금까지 함께한 사역이며 앞으로 나아가는 길이라는 것입니다.

빌립보서 4장에서는 이렇게 말하고 있습니다. "주 안에서 항상 기뻐하라. 내가 다시 말하노니 기뻐하라. 너희 관용을 모든 사람에게 알게 하라. 주께서 가까우시니라. 아무것도 염려하지 말고 다만 모든 일에 기도와 간구로, 너희 구할 것을 감사함으로 하나님께 아뢰라"(빌 4:4-6). 여기에 기쁨과 감사가 나오는데 그것이 관용과 연결되어 있습니다. 그들이 고난받고 손해보고 희생당하는 것이 복된 길이라고 합니다. 사도 바울은 자신이 죽어나가면, 이것이 우리가 누구인가를 설명해 주는 하나의 전제가 될 것이다. 내 피를 뿌리는 것이 우리가 무엇을 믿고 어떻게 사는 자들인가 하는 그 절정을 보여주는 증거가 될 것이라고 한 것입니다. 그것이 바로 그리스도인의 기쁨이고 감사라는 것입니다.

세상이 알지 못하는 길

제가 요즘 '신앙생활이란 명예롭고 위대한 길'이라는 표현을 부쩍 많이 사용하고 있습니다. 이 길은 세상이 알지 못하는 길입니다. 세상에서는 이기는 것이 전부입니다. 이기기 위해 인간이 인간 아닌 것으로 되기를 작정하라고 요구하는 곳이 세상입니다. 그러나 우리는 다릅니다. 우리는 모든 것을 잃을지라도, 세상을 잃고 우리의 목숨까지 잃는다고 할지라도 하나님의 자녀로서 예수 안에서 하나님의 신성에 참여하는 인간으로 살 것을 포기하지 않습니다. 이것이 기독교 신앙입니다.

　이 길이 기쁨이고 감사가 되지 않는다면 우리는 세상을 이길 수 없습니다. 이러한 믿음을 가진다고 해서 고통이 면제되는 것도 아닙니다. 세상이 요구하는 비겁한 방법이나 악한 방법이 아닌 초월적이고 거룩한 방법으로 소원이 이루어진다는 약속도 없습니다. 남을 위하여 내가 죽는 것이 하나님의 통치와 예수님 안에서 증거된 하나님의 영광입니다. 그 영광의 길을 가는 것에 우리는 예수님이 그리하셨던 것처럼 기꺼이 모든 것을 걸 것입니다. 골로새서 3:12-17에서는 같은 이야기를 이렇게 말씀합니다.

　그러므로 너희는 하나님이 택하사 거룩하고 사랑받는 자처럼 긍휼과 자비와 겸손과 온유와 오래 참음을 옷 입고 누가 누구에게 불만이 있거든 서로 용납하여 피차 용서하되 주께서 너희를 용서하신 것같이 너희도 그리하고 이 모든 것 위에 사랑을 더하라. 이는 온전하게 매는 띠니라. 그리스도의 평강이 너희 마음을 주장하게 하라. 너희는 평강을 위하여 한 몸으로 부르심을 받았나니 너희는 또한 감사하는 자가 되라. 그리스도의 말씀이 너희 속에 풍성히 거하여 모든 지혜로 피차 가르치며 권면하고 시와 찬송과 신령한 노래를 부르며 감사하는 마음으로 하나님을 찬양하고 또 무엇을 하든지 말에나 일에나 다 주 예수의 이름으로 하고 그를 힘입어 하나님 아버지께 감사하라(골 3:12-17).

이 말씀을 보면, "너희는 하나님이 택하사 거룩하고 사랑받는 자처럼"이라는 조건 속에서 "긍휼과 자비와 겸손과 온유와 오래 참음을 옷 입고" 피차 용서하고 사랑을 더하라고 요구하고 있습니다. 이것은 하나님의 자녀이기 때문에 요구받는 것이며 그런 자격으로 할 수 있는 일입니다. 세상은 이것을 도무지 필요로 하지 않습니다. 그리고 15절에서 보듯이 "그리스도의 평강이 너희 마음을 주장하게 하라"고 함으로써, 이런 일들은 세상 시각을 가지고 하면 못한다고 못을 박습니다. 예수님의 평강은 무엇입니까? 기꺼이 아버지의 뜻을 이루기 위하여 이 땅에 오신 것입니다. 십자가를 지신 그의 순종을 말합니다. "내가 항상 그의 기뻐하시는 일을 행하므로 나를 혼자 두지 아니하셨느니라"(요 8:29). 바로 이런 평강을 말하는 것입니다. 이것이 아니라면 예수님을 믿는다는 말은 거짓말이 됩니다.

교회의 영광

우리가 기독교 신앙을 가질 때 처음에는 어떤 특별한 경험이나 이해로부터 시작합니다. 하나님은 당신이 세상보다 크신 주인이심을 우리로 알게 하시려고 우리의 기도에 응답하십니다. 병을 고쳐 주시거나 형통한 길을 열어 주시는 등 세상이 주지 못하는 것을 주심으로써 하나님이 이 세상의 진정한 주인이라는 것을 알리십니다. 그러나 그다음에는 기도 응답이 없습니다. 왜 없을까요? 하나님이 당신이 누구신가를 알리신 다음에는 당신의 뜻을 우리 안에 이루기 위하여, 우리의 소원에 답하지 아니하시고 우리를 붙들어 그분이 목적하신 데로 인도하시기 때문입니다.

그것이 얼마나 위대한 길인지 반복적으로 예수 그리스도 안에서 확인시키십니다. 이것이 기독교 신앙입니다. 여러분이 예수님을 믿은 지 3년 미만이면 열심히 소원을 이야기하고 욕심을 이야기하고, 거기에 자기가 갖다 붙인 이유와 명분을 대는 것에 뭐라고 할 수 없습니다. 그런데 신앙생활이 10년이 지났고 20년이 되었는데도 아직도 그렇게 한다면 여러분은 예수님을 잘 믿는 것이 아닙니다.

기독교 신앙은 고통이 면제되는 길이 아닙니다. 그러나 위대한 길입니다. 우리는 위대하다는 말을 우리 인생 속에서 얼마든지 봅니다. 내가 도망갈 바에는 차라리 이 자리에서 죽겠다. 이것은 군인들이 해야 할 명예로운 고백입니다. 내가 도둑질을 할 바에는 차라리 굶어죽겠다. 내가 친구를 배신하느니 차라리 속겠다. 다 같은 이야기입니다. 이처럼 세상에도 세상이 요구하는 현실적 필요보다 더 큰 것이 있다는 것을 우리는 압니다. 그러나 위대한 이 길은 그런 것과도 비교할 수 없이 큰 것입니다. 명예롭고 감사한 길입니다. 그러나 고통스럽습니다. 어떻게 하시겠습니까? 고통을 면제받으시겠습니까 아니면 위대한 길을 걸으시겠습니까? 선택의 문제가 아닙니다. 우리는 예수님을 아는 자들이기 때문입니다.

여러분이 전쟁터에서 친구를 만났는데, 적이 되어 서로 총을 겨누고 마주쳤다면 아마도 그냥 쏘지는 않을 것입니다. 머뭇거리다가 뒤에서 지휘관이 안 쏘고 뭐하고 있어 하고 고함지르면, 그제야 이 사람 제 친구인데요 하는 한마디는 하고 쏘지 않겠습니까? 어떻게 그냥 방아쇠를 당기겠습니까? 예수님을 믿는다는 것이 이런 최소한의 명예, 최소한의 자랑 정도로 여기지지도 않기 때문에 성경에서 거듭 반복해서 쓰는 기쁨과 감사라는 말을 사용하지 못하고 있습니다. 우리는 신앙이라는 말을 현실적 가치가 있는 것들에 사용합니다. 이것은 스스로 자신의 신앙 실천을 점검하면 확인할 수 있습니다. 골로새서 3:16-17을 보겠습니다.

그리스도의 말씀이 너희 속에 풍성히 거하여 모든 지혜로 피차 가르치며 권면하고 시와 찬송과 신령한 노래를 부르며 감사하는 마음으로 하나님을 찬양하고 또는 은혜로 또 무엇을 하든지 말에나 일에나 다 주 예수의 이름으로 하고 그를 힘입어 하나님 아버지께 감사하라(골 3:16-17).

이렇게 하는 것이 교회의 영광입니다. 교회는 이것을 위하여 모이며 권면하며 증언하며 교제합니다. 이 말이 무슨 뜻인지 로마서 12:10-13에 나오는 성경의 요구와 연결해서 한번 보십시오.

형제를 사랑하여 서로 우애하고 존경하기를 서로 먼저 하며 부지런하여 게으르지 말고 열심을 품고 주를 섬기라. 소망 중에 즐거워하며 환난 중에 참으며 기도에 항상 힘쓰며 성도들의 쓸 것을 공급하며 손 대접하기를 힘쓰라(롬 12:10-13).

신앙인들이 서로 해야 하는 일들입니다. 꼭 해야 할 일들입니다. 중요한 일들입니다. 거기서 한 걸음 더 나아갑니다. 14절부터 계속 보겠습니다.

너희를 박해하는 자를 축복하라. 축복하고 저주하지 말라. 즐거워하는 자들과 함께 즐거워하고 우는 자들과 함께 울라. 서로 마음을 같이하며 높은 데 마음을 두지 말고 도리어 낮은 데 처하며 스스로 지혜 있는 체 하지 말라. 아무에게도 악을 악으로 갚지 말고 모든 사람 앞에서 선한 일을 도모하라. 할 수 있거든 너희로서는 모든 사람과 더불어 화목하라. 내 사랑하는 자들아, 너희가 친히 원수를 갚지 말고 하나님의 진노하심에 맡기라. 기록되었으되 원수 갚는 것이 내게 있으니 내가 갚으리라고 주께서 말씀하시니라. 네 원수가 주리거든 먹이고 목마르거든 마시게 하라. 그리함으로 네가 숯불을 그 머리에 쌓아 놓으리라. 악에게 지지 말고 선으로 악을 이기라(롬 12:14-21).

무시무시한 명령입니다. 우리는 이 14-21절 말씀을 세상에서 실천하며 살아야 합니다. 우리의 힘으로는 당해낼 수 없는 요구요 빛과 생명의 임무를 지니고 있는데, 이게 여간 어려운 것이 아닙니다. 너희를 박해하는 자를 축복하고 저주하지 말라고 명하시는데, 이걸 어떻게 할 수 있겠습니까? 그러나 해야 합니다. 우리는 그런 요구를 받고 있는 자들입니다.

그러니 신자들의 삶이 얼마나 고달프겠습니까? 얼마나 속이 상하겠습니까? 교회에 오시면 서로 편을 들어주십시오. 교회 안에서는 억울한 일을 좀 안 당해야 합니다. 교회 안에서는 서로 진심이 통하고, 또 연약한 것이 보호받아야 합니다. 함께 죽음의 길로 가는 자들이지 않습니까?

함께 죽음의 길로 가는 자들

언젠가 텔레비전에서 옛날 여순반란사건의 기록 화면을 보았습니다. 거기에 가담했던 자들이 다 잡혀서 처형을 받습니다. 사람들을 일렬로 세워 놓고, 순서가 되면 나무에 묶고 총을 쏘아 죽입니다. 그런데 총살형을 받기 직전에 대기 줄에 서 있던 사람들이 무슨 일을 한 줄 아십니까? 서로 담배를 나눠 피고 웃으면서 이야기들을 하고 있었습니다. 거기서 왜 싸우겠습니까? 조금 있으면 다 죽는다는 것을 서로 다 아는데 말입니다. 그런데 우리에게는 그런 것이 없습니다. 예수님을 믿는 일에서 가장 큰 시험이 있다면 그것은 서로 용서하지 못하는 것입니다. 우리는 무엇이 옳은가, 얼마나 잘났는가를 이야기하기 전에 같이 죽어나가는 인생의 동지임을 기억해야 합니다.

교회 안에서 억울한 일을 당하더라도 도망가지 마십시오. 누가 신앙이 무엇인지, 교회가 무엇인지 잘 이해하지 못하고 자꾸 칼질을 할지라도 도망가지 말고 제발 자기 자리를 지켜 주십시오. 다 도망가면 칼만 남지 않겠습니까? 교회를 따뜻하게 해야 할 사람이 필요합니다. 누군가는 찔려야 합니다. 내가 칼에 찔리면 어쨌든 내 몸만큼은 칼이 짧아지는 것 아니겠습니까? 그러면 다른 사람은 그만큼 깊이 찌르지 못할 것 아닙니까? 서로 칼에 찔린 꼬치가 되어 주시지 않겠습니까? 이것이 바울의 이야기입니다.

너희는 나와 죽음의 길을 가기로 한 동지들이다. 내가 죽는다 할지라도 전혀 겁낼 것이 없다. 내가 기쁘게 생각하는 것은 우리가 다 죽음의 길로 가는 일에 동지가 되었기 때문이다. 이 길은 영광스러운 길이다. 이 길은 감사한 길이다. 너희는 겁먹지 마라. 나도 겁 안 먹는다. 그러니 우리 열심히 서로 편들고, 목숨을 걸고 이 길을 가보자. 우리의 본문이 말하고 있는 바입니다.

교회 안에서 속상한 이야기, 자기가 부족한 이야기를 할 수 없다면 그곳은 교회가 아니라 심판석일 것입니다. 교회에 와서 부족한 이야기를 할 수 있어야 합니다. "나는 믿음이 흔들려." 이런 이야기를 교회 와서 해야지 어디에서 하겠습니까? 법정에 가서 하시겠습니까? "나는 살아 보니까 예수만 믿고는 못 살겠어. 돈도 좀 필요해." 이런 말을 할 수 있는 곳이 되어야 합니다. "그래 맞아. 정말이야. 기도해 봐. 하나님이 그것도 주실 거야." 이렇게 서로 위로해야 합니다. 그렇게 하지 않고서, "아니, 집사가 돈이나 밝히고 그렇게 하는 거 아니야." 이런 말을 하는 것은 죽음의 길로 가는 사람들이 나눌 이야기가 아닙니다.

여순반란사건의 기록 화면에 대해 이야기했는데 몇 분 있으면 총살형으로 집행당할 사람들이 웃으며 서로 이야기했다고 하지 않았습니까? 무슨 이야기를 했겠습니까? "너희 집하고 우리 집 놓고 가위바위보 해서 따먹기 하자." 이런 이야기했을 것 같지 않습니까? 어떻게 그런 이야기를 할 수 있겠습니까? 다음 순번에 죽게 될 테니 그렇게 할 수 있겠지요. 얼마나 넉넉한 마음입니까? 우리도 죽음 앞에 그렇게 서야 합니다. 죽으면 없어진 다고 이해하는 세상에서도 삶이란 사실 엄청 큰 것입니다.

하물며 우리가 서 있는 이 길이 하나님이 요구하시는 영광된 길임을 아는 자들이라면, 얼마나 더 넉넉하게 죽음을 맞이해야 하겠습니까? 그렇게 하면 교회가 망하게 될까봐 걱정이십니까? 걱정 마십시오. 그것은 제가 꽉 붙들고 기도하겠습니다. 여러분, 넉넉해지십시오. 웃으십시오. 도대체 무엇이 겁이 나시는 것입니까? 죽어나가는 길에 무엇이 두려우십니까? 안 죽고 살려니까 어려운 것입니다. 오늘 안 죽고 여러 날을 살려니까 겁이 나는 것입니다. 오늘 하루를 사는 것이 아니라 이틀 사흘 끊임없이 얼마나 될지 모르는 날을 죽은 자같이 살려니까 겁이 나는 것입니다. 그래서 믿음이 동원되어야 합니다. 성경의 증언들이 여러분의 믿음을 격려할 수 있어야 합니다. 성경의 명령과 위로와 간증이 여러분의 신앙 실천과 이해에 맞아 떨어지는가 보십시오.

사도 바울은 자신을 전제로 드리겠다고 했습니다. 그것이 빌립보 교회의 희생과 섬김의 절정을 이루는 것이라고 말한 바는 정말 기가 막힌 이야기 아닙니까? 우리는 이런 동지입니다. 우리는 명예로운 인생을 살고 있다는 것을 기억해야 합니다. 또 우리 교회가 명예로운 교회임을 기억하십시오. 부족과 다름을 용납하고 서로 끌어안고 서로 편을 드십시오. 이것이 바로 우리가 믿는 기독교 신앙의 진수라고 아는 여러분의 교회, 여러분의 신앙, 여러분의 인생이기를 바랍니다.

25

증언 공동체

눅 8:40-48

예수께서 돌아오시매 무리가 환영하니 이는 다 기다렸음이러라. 이에 회당장인 야이로라 하는 사람이 와서 예수의 발 아래에 엎드려 자기 집에 오시기를 간구하니 이는 자기에게 열두 살 된 외딸이 있어 죽어감이러라. 예수께서 가실 때에 무리가 밀려들더라. 이에 열두 해를 혈루증으로 앓는 중에 아무에게도 고침을 받지 못하던 여자가 예수의 뒤로 와서 그의 옷 가에 손을 대니 혈루증이 즉시 그쳤더라. 예수께서 이르시되 내게 손을 댄 자가 누구냐 하시니 다 아니라 할 때에 베드로가 이르되 주여, 무리가 밀려들어 미나이다. 예수께서 이르시되 내게 손을 댄 자가 있도다. 이는 내게서 능력이 나간 줄 앎이로다 하신대 여자가 스스로 숨기지 못할 줄 알고 떨며 나아와 엎드리어 그 손 댄 이유와 곧 나은 것을 모든 사람 앞에서 말하니 예수께서 이르시되 딸아, 네 믿음이 너를 구원하였으니 평안히 가라 하시더라.

믿음은 자유로운 항복

누가복음 8장은 여러 기적의 사건들로 이루어져 있습니다. 예수님이 갈릴리 호수에서 풍랑을 잠재운 사건, 군대 귀신 들린 자를 고치신 사건, 열두 해를 혈루증으로 앓던 여인을 고치신 사건, 회당장 야이로의 딸을 살리신 사건입니다. 첫 번째 사건은 갈릴리 호수를 잠잠하게 하신 기적 속에서 예수님을 보내신 우리 하나님이 세상 법칙과 권세를 쥐고 계시는 유일한 하나님이심을 선포하는 장면입니다. 이 세상의 인과법칙이나 비인격성과 비교할 수 없는 인격자이신 하나님께서 온 우주와 존재와 역사의 주인이심을 성경은 그렇게 선언합니다.

우리가 보는 본문은 이런 사실을 보여줍니다. 인격자이신 하나님이 세상보다 더 큰 권세로 통치하시고 주인으로서 권위를 갖고 계신다. 그뿐 아니라, 그의 권세와 크신 권위로 그가 통치하시고 부르시는 각 인격에게 개인적으로 찾아와 당신의 통치에 항복시키는 사랑의 하나님이시요 은혜의 하나님이시다. 이런 사실을 우리에게 깨우쳐 줍니다. 39절에 있는 바와 같이 "집으로 돌아가 하나님이 네게 어떻게 큰일을 행하셨는지를 말하라"고 함으로써 무엇을 증언하도록 요구하십니까? 세상과 역사의 주인이신 하나님, 그 큰 통치자께서 그의 다스림의 대상으로서 부르시는 각 자녀들과 그 나라의 백성에게 어떻게 개인적으로 은혜를 베푸시고 그의 존재와 생애를 만족하게 하시는가 하는 사실을 증언하라고 요구하십니다. 그리고 마지막 48절에 있듯이 "예수께서 이르시되 딸아, 네 믿음이 너를 구원하였으니 평안히 가라 하시더라"로 결론이 납니다.

기독교 신앙을 대표하는 단어가 몇 개 있습니다. 그중 대표적인 것이 사랑과 믿음입니다. 또한 은혜와 생명입니다. 이런 단어들은 다 기독교의 본질을 대표하는 중요한 단어들입니다. 그중에 믿음이라는 것은 하나님께서 모든 존재의 주인이요 통치자로서 그 높으신 권세로 우리를 강요하지 않는다, 강제하여 억지로 무릎 꿇리지 않는다는 사실이 가장 잘 나타난 단어입니다. 믿음이란 믿어야 할 사람이 자유롭게 선택하고 결정하는 것입니다. 거기에 외압이 있으면 믿음은 생겨나지 않습니다. 믿는다는 것은 대등한 관계 또는 공평한 기회와 조건 속에서 일어날 수 있지, 그것이 이해관계에 얽히거나 힘의 논리에 좌우되거나 거기에 어떤 공포와 두려움이 끼어들면 그것은 믿음이라고 할 수 없습니다. 이는 우리 모두가 알고 있는 내용입니다.

사실 기독교 신앙의 핵심은 하나님이 얼마나 위대하신 분인지가 각 개인의 이해로 확인됩니다. 세상이 얼마나 냉혹한지는 우리 부모님이 가르쳐 주신 것보다 더 크게 각자 살면서 확인합니다. 세상이 비정하다는 것을 확인하게 됩니다. 하나님이 어떤 분이시냐 하는 것은 각 개인의 신앙고백 속에 일단 다 포함되어 있습니다. 어느 영혼도 두려움이나 이해관계로 하나님을 온전히 믿을 수는 없습니다. 어떤 공포나 내몰림 또는 현실적 필요는 하나의 계기가 될 수는 있지만, 그것은 엎드려 빌므로 신이 가진 힘을 빌려오는 것과는 다릅니다. 그 계기와 과정이 어떠하든 결론적으로 믿음으로 올 때에는 그런 이해관계나 힘의 논리를 벗어나 온전히 자유로운 항복이어야 합니다. 그것이 우리는 기독교 신앙인 것으로 압니다. 그래서 기독교 신앙인에게는 늘 불만이 있습니다. 자유로운 것이기 때문에 불만이 있습니다.

　　왜 자유로운 것에 불만이 있겠습니까? 우리가 하나님을 다 이해할 수 없어서 그렇습니다. 아무런 외압도 받지 않고 어떤 외적 이해관계를 벗어나서 항복했을지라도 우리 믿음의 대상이신 하나님은 우리 이해의 범주를 넘어 계시기 때문에 우리는 믿으면서도 늘 마음에 의문을 갖게 됩니다. 우리가 믿는 하나님이 우리보다 크시기 때문입니다. 만일 우리가 다 이해하는 신을 믿고 있다면 우리의 믿음 속에는 의심도 불만도 없을 것입니다. 아마 기대도 없을 것입니다.

　　언젠가 제가 젊은 시절에 설악산으로 겨울 산행을 간 적이 있습니다. 한계령을 넘어서 백담사와 오세암에서 하루씩 자고 마등령을 넘어 외설악으로 빠져나오는 2박 3일의 등반 일정이었습니다. 눈도 많이 쌓인 1월에 그 일을 계획하느라 전문 가이드 둘을 썼습니다. 자신들을 진짜 산(山) 사나이라고 이야기하는 두 사람을 가이드로 세우고 우리 일행 열다섯 명이 그 등반에 참여했습니다. 그 산 사나이라는 자부심이 얼마나 대단한지 눈꼴이 시어서 볼 수가 없었습니다. 산을 다니지 않는 자들은 마치 인간이 아닌 것같이 말하곤 했습니다. 그래서 제가 어느 날 저녁에 산 사나이가 뭐 그렇게 잘났느냐고 물었습니다. 그러자 그는 산은 배신하지 않는다고 했습니다. 맞는 말입니다. 그런데 제가 그 자리에서 "비겁한 사람들이구만" 그랬습니다. 다들 너무 놀랐습니다. 그렇게 말하고서 바로 이어 이렇게 말했습니다. "산은 기대의 대상이 아니야. 그래서 배신을 안 해. 사람은 기대의 대상이지. 그래서 배신이라는 것이 생기지." 그 즉시 무릎을 꿇고 제자가 되었습니다.

우리는 하나님이 믿음의 대상이라는 사실을 자주 놓칩니다. 하나님이 우리를 항복시키셨는데 이는 우리가 이해해서 항복한 것보다 더 큽니다. 그래서 어떻게 이해되었는지 우리는 모릅니다. 지금 여기 등장하는 군대 귀신 들렸던 사람이나 혈루증을 앓던 여인이나 회당장 야이로처럼 그들의 생애 속에 찾아오신 하나님의 통치의 위대함과 은혜로우심을 우리도 만난 것입니다. 세상과 인간에게 기대할 수 없는 큰 존재를 만난 것입니다. 은혜롭고 자비롭고 노하기를 더디 하며 인자와 긍휼이 풍성하신 하나님을 만난 것입니다. 시작은 그렇게 했지만 살면서 현실적으로 찾아오는 필요에 우리가 기대하는 대로 하나님이 답하시지 않는다는 사실 속에서 의심이 생기고 불만이 생기는 것은 당연합니다. 그래서 하나님이 이 믿음을 요구하시고 믿음을 허락하신다는 말이 갖는 상당한 이해가 우리에게 없으면, 예수님은 믿지만 불만을 드러내고 책임을 살짝 변명하는 교묘한 자기기만에 빠질 수 있습니다.

예수님 때문에 모인 교회

하나님이 믿을 만하신 분이라는 것은 우리가 어떤 결정적인 사건이나 어떤 해결로 경험한 적은 없다 해도 우리의 영혼이 어쨌든 알게 된 사실입니다. 제 경우를 보면 결정적인 사건은 없었습니다. 그러나 어쨌든 하나님께서 제 영혼에 찾아오셨다는 것만은 부인할 수 없습니다. 기독교 신앙생활의 본질인 믿음이 무엇이냐 하면 하나님을 아는 것입니다. 어떻게 알고 어떻게 이해하느냐 하는 것은 이차적입니다. 그것은 거부할 수 없고 속일 수 없는 것입니다. 그래서 이렇게 주일마다 다시 찾아오고 신앙생활을 하지 않으면 불편합니다. 그러나 하나님이 내 맘 같지 않은 것도 사실이기 때문에 사실 당황해합니다.

그러나 이 문제는 사실 하나님께서 얼마나 믿을 만한 분이신가를 우리에게 드러내는 어찌 보면 기독교에만 있는 가장 극적인 증명일 수 있습니다. 뭐가 그렇게 극적이냐 하면 사실 교회·공동체라는 것은 다른 이유로는 묶일 수 없는 사람들이 함께하는 사회입니다. 세상적인 조건들과 세상적인 기준들은 여기에 적용되지 않습니다. 재산과 학력, 취미와 성격과 관심 등 모두가 다릅니다. 단 한 가지 이유로 모이는데, 그것은 다 예수님을 믿는다는 사실입니다. 그런데 그것도 적극적으로 믿는 사람이 있고, 원색적으로 믿는 사람이 있고, 또 믿는지 마는지 하는 사람도 있습니다. 그러나 오직 예수 그리스도를 믿는다는 사실 때문에 하나가 된 공동체입니다. 이는 무엇을 의미하느냐 하면 믿음은 우리가 아는 세상의 어떤 조건이나 인간이 가진 어떤 자격과도 상관없는 일이라는 것입니다. 하나님이 그 영혼을 찾으셨기 때문에 외면할 수 없어 이 자리에 온 것입니다.

그러니까 이 사실로 교회는 무엇을 증언합니까? 하나님께서 우리에게 허락하신 믿음과 구원이 우리의 어떤 조건이나 자격, 세상의 어떤 약속이나 보상과 상관없다고 증언합니다. 그것이 나와는 너무나 다른 사람들의 형편 속에서 일어난 항복이었기 때문에 기독교 신앙을 진리라고 증언하는 것입니다. 더 가진 것이나 만족할 만한 환경과도 상관없는 일이고 가장 처참하고 절망적인 현실과도 상관없이 모두에게 필요하고 모두에게 고백되는 것으로서의 필요입니다. 이처럼 기독교 신앙은 보편성을 증언합니다. 따라서 교회 공동체를 이것 외에 다른 무엇으로 인위적으로 묶으려고 하면 안 되는 것입니다. 교회는 이 다름, 다양성, 각 개인의 개성이 존중되는 차이를 갖는다고 분명하게 이해하고 있어야 합니다. 교회가 늘 교회 같기를 바라는 것에서는 신앙고백 외에 아무것도 없습니다. 우리 입술로 "예수 그리스도를 믿습니다"라고 말하게 한 신앙고백과 예수님의 명령을 좇는 것을 지상 명령이라 하는 것 외에 다른 것으로 묶을 수 없습니다.

교회를 교회되게 하시는 하나님의 부르심

교회의 힘은 어디에 있습니까? 그 생명과 힘이 어디서 나오는 것입니까? 이 신앙고백, 하나님의 자유로운 부르심, 자유 속에서의 항복이라는 각 개인의 자유로운 선택과 고백에서 나옵니다. 이것이 교회의 힘입니다. 이것이 없으면 교회는 조직으로 힘을 내게 됩니다. 조직으로 힘을 가지려고 하면 능력과 기능으로 가고 맙니다. 그러면 재미없어집니다. 무엇을 해야 하느냐 하는 것은 사실 교회마다 좀 다를 것입니다. 무엇을 최우선 책임으로 할 일이냐 하는 것은 교회마다 다를 것이고 그것이 그 교회의 독특한 성격으로 나타날 것입니다. 어느 교회나 바로 이런 하나님의 일하심과 부르심으로 교회는 교회가 됩니다.

만일 우리가 교회에 와서 자신이 예수 믿은 것을 교회 안에서 다른 것으로 확인하고 싶어 하면 우리는 교회에 프로그램을 요구하게 됩니다. 교회에 와서 어떤 과정과 수단을 요구하여 보이는 눈금을 가지는 것으로 자기 확인을 하려고 들 것입니다. 교회는 그런 곳이 아닙니다. 훈련이 당연히 필요합니다. 그러나 훈련에 적극적으로 참여하는 것이 복인 것같이, 도망 다니는 것도 교회에는 필요합니다. 놓아서 길렀는데 더 맛있는 것은 비단 닭만의 이야기가 아닙니다. 하나님의 부르심과 기르심에 대하여 우리는 더 넓은 더 깊은, 말하자면 믿음의 눈을 가져야 합니다.

갈릴리 호수의 광풍을 잠재우신 장면에서 우리가 본 하나님의 의지 곧 자연에 대하여 가지신 통치권과는 다른 인격자로서, 의지와 사랑과 긍휼을 가지고서 통치하십니다. 우리가 본 누가복음 본문의 장면에서 놀라는 것도 하나님의 부름을 받은 모든 성도의 신앙고백이 자유롭고 기쁘다는 사실입니다. 골로새서 1:24-29을 보겠습니다.

> 나는 이제 너희를 위하여 받는 괴로움을 기뻐하고 그리스도의 남은 고난을 그의 몸된 교회를 위하여 내 육체에 채우노라. 내가 교회의 일꾼 된 것은 하나님이 너희를 위하여 내게 주신 직분을 따라 하나님의 말씀을 이루려 함이니라. 이 비밀은 만세와 만대로부터 감추어졌던 것인데 이제는 그의 성도들에게 나타났고 하나님이 그들로 하여금 이 비밀의 영광이 이방인 가운데 얼마나 풍성한지를 알게 하려 하심이라. 이 비밀은 너희 안에 계신 그리스도시니 곧 영광의 소망이니라. 우리가 그를 전파하여 각 사람을 권하고 모든 지혜로 각 사람을 가르침은 각 사람을 그리스도 안에서 완전한 자로 세우려 함이니 이를 위하여 나도 내 속에서 능력으로 역사하시는 이의 역사를 따라 힘을 다하여 수고하노라(골 1:24-29).

바울의 고백은 이것입니다. 그는 예수님을 목표로 삼아 그분을 닮는 삶을 사는 것이 자신의 유일한 목적이요 참 자랑이며 영광이라고 고백합니다. 이것은 세상이 협박으로 요구해서 내놓은 것과는 다른 것입니다. 세상은 오직 승리하기 위하여 인간성을 내놓으라고 요구합니다. 비정해지고 무정해지고 냉혹해지고 잔혹해지고 이기기 위하여 남을 해치라고 요구합니다. 그것이 세상의 법칙입니다. 여기에는 인과법칙이 있을 뿐이며 거기에는 인격이 들어설 자리가 없습니다. 그러나 하나님의 통치는 그렇지 않습니다. 우리는 그것을 예수님 안에서 봅니다. 기적이란 자연법칙을 벗어나는 하나님의 통치의 권세요 인격자의 찾아오심입니다. 그래서 바울은 기꺼이 그리스도의 남은 고난을 그의 몸된 교회에 채우기 위하여 애쓰겠다고 약속하는 것입니다. 그것은 다만 종교적인 임무를 말하는 것이 아닙니다. 비로소 인간의 참된 인간됨과 인생의 가치를 깨우친 자의 기쁜 선언인 것입니다.

세상이 두렵지 않은 신앙

빌립보서 4:10 이하에 가면, 바울은 신자의 신앙생활의 각오를 이렇게 피력합니다.

> 내가 주 안에서 크게 기뻐함은 너희가 나를 생각하던 것이 이제 다시 싹이 남이니 너희가 또한 이를 위하여 생각은 하였으나 기회가 없었느니라. 내가 궁핍하므로 말하는 것이 아니니라. 어떠한 형편에든지 나는 자족하기를 배웠노니 나는 비천에 처할 줄도 알고 풍부에 처할 줄도 알아 모든 일 곧 배부름과 배고픔과 풍부와 궁핍에도 처할 줄 아는 일체의 비결을 배웠노라. 내게 능력 주시는 자 안에서 내가 모든 것을 할 수 있느니라(빌 4:10-13).

여기 13절은 유명한 구절입니다. "내게 능력 주시는 자 안에서 내가 모든 것을 할 수 있다"는 말씀은 굉장히 적극적이고 긍정적인 선언으로 보입니다. 그러나 전혀 그렇지 않은 말씀입니다. 이 글을 쓸 당시 바울은 로마 감옥에 갇혀 있었고 언제 죽을지 모르는 내일을 약속할 수 없는 형편에 있었습니다. 그런 상황에서 빌립보 교회가 그를 위문하러 옵니다. 바울은 그들의 찾아옴과 격려에 대해 감사를 느낍니다. 그러나 바울은 내가 궁핍한 것을 너희가 돌아보아서 감사한 것이 아니다, 너희가 그리스도의 사랑에 동참해서 내가 기쁘다. 나는 궁핍하나 풍부하나 상관이 없는 사람이다, 내게 능력 주시는 자 안에서 내가 모든 것을 할 수 있다고 선언합니다. 그러니까 바울은 이 세상이 우리에게 줄 수 있는 긍정적인 것이 없다, 의미 있는 것이 없다는 것을 알게 된 것입니다. 인간에게 필요한 모든 것인 의와 진리와 생명, 승리, 보람, 자랑은 예수님 안에만 있다는 것입니다. 세상은 나를 도와줄 수도 없으니 나를 방해할 수도 없다. 내게 필요한 것은 예수님 안에 다 있다. 그래서 나는 무슨 꼴이라도 당할 수 있다고 그가 선언합니다.

우리는 현실을 살면서 현실이 얼마나 무서운지 모두 압니다. 자기가 자신을 돌보지 않으면 아무도 우리를 돌보지 않는다는 사실을 압니다. 우리가 세상의 힘을 갖고 있지 않으면 세상의 법칙대로 잡아먹힌다는 것도 압니다. 그래서 세상의 힘을 갖고 있으면 생존하기에 좀 더 편하고 멸시를 덜 받을 수는 있습니다. 그럴지라도 참다운 인간성을 회복하고 보람을 찾을 수 있는 일이 없다는 것을 우리는 예수님 안에서 깨닫습니다. 예수님 안에서 인간은 참으로 인간이 되고 참으로 보람 있고 영원한 승리가 약속되어 있다는 것을 봅니다. 그래서 바울은 나는 무슨 꼴이라도 당할 수 있다고 선언할 수 있었던 것입니다.

이것이 우리가 교회에 모여서 서로 확인하는 내용입니다. 우리가 가진 것으로 구원을 얻은 것이 아닙니다. 우리가 얻은 구원과 하나님의 부르심 속에 약속된 보상에서 현실적인 것은 일차적인 것이 아닙니다. 병이 낫고 승진하고 여유 있게 사는 것은 이 신앙 세계 속에서 가장 중요한 보상 목록에 들어 있지 않습니다. 왜냐하면 그것이 신앙의 이유도 조건도 근거도 내용도 아니기 때문입니다. 우리는 쉽게 이 문제를 이해하지 못합니다. 그러나 살아 보면 알게 됩니다. 세상이 할 수 있는 것은 결국 망신 주고 죽이는 게 끝입니다. 그 이상 우리를 어떻게 하지 못합니다. 한 존재를 소멸하는 것으로 끝입니다. 왜냐하면 세상은 원래 한 존재조차도 영광스럽게 만들 재주가 없기 때문입니다. 존재를 유지할 것이냐 없앨 것이냐 하는 것이 세상이 갖는 최종적인 힘입니다. 세상은 원래 영원히 살게 해줄 힘을 갖고 있지도 않습니다. 세상은 가치 있게 사는 문제에 대해서도 답을 갖지 못합니다. 그러나 우리는 예수님 안에서 그것을 압니다. 하나님의 자녀로서, 예수님 안에서만 생명과 진리와 영생과 영광과 승리를 가진다는 사실을 압니다. 이 세상이 우리에게 가하는 위협에 대하여 겁날 것이 없습니다.

신앙인으로서 나이 듦의 의미

언젠가 이야기했듯이 제 나이쯤 되면 누구나 세상에 겁내지 말아야 합니다. 그럼 빨리 죽지 왜 아직도 살아서 고함을 지르는가 하고 물으신다면 아직 한 구절이 더 있기 때문입니다. 빌립보서 1:20-26을 보겠습니다.

나의 간절한 기대와 소망을 따라 아무 일에든지 부끄러워하지 아니하고 지금도 전과 같이 온전히 담대하여 살든지 죽든지 내 몸에서 그리스도가 존귀하게 되게 하려 하나니 이는 내게 사는 것이 그리스도니 죽는 것도 유익함이라. 그러나 만일 육신으로 사는 이것이 내 일의 열매일진대 무엇을 택해야 할는지 나는 알지 못하노라. 내가 그 둘 사이에 끼었으니 차라리 세상을 떠나서 그리스도와 함께 있는 것이 훨씬 더 좋은 일이라. 그렇게 하고 싶으나 내가 육신으로 있는 것이 너희를 위하여 더 유익하리라. 내가 살 것과 너희 믿음의 진보와 기쁨을 위하여 너희 무리와 함께 거할 이것을 확실히

아노니 내가 다시 너희와 같이 있음으로 그리스도 예수 안에서 너희 자랑
이 나로 말미암아 풍성하게 하려 함이라(빌 1:20-26).

왜 하나님이 우리를 남겨 두시는 것입니까? 신앙인들을 빨리 데려가
시지 않고 고난의 세상 속에 놔두시는 이유가 무엇입니까? 하나님을 믿고
사는 것이 무엇인가를 증언하게 하게 하려 함입니다. 세상의 보상을 받았
으므로 예수님을 믿는 것이 행복하다고 증언하게 하려는 데 있지 않습니
다. 아무 낙이 없는 것 같은 삶 속에서 세상과 타협하지 않고 세상의 공갈
에 굴하지 않고 그들의 공격과 부끄럽게 하는 일을 담담히 감수하는 일에
우리의 생애를 쓰신다고 성경이 말합니다.

바울은 선언합니다. 내가 어떻게 될지 모른다. 내가 살지 죽을지 모른
다. 그것은 아무래도 상관없다. 내가 산다면 살아서 할 일이 있다는 뜻이
고 나를 죽음에 내어주신다면 죽음으로도 할 일이 있는 것이다. 생각해 봐
라. 내가 죽어서 주님께 가는 것이 얼마나 편하겠느냐? 오히려 그게 쉽다.
그러나 하나님이 나를 살려 놓으신다면 살아서 할 일이 있다는 뜻으로 이
해한다. 너희를 위하여 유익이 되라고 하신다.

나이가 들면 아무 능력도 없고 아무 할 일도 없고 아무 가치가 없는 줄
아십니까? 아닙니다. 나이 들어서 갖는 최고의 신앙의 경지는 세상의 공격
과 유혹 앞에 늠름하게 설 수 있는 담담함입니다. 고함을 지를 필요가 없습
니다. 나가서 악을 쓰고 선동할 필요가 없습니다. 믿음의 연배가 갖게 된
자랑스러운 역할이 있습니다. 그것을 기억하십시오. 괄시받고 외면을 받
고 외롭고 가진 것 없고 힘없는 때에 하나님은 더 많은 것으로 우리와 함께
하십니다. 내가 이제 와서 무슨 약속을 하고 무슨 비전을 내놓을 수 있겠다
고 예수님을 믿는 것이 이런 것이라고 큰소리치겠습니까? 내가 가진 게 뭐
가 있다고 그러겠습니까?

저는 이렇게 주일마다 다시 나와서 담담히 이야기합니다. 내가 죽을 날이 얼마 안 남았으니까 담담히 이야기하는 것이 아닙니다. 언제 데려가실지 모르는데 매일 사는 게 힘에 벅차서 쩔쩔매지만 감상에는 빠지지 않고 있습니다. 벌벌 떨며 살고 있습니다. 두려워서 벌벌 떨고 있는 것이 아니고 온몸이 덜덜거려서 떠는 것입니다. 더 이상 세상이 겁나지 않습니다. 무서울 것이 없습니다. 예수님 안에 있기 때문입니다. 아무 감정도 아무 고통도 느끼지 못해서가 아닙니다. 그것을 우리는 당할 수 있습니다. 그리고 우리 자녀에게 보여줄 책임이 있습니다. "얘야 걱정 마라. 하나님이 더 크시단다. 나를 봐라. 눈에 보이는 아무 보상은 갖고 있지 않으나 나는 아무것도 겁나지 않단다. 믿음을 가지고 살아라." 비록 어려움에 처해 있고 힘없고 무력해 보일지라도 이런 어른의 소리를 낼 수 있어야 합니다. 그렇지 않으면 기독교를 증언할 더 좋은 다른 방법은 없습니다.

교회는 이 증언을 가져야 합니다. 그리고 이 증언이 이어져야 합니다. 우리의 아들과 딸들, 젊은 세대의 여러분, 여러분이 가진 지금의 안타까움이나 불만이나 고통은 지금 겪기에는 버겁지만 결국 여러분을 강하게 할 것입니다. 여러분이 믿는 믿음을 확증해 줄 것입니다. 왜냐하면 우리 교회는 노인이 많기 때문입니다. 보이는 증언을 제대로 이해하는 눈을 가지시기 바랍니다.

26

교회의 권세

행 4:23-31

사도들이 놓이매 그 동료에게 가서 제사장들과 장로들의 말을 다 알리니 그들이 듣고 한마음으로 하나님께 소리를 높여 이르되 대주재여, 천지와 바다와 그 가운데 만물을 지은 이시요 또 주의 종 우리 조상 다윗의 입을 통하여 성령으로 말씀하시기를 어찌하여 열방이 분노하며 족속들이 허사를 경영하였는고. 세상의 군왕들이 나서며 관리들이 함께 모여 주와 그의 그리스도를 대적하도다 하신 이로소이다. 과연 헤롯과 본디오 빌라도는 이방인과 이스라엘 백성과 합세하여 하나님께서 기름 부으신 거룩한 종 예수를 거슬러 하나님의 권능과 뜻대로 이루려고 예정하신 그것을 행하려고 이 성에 모였나이다. 주여, 이제도 그들의 위협함을 굽어보시옵고 또 종들로 하여금 담대히 하나님의 말씀을 전하게 하여 주시오며 손을 내밀어 병을 낫게 하시옵고 표적과 기사가 거룩한 종 예수의 이름으로 이루어지게 하옵소서 하더라. 빌기를 다하매 모인 곳이 진동하더니 무리가 다 성령이 충만하여 담대히 하나님의 말씀을 전하니라.

사도행전 4-5장은 초대교회가 받은 어떤 기적과 어떤 핍박에 관해 이야기합니다. 앞서 살펴본 대로 베드로가 앉은뱅이를 주목하고 "은과 금은 내게 없거니와 내게 있는 이것을 네게 주노니 나사렛 예수 그리스도의 이름으로 일어나 걸으라"(행 3:6)고 한 기적을 일으킵니다. 그러자 사람들은 놀라고, 모든 지켜보는 사람들이 하나님을 찬양합니다. 그런데 그 결과로 교회가 핍박을 받게 되었다고 사도행전은 기록하고 있습니다.

세상 권력의 핍박

사도행전 4:17을 보시면 당시의 사회적·정치적·경제적 지도자였던 제사
장들과 장로들이 이렇게 위협합니다. "이것이 민간에 더 퍼지지 못하게 그
들을 위협하여 이 후에는 이 이름으로 아무에게도 말하지 말게 하자"고 합
니다. 그리고 21절에서는 "관리들이 백성들 때문에 그들을 어떻게 처벌할
지 방법을 찾지 못하고 다시 위협하여 놓아 주었"다고 기록합니다. 그리고
5장에 보면 실제로 베드로가 잡히는 일까지 일어납니다. 예수님의 이름으
로 앉은뱅이를 고치는 권세가 세상 정치 지도자들의 권력을 이기지 못한
다는 것은 교회가 꼭 알고 이해해야 할 내용입니다. 이것을 사도행전이 가
르치고 있습니다. 세상의 반대와 세상 권력의 위협은 본문대로 표현하자
면 이렇습니다.

> 그들이 듣고 한마음으로 하나님께 소리를 높여 이르되 대주재여 천지와 바
> 다와 그 가운데 만물을 지은 이시요 또 주의 종 우리 조상 다윗의 입을 통하
> 여 성령으로 말씀하시기를 어찌하여 열방이 분노하며 족속들이 허사를 경
> 영하였는고 세상의 군왕들이 나서며 관리들이 함께 모여 주와 그의 그리스
> 도를 대적하도다 하신 이로소이다(행 4:24-26).

초대교회는 세상이 예수님과 그를 따르는 이들을 대적할 것이라고 예
언을 알고 있었습니다. 그러면서 그 일을 어떻게 마무리 짓습니까?

> 과연 헤롯과 본디오 빌라도는 이방인과 이스라엘 백성과 합세하여 하나님
> 께서 기름 부으신 거룩한 종 예수를 거슬러 하나님의 권능과 뜻대로 이루
> 려고 예정하신 그것을 행하려고 이 성에 모였나이다(행 4:27-28).

세상 권력은 예수님과 그의 뜻을 거스르려고 모였습니다. 하지만 교회는 "그리하여 하나님의 뜻을 이룰 것입니다"라고 알고 있었습니다. 어느 시대나 교회가 가지는 큰 위협과 시험 중에 하나는 세상 권력보다 더 큰 힘으로 그것을 굴복시켜 하나님의 뜻이 이루어지기를 바란다는 것입니다. 우리가 자신의 신앙 현실의 어려움이나 시대의 어려움에 직면할 때마다 하나님께 요구하는 방식은 무엇입니까? 세상의 위협과 적대보다 더 큰 세력을 갖게 해달라는 것입니다. 그러나 본문은 하나님이 그렇게 하지 않는다고 예언되어 있고, 초대교회도 실제로 그 형편을 경험했으며, 그 속에서 하나님이 일하시는 방법을 이해하고 승리했다고 기록합니다.

세상은 하나님과 하나님의 일에 대해 언제나 대적하는 세력이 되며 그런 정신을 갖지만 그것을 회개하지 않습니다. 세상은 하나님의 일하심과 언제나 충돌할 것입니다. 그것을 증명하는 것이 예수님의 죽음과 부활입니다. 하나님은 예수님을 통하여 일하려 하셨고, 세상은 예수님을 죽여서 하나님의 뜻을 이루지 못하게 하려고 했습니다. 세상은 예수님을 죽여 하나님의 뜻에 반대한다는 것을 명백하게 드러냈고, 하나님은 세상이 죽인 예수님을 다시 살리셔서 예수님을 보낸 뜻을 이루고야 말겠다고 하신 하나님의 신실하심을 궁극적으로 증명하셨습니다.

예수님으로 말미암은 승리

하나님이 일하시는 방법은 세상을 힘으로 이기는 것이 아닙니다. 죽이려고 덤비는 세상을 죽이는 것이 아니라, 죽음으로 하나님이 승리를 이루어 내셨습니다. 그 증거는 예수님입니다. 그래서 끊임없이 예수님이 등장합니다. 모든 사건마다, 모든 일마다 이 일을 왜 하시는가? 이 일이 왜 벌어졌는가? 이 일이 뜻하는 바가 무엇인가? 우리는 이것을 알아야 합니다. 너희가 죽인 예수님, 하나님이 일으키신 예수님, 즉 그의 죽음과 부활을 거듭거듭 이야기합니다. 그것은 단지 구호에만 그치지 않습니다.

우리는 예수님, 믿음, 진심 같은 것을 명분이나 구호로 삼아 그냥 자신을 몰아갑니다. 그렇게 해서 하나님이 자신의 열심에 답을 주셔야 한다고 스스로를 안심시킵니다. 그것이 하나님을 막 강요하는 것처럼 보입니다. 물론 그렇게 예수님을 믿고 하나님의 일을 하는 것도 쉬운 일은 아닙니다. 우리의 진심이나 믿음이라는 말은 그냥 하나의 현상에 불과합니다. 방향도 실제 내용도 없는 때가 많습니다. 진심 그러면 무슨 진심, 헌신 그러면 무슨 헌신, 그것들이 어떤 내용, 근거, 방법, 목적을 갖는지를 이야기해야 합니다.

기독교 용어로서 '진심', '믿음' 등을 이야기할 때는 예수님이 늘 전제되어야 합니다. 유일한 근거가 나와야 합니다. 예수님이 누구십니까? 우리를 구원하기 위하여 육신을 입고 이 땅에 오신 분입니다. 하나님의 의지, 하나님의 구체적인 찾아오심이 예수님입니다. 그의 죽으심은 세상이 그를 반대하고 죽이는 것까지 감수하신 하나님의 진심입니다. 하나님의 기다리심, 하나님의 양보하심입니다. 믿음은 무엇입니까? 그것은 하나님이 이렇게 하신다고 해도 절대 항복하지 않는 세상, 궁극적인 결과를 만들어 낼 수 없는 이 세상을 하나님이 이기는 방식입니다. 이런 것들이 생략되니까 나중에는 이 현상을 드러내는 태도 같은 것들만 남아서 우리를 혼란스럽게 합니다.

마태복음 16:15-19에 여러분이 잘 아시는 중요한 성경의 기록이 있습니다. 예수께서 제자들에게 묻습니다.

이르시되 너희는 나를 누구라 하느냐. 시몬 베드로가 대답하여 이르되 주는 그리스도시요 살아 계신 하나님의 아들이시니이다. 예수께서 대답하여 이르시되 바요나 시몬아 네가 복이 있도다. 이를 네게 알게 한 이는 혈육이 아니요 하늘에 계신 내 아버지시니라. 또 내가 네게 이르노니 너는 베드로라. 내가 이 반석 위에 내 교회를 세우리니 음부의 권세가 이기지 못하리라. 내가 천국 열쇠를 네게 주리니 네가 땅에서 무엇이든지 매면 하늘에서도 매일 것이요 네가 땅에서 무엇이든지 풀면 하늘에서도 풀리라 하시고(마 16:15-19).

이것은 굉장한 약속입니다. 교회는 "주는 그리스도시요 살아 계신 하나님의 아들"이라는 사실 위에 서 있습니다. 예수님이 그리스도시요 하나님이십니다. 예수님은 성육신하신 하나님의 이름입니다. 구체적으로, 현실로, 육체로 시간과 공간 속에 찾아오신 하나님의 이름입니다. 그의 낮아지심, 찾아오심, 죽으심 그리고 승리하심 이 모두는 그분의 약속, 의지, 능력, 목적, 방법에 관한 것입니다. 그것은 우리가 믿는다는 말에 실제적인 권능을 주는 우리를 향한 하나님의 열심입니다. 이것은 예수님이 누구신지 아는 고백 즉 "예수는 그리스도시요 하나님의 아들"이시라는 고백 위에 있습니다. 우리에게 다른 권세는 하나도 없습니다.

주님은 이 고백 위에 권세를 주십니다. 음부의 권세가 이기지 못한다는 약속이 주어집니다. 그래서 우리에게 천국 열쇠를 맡기십니다. 우리가 매면 하늘에서도 매고, 우리가 풀면 하늘에서도 풀립니다. 이것이 초대교회가 이해했던 예수님과 그에 의해 허락된 교회입니다.

권력으로의 유혹

교회는 어느 시대나 이 권력에 대한 시험을 받습니다. 예수님의 성육신, 고난과 죽음을 통한 부활로써 이기는 것보다 힘으로 이기는 것이 쉽기 때문입니다. 우리는 교회가 권력이 되기를 바랍니다. 오늘날 교회가 자주 공격받는 예를 들어 보겠습니다. 왜 교회가 큰 교회를 새로 지어서 욕을 먹느냐? 왜 교회를 아들에게 물려줘서 욕을 먹느냐? 왜 이렇게 욕을 합니까? 그렇게 하지 말라고 그렇게 말하는 것 아닙니까? 그런데 이것이 사실은 속는 것입니다. 그렇게 하지 않음으로써 세상 사람들을 항복하게 할 수 없습니다. 여기에는 주는 그리스도시요 살아 계신 하나님의 아들이십니다라는 것이 없습니다. 세상 사람들이 확인하는 청렴, 정직, 공평 이런 것들을 위해서 교회가 존재하는 것이 아닙니다. 물론 이런 것들이 필요하지 않다는 말이 아닙니다. 그것과는 전혀 다른 이야기입니다.

주는 그리스도시요 살아 계신 하나님의 아들이십니다. 교회가 잘못하는 것을 잘했다고 하자는 것은 물론 아닙니다. 잘못해서 욕먹는 것은 물론 안타까운 일이지만, 그렇다고 그 잘못을 안 하는 것이 전부인 것같이 행하는 것, 그것이 바로 시험에 빠지는 것입니다. 세상에 대하여 겁을 내는 것이 시험에 빠지는 것입니다. 교회는 그런 곳이 아닙니다. 교회의 책임을 알아야 하고, 무엇을 감수해야 하고 무엇을 지켜야 하는지 알아야 합니다. 그렇게는 안 하고, 욕 안 먹고 세상에서 점수를 받으려고 하면, 그것은 이미 사단법인, 재단법인 같은 단체이지 교회는 아닙니다. 이 싸움에 대한 초대교회의 가장 중요한 증거 중에 우리가 놀랍게 여기고 부러워하는 것이 있습니다. 사도행전 4:32-35을 보겠습니다.

믿는 무리가 한마음과 한 뜻이 되어 모든 물건을 서로 통용하고 자기 재물을 조금이라도 자기 것이라 하는 이가 하나도 없더라. 사도들이 큰 권능으로 주 예수의 부활을 증언하니 무리가 큰 은혜를 받아 그중에 가난한 사람이 없으니 이는 밭과 집 있는 자는 팔아 그 판 것의 값을 가져다가 사도들의 발 앞에 두매 그들이 각 사람의 필요를 따라 나누어 줌이라(행 4:32-35).

초대교회에는 기쁨과 찬송과 능력 그리고 유무상통이 있었다는 것입니다. 재물에 대해 이기적이지도 않고 욕심도 없었습니다. 그래서 오늘날도 교회에 오면 재산 다 팔아서 필요한 대로 나누어 갖자는 그런 말들을 가끔 듣게 됩니다. 이 말씀의 뜻을 이해 못해서 그러는 것입니다. 누가복음 4장을 보면 예수께서 공생애를 시작하시기 전에 광야에서 기도하시고 시험을 받으시는 장면이 나옵니다. 세 가지 시험을 받으시는데 그중에 하나가 이것입니다. 누가복음 4:5-8을 보겠습니다.

마귀가 또 예수를 이끌고 올라가서 순식간에 천하 만국을 보이며 이르되 이 모든 권위와 그 영광을 내가 네게 주리라. 이것은 내게 넘겨 준 것이므로 내가 원하는 자에게 주노라. 그러므로 네가 만일 내게 절하면 다 네 것이 되리라. 예수께서 대답하여 이르시되 기록된 바 주 너의 하나님께 경배하고 다만 그를 섬기라 하였느니라(눅 4:5-8).

마귀와 예수님 사이에 이 싸움이 벌어집니다. "내게 절하면 이 세상을 주겠다." "나는 세상을 빼앗으러 온 것이 아니라 모든 피조물과 인류로 하여금 하나님을 경배하고 섬기게 하러 왔노라." 이 싸움은 예수님의 재림 때까지 계속될 것입니다. 세상은 그의 힘으로 예수님을 십자가에 못 박았고, 하나님은 예수님을 일으켜 부활시키십니다. 이로써 죽음으로 끝날 수밖에 없는 인간에게 하나님의 백성이 되는 구원과 권능과 은혜를 베푸십니다. 이 싸움은 계속될 것입니다. 교회에서도 계속 이 싸움이 있습니다.

이 싸움은 오늘날 돈으로 표현됩니다. 돈은 세상 권력을 대표하는 성격을 가집니다. 돈은 돈으로 할 수 있는 것을 대표합니다. 경제 사회가 되자 돈의 위력은 더 커졌습니다. 돈은 만물의 척도가 되었습니다. 돈을 경시하거나 돈을 하찮게 여기라든가, 돈을 배척해야 한다는 이야기를 하는 것이 아닙니다. 돈으로 대표되는 것, 돈으로 살 수 있는 것, 그런 곳이 세상입니다. 돈은 세상이 할 수 있는 것을 대표합니다. 돈을 통해 우리는 많은 것을 할 수 있습니다. 그러나 하나님이 하시려고 하는 것 중에는 세상이 가진 것으로 만들 수 있는 것은 없습니다. 그래서 초대교회의 능력과 감격과 증언 속에는 이 이야기가 반복해서 나옵니다. 성령이 오신 사도행전 2장에도 이 이야기가 나오고, 위협과 핍박이 일어나는 4장에서도 이 이야기가 반복해서 나옵니다. 그러니까 우리는 모두 이 싸움 위에 서 있습니다.

헌금은 예배 행위

이 싸움은 사도행전 5장으로 넘어가면서 심한 핍박으로 이어지는 현실 속에서 아나니아와 삽비라 사건으로 그 사건의 의미와 가장 중요한 본질을 증언하고 있습니다.

> 아나니아라 하는 사람이 그의 아내 삽비라와 더불어 소유를 팔아 그 값에서 얼마를 감추매 그 아내도 알더라. 얼마만 가져다가 사도들의 발 앞에 두니 베드로가 이르되 아나니아야, 어찌하여 사탄이 네 마음에 가득하여 네가 성령을 속이고 땅 값 얼마를 감추었느냐(행 5:1-3).

참 이상합니다. 헌금할 것 중에 얼마를 감추었다고, 약속한 것을 다 내지 않았다고 "어찌하여 사탄이 네 마음에 가득하여"라고 말한 것일까요? 아나니아와 삽비라가 헌금을 내겠다고 했던 의미가 무엇이었을까요? 헌금이란 무슨 행위일까요? 성수주일을 한다는 것은 우리가 어떤 날을 구별하여 우리가 하나님의 백성이며 그분의 부르심 앞에 나와 그를 경배하는 날로서 "우리의 시간과 공간을 모두 하나님의 통치 아래 두고 있는 자입니다"라고 고백하는 행위입니다. 헌금은 "이 세상이 보이는 권력과 질서 앞에 있지 않고 하나님의 통치와 권세 아래 있습니다"라고 증언하는 표입니다. 이처럼 헌금이란 중요한 신앙 행위입니다. 그래서 예배 시간 중 헌금 순서에 헌금함을 돌려서 내는 것이 마땅합니다.

그런데 제가 자라는 시절에 한국교회가 너무 헌금을 기복적으로 설명하는 것에 저도 거부감을 가지고 있어서 그 방법을 택하지 않았습니다. 그리고 헌금을 준비하지 않고 교회에 와서 헌금 순서가 되면 깜짝 놀라서 더듬더듬 지갑을 꺼내 돈을 뽑는 모습에 반감이 있어서 택하지 않은 이유도 있습니다.

헌금은 중요한 예배 행위입니다. 그런데 지금 이 장면에서 어떤 생각이 들었는지 아십니까? 아나니아와 삽비라가 마치 그들이 가지고 있던 것 중에 얼마를 교회에 기부한 것같이 행동한 것으로 보였습니다. 이런 것은 무기명으로 드리는 헌금에서 비슷하게 잘 나타납니다. 이름을 안 쓰고 헌금을 내는 행위 속에 무엇이 들어올 수 있습니까? 그것이 선행이고 잘난 행위이기 때문에 이름을 감춤으로써 나는 잘난 척하지 않는다는 게 들어갈 수 있습니다.

그러면 어떻게 하라는 말입니까? 이름을 쓰십시오. 헌금을 하는 것은 "하나님 앞에 나 아무개가 우리의 모든 권세와 궁극적인 권위가 하나님 앞에 있음을 시인합니다"라고 하는 고백입니다. 거기에 이름을 빼는 것은 어떤 면에서도 옳지 않습니다. 하나님의 백성으로 하나님 앞에 나와 하나님의 자녀인 것과 믿음을 가진 자인 것을 증언하고 실천하는 행위 속에 이름을 뺄 이유가 없습니다. 잘 생각해 보십시오. 이름을 안 쓰고 헌금하는 행위 속에 무엇이 들어 있는지 말입니다. 마치 선행을 베풀 듯이 헌금한다는 것입니다. 아나니아와 삽비라 사건에서 가장 중요한 것은 더 큰 권력의 일부를 떼어서 교회를 돕듯이 되었다는 것입니다. 그래서 그들은 죽었습니다. 무시무시한 사건입니다.

여러분에게 아직 정당한 헌금을 할 실력이 없다면 이렇게 하십시오. 하나님, 마땅한 십일조 헌금을 내야 옳지만 지금은 제가 믿음이 그렇지 못합니다. 조금만 기다려 주시면, 온전한 신앙을 갖게 되면 온전한 십일조를 하겠습니다. 그러니 올해는 그냥 절반만 받아 주십시오. 얼마든지 좋습니다. 진심으로 하는 말입니다. 저는 모태신앙이었고, 어려서부터 교회 다녔고, 어려서 집에서 준 헌금을 다 낸 적이 없습니다. 저의 이런 이야기가 아나니아와 삽비라의 사건과 같은 것이었다면 저는 그때 벌써 죽었어야 했습니다. 그러나 명심하십시오. 예수님을 믿는다는 것이 무엇인지, 왜 여러분이 벌벌 떠는지, 예수님을 믿으면 어디까지 가야 하는지 본문은 그것을 가르치고 있습니다.

이 사건의 발단이 되는 사도들의 첫 번째 선언을 보십시오. "은과 금은 내게 없거니와 내게 있는 것으로 네게 주노니 곧 나사렛 예수의 이름으로 일어나 걸으라." 이 고백에 여러분이 부름을 받고 있습니다. 그 고백을 외우고는 있지만 실천할 수 없는 것을 탓하지 않겠습니다. 하나님이 이 자리에 오게 하실 줄로 믿습니다. 시작하게 하셨으니 당연히 이 자리에 올 것입니다. 그러나 중간에 세상의 권세에 져서 체념하고 방심하고 있지는 마십시오. 두려운 사건입니다. 초대교회가 이 사건을 기록하여 오늘 우리에게 주었다는 것입니다.

세상은 현실적 힘입니다. 그러나 그 힘은 우리가 가진 힘과 다릅니다. 우리가 갖는 힘은 이것입니다. 주는 그리스도시요 살아 계신 하나님의 아들이십니다. 그 고백이 우리 현실과 우리의 인생과 우리의 영원과 운명을 쥐고 있습니다. 하나님이 예수 그리스도를 죽인 이 세상의 권세를 부활로 이기신 것을 믿는 믿음으로 여러분이 신앙인이 된 현실을 힘 있게 사시기를 바랍니다.

27

믿음으로 감수하는 교회

행 12:1-5

그때에 헤롯 왕이 손을 들어 교회 중에서 몇 사람을 해하려 하여 요한의 형제 야고보를 칼로 죽이니 유대인들이 이 일을 기뻐하는 것을 보고 베드로도 잡으려 할새 때는 무교절 기간이라. 잡으매 옥에 가두어 군인 넷씩인 네 패에게 맡겨 지키고 유월절 후에 백성 앞에 끌어 내고자 하더라. 이에 베드로는 옥에 갇혔고 교회는 그를 위하여 간절히 하나님께 기도하더라.

사도행전 12장에는 헤롯 왕이 교회를 핍박하여 사도 중에 하나인 야고보를 죽이자 그 일을 유대인들이 기뻐하는 것을 보고 베드로도 잡아 가두었으나 천사가 그를 구해냅니다. 그리고 헤롯이 가이사랴로 내려가서 연설하고 사람들의 큰 호응을 입었는데, 그 영광을 하나님께 돌리지 않아서 벌레가 먹어 죽었다고 하는 이야기들이 나옵니다. 이런 많은 우여곡절이 있었지만 24절 한 절에서 이렇게 결론짓고 있습니다. "하나님의 말씀은 흥왕하여 더하더라"(12:24). 참으로 놀랍습니다.

무엇이 놀랍습니까? 예루살렘은 로마 제국의 식민지입니다. 그런 로마 제국에 충성하는 분봉왕 헤롯이 기독교를 탄압합니다. 초대교회가 시작된 유대 사회에서 유력 인사들이 기독교를 반대한 것입니다. 그렇게 교회에 핍박을 가하니까 유대인들이 좋아합니다. 야고보는 죽고 베드로는 갇힙니다. 물론 하나님께서 천사를 보내어 베드로는 기적적으로 꺼내 주시지만, 잘 보시면 그 세력을 꺾어서 문제를 해결하시지는 않습니다. 로마를 엎으시지도 않고, 당시 유대 사회의 유력 지배 계급을 향해 하나님이 어떤 경고를 하시거나 보복을 하시지 않습니다. 그럼에도 하나님의 말씀은 흥왕하여 갔다고 본문은 말하고 있습니다.

무대 장치

초대교회가 자신들의 임무를 행하고 고백을 나누기 위해서 정치적인 세력을 필요로 했다는 흔적은 없습니다. 세상 세력이 교회에 대해 호의적이지 않지만 그렇다고 제거되지도 않습니다. 이런 사실에 놀라셔야 합니다. 우리가 가지는 기독교 신앙에서 순진한 소원은 이것이 진리이고 영생의 문제이고 역사와 인류의 운명에 관한 것이므로 모두가 알도록 교회가 힘을 가져야 한다고 생각하는 것입니다. 성경은 전혀 그런 식으로 기독교 신앙을 증거하려고 노력하지 않습니다. 초대교회의 모습을 보면, 하나님이 일하시고 복음을 증거하는 일의 무대 장치로 로마 제국이 있다는 생각이 듭니다.

우리가 사는 시대에서 가장 중요한 관심사는 경제입니다. 온 세계의 주요 관심사가 경제인데, 바로 앞선 20세기까지만 하더라도 경제보다 국방력이 더 주요한 관심사였습니다. 그래서 모든 나라가 힘을 가지려고 하는 유산을 물려받았습니다. 그 힘이 예전에는 국방력이었고 또는 외교력이었지만 지금은 경제력이 되었습니다. 국가가 힘을 가진다는 것은 무슨 뜻일까요? 국가가 힘을 가져서 무엇을 해야 합니까? 그 힘을 가진 국가의 책임이 무엇일까요? 국가란 우리가 잘 아는 대로 국민과 국토와 주권으로 이루어져 있습니다. 그 국가에 권력을 주는 이유는 거기에 소속된 국민이 총칼을 들고 자신을 지킬 필요가 없는 나라가 되도록 책임지라는 것입니다. 각자가 자기를 지키기 위하여 총칼을 가져야 할 필요가 없으려면 국가가 국방력도 가져야 하고 경찰력도 가져야 하고 당연히 법도 가져야 합니다.

오늘날과 같은 무한 경쟁 시대에 국제 사회에서 한 나라가 살아남으려면 경제력이 있어야 합니다. 그 경제력을 갖게 하려고 국가에 모든 권력을 주고 책임을 묻습니다. 그런데 국제 사회에서 한 국가가 이기는 것 이상으로 각 개인의 현실은 다급합니다. 그러니 이제 나 잘살게 해달라고 하는 것도 당연히 국가에 요구하게 되었습니다. 국민 가운데는 우리가 보통 나누는 식으로 가진 자와 가지지 못한 자가 생겨났고, 배운 자와 배우지 못한 자가 생겼고, 권력을 쥔 자와 쥐지 못한 자가 생겼습니다. 이것이 다 국가가 권력을 잘못 사용해서 된 것이라고 생각하게 됐습니다. 또 인류 역사 내내 권력은 늘 부패했습니다. 권력을 잡으면 치열하게 그 초점이 좁아집니다.

갑자기 정치, 권력 이야기 하니까 어느 당에서 나왔나 생각하실 것 같은데, 여러분이 기대하시는 것과는 전혀 다른 이야기를 할 참입니다. 기독교 신앙이 우리의 현실을 어떻게 보고 있느냐 하는 문제와 묶어서 생각해 보려고 합니다. 우리는 그 둘을 나누고 갖고 있기 때문입니다.

국가에 권력을 주고, 내가 국가의 권력을 쥐겠다. 이것이 정치입니다. 정치는 국가 권력을 행사하는 방식입니다. 이 정치의 사전적 풀이는 대립하는 의견을 조정하고 통합하는 것이라고 합니다. 이렇게 말로 표현하니 그렇게 될 것 같은데 실제로는 잘 안 됩니다. 왜 안 되냐고 하면, 통합이니 조정이니 하는 것들은 자유, 평등, 정의라는 어떤 기본적인 상식 위에 서는 것이기 때문입니다. 이 셋이 함께하는 것이 얼마나 어려우냐 하면, 정의와 평화가 함께한 적이 인류 역사에 없었다는 것만 봐도 알 수 있습니다. 정의를 행사하려면 모두가 의로웠던 때는 없기 때문에 정의롭지 않은 사람을 내쫓거나 죽여야 했습니다. 그런데 그렇게 죽이다 보니까 개하고 고양이 밖에 안 남더라는 것입니다. 어떤 문제에서는 옳을 수 있지만 언제나 옳은 사람은 없었기 때문입니다. 정의와 평화는 함께 있을 수 없었다 하는 것이 역사의 증언입니다.

거기에 자유를 하나 더 넣어 봅시다. 자유가 무엇일까요? 자유란 각 개인의 권리입니다. 그 권리가 순수한 권리인 적은 없습니다. 이 권리는 언제나 이기심에 묶여 있습니다. 그렇지 않습니까? 내가 편해야 하고, 내가 만족스러워야 한다고 여기는 것입니다. 그래서 프랑스 국기를 보시면 '자유, 평등, 사랑'을 상징하는 세 가지 색깔로 이루어졌는데, 그것을 섞을 수 없어서 세 가지 색으로 나누어 놓았습니다. 조크입니다. 안 되는 것입니다.

국가의 임무가 무엇입니까? 국가의 권력으로써 어느 한쪽을 보호하기 위해 나머지를 쫓아내거나 박해하지 않도록 하는 것이어야 합니다. 그렇다면 그와 다른 대립된 의견들은 어떻게 해야 합니까? 사회적으로 풀어야 한다는 것이 답입니다. 사회에서 다른 의견들을 수용하고, 서로 주장하게 해서 듣고 대화하고 풀어야 합니다. 말은 쉬운데 안 됩니다. 그렇게 된 적이 없습니다. 왜 안 될까요? 타협이라는 말은 다시 말해 내 의견으로만 가용할 수 없다는 것입니다. 그러니 타협을 하려면 누군가는 양보해야 합니다. 그것이 얼마만큼 될지는 몰라도 양보해야 합니다. 그런데 양보라는 것은 강요될 수 없는 것 아닙니까? 자발적으로 해야 합니다. 정의를 구현하려면 각자가 정의로운 사회를 이루기 위해서 각각의 권리나 혹은 각각의 주장을 어느 만큼씩 양보해야 합니다. 그것이 불가능하다는 것입니다.

그렇게 불가능하기 때문에 누군가 어떤 명분과 미명 아래 또는 어떤 공동의 분노 같은 것으로 묶어서 자기 주장을 하고 세력을 넓혀 자기의 뜻을 관철하려고 합니다. 그래서 역사는 반복적으로 늘 비극의 역사를 갖게 되었습니다. 이겨도 이기는 것이 아닙니다. 다 쫓아낸다 한들 이상적인 사회가 이루어지지 않는다는 것을 우리 모두 보게 되었고 알게 되었습니다. 그러니 어떻게 해야 합니까? 그것은 정치, 사회 지도자들이 해야 할 일입니다. 국민적 수준이 높아져야 합니다.

하나님의 일하심을 오해

이런 암담한 역사, 인류의 현실 앞에 사회적 타협을 가능하게 하는 유일한 실체로서 기독교가 서 있습니다. 우리는 믿음을 상대에게 강요할 수는 없습니다. 우리는 주장을 하다가 상대가 납득하지 못하면 마지막에 꺼내는 카드가 날 믿어 주십시오 아닙니까? 안 믿으면 죽여 버릴 거야라는 것은 믿음이 아닙니다. 믿음은 위협이 아닌 것으로 얻어 내야 합니다. 그런데 그것이 안 되더라는 것입니다. 힘으로 굴복시키지 않고 모두를 항복시킬 수는 없더라는 것입니다.

도덕은 어떻습니까? 도덕은 그 자체로 행사되는 것이 아닙니다. 그렇지 않습니까? 내가 그리하겠다고 자기 스스로 희생시키지 않는 이상 누군가에게 도덕을 지키게 할 다른 방법은 없습니다. 도덕은 법과는 거리가 먼 것입니다. 그 자리에 유일하게 희생과 사랑이라는 내용을 들고 서 있는 존재가 있습니다. 그것이 기독교입니다. 이 말은 우리가 그런 존재로 서 있으면 사회가 다 괜찮아진다고 하는 이야기를 하려는 것이 아닙니다.

교회가 유일한 답입니다. 그런데 국가가 권력을 쥐듯이 힘이 되어 상대방을 압제하여 이 복음을 전하라고 하시지 않고, 하나님이 쳐 준 울타리 속에서 사회적 기능을 하라고 하십니다. 권력을 가지려고 하지 말고 동등한 조건과 환경과 위치에서 사회를 향해 한목소리를 내야 합니다. 누가 권력을 잡으면 기독교에 유리하겠느냐, 어떻게 하면 기독교를 더 많이 증거할 수 있겠느냐 하는 생각은 하지 마십시오. 누구를 대통령으로 뽑아야 합니까? 여러분이 뽑고 싶은 사람을 뽑으십시오. 국민의 권리이고 국민의 책임이고 여러분의 수준이고 취향입니다.

어떻게 같은 교회에 있는 사람이 딴 사람을 뽑습니까? 서로 다릅니다. 구별된 존재들 아닙니까? 그러면 누구를 뽑으면 더 낫습니까? 누구를 뽑으면 더 나은 것이 아니라, A를 뽑아서 A라는 결과가 생기면 그 결과 속에서 우리가 해야 할 것을 하는 것이고, B를 뽑아 B라는 상태가 되면 또 그 상태 속에서 기독교의 증인이 되는 것입니다. 이분법에서 분명하게 벗어나서야 합니다. 정치와 경제와 사회라는 것이 의미가 없다는 이야기가 아닙니다. 다만 그것들이 우리를 둘러서서 어려울 때면 어려워서 기독교가 증언이 되고, 부요하면 부요해서 기독교가 증언되는 그런 삶을 하나님이 요구하고 계시다는 것입니다.

한국 기독교는 100년 역사에서 두 가지를 경험했습니다. 하나는 순교였고 다른 하나는 성공이었습니다. 순교 시대에는 기독교가 어떻게 자기를 증언했습니까? 핍박에 대하여 저항했습니다. 예수 믿는 것을 내려놓으라는 위협에 대하여 목숨을 걸었습니다. 성공 시대에는 어떻게 했습니까? 우리가 번 것을 우리를 위하여 쓰지 않고 주를 위하여 내놓겠다고 하여 성공 시대를 보냈습니다. 이제는 무슨 시대가 되었을까요? 복잡한 시대가 되었습니다. 많은 유혹과 현실적 시험들이 그 어느 때보다 많아졌습니다. 단순했던 사회가 아니라 복잡한 사회, 생각해야 하는 현실이 되었습니다. 어디서 어디까지 위협이고 시험이고, 어느 것이 기회이고 위기인지 알 수 없는 사회가 되었습니다.

당연히 더 많이 기도해야 합니다. 단순하게, 단순하다는 말은 너무 죄송한 표현이지만 목숨 하나 걸면 되는 것이 아닌, 단순하게 헌금 한 번 하는 것으로 되는 것이 아니라, 길이 너무 묘하게 꼬불꼬불해졌습니다. 이 길로 들어서면 그만인 시대는 지났습니다. 나는 제사 안 지내, 이렇게 하나로 끝나지 않고, 나는 번 것만큼 헌금할 거야, 이렇게 간단하지 않은 시대입니다. 어디까지 신앙의 문제인지, 어디까지 개인의 권리인지, 어디까지 슬쩍 정부에 넘긴 것인지, 어디까지 슬쩍 교회라는 이름에 넘겨 버린 것인지 모호한 시대가 되었습니다.

귀찮을 때마다, 괴로울 때마다 누구를 탓합니까? 나라와 하나님을 탓합니다. 내가 살아야 할 인생이 그동안 지내 왔던 시대와 너무 다르고 복잡해서 정신을 차릴 수 없고 판단이 되지 않는 이 고단함과 각박함에 대하여 우리는 어딘가에 대고 분노하기 시작했습니다. 그 대상이 아마 정치일 것입니다. 그리고 교회일 것입니다. 하나님을 우습게 보고 있다는 뜻입니다. 사회야 그럴 수 있다고 해도, 예수님을 믿는 사람들이 휘청해서 이것을 모르고 넘어가면 안 됩니다. 하나님은 어떤 힘으로 우리가 살아내야 할 자리를 면제시켜 주신다고 하는 발상은 사도행전에 없습니다.

지금 써먹는 신앙

헤롯은 야고보를 죽일 수 있었고 유대인들의 호감도 삽니다. 그 시대에 대중에게 가장 중요한 영향력을 미치는 계층이 박수를 칩니다. 베드로는 옥에 갇힙니다. 천사가 가서 풀어줍니다. 그런데 여러분, 이 기록의 날카로움을 한번 보시겠습니까?

베드로가 대문을 두드린대 로데라 하는 여자 아이가 영접하러 나왔다가 베드로의 음성인 줄 알고 기뻐하여 문을 미처 열지 못하고 달려 들어가 말하되 베드로가 대문 밖에 섰더라 하니 그들이 말하되 네가 미쳤다(12:13-15).

여러분, 혹시 제 설교를 들으면서 이런 마음 가지시는 것 아닙니까? 목사님이 미쳤구나. 기독교가 아무래도 좋은 환경 속에서 자기 임무를 해야 한다고 가르치시는데, 목사님이 현실을 모르는구나. 이렇게 생각하시는 것 아닙니까? 우리가 힘이 없으면 아무것도 할 수 없다고 생각하시는 것 아닙니까? 그렇지 않습니다. 하나님의 일하심을 아셔야 합니다. 기독교가 갖는 중요한 본질을 아셔야 합니다. 하나님은 천지의 창조주요 궁극적 심판자이시요 인류와 역사의 주인이신데 그가 왜 세상 권세 아래 계시는 것처럼 보일까요? 우리는 이것을 납득하지 못합니다. 그러나 성경은 끊임없이 하나님의 통치에 세상이 갖지 못한 목적이 있다고 말합니다. 이사야 9:1-7을 보시겠습니다.

전에 고통받던 자들에게는 흑암이 없으리로다. 옛적에는 여호와께서 스불론 땅과 납달리 땅이 멸시를 당하게 하셨더니 후에는 해변 길과 요단 저쪽 이방의 갈릴리를 영화롭게 하셨느니라. 흑암에 행하던 백성이 큰 빛을 보고 사망의 그늘진 땅에 거주하던 자에게 빛이 비치도다. 주께서 이 나라를 창성하게 하시며 그 즐거움을 더하게 하셨으므로 추수하는 즐거움과 탈취물을 나눌 때의 즐거움 같이 그들이 주 앞에서 즐거워하오니 이는 그들이 무겁게 멘 멍에와 그들의 어깨의 채찍과 그 압제자의 막대기를 주께서 꺾으시되 미디안의 날과 같이 하셨음이니이다. 어지러이 싸우는 군인들의 신과 피 묻은 겉옷이 불에 섶 같이 살라지리니 이는 한 아기가 우리에게 났고 한 아들을 우리에게 주신 바 되었는데 그의 어깨에는 정사를 메었고 그의 이름은 기묘자라, 모사라, 전능하신 하나님이라, 영존하시는 아버지라, 평강의 왕이라 할 것임이라. 그 정사와 평강의 더함이 무궁하며 또 다윗의 왕좌와 그의 나라에 군림하여 그 나라를 굳게 세우고 지금 이후로 영원히 정의와 공의로 그것을 보존하실 것이라. 만군의 여호와의 열심이 이를 이루시리라(사 9:1-7).

하나님은 그 아들을 보내서 평화의 나라를 세우실 것입니다. 그 아들
이 정의로 다스리실 것입니다. 그 아들은 누구입니까? 우리를 사랑하사,
우리를 구원하기 위하여, 평화와 정의를 이루시기 위하여, 하나님이 보내
신 그의 아들입니다. 이것이 우리가 예수님을 믿는다는 고백 속에 있는 무
시무시한 내용입니다. 우리만 믿음이 있습니다. 하나님의 통치, 궁극적 승
리뿐 아니라 그 실체에 대한 증거가 있습니다. 그가 보내신 아들 예수님 말
입니다. 우리를 위하여 그가 죽으십니다. 자살하는 것이 아니라 우리 손에
죽습니다.

우리에게 내어주어 당신의 정의와 평화를 제안한 그 아들을 죽이는
그 희생, 그 기다림, 그 낮추심이 보이십니까? 하나님은 우리에게 그 길을
뒤따라오라고 하십니다. 예수님을 믿는다는 것이 무엇인지 아시겠습니
까? 아무도 양보하지 않는 사회에, 오직 이기심과 경쟁밖에 없는 어떤 정
의도 평화도 만들어 낼 수 없는 인류에게 예수님이 오셨습니다. 그로 인하
여 하나님을 믿게 된 자들인 우리만이 할 수 있는 일 즉 희생하고 양보하고
억울함을 당할 수 있습니다. 이것은 권력의 방법으로 할 수 있는 것이 아니
기 때문에 조건이 나쁠수록 좋습니다. 그리 각오하시겠습니까?

고린도후서 6:1-10을 보겠습니다.

우리가 하나님과 함께 일하는 자로서 너희를 권하노니 하나님의 은혜를 헛
되이 받지 말라. 이르시되 내가 은혜 베풀 때에 너에게 듣고 구원의 날에 너
를 도왔다 하셨으니 보라, 지금은 은혜 받을 만한 때요 보라, 지금은 구원의
날이로다. 우리가 이 직분이 비방을 받지 않게 하려고 무엇에든지 아무에
게도 거리끼지 않게 하고 오직 모든 일에 하나님의 일꾼으로 자천하여 많

이 견디는 것과 환난과 궁핍과 고난과 매 맞음과 갇힘과 난동과 수고로움과 자지 못함과 먹지 못함 가운데서도 깨끗함과 지식과 오래 참음과 자비함과 성령의 감화와 거짓이 없는 사랑과 진리의 말씀과 하나님의 능력으로 의의 무기를 좌우에 가지고 영광과 욕됨으로 그러했으며 악한 이름과 아름다운 이름으로 그러했느니라. 우리는 속이는 자 같으나 참되고 무명한 자 같으나 유명한 자요 죽은 자 같으나 보라, 우리가 살아 있고 징계를 받는 자 같으나 죽임을 당하지 아니하고 근심하는 자 같으나 항상 기뻐하고 가난한 자 같으나 많은 사람을 부요하게 하고 아무것도 없는 자 같으나 모든 것을 가진 자로다(고후 6:1-10).

이 본문에서 철저히 무엇과 무엇이 나뉘고 있습니까? 세상 권력으로 쓸 수 있는 것은 아무것도 준 것이 없다. 하나님의 자녀이기 때문에 가지고 있는 진리와 믿음과 소망이라는 것은 얼마든지 있다. 이렇게 되어 있습니다. 하나님은 우리의 환경과 조건을 개선시켜 주시지 않을 것입니다. 우리가 가진 것이 세상이 요구하는 것과 다른 것이기 때문입니다. 세상은 가져서 손해 보는 것을 추구하고 있습니다. 권력이나 이기심 말입니다. 우리는 얼마든지 빼앗길 수 있는 것을 가지고 있습니다. 예수님 안에 있는 하나님의 통치 말입니다. 그것을 우리에게서 빼앗아가라는 것입니다. 빼앗아가서 누리라는 것입니다. 하나님이 내게 명한 인생을 이 시대에서 그렇게 사셔야 합니다. 누가 뽑히면 나는 이민 간다. 그런 말은 안 됩니다. 예수님을 믿는다는 것으로 어떤 환경과 조건도 감수할 수 없다면, 여러분은 아직 예수님을 믿는다는 말을 충분히 모르는 것이요 하나님의 능력을 아직 충분히 누리지 못하고 있는 것입니다. 그리하지 마십시오.

이 명예로운 길을 걸으십시오. 예수 그리스도의 탄생은 하나님께 영광이었습니다. 하나님의 영광은 인간이 추구하듯이 빼앗는 것, 가지는 것이 아니었습니다. 놀라운 선언입니다. 예수님을 믿는 믿음이 여기 이곳에서 쓸모 있는 것이 아니라면, 여러분의 신앙은 죽은 다음에만 쓸모 있을 것입니다. 여러분의 신앙이 현실에서 쓸모가 있어야 합니다. 지금 써먹는 신앙이어야 합니다. 그리하여 감사와 자랑이 있는 인생임을 여러분 스스로 확인하고서 가슴을 펴고 사십시오.

28

세상 안에 있는 교회

종들아 두려워하고 떨며 성실한 마음으로 육체의 상전에게 순종하기를 그리스도께 하듯 하라. 눈가림만 하여 사람을 기쁘게 하는 자처럼 하지 말고 그리스도의 종들처럼 마음으로 하나님의 뜻을 행하고 기쁜 마음으로 섬기기를 주께 하듯 하고 사람들에게 하듯 하지 말라. 이는 각 사람이 무슨 선을 행하든지 종이나 자유인이나 주께로부터 그대로 받을 줄을 앎이라.

하나님의 뜻을 이루는 두 기관

사회생활을 하면서 신자들이 신앙생활을 어떻게 해야 할지에 대해서 추적해 보고 있습니다. 하나님은 하나님 나라를 건설하시며 하나님의 뜻을 이루시는 데 두 가지 기관을 주셨습니다. 하나는 교회이고 하나는 국가입니다. 교회가 죄 아래 있는 영혼들을 불러내는 적극적인 임무를 부여받은 데 반해 국가는 소극적이고 부정적인 임무를 부여받았습니다. 곧 죄를 억제하고 벌하는 임무를 부여받았습니다. 기억할 것은, 어느 쪽도 죄를 해결하는 문제는 부여받지 않았다는 점입니다. 죄와 사망은 주님께서 다시 오셔서 마지막으로 벌하실 원수입니다. 그것들을 불못에 던져 넣기 전까지 죄와 사망은 이 지구 역사, 인간 역사가 계속되는 한 이 세상에서 왕 노릇 할 것입니다.

교회

지난번에도 말씀드린 것과 같이, 내가 죄를 물리치는 자가 아니라는 개념을 먼저 지녀야 합니다. 죄를 없애는 임무를 지니지 않은, 죄 아래 있는 영혼들을 불러내는 기관인 교회와 죄를 억제하고 처벌하는 국가가 서로 손을 잡으면 죄를 없앨 수 있지 않을까 하는 생각으로 정치에 참여하는 것은 잘못이라고 말씀드렸습니다. 하나님께서 아직 죄를 벌하시지 않고, 멸하시지도 않는 가장 큰 이유는 구원의 시간을 연장하시려는 데 있다고 말씀드렸습니다.

그래서 우리는 하나님이 이 시대 속에 국가라는 기관과 교회라는 기관을 두어서 하나님의 뜻을 완성해 가시고 있다는 것을 분명하게 이해해야 합니다. 그리고 국가와 교회, 양쪽의 일원으로서 우리가 다해야 하는 책임과 권리를 놓치지 않고 사회생활을 유지해야 합니다. 이 둘은 그런 의미에 있어서는 충돌하는 것이 아닙니다.

그러나 경우에 따라서는 서로 충돌할 수도 있습니다. 그럴 때면 우리는 신앙을 붙들기 위하여 이 세상에서 핍박을 당하거나 오해받거나 혹은 죽는 한이 있어도, 신앙을 놓치지 않아야 합니다. 그래서 이제 우리가 살펴보려고 하는 것은 바로 이 두 국면입니다. 세상 사람들은 하나의 국면, 곧 하나의 무대밖에 없지만 신자는 두 개의 무대를 갖고 있습니다. 신자들이 사회생활을 영위하는 데 있어서, 구체적으로 어떻게 이해하고 행동해야 하는가 하는 것들에 대하여 몇 가지 문제를 예를 들면서 말씀드리고자 합니다.

주를 부인하는 문제가 아니라면

만일 근무하는 회사에서 동료들이 파업을 하기로 결정했다면 여러분은 어떻게 하시겠습니까? 여러분은 신자이기 이전에 회사원으로서, 사회인으로서 어떻게 처신해야 되는가를 먼저 결정해야 합니다. 신자로서는 이것이 주를 부인하는 것인가 아닌가를 판단하는 것이 최우선입니다. 주를 부인하는 것이 아닌 경우라면 국민의 한 사람으로, 사회인으로, 그리고 시민으로 여러분의 삶에서 하나님께서 허락하신 체제, 곧 국가나 사회에서의 모든 일상적 습관에 순응하여야 합니다. 그것이 본문에 대한 깊은 이해와 연결되는 적용입니다.

종이나 노예를 다루는 문제에서, 하나님께서는 노예들에게 "자유를 얻으라"고 하거나 노예를 두고 있는 상전들을 찾아가서 "타도하라"고 하지 않습니다. 성경은 언제나 국가가 갖는 체제나 관습 자체는 완벽하지 않다는 것을 전제하고 있다는 것을 기억해야 합니다. 어떤 국가의 체제이든 지상낙원을 만드는 방법은 아닙니다. 누가 지도자가 되면 나라가 잘 되고 잘 살며, 누가 되면 안 된다는 것은 없습니다. 우리는 지상낙원을 만드는 것이 아니라 영원한 나라를 소망하는 자들이며 이 세상의 생애를 나그네로 살고 있는 사람들입니다. 이 진리를 놓치면 안 됩니다.

그래서 성경은 하나의 체제, 하나의 국가 속에서 우리가 해야 하는 시민과 국민, 건강한 소시민으로서의 책임과 자리를 떠날 수 없다고 말합니다. 노예들보고 "노예 노릇을 하라"고 한다면, 어떻게 보면 상당히 충격적인 요구입니다. 우리가 사는 인생, 사회의 여러 일들 속에서 주를 부인하는 문제가 아닌 한 우리는 소속된 국가의 체제와 사회의 인습에 동조해야 합니다. 주를 부인한다는 것은 대단히 폭넓은 신앙적인 기준을 말합니다. 신앙 양심에 위배되는 것이거나 신앙 양심에서 분명히 거부되는 것이라면 해서는 안 됩니다.

다니엘과 세 친구의 사례

예를 들면 바벨론에 포로가 되었던 다니엘과 그의 세 친구는 "고기를 먹지 않겠다"고 했습니다. "고기를 먹지 않겠다"는 것은 대단한 의미를 가지는 것입니다. 고대 사회에서는 어느 나라든, 고기는 도살장이나 정육점을 통해 백성에게 공급되지 않았습니다. 당시 왕은 제사장 역할을 겸하고 있었습니다. 이스라엘을 제외한 나머지 고대 국가들은 왕이 신적인 기원을 가진다고 생각하며 대를 물리는 권리를 행사하곤 했습니다. 모든 고기는 왕이 주재하는 제사에서 일차적으로 드려진 후에 시중에 나온 것이었습니다. 로마 식으로 이야기하자면 사도 바울이 "무릇 시장에서 파는 것은 양심을 위하여 묻지 말고 먹으라"(고전 10:25)고 이야기한 것이 바로 그것입니다. 로마 시대에도 먼저 신에게 바쳐진 뒤 시중으로 고기가 나왔습니다. 이같이 고기는 어느 고기든 다 우상의 제물이었습니다. 우상의 제물을 먹는다는 것은 곧 그 우상을 섬긴다는 뜻이기도 했습니다.

그러나 사도 바울이 볼 때 그것은 문제가 아니었습니다. "우상은 원래 없는 것이니, 우상 앞에 고기를 갖다 놓았다고 해서 무슨 상관인가"라는 것이 바울의 주장이었습니다. 그러나 다른 사람이 "그것은 우상의 제물이다"라고 트집을 잡거나 언짢게 생각하거든 "먹지 말라"고도 말했습니다. 얼른 생각하면 모순같이 여겨집니다. 시장에서 파는 고기는 묻지 말고 사먹어라. 그러나 누가 "우상 제물이다" 그러면 사 먹지 말아라. 나는 괜찮지만, 그렇게 말한 사람이 우상의 제물이라고 지적해 주었는데도 내가 먹는 것을 보면 큐피트나 비너스 같은 여러 신들을 섬기듯이 하나님도 그들 중의 하나로 여겨서 오해할까봐, 그 사람의 양심을 좇아서 참으라고 바울은 말합니다. 내 신앙이 흔들려서가 아닙니다. 실제로 '나' 개인하고는 아무 상관이 없습니다.

하지만 다니엘과 세 친구는 우리는 이것만은 지키겠다고 서원했기 때문에 고기를 먹지 않았습니다. "고기를 먹지 않는다"는 것이 바벨론이라는 국가의 권세에 대한 항거는 아니었습니다. 다니엘이 책임자에게 이렇게 말하는 것을 볼 수 있습니다. "걱정하지 마십시오. 우리는 채소만 먹어도 당신네의 고기 먹은 사람들보다 더 멋져질 테니까요. 한번 기다려 보십시오."

채소만 먹었는데도 실제로 다니엘과 세 친구는 고기를 먹은 바벨론 관원들보다 피부가 곱고 잘생겨져서 고기 먹은 이들보다 더 대접받았다고 했습니다. 바벨론 사람들은 고기 먹는 문제를 통해 정치적으로 괴롭히려 했으나 다니엘과 친구들은 신앙을 지키면서 그 권세는 권세대로 인정했습니다. 다니엘과 세 친구는 바벨론의 관리였습니다. 포로로 잡혀간 유대인들 쪽에서도 애국자들이 있었을 것이고 항거하는 레지스탕스, 곧 지하에서 활약하는 독립투사들이 있었을 것입니다. 그들이 볼 때 다니엘과 세 친구는 완전히 매국노였습니다. 바벨론에 빌붙어 먹고 사는 나쁜 사람들이 아니겠습니까?

그러나 하나님은 이 세상이 어떻게 될 것이라고 누구에게 알려주셨습니까? 바로 바벨론 왕 느부갓네살입니다. 그가 꿈을 꾸게 됩니다. 참으로 시사하는 바가 큽니다. 그런데 그 꿈을 다니엘이 해석합니다. 바로 이 사실이 오늘 주제에 꼭 맞는 구약에서의 예입니다. 결국 하나님은 그의 일을 이루시는 데 있어서 역사와 국가 등을 들어 대표적인 무대를 꾸며서 사용하십니다.

연극에서 가장 중요한 사람은 연기자들입니다. 연기자들은 무대의상을 입고 나오고 연극의 시대를 알려 주는 무대장치도 있습니다. 그렇게 해서 몇 막 몇 장, 이렇게 구별해서 공연을 합니다. 세상 역사도 그와 같습니다. 그 무대이고 그 무대장치입니다. 이 사실을 놓쳐서는 안 되고 오해해서도 안 됩니다. 거기에 나오는 왕이 꼭 주인공은 아닙니다. 예를 들어 '성웅 이순신'이라면 당시 왕인 선조가 "이순신 같은 장군은 없다"하고 잠깐 나오지만 실제로 주인공은 이순신입니다. 꼭 권세를 잡고 있는 사람이 주인공이라고 생각하지는 마십시오.

느부갓네살 왕에게 하나님은 세상 끝 날까지의 모든 역사에 대해 예언을 하십니다. 그는 꿈에 거대한 신상을 보았습니다. 금 머리, 은 가슴, 구리 배, 철 다리, 흙 발도 보았습니다. 바벨론 뒤에 다른 나라가 오고, 그 뒤에 또 다른 나라가 오며, 나중에 그 나라가 둘로 나뉠 것입니다. 그리고 뜨인 돌이 신상을 부숴 버리는 것같이 하나님의 나라가 모든 것을 갈아엎고 새 나라가 임할 것입니다. 그 흘러가는 무대, 그렇게 완성되기까지의 가장 근본적이고 대표적인 무대는 세상 역사이고, 세상 역사는 그런 의미에서 세상 권세와 영화를 원하는 자들의 싸움으로 연결됩니다. 실제 그것이 가고 있는 방향과 내용은 밖으로 드러난 것과 전혀 다릅니다. 나라들은 흥하기도 하고 망하기도 하며 다음 나라로 넘어가기도 합니다. 잘난 왕도 일어나고 못된 왕도 일어나면서 그렇게 연결됩니다. 그 속을 흐르는 역사의 내용은 기독교이며 하나님 나라의 완성입니다만, 그것이 흘러가게 되어 있는 큰 무대는 세상 역사인 것입니다.

하나님이 그렇게 일하시기 때문에 세상 역사와 세상 나라들에 대하여, 그 체제와 습관에 대하여 늘 부정적으로 생각하고 외면하며 도전적으로 보아야 하는 것은 아닙니다. 도리어 이해해야 하고 하나님이 그 속에서 일하신다는 것을 인정해야 합니다. 말하자면 사도 바울이 죄수로 잡혀서 로마로 실려 가는 것과 같습니다. 그는 하나님의 말씀을 지닌 예수 그리스도의 사신(使臣)으로 가지만 외형적으로 보기에는 결박된 죄수일 뿐입니다. 이것은 우리만이 아는, 복음이 전파되는 방법입니다. "내가 왜 죄수이어야 하는가? 억울하지 않은가? 노예들이여, 다 일어나라!" 그렇다면 그는 스파르타쿠스이지 사도 바울은 아닐 것입니다. 이 부분을 오해해서는 절대 안 됩니다.

복음을 위해 부름 받은 교회

그래서 우리는 사회문제에 대한 책임을 신앙적이고 초월적인 것으로만 해석해서는 안 됩니다. 세상의 삶은 세상에서의 삶 자체에 해결 방법이 있다는 것을 알고 거기에 대처할 방법이 있어야 합니다. 그것은 하나님이 모든 인류에게 공통적으로 주신 명령입니다. "땅은 너로 인하여 저주를 받을 것이다." 이마에 땀이 흘러야 밥을 먹습니다. 아담이 타락한 이후에 하나님이 온 인류에게 주신 명령입니다. 우리가 신앙생활을 하고 주를 믿고 의지하며 성령 충만하기 때문에, 가만히 앉아 있어도 먹을 것이 들어오고 땀 흘려 노력하지 않아도 되며, 고민하는 일도 없고 상처받는 일도 없는 나라로 만들어야 된다는 것은 전혀 신앙적이지 않습니다.

우리는 천국이 아닌 곳, 저주받은 땅 속에 살고 있습니다. 영원한 소망을 바라보고 지금이라는 시간을 걸어가야 됩니다. 우리가 걸어가고 있는 이곳은 세상 나라이고, 권세자들에 의하여 다스려지고 있습니다. 하지만 그들과 싸우라고 우리를 부르신 게 아닙니다. 이 세상에 나쁜 사람을 다 없애 버리고 좋은 나라를 만들라고 우리를 부르지 않았습니다.

혹시 여러분의 직장에서 무슨 일이 있을 때 그것이 주를 부인하는 것이나 신앙에 위배되지 않는 것이라면, 그에 대해서는 현실적으로 수용하며 사셔야 합니다. 주님 이름을 먹칠하고 생명을 방해하며 우리가 가진 직무와 생명을 오해하게 만들지 않는 문제들에 대해서는 시민의 입장에서 살아가야 합니다.

5공화국 때 6·29선언 이후로 민주화의 큰 진전이 있었습니다만, 그전의 몇 년은 상당히 어려웠습니다. 그 어려운 시기에 서명교수라는, 일단의 어려움을 겪는 사람들이 생겼습니다. 학교에서 가르치던 교수들이 "더 이상 나라꼴을 볼 수 없다"면서 민주화에 대하여 서명을 하기 시작했습니다. "국가의 민주화와 인권의 자유가 보장되는 문제에 대하여 학생들만 생각하는 게 아니라 우리도 그런 생각을 갖고 있으며, 학생들의 잘못이기 전에 국가가 잘못한 것이다"라는 것을 발표하는 분들이 생겼습니다.

그래서 한 대학교에서도 서명파와 비서명파가 생기기 시작했습니다. 서명을 하고 안 하고는 개인적인 문제입니다. 또 그렇게 한 것이 잘한 것이냐 아니냐 하는 것도 개인적인 일입니다. "학자로서 나는 학문을 가르치는 사람이다. 그 외의 나머지는 내 소관이 아니다." 아니면 "나는 학자이기 이전에 한 시민으로서 책임을 져야 한다"라고 해서 두 파로 갈렸습니다. "어느 쪽이 옳은가?" 하는 문제와 신자로서 "어느 쪽을 택해야 하는가?"에는 답이 없습니다. 각자의 마음대로입니다.

몇 해 전 어떤 대학교 학장이 애석하게도 자살한 사태에 대해서 교수 전체가 성명을 발표해야 되는 것 등이라면 빠져서는 안 됩니다. 개인적으로는 성명에 대해 좀 흡족하지 않더라도 같이해야 합니다. 문제는 서명을 한 사람들이 은근히 압력을 넣기 시작하는 데 있습니다. "왜 목사님은 가만히 있습니까, 왜 교회는 가만히 있습니까?" 그러나 이것은 전혀 다른 문제입니다. 교회는 그것을 조장하는 곳도 아니고, 정치에 대하여 그런 힘을 불어넣는 자리도 아닙니다.

우리는 죄 아래서 신음하는 자들을 위해서 부름을 받았지, 국가에 대해서 이렇게 해라 저렇게 해라 하지 않습니다. 해야 될 일이 있다면, 건강한 신자를 만들어서 시민 생활을 할 때 하나님의 하나님되심과 인간을 어떻게 만드셨는가에 대하여 알고 있는 자로서 책임을 다하도록 가르치는 것입니다. 그것이 교회가 정치에 대하여 간섭하는 유일한 방법입니다.

그것은 굉장히 소극적인 것 같아 보이지만 사실은 적극적이고 옳은 방법입니다. 그 이상은 교회가 할 일이 아니라 시민으로서, 국민으로서 해야 합니다. 바로 그러한 일들, 곧 내가 요구하는 정치적인 문제와 사회적인 문제의 결론을 위하여 "교회가 정치적·사회적 세력이 되어 주십시오" 하는 것은 성경에 절대로 나오지 않습니다. 소금과 빛으로 나오지 망치나 칼로는 안 나옵니다. 이 점을 이해해야 합니다.

현실의 책임을 외면하지 말라

만일 여러분이 다니는 회사에서 회장이 회의를 주일날 소집하는 일이 있습니다. 어떻게 하실 것입니까? "회의 소집에 응해야 하나 말아야 하나?"로 가면 훨씬 어려워집니다. 그러시는 분들이 간혹 있습니다. 큰 기업체의 최고 책임자 되는 분이 예수를 안 믿으셔서 주일에 꼭 회의를 소집하는 분이 있습니다. 왜 그렇게 하는가에 대해서 경영이나 기업적 차원에서는 어떤 의미가 있는지 모르겠지만, 최고 책임자 입장에서는 소집하는 일이 재미 있을 것입니다. 건수가 없어도 자꾸 회의를 소집하면 재미있기 때문입니다. 그래서 주일에도 모이게 합니다. 혼자 있기에 심심하니까 소집하는 것은 아닌지 모르겠습니다. 그럴 때 어떻게 해야 되냐면, 참석해야 합니다. 신앙을 지켜야 되기 때문에 회사에 사표를 내는 것이 성경적인가 하면, 그렇지 않습니다. 성경은 그렇게 요구하지 않습니다. 여기서 바로 우리나라 신앙의 경직성을 보게 됩니다.

우리나라에서 기독교 신앙은 처음 들어오면서부터 제사 거부, 주일 성수 등의 문제로 숱한 순교자들을 만들었습니다. 신앙인으로서의 성숙과 깊이로 순교자를 만들지는 않았습니다. '신사참배반대', 이것은 분명히 해야 됩니다. 하나님 외에 누구에게도 고개를 숙여서는 안 됩니다. 다니엘은 이 문제 때문에 사자 굴에 들어갔습니다. 그것은 분명히 거부해야 되는 것입니다. 주일 성수나 제사 문제 같은 것, 술이나 담배 문제 같은 것은 조금은 미묘한 문제들입니다. 거기까지 확대하지 말고 우선 이런 것만 따져 보기로 합시다.

주일에 직장에 나가서 일을 해야 되는 그런 상황이면 나가서 일해야 됩니다. 그 자체가 내가 예수 그리스도를 부인하는 것이 아니기 때문이고, 먹고살아야 하는 이 세상에 의해 요구되는 현실입니다. 그것은 하나님이 우리에게 요구하신 것입니다. 왜 주일에 땀을 흘려야 먹고삽니까? 우리가 할 바는 그렇지 않은 직장을 고르도록 노력해야 하는 것입니다. 그렇게 못했다면, 내가 몸담은 직장에서 요구하면 가서 일해야 합니다. 물론 여러 가지 방법을 강구해야 합니다. 어떻게 해서든지 양해를 얻어 예배를 드리도록 하십시오. 싸울 만하면 싸워보는 것도 좋지만 그것으로 목숨을 거는 것을 신앙이라고는 하지 않습니다. 이 부분들이 우리에게 굉장히 오해되고 있는 신앙의 경직된 부분입니다.

우리는 주일 성수를 한다거나 십일조를 내는 것 등의 규칙적이고 규범적인 것과 법을 지키는 것 등을 신앙의 가장 고급한 위치에 가져다 놓곤 했습니다. 물론 그것이 귀하지 않다는 것이 아닙니다. 이사야 58:13을 보십시오.

> 만일 안식일에 네 발을 금하여 내 성일에 오락을 행하지 아니하고 안식일을 일컬어 즐거운 날이라, 여호와의 성일을 존귀한 날이라 하여 이를 존귀하게 여기고 네 길로 행하지 아니하며 네 오락을 구하지 아니하며 사사로운 말을 하지 아니하면 네가 여호와 안에서 즐거움을 얻을 것이라. 내가 너를 땅의 높은 곳에 올리고 네 조상 야곱의 기업으로 기르리라. 여호와의 입의 말씀이니라(사 58:13-14).

내가 편하고 놀기 위해서 핑계를 대라는 이야기가 아닙니다. 우리는 성일을 거룩히 지킬 책임이 있고, 우리 하나님을 가장 깊이 사랑하며 정말 목숨을 꺼내 놓고 섬길 필요가 있습니다. 바로 이 세상에서 그렇게 해야 합니다. 하나님은 이 세상에서 우리에게 두 가지를 요구하고 계신다는 것을 잊지 마셔야 합니다. 세상 정부와 국가가 부정적이고 소극적인 차원에서 어쨌든 죄를 억제하고 벌하는 기능 속에 내가 몸담고 있다는 것을 잊지 말아야 합니다. 그 일도 지켜야 됩니다. 국민의 책임, 시민의 책임, 사회인의 책임도 다해야 합니다. 그것과 신앙이 충돌을 한다면 우리가 목숨을 걸지만 그렇지 않는 문제에서는 두 가지를 다 해야 합니다. 한쪽 책임을 다해야 한다는 핑계로 현실의 책임을 외면하지 말고 하나님께 그 책임을 떠맡기지도 마십시오. 그것은 마치 공부는 하지 않다가 입시 때 와서 우리 아들 붙여 달라고 떼쓰는 것과 같습니다.

우리가 살아가는 생활 속에서 하나님이 얼마나 많은 요구를 하고 계시는가 하는 것은 좀 더 넓은 눈으로 보아야 합니다. 믿음이란 신앙적인 용어나 신앙적인 형태에서만 적용되는 것은 아닙니다. 하나님이 해와 비를 선한 사람과 악한 사람 모두에게 골고루 주시듯이 바로 그것이 하나님의 법칙입니다. 구원은 아무에게나 주시지 않습니다. 그러나 해와 비는 선한 자나 악한 자 모두에게 주십니다.

우리도 우리의 삶에 있어서 믿는다는 것만으로는 해결되지 않는 문제의 영역이 있다는 것을 인정해야 합니다. 그 영역에서 열심히 살아야 합니다. 시민으로, 국민으로, 사회인으로 살아야 합니다. 하지만 그 영역까지 종교적인 영역으로 삼으려고 싸워서는 안 됩니다. 신앙이란 어떤 영역에만 국한되는 것이 아닙니다. 그러나 신앙이라는 방법으로 할 수 없는 것이 있습니다. 어떤 의미에서는 여러분이 직장에 나가서 아침에 예배 드리고 성경 보고 하는 것이 반드시 신앙적인 것만은 아닌 것입니다. 그것은 우리나라의 방법입니다. 그런 식으로 한다고 하나님이 복을 주시지 않습니다. 오히려 앉아서 일하는 쪽이 훨씬 이익입니다. 물론 회사에서 예배 드리면,

그렇게 행하는 사람의 마음은 편할 것입니다. 좀 더 신앙적인 것 같은 느낌이 들 뿐 성경이 요구하고 있는 것은 아닙니다.

어떤 의미에서 이와 같은 설명을 드리니까 여러분이 상당히 당혹스럽게 느끼실지 모르겠습니다. 그러나 이것이 성경의 가르침입니다. 우리는 너무나 많은 부분을 획일적이고 경직된 신앙의 형태로 풀어 나가고 해결하려 합니다. 그런 방법밖에 모르고 있습니다. 그래서 너무 쉽게 화를 내고 내 욕심대로 일이 안 되면 하나님을 향하여 "왜 기도했는데 안 들어주십니까? 왜 헌금 냈는데 안 들어주시는 것이지요?"라고 아우성밖에 칠 수 없는 그런 신자가 되었는지도 모릅니다.

무슨 일이건 다 '하나님 덕분'이라고 말하고 혼자서 웃었다 울었다 하며 붉으락푸르락하는 신앙이 많이 양산된 듯한 것도 사실입니다. 여러분의 신앙을 흔들거나 여러분의 마음에 찬물을 끼얹고자 하는 뜻이 아님을 알아주시기 바랍니다. 우리의 책임이 이렇게 있다는 것을 아셔야 됩니다.

공부를 해야 이루어지는 부분은 기도해서 되지 않습니다. 공부를 해야 합니다. 어떻게 하면 서울대학교를 갈 수 있는가 하면, 공부해야 서울대학교에 갑니다. 공부에다 기도를 더하면 더 잘되지 않겠는가 말하는 사람도 있습니다. 아닙니다. 기도라는 것은 전부 하나님을 알고 하나님의 은혜와 긍휼을 받는 것에 쓰이는 것입니다. 하나님의 은혜와 긍휼은 서울대학교 가는 데로 절대 가지 않습니다. 그렇게 했으면 벌써 제가 서울대학교를 졸업했을 것입니다. 삼수를 했는데도 실패한 사람입니다. 그것은 안 맞는 것입니다. 영원한 문제와 거룩한 문제에서 은혜를 입는 것입니다. 이것은 서로 다른 것입니다.

육체로 심는 것과 영으로 심는 것을 혼동하지 마십시오. 영으로 심으면 육체까지도 거둔다고 생각하지 마십시오. 영으로 심는 것은 영이고 육으로 심는 것은 육입니다. 우리의 욕심과 운명을 육으로 심어 거두려고 하는 것은 큰일이지만, 분명히 그렇게 해야 되는 책임이 있는 것입니다. 이마에 땀이 흘러야 먹을 수 있는 것같이, 열심히 닦아야 깨끗해지고 열심히 공부해야 성적이 오릅니다. 그런 것들은 우리가 해야 하는 책임입니다. 그런 일들을 할 때 신령한 쪽에 핑계를 대면서 쓸데없는 기대를 하거나 쓸데없는 상처를 받지 마시기 바랍니다.

우리는 더 진지하고 성실해야 합니다. 하나님이 우리에게 무엇을 요구하고 계시고, 그 요구하신 책임이 얼마나 큰지 깊이 깨닫고 세상 사람들보다 훨씬 더 부지런하게 살아야 합니다. 우리는 주일을 지키는 자들이니까, 부지런히 일해야 우리는 세상 사람들이 칠 일 동안 하는 일을 육 일 동안에 해야 하는 사람들입니다. 하루쯤 쉬려면 하루 놀아야 하니까 다른 날 미리 나누어 일해서 채워야 하듯이, 우리는 세상 사람들보다 훨씬 더 부지런해야 합니다. 또한 영원한 나라를 목적으로 한다는 이유로 이 세상에서 현실적인 책임과 판단을 불분명하게 하거나 소극적으로 회피하지 않기를 바랍니다.

여러분이 지는 국민적 책임은 사회책임과 함께 신자로서의 책임이며, 세상 사람들보다 더 폭넓게 책임이 요구된다는 사실을 기억하십시오. 노예라면 그 상전에게 눈가림만 하지 않고 하늘에 계신 아버지께 하듯, 주께 하듯 하는 것까지 요구받습니다. 노예가 상전에게 하는 일이 어떻게 힘들지 않은 일이 있겠습니까? 나쁜 일도 시키지 않겠습니까? 그 나쁜 일이 신앙에 걸리는 것이라면 당연히 못합니다.

그러나 신앙과 꼭 걸리지 않는 일도 얼마든지 있을 것입니다. 만일 "가게에 가서 화투 하나 사와라", 남편이 그렇게 요구하면 사 오십시오. 우리는 상전을 모시는 노예입니다. 그것이 신앙적인 문제나 주를 부인하는 것이 아닌 일이라면 우리는 우리의 상전을 섬겨야 합니다. 이 세상 식으로 이야기할 때 모든 일에 주를 대하듯 진심과 성실로 해야 됩니다. 여러분의 회사생활을 그렇게 해야 됩니다. 힘을 다해서 주께 하듯 하여야 합니다. '주께 하듯' 하는 생활, 그것을 신앙생활이라고 하는 것입니다.

선집 설교 목록

『믿음』

1 믿음의 본질

01	신자와 불신자	1991.05.12
02	인격적 관계(증보)	2000.01.09
03	아브라함의 믿음	1983.03.13
04	믿음의 근거	1991.11.24
05	구원의 믿음	1984
06	인격적 항복	1984.07.08
07	부활신앙	1993.08.04
08	열심	1986.03.09
09	고백과 실패	2000.11.19
10	진정한 신앙(증보)	2012.02.22
11	선포적 신앙(증보)	2013.05.12
12	일반은총	2000.08.02
13	하나님의 믿음(증보)	2018.11.11
14	삶의 큰 틀(증보)	2010.11.28
15	믿음의 양면성	2000.03.29

2 믿음의 책임

16	책임	1996.04.14
17	세상	1987.01.25
18	시간	1997.10.12
19	기다림	2000.08.06
20	사랑	2001.02.25
21	좋은 일	1993.08.25
22	사회적 책임	1986.04.20
23	인격 성숙	2000.07.19
24	영적 싸움	1989.07.05
25	신앙인의 경직성	1995.05.14
26	신앙인의 처신 원리	1993.09.15
27	좌절	1989.07.12
28	고난	1993.10.20
29	침묵(증보)	2012.05.13
30	신앙의 신비(증보)	2011.07.20
31	율법주의(증보)	2016.11.13

「성화」

1 성화의 본질 ─────────

01 영광으로 가는 길 1994.03.23
02 성화의 기초 1991.10.06
03 거룩한 자 1986.12.21
04 성화와 말씀 1986.02.16
05 죄에 대하여 죽음 1992.05.10
06 하나님에 대하여 산 자 1992.06.07
07 그리스도와의 연합 2005.06.08
08 벗고 입음 1986.11.19
09 성화의 책임 1993.04.04
10 자신이 가야 하는 길 1986.03.27
11 하나님의 의(증보) 2010.10.10
12 낡아지는 겉사람 1994.03.16

2 성화의 삶 ─────────

13 자유의 절제 1992.07.15
14 하나님이 기뻐하시는 일들 1985.08.18
15 꼭 해야 할 싸움 1994.11.23
16 승리의 보장 1993.08.11
17 세상에서의 싸움 1989.01.25
18 부름 받은 현역 선수 1992.06.28
19 자기 의를 꺾는 훈련 2005.08.03
20 율법주의의 무서움(증보) 2011.11.16
21 지식에 우선하는 사랑 1992.04.01
22 구제 행위(증보) 2010.06.27
23 빛의 열매 1987.05.20
24 성육신적인 삶(증보) 2011.12.28
25 누적되는 삶(증보) 2013.12.22
26 신분에 영향을 주지 않는 싸움 1993.04.11

「교회」

1 교회의 본질 ─────────

01 나를 깨우치는 부르심 1985.01.13
02 교회로 부르심 2002.03.10
03 하나님의 전 1985.07.31
04 그리스도의 몸으로 연합 1992.09.20
05 교회의 본질과 말씀 1993.12.15
06 함께하는 교회 1991.05.01
07 교회의 정체성 1992.11.25
08 권속 1985.06.19
09 그리스도의 신부 1987.11.11
10 베푸신 능력: 교회 1990.05.30

2 교회의 실천 ─────────

11 목표, 하나됨 1987.03.15
12 훈련의 방향 1986.07.16
13 성전이 되어감 1991.03.13
14 직분 1986.06.25
15 말씀을 맡은 자 1995.05.03
16 참된 예배 1985.02.10
17 성찬 1992.12.02
18 헌금 1995.03.01
19 구제의 자리(증보) 2012.09.16
20 권징 1991.05.29
21 교회의 분쟁(1) 1991.10.09
22 교회의 분쟁(2) 1991.10.16
23 목자와 양 1994.10.19
24 죽음의 길로 가는 동지(증보) 2011.10.19
25 증언 공동체(증보) 2011.03.27
26 교회의 권세(증보) 2012.09.02
27 믿음으로 감수하는 교회(증보) 2012.12.16
28 세상 안에 있는 교회 1988.04.20

『자유』

1 자유·선택·책임

01 독특한 지위   2012.05.02
02 죄의 권세 아래 있는 자유   2013.07.21
03 회복된 자유   2013.02.10
04 책임을 요구하는 자유   2011.07.24
05 선택권, 자유인이 갖는 권리   2012.07.22
06 명예로운 선택권   2011.09.04
07 불완전한 선택   2014.08.17
08 자유의 선택   2016.11.27
09 영광을 나타낼 자   2016.08.07
10 책임은 구원의 조건이 아니다   2018.07.22
11 구원에 요구된 책임   2016.07.24
12 책임의 본질   2018.09.16
13 남겨 두신 책임과 순종   2018.09.30
14 영광의 기회가 되는 책임   2016.10.16

2 시간·인생·역사

15 초림과 재림 사이에   2018.12.23
16 시간을 마음껏 주시다   2015.03.08
17 시간을 고려해야   2014.05.18
18 함께하시는 시간   2011.01.26
19 본문을 담아내는 시간   2014.09.07
20 울며불며 다듬고 가는 시간   2020.11.22
21 구원 이후의 인생   2018.12.09
22 자신의 역할을 하라   2015.03.22
23 현실은 아무래도 좋다   2014.05.25
24 지는 것 같은 인생   2020.06.21
25 하루, 영광을 만드는 길   2019.09.15
26 하나님을 깊이 배우라   2010.12.08
27 나와 함께 더 가자   2020.08.02
28 역사의 불연속성   2014.09.21
29 이스라엘 역사의 증언   2011.01.19
30 역사의 이해   2015.01.25
31 역사의 주인   2016.01.24

출전

『마태복음』(세움)

『요한복음』(엠마오)

『로마서』(세움)

『고린도전서』(엠마오)

『고린도후서』(엠마오)

『에베소서』(새순출판사)

『믿음은 사람보다 크다』(영음사)

『섬김으로 세우는 나라』(영음사)

『다시 보는 사도행전』(무근검)

• 이 책은 박영선 목사의 위 저작들에서 허락을 받고 일부 발췌한 것이다.
사용을 허락해 준 출판사들에 깊은 감사를 드린다.